DROGEN. VORURTEILE, MYTHEN, FAKTEN.

BARBARA GEGENHUBER

DROGEN.

VORURTEILE, MYTHEN, FAKTEN.

FALTER VERLAG

ISBN 978-3-85439-636-9

1011 Wien, Marc-Aurel-Straße 9
T: +43/1/536 60-0, F: +43/1/536 60-935
E: bv@falter.at, service@falter.at
W: faltershop.at

Autorin: Barbara Gegenhuber
Lektorat: Helmut Gutbrunner
Covergrafik: Raphael Moser
Infografiken: Andreas Rosenthal
Grafik und Layout: Marion Großschädl
Produktion: Susanne Schwameis
Druck: Finidr, s.r.o., 73701 Český Těšín

Wir haben bei diesem Buch im Sinne der Umwelt auf die Verpackung mit Plastikfolie verzichtet.

INHALT

VORWORT

In den USA der 1920er- und frühen 1930er-Jahre blüht der illegale Verkauf und Handel von Alkohol dank der von der Regierung verordneten Alkoholprohibition. Die organisierte Kriminalität mit berühmten Vertretern wie Al Capone oder Lucky Luciano beherrscht den Handel mit der Substanz, die der Staat verboten hat, die Bevölkerung sich aber nicht nehmen lassen will. Nach dem Eingeständnis des Scheiterns der Prohibition im Jahr 1933 gerät eine andere Substanz ins Visier der amerikanischen Behörden. Harry J. Anslinger trieb als Chef des Federal Bureau of Narcotics den Kampf gegen psychoaktive Substanzen voran, vor allem gegen Cannabis und Opiate. Anslinger war ein strenger Verfechter des Drogenkriegs und der festen Überzeugung, dass repressive Maßnahmen gegen den Drogenkonsum wirksam seien.

Nordamerika, Mexiko oder die Philippinen, aber auch viele anderen Staaten der Welt, vertreten viele Jahrzehnte später immer noch die Überzeugung, dass mit kontrollierenden und reglementierenden Maßnahmen dem Drogenproblem beizukommen sei, obwohl alle wissenschaftlichen Erkenntnisse gegen deren Wirksamkeit sprechen. Im Gegenteil, Nordamerika steht derzeit vor der bisher größten Opioid-Krise aller Zeiten, die Gefängnisse sind voll von Menschen, die in den „War on Drugs" involviert sind, und eine Verbesserung ist nicht in Sicht. Obwohl die Drogenpolitik im westlichen Europa weit fortgeschrittener ist, ist auch hierzulande die Meinung, dass Prohibition, Kriminalisierung und Kontrolle das Drogenproblem lösen könnte, weit verbreitet. Doch Verbote und Ausschluss sind genau das, was Menschen mit einer Suchterkrankung nicht nur nicht hilft, sondern, wie im Fall von anderen marginalisierten Gruppen auch, sogar eher kontraproduktiv ist. Inklusivere Konzepte und Vorgehensweisen brauchen mehr spezifisches Know-how und aktuelles Wissen über die Erkrankung, um bestehenden Vorurteilen entgegenzutreten.

Der „War on Drugs" ist nur ein Beispiel für die auf Vorurteilen und falsche Annahmen beruhenden Maßnahmen, die rund um das Thema Drogen getroffen werden. Im Zuge meiner langjährigen Arbeit mit Abhängigen war ich in meinem Umfeld immer wieder mit denselben Ängsten, Mythen und Vorurteilen über Suchtkranke konfrontiert. Dieselben Fragen, dieselben falschen Annahmen, dieselben Sorgen und Befürchtungen. Ich habe aber auch die Erfahrung gemacht, dass mit zunehmendem Wissen über die Erkrankung das Verständnis für die Betroffenen steigt, die Auseinandersetzung mit der Thematik hilft Vorurteile abzubauen. Es gibt im Allgemeinen wenig Verständnis für Drogenkranke, zumindest so lange, bis sich jemand näher mit ihnen auseinandersetzt und versucht, die Dinge zu hinterfragen und zu verstehen. Die unter dieser Situation Leidenden sind zuallererst die Abhängigen selbst, die kaum eine Lobby haben und nur sehr selten ein Sprachrohr, um sich Gehör zu verschaffen. Gibt es in den Medien Schlagzeilen über Süchtige, sind diese meist negativ, weil es oft nur um Dealer in U-Bahn-Stationen und Beschaffungsdelikte geht. Selten gibt es Berichte über die Menschen dahinter, selten geht es darum, wer sie sind und wie es ihnen geht.

Dieses Buch soll einige weitverbreitete Annahmen über Drogen und deren Konsument*innen hinterfragen und zurechtrücken sowie Betroffenen und Angehörigen, aber auch anderen an der Thematik interessierten Personen, Informationen bereitstellen, die zu einem anderen Blick auf Sucht und Suchtkranke führen können. Es bietet einen Überblick zu einer breiten Auswahl von Themenbereichen, die mit dem Konsum psychoaktiver Substanzen in Verbindung stehen. Welche unterschiedlichen Formen des Konsums gibt es, wieso werden manche Menschen abhängig und andere nicht, welche Folgen hat die Abhängigkeitserkrankung und wie kommt der oder die Süchtige da wieder heraus? Mythen, wie der eine Tropfen Alkohol, der unweigerlich wieder in die Sucht führt, werden genauso hinterfragt wie die verbreitete Annahme, dass Cannabis eine Einstiegsdroge sei. Dazu werden wissenschaftlich fundierte Erkenntnisse sowie praktische Erfahrungen aus meiner langjährigen Arbeit mit Suchtkranken innerhalb und außerhalb des Gefängnisses aufbereitet. Ergänzend runden Lebensgeschichten und Erfahrungen von Betroffenen selbst das Bild ab. An dieser Stelle möchte ich mich herzlich bei ihnen allen für die Bereitschaft, ihre Erfahrungen mit den Leser*innen dieses Buches zu teilen, bedanken. Ohne sie und all die anderen drogenabhängigen Menschen, die ich in meinem Leben kennen lernen durfte, würde es dieses Buch nicht geben.

I've seen the needle and the damage done
A little part of it in everyone.

Neil Young

DIE POLITIK UND DIE SUCHT

Österreich hat bei der Herstellung und dem Konsum von Alkohol eine lange Tradition, er ist Teil unserer Kultur. Es ist noch gar nicht so lange her, dass es gang und gäbe war, auf Baustellen oder ähnlich herausfordernden Arbeitsplätzen Bier zu trinken, natürlich nur wegen des Flüssigkeitsverlustes und der Elektrolyte. Der Konsum von Alkohol auf den zahlreichen Zelt- und Dorffesten am Land, aber auch in Bars und Lokalen in den Großstädten ist für viele selbstverständlich. Die Weinbauern der steirischen Weinstraßen oder anderer Heurigengegenden sind genauso wenig aus der Landschaft wegzudenken wie die großen Brauereien, die als Sponsoren von Veranstaltungen auftreten oder Werbung in den Medien schalten. Alkohol wird in Österreich mit einer Selbstverständlichkeit konsumiert, wie das nicht in vielen Ländern dieser Welt der Fall ist.

Das heißt aber nicht, dass andere Kulturen nicht auch Substanzen zur Berauschung verwenden. So etwa findet man in den südamerikanischen Anden zahlreiche Coca-Bauern. Das Kauen von Blättern der Coca-Pflanze ist aufgrund ihrer anregenden Wirkung in den hochgelegenen Gegenden von Peru, Chile oder Bolivien weit verbreitet. In der Eisenbahn, die über das peruanische Hochland fährt, wird im Bordrestaurant Coca-Tee als Mittel gegen die Höhenkrankheit verkauft. Die Bevölkerung kaut die Blätter mit ihrer stimulierenden und aktivierenden Wirkung zu vielen Gelegenheiten. In Ländern ohne eine derartige Tradition ist die Coca-Pflanze weitgehend verboten, obwohl man kiloweise Blätter benötigen würde, um eine brauchbare Menge Kokain daraus herzustellen. In einer anderen Ecke der Welt ist der Konsum von Cannabis verbreitet, nicht nur weil die gesetzlichen Regelungen dies erleichtern, sondern auch weil damit ein gewisses Lebensgefühl transportiert wird. Man denke dabei nur an die Rastafarians in Jamaika, bei denen Reggae, Dreadlocks und Cannabiskonsum wohl die bekanntesten Aspekte der Rasta-Religion darstellen.

Es sind also bei weitem nicht die Gefährlichkeit oder das Abhängigkeitspotenzial alleine, die über den Konsum von psychoaktiven Substanzen in einem Land entscheiden, vielmehr sind es die Traditionen und damit verbunden natürlich auch die gesetzlichen Regelungen, die das Ausmaß dieses Konsums in einer Gesellschaft mitbestimmen. Relativ deutlich sieht man dies am sehr unterschiedlichen Umgang mit Cannabis, das in immer mehr Ländern der Welt legalisiert oder zumindest entkriminalisiert wird, während es in anderen noch streng verboten ist. Mit einer rein wissenschaftlich orientierten Einschätzung der Gefährlichkeit einer Substanz hat das nichts zu tun, sonst wären vermutlich Alkohol und Nikotin verboten und Cannabis erlaubt. Es muss demnach andere Gründe für die unterschiedlichen Herangehensweisen und gesetzlichen Regelungen geben.

Um einen Einblick in die Entstehung dieser Zugangsweisen zu bekommen, muss man etwas weiter zurückgehen und einen Blick in die amerikanische Geschichte des frühen 20. Jahrhunderts werfen. Bis zum Jahr 1920 galten in den USA Alkohol und Cannabis als legale Genussmittel, in den Saloons wurde Alkohol getrunken, Kühlgeräte wurden von Brauereien gesponsert. Damit einhergehend wuchs auch das Angebot an Glücksspielen und Prostitution. Diese zunehmende Freizügigkeit und Lustbarkeit gefiel nicht allen in den USA. Puritanische Bewegungen, die vorwiegend von der anglikanischen Oberschicht ausgingen, sahen ihren Einfluss und die christlichen Werte schwinden und setzten sich für ein Verbot des Alkohols ein. Kriminalität und Korruption, soziale Probleme und die große Zahl an Gefängnissen wurden dem „Teufel Alkohol“ angelastet. So kam es, dass immer mehr Bundesstaaten unter dem Druck verschiedener Abstinenzorganisationen, wie etwa der Anti-Saloon League, der Prohibition Party, der Woman’s Christian Temperance Union (Christlicher Frauenbund für Abstinenz) und vieler anderer mehr, lokale Alkoholverbote erließen. Es entstanden Landkarten mit „trockenen Zonen“. Im Jahr 1916 war die Prohibition in 23 Staaten der USA eingeführt. Mit 16. Jänner 1920 trat das sogenannte Volstead-Gesetz in Kraft, das die Erzeugung, den Verkauf sowie Transport alkoholischer Getränke auf amerikanischem Staatsgebiet untersagte. Der Beginn der Ära der Prohibition begann mit der Hoffnung auf eine Verbesserung der Gesundheit und der sozialen Situation der Bürgerinnen und Bürger.

Tatsächlich hatte die Prohibition auch positive Auswirkungen, der Alkoholkonsum ging anfangs zurück und auch die alkoholbezogenen Todesfälle – vorwiegend durch Leberzirrhosen – verringerten sich deutlich. Wer sich aber betrinken wollte, dem gelang das auch damals.

Alkohol war zwar nicht mehr auf legalem Weg zu kaufen, dafür blühten Schwarzmarkt, Schmuggel und Schwarzbrennerei. Obwohl Alkohol verboten war, konnte man immer irgendwo welchen erstehen. Es etablierten sich sogenannte „Speakeasys", illegale Bars, in denen man nach dem „Flüstern" eines Codewortes Alkohol beziehen konnte. Schwarzbrenner destillierten illegal Whisky, der aufgrund seiner heimlichen Herstellung bei Nacht auch „Moonshine" genannt wurde.

Doch nicht alle Schwarzbrenner arbeiteten sauber und gewissenhaft, gepanschter Alkohol verursachte Vergiftungen, die zu Hirnschäden und Erblindungen bis hin zum Tod führten. Auch gingen die Konsument*innen dazu über, eher hochprozentige Spirituosen statt Wein oder Bier zu trinken, da diese leichter zu schmuggeln waren. Wer Alkohol trinken wollte, bekam diesen, jedoch war der Konsum in Hinblick auf die gesundheitlichen Folgeschäden und die Kriminalisierung deutlich riskanter. Die Zahl der Verbrechen und damit auch der Inhaftierten stieg massiv an, die Korruption blühte.

Eine weitere wesentliche negative Folge der Prohibition war die Förderung mafiöser Strukturen und organisierter Kriminalität. Kriminelle wie Al Capone oder Johnny Torrio gründeten Vereinigungen, die nicht zuletzt durch den Verkauf von Alkohol und die Kontrolle des Alkoholmarktes vorher nie dagewesene Größe und Einfluss erlangten. Der illegale Handel mit Alkohol war ein großes Geschäft, mafiöse Strukturen blieben weit über das Ende der Prohibition bestehen. Lediglich die Art der gehandelten Waren änderte sich im Lauf der Zeit, weg von Alkohol hin zu Drogen und Waffen.

Aufgrund dieser negativen Folgewirkungen musste man schließlich zur Kenntnis nehmen, dass das schlichte Verbot einer Substanz nicht den gewünschten Erfolg bringt, sondern, im Gegenteil, weit massivere Probleme schafft. Dazu kam, dass die Besteuerung von Alkohol auch eine attraktive Einnahmequelle für das von der Wirtschaftskrise gebeutelte Land darstellte. So wurde am 5. Dezember 1933 das Experiment Prohibition wieder aufgegeben.

Damit war der Kampf gegen den Substanzkonsum jedoch nicht beendet. Es gab nach dem Ende der Prohibition viele Arbeitskräfte, die mit der Kontrolle und Exekution des Volstead-Gesetzes beschäftigt gewesen waren und nun keine Aufgabe mehr hatten. In diesem Zusammenhang spielte Harry J. Anslinger, der damalige Leiter des

Federal Bureau of Narcotics, eine wesentliche Rolle. Er war ein entschiedener Gegner von Drogen, jedoch weniger aufgrund wissenschaftlicher Erkenntnisse als aufgrund persönlicher Erfahrungen sowie rassistisch geprägter Vorurteile. Er vertrat die Meinung, dass Marihuana die Menschen zu wilden Bestien macht, die Frauen vergewaltigen und töten, und bezog sich dabei auf einen damals großes Aufsehen erregenden Mordfall, ein Einzelereignis, das medial hochstilisiert wurde. Der Zeitungsmagnat William Randolph Hearst sowie ein Chemiekonzern unterstützten Anslingers Kampagne, auf eine wissenschaftliche Überprüfung seiner Thesen wurde kein Wert gelegt. Im Gegenteil, Anslinger führte seinen erbitterten Kampf gegen Marihuana mit autoritären und polemischen Mitteln und verknüpfte diesen mit einer rassistischen Kampagne gegen Schwarze und andere Einwanderer, was in Teilen der Bevölkerung auf regen Zuspruch stieß. Im Jahr 1947 wurde Anslinger in die UN-Drogenkommission berufen, wo er im Jahr 1961 die „Single Convention on Narcotic Drugs[1]" durchsetzte, in der Cannabis mit anderen Drogen, wie etwa Heroin, gleichgesetzt wurde. Dieses Einheitsabkommen über Betäubungsmittel unterzeichneten insgesamt 183 Staaten, es ist die bis heute gültige Grundlage gesetzlicher Bestimmungen in zahlreichen Ländern.

Während die USA und andere Staaten nach wie vor einen Drogenkrieg führen, entwickelten sich in Westeuropa gänzlich andere Konzepte. Eine wesentliche Rolle spielten dabei Länder wie die Schweiz, die bis heute einen eher liberalen und unterstützenden Umgang mit Konsument*innen illegalisierter Substanzen pflegt, was allerdings auch mehr der Not als der Tugend geschuldet ist. Ende der 1970er-Jahre etablierte sich in einem Park namens „Platzspitz" und an ande-

1 Die Single Convention on Narcotic Drugs [120] (Einheitsabkommen über Betäubungsmittel) regelt ein umfassendes Verbot der Gewinnung, Herstellung, Aus- und Einfuhr, Verwendung sowie des Handels von Betäubungsmitteln und psychotropen Stoffen und ist damit bis heute die Basis der weltweiten Drogenkontrolle. Ausgenommen sind die Mengen, die für medizinische Verwendung und wissenschaftliche Forschung notwendig sind. Der Konvention unterliegt eine Reihe von Substanzen wie etwa Cannabis, Kokain, Opiate und Opioide, Amphetamine, Beruhigungs- und Betäubungsmittel, LSD und anderes. Die so geregelten Substanzen sind in vier Klassen – nach ihrer Gefährlichkeit – aufgelistet. Erst kürzlich empfahl die WHO, Cannabis neu zu klassifizieren und in die Liste der weniger gefährlichen Drogen einzuordnen.

ren Orten in Zürich eine offene Drogenszene, die von der Polizei toleriert wurde und sich bald als Anziehungspunkt für Drogenabhängige aus der gesamten Schweiz entwickelte. Die Konsument*innen lebten in dem Park und gingen dort offen ihrem Konsum, dem Drogenhandel, der Prostitution und anderen sonst gesellschaftlich unerwünschten Verhaltensweisen nach. Die Stadt tolerierte die Szene und überließ sie sich selbst, was nach und nach zur Ghettoisierung und Verelendung der dort wohnhaften Abhängigen führte. Eine kaum mehr zu bewältigende Anzahl an Überdosierungen und Drogentoten war die Folge. Der mittlerweile als „Needle-Park" bekannte Platzspitz musste Anfang der Neunzigerjahre geschlossen werden, es brauchte andere Konzepte. Ein Mittelweg zwischen Repression und Freigabe, begleitet von Therapie und schadensminimierenden Angeboten, ist seither die Basis der Schweizer Drogenpolitik. Auch progressivere Konzepte wie die Substitutionsbehandlung mit Diamorphin (Heroin) kommen erfolgreich zur Anwendung, etwas, das in vielen anderen Ländern – Österreich eingeschlossen – politisch undenkbar ist.

Neben diesen historischen Aspekten sieht man auch an aktuellen Diskussionen, dass die Drogenpolitik nicht nur vom Interesse an einem ordentlichen Umgang mit Süchtigen getragen ist. Während zum einen weiterhin ein Krieg gegen illegalisierte Substanzen geführt wird, gibt es derzeit auch ganz andere Bestrebungen: Die Legalisierung von Cannabis schreitet voran, die Regelungen in den USA sind in einigen Bundesstaaten mittlerweile wesentlich liberaler als im einstigen „Kifferparadies" Amsterdam. Auch wenn die Tendenz in den USA recht eindeutig in Richtung eines liberaleren Umgangs mit der Substanz geht, ist ersichtlich, dass dieser nicht rein auf evidenzbasierten Fakten zum Nutzen oder der Schädlichkeit der Substanz basiert: Von den fünfzig Bundesstaaten ist in rund einem Drittel der Konsum weiterhin illegal, knapp ein Fünftel hat den Konsum legalisiert, ein weiteres Fünftel erlaubt Cannabis aus medizinischen Gründen und in einigen wenigen Staaten erfolgte eine Entkriminalisierung, ein Modell, dem beispielsweise auch Portugal sehr erfolgreich nachgeht.

Die Regelungen sind von einer Vielzahl unterschiedlicher, einander zum Teil widersprechender Interessenlagen abhängig. Steuereinnahmen und Qualitätskontrolle sprechen für eine Legalisierung, die potenziell gesundheitsschädliche Wirkung jeder psychoaktiven Substanz ist nicht zu leugnen. Bleibt letztlich die politisch-ideologische Frage, wie viel gesundheitsschädliche Substanzen sich eine Gesellschaft um welchen Preis leisten will und ob man mehr auf Eigenverantwortung oder mehr auf Fremdbestimmung der Konsument*innen setzt.

Wie ideologisch diese Debatte hierzulande geführt wird, sieht man auch daran, dass sie wenig differenziert ist. Die einen warnen vor Cannabis als Einstiegsdroge, während die anderen nicht einsehen, wieso sie im Keller Bier brauen, aber Gras am Balkon nicht züchten dürfen. Über die Hintertür der Verwendung zu medizinischen Zwecken kann etwas weniger emotionalisiert diskutiert werden, wobei genau diese Vermischung der Liberalisierungsdebatte mehr schadet als nützt.

VON PROHIBITION BIS LEGALISIERUNG – WAS WIRKT?

Anhand unterschiedlicher Konzepte von Repression über Entkriminalisierung bis zur Liberalisierung sollen im Folgenden unterschiedliche Zugangsweisen des gesellschaftlichen und politischen Umgangs mit Drogen und deren Konsument*innen thematisiert werden. Zwischen „verboten" und „erlaubt" existiert ein breites Spektrum an unterschiedlichen Regulierungsmöglichkeiten, die zur Anwendung kommen können.

Am oberen Ende eines repressiven Umganges mit Drogen steht deren Verbot, dessen Nichtbeachtung mit bedingten oder unbedingten Haftstrafen geahndet wird. Es ist eine weit verbreitete Ansicht, dass ein Verbot von Substanzen zu geringerem Konsum derselben führen würde. Je strenger die Strafen, desto weniger würden die Menschen diese Substanzen konsumieren, so der allgemeine Tenor. Die Regierung der Philippinen und auch anderer asiatischer Länder verfolgt diesen Zugang mit Vehemenz, der Besitz oder Handel von Drogen wird streng geahndet, bis hin zur Todesstrafe. Dass damit Probleme mit dem Substanzkonsum nicht aus der Welt geschafft werden können, sieht man eindrucksvoll. Auf den Philippinen wird unter Präsident Rodrigo Duterte seit 2016 ein erbitterter Kampf gegen Drogen geführt. Anti-Drogen-Operationen der Regierung spüren Händler auf und scheuen auch davor nicht zurück, diese zu töten. Die offizielle

Begründung für solche Todesfälle ist, dass die Täter Widerstand bei deren Verhaftung geleistet hätten. Menschenrechtsaktivist*innen sehen das anders, es ginge lediglich darum, die Dealer aus dem Weg zu räumen, um jeden Preis. Es gibt aber nicht nur dokumentierte Tötungen, sondern auch eine Reihe von ungeklärten Fällen. Killer, die nachts auf Motorrädern die Straßen durchkämmen, erschießen Händler und Konsument*innen, ohne Strafe fürchten zu müssen. Duterte selbst soll sogar einmal bei einem Besuch in den Slums vor hunderten Menschen gesagt haben: „Wer einen Junkie kennt, soll losgehen und ihn töten."

Offizielle Zahlen zu den Getöteten gibt es nicht. Es sind aber laut Schätzungen bereits mehrere Zehntausend Menschen, die auf den Philippinen im Krieg gegen Drogen ums Leben kamen. Dazu kommen übervolle Gefängnisse und die Sorge, dass die repressive Politik die Durchseuchungsrate mit HIV und Hepatitis C steigen lässt. Das Wahlkampfversprechen, die Drogenprobleme auf den Philippinen bis spätestens Dezember 2016 mit diesem erbitterten Kampf gelöst zu haben, wartet hingegen noch immer auf die Einlösung.

Man braucht aber gar nicht auf derartige Extreme zu blicken, um zu erkennen, welche negativen Auswirkungen Drogenverbote haben können. Es reicht ein Blick auf die Drogenpolitik europäischer Länder und deren Umgang mit Cannabis. Vor etwa zehn Jahren wurden vermehrt über das Internet, aber auch in einschlägigen Geschäften, legale Alternativen zu illegalisierten Substanzen angeboten. Shops, in denen man Kräutermischungen als Ersatz für Cannabis oder auch „Badesalze" als stimulierende Alternative zu Amphetaminen oder MDMA kaufen konnte, schossen wie Pilze aus dem Boden. Die Bezeichnungen „Kräutermischung", „Badesalz" oder auch „Pflanzendünger – oft auch noch mit dem Warnhinweis „Nicht zum menschlichen Verzehr geeignet" versehen, wobei die Konsument*innen genau wussten, wie ernst diese Warnung zu nehmen ist – sollten den eigentlichen Zweck verschleiern: den Konsum zur Berauschung. Einigen Leser*innen wird vielleicht noch die Kräutermischung „Spice" ein Begriff sein, die im Jahr 2008 in Österreich und anderen europäischen Ländern auftauchte. Verkauft wurde diese Mischung zur Aromatisierung der Raumluft, es war aber bald bekannt, dass sie wie Cannabis geraucht werden konnte. Chemische Analysen ergaben, dass es sich im Wesentlichen um Eibischkraut handelte, dass mit dem synthetischen

Cannabinoid JWH-018 angereichert war. Dieses synthetische Cannabinoid stand im Gegensatz zu THC nicht auf der Liste der verbotenen Substanzen im Suchtmittelgesetz, insofern waren auch Vertrieb und Konsum der Substanz legal. Nachdem Letzterer aber, wie sich herausstellte, nicht unproblematisch war, reagierte der Gesetzgeber und verbot mit Dezember 2008 Räuchermischungen, die die chemische Verbindung „Naphthalen-1-yl-(1-pentylindol-3-yl)methanon/JWH-018" enthalten. Problem gelöst? Mitnichten. Es tauchten laufend ähnliche Produkte mit geringfügiger Veränderung der Molekularstruktur auf, die zwar dieselbe Wirkung hatten, aber nicht verboten waren. So gab es statt „Naphthalen-1-yl-(1-pentylindol-3-yl)methanon/JWH-018" plötzlich „(Naphthalin-1-yl)(2-methyl-1-propyl-1H-indol-3-yl) methanon (JWH-015)". Für die Konsument*innen kein Unterschied, für die Verfolgungsbehörden schon, diese Struktur war durch die geringfügige chemische Änderung schließlich nicht mehr verboten. Ein ständiges Katz-und-Maus-Spiel zwischen Produzent*innen und Gesetzgeber.

Darüber hinaus kamen ab 2009 immer neue Substanzen aus unterschiedlichen Wirkungsklassen hinzu. Neben synthetischen Cannabinoiden gab es zunehmend synthetische Drogen aus immer mehr und anderen Klassen – Cathinone, Piperazine und anderes mehr. Eine schier unüberschaubare Anzahl an Substanzen, die in sogenannten „Head-Shops", aber auch online vertrieben wurden. Im Internet gab es Verkaufsseiten, die durchaus mit großen Versandhändlern für Bücher oder andere Waren vergleichbar waren. Produkte konnten bewertet, verglichen und mit einem Klick in den Warenkorb gelegt werden. Auch die Bezahlung funktionierte analog anderer Versandhändler mit Kreditkarte oder auf Rechnung, die Lieferung erfolgte in den nächsten Tagen frei Haus.

Der Kauf dieser Substanzen war denkbar einfach und nicht verboten, die Problematik für die Konsument*innen jedoch eine ganz andere. Die Legalität der Substanzen und die damit einhergehende Bezeichnung als sogenannte „Legal Highs" vermittelten den Anschein, dass es sich hierbei um harmlose Substanzen handelt. Die Straffreiheit war für die Konsument*innen ein wesentlicher Anreiz, von bekannten verbotenen Substanzen wie beispielsweise Cannabis auf das unbekanntere, aber legale Spice umzusteigen. Doch die Erwartung der Harmlosigkeit erfüllte sich nicht, das Gegenteil war der Fall. Der Konsum dieser Substanzen war zum Teil wesentlich riskanter als der seines illegalisierten Pendants. Letztlich war das Risikopotenzial weitgehend unerforscht und damit auch für die Konsument*innen nicht erkennbar, sowohl Akut- als auch Langzeitwirkungen sind schwerer kalkulierbar. Betrachtet man die Herstellungsweise dieser Substanzen, ist dies auch nicht weiter verwunderlich. Spice wurde häufig in einfachen Kellerlabors produziert, Utensilien waren eine Eibischkräutermischung, das synthetische Cannabinoid in flüssiger Form und eine handelsübliche Blumen- oder Wäschespritze. Die Kräutermischung wurde auf dem Boden ausgebreitet, die synthetisch hergestellte psychoaktive Substanz mit der Wäschespritze auf die Kräuter aufgesprüht. Jeder, der schon einmal beim Hemdenbügeln Wasser mit der Wäschespritze aufgesprüht hat, weiß, dass das Wasser nicht sonderlich gleichmäßig aus der Spritze herauskommt. Manchmal kommt gar nichts, manchmal gibt es Wasserflecken. So war das auch beim Aufsprühen der chemischen Verbindung auf die Kräuter, was zur Folge hatte, dass es Spice-Packungen mit sehr geringer Wirkstoffmenge und solche mit extrem hoher Wirkstoffmenge gab. Ein risikoarmer und vorsichtig dosierter Konsum war daher nicht möglich, was nicht selten zu Überdosierungen und massiven unerwünschten Nebenwirkungen wie Herz-Kreislauf-Problemen, Krampfanfällen, Panikattacken, Nierenversagen und anderem mehr führte. Häufig traten auch massiv erhöhte Aggressionszustände oder paranoide Wahnvorstellungen auf, die selbst erfahrene Drogenabhängige ängstigten, weshalb ein nicht unerheblicher Teil wieder aufhörte, diese Substanzen zu konsumieren.

Im Jahr 2012 reagierte schließlich die österreichische Gesetzgebung mit der Einführung des Neuen-Psychoaktiven-Substanzen-Gesetzes (NPSG) auf dieses Problem, in dem nicht mehr einzelne Substanzen, sondern erstmals ganze Wirkungsklassen verboten wurden, um dem ständigen Katz-und-Maus-Spiel des Verbietens einzelner Substanzen und der geringfügigen Abänderung von Molekularstrukturen ein Ende zu bereiten.

Am Beispiel der neuen psychoaktiven Substanzen ist gut ersichtlich, dass man mit reinen Verboten keine Probleme löst, sondern sie manchmal sogar verschlimmert oder erst neue generiert. In diesem

Fall hat man mit dem NPSG, das auf eine Eindämmung des Angebotes und eine Unterstützung für die Betroffenen abzielt, das Problem ganz gut in den Griff bekommen. Nicht ganz so einfach ist das jedoch bei anderen Substanzen und deren Folgewirkungen. Die Verbreitung von Infektionskrankheiten wie Hepatitis C oder HIV unter Drogenabhängigen sowie eine Vielzahl von medizinischen sowie sozialen Folgewirkungen sind auf die Kriminalisierung der Substanzen zurückzuführen. Drogenabhängige bewegen sich aus Angst, erwischt zu werden, im Verborgenen und finden Mittel und Wege, um an die Substanz zu kommen, die sie brauchen. Der Konsum erfolgt häufig unter unsauberen Bedingungen und in der ständigen Angst vor der Polizei. Dies alles führt zu einem Kreislauf aus Konsum, Kriminalität, gesundheitlichen Folgewirkungen durch unsaubere Substanzen und Inhaftierung. Ein Entkommen aus diesem Kreislauf ist für viele erst möglich, wenn bereits massive Folgewirkungen eingetreten sind.

Dass reine Verbote wirkungslos sind, sieht man also nicht nur im Fall der Philippinen und der USA, auch in Europa erwiesen sich bei Abhängigkeitserkrankungen rein restriktive Modelle nicht als sehr hilfreich. Es stellt sich die Frage nach Alternativen.

Am anderen Ende des Umgangs mit psychoaktiven Substanzen steht deren völlige Legalisierung. Aber ist das das Mittel der Wahl? Die rechtliche Situation den Alkohol betreffend steht diametral zu jener von illegalisierten Drogen wie Opiaten oder Kokain. Er darf – unter Berücksichtigung der Einschränkungen durch Jugendschutzbestimmungen – in Österreich frei verkauft und beworben werden. Die Folgen dieser liberalen Bestimmungen und der kulturellen Einbettung des Alkohols in unserer Gesellschaft sind bekannt. 365.000 Alkoholabhängige in Österreich und weitere 740.000, die einen problematischen Umgang mit Alkohol pflegen [7]. Gegner der Cannabis-Legalisierung argumentieren mit diesen Zahlen: Weshalb sollte man eine weitere Substanz legalisieren, wenn es doch schon mit zwei legalisierten Substanzen – Alkohol und Nikotin – genügend Probleme gibt? Ein berechtigter Einwand. Auf der anderen Seite stellt sich die Frage, wie viel Sinn es macht, Cannabis, eine vermutlich harmlosere Substanz als Alkohol, zu kriminalisieren und dessen Konsument*innen, die genauso ein Bedürfnis nach Berauschung haben wie Alkoholkonsument*innen, ins Eck zu stellen. Aus wissenschaftlicher Sicht gibt es dazu keine vernünftige Begründung.

Doch wie meistens im Leben gibt es auch hier nicht nur Schwarz oder Weiß. Neben dem Verbot und der Legalisierung gibt es weitere Modelle zum Umgang mit psychoaktiven Substanzen. Allen voran die Entkriminalisierung, wie sie beispielsweise in Portugal seit vielen Jahren erfolgreich betrieben wird. Seit dem 1. Juli 2001 gilt dort das „Gesetz 30/2000", das den Konsum aller Drogen im Land entkriminalisiert. Der Konsum von Cannabis ist seitdem ebenso wenig eine Straftat wie der von Heroin oder Kokain. Das heißt aber nicht, dass in Portugal der Besitz von Drogen zum Eigengebrauch erlaubt ist, er ist schlicht eine Ordnungswidrigkeit wie etwa das Falschparken. Wer mit geringen Mengen zum Eigengebrauch erwischt wird, muss vor die sogenannte Comissões para a Dissuasão da Toxicodependência (CDT), die Kommission für die Abmahnung der Drogensucht, bestehend aus einer/einem Jurist*in, einer/einem Psycholog*in und einer/einem Sozialarbeiter*in. Die Mitglieder der Kommission können Geldbußen verhängen oder die Betroffenen abmahnen, die wichtigste Aufgabe ist jedoch, Menschen zu einer Therapie zu bringen, wenn diese eine benötigen. Es geht also darum, Personen, die keine kriminellen Handlungen begehen, auch nicht zu kriminalisieren, sondern diese dem Hilfesystem zuzuführen, wenn sie es brauchen. Bei Jugendlichen und Erstkonsument*innen spielen auch Prävention und Aufklärung eine wesentliche Rolle. Das Signal ist deutlich: Der Konsum von Drogen ist nicht harmlos, aber auch nichts, was bestraft gehört, es braucht einen anderen Umgang mit diesem komplexen Thema. Das ist auch das wesentliche Merkmal der portugiesischen Politik, denn nicht die Entkriminalisierung alleine ist hilfreich, sondern der dadurch leichter mögliche Zugang zum Hilfesystem. Abhängige müssen keine Strafen mehr befürchten, wenn sie sich als solche zu erkennen geben, der Ausbau von Präventionskampagnen, Sozialarbeiter*innen auf der Straße und die Verbesserung von Therapie- und Substitutionsprogrammen unterstützen die Betroffenen, anstatt sie zu kriminalisieren.

Das heißt aber nicht, dass in Portugal jeglicher Umgang mit Drogen straffrei ist, es gibt eine deutliche Abgrenzung zwischen Konsument*innen und Händler*innen. Die Menge an Substanzen, die man bei sich führen darf, um straffrei zu bleiben, ist klar geregelt und auf einen Konsum von etwa zehn Tagen ausgelegt. Laut Definition sind das bis zu 25 Gramm Marihuana, zwei Gramm Kokain, einem Gramm Heroin oder Crystal Meth oder einem Gramm MDMA (Ecstasy) oder Amphetamin (Speed). Wer mehr bei sich hat, wird als Dealer nach dem Strafrecht bestraft.

Portugal lebt den Zugang der Entkriminalisierung nun schon seit mehr als 15 Jahren, ein Zeitraum, der lange genug ist, um die Folgen dieser Maßnahmen abschätzen zu können. Das Ergebnis dieser liberaleren Drogenpolitik ist ein positives, das Straßenbild hat sich verändert. Mitte der 1990er-Jahre hatte Portugal ein öffentlich sichtbares Drogenproblem, in Lissabon und anderen größeren Städten gab es Bezirke, in denen Süchtige auf offener Straße spritzten und verelendeten, die Anzahl der Heroinabhängigen war hoch. Nach der Entkriminalisierung stieg, entgegen den Befürchtungen der Kritiker*innen, die Anzahl der Drogenkonsumierenden im Land nicht an, im Gegenteil. Der Drogenkonsum unter den problematischen Konsument*innen ging zurück, die Zahl der Drogentoten sowie Neuinfektionen mit ansteckenden Erkrankungen wie HIV und Hepatitis C sanken. Die Zahl der Abhängigen in Behandlung stieg deutlich an. Dass weniger Jugendliche illegalisierte Substanzen konsumierten, ist ebenso ein äußerst wünschenswertes Ergebnis, genauso wie die deutliche Entlastung der ohnehin schon überfüllten Gefängnisse. Weniger Drogenabhängige wurden straffällig, weniger Menschen konsumierten Drogen in Haft. Lediglich die Anzahl der Erwachsener, die Drogen zumindest einmal ausprobierten, stieg geringfügig an, was im Wesentlichen auf den Konsum von Cannabis zurückzuführen ist [108]. Eine Entwicklung, die sich allerdings auch in anderen europäischen Ländern ohne vergleichbare Reformen zeigte. Insgesamt hat Portugal mittlerweile eine im europäischen Durchschnitt vergleichsweise niedrige Drogenkonsumquote. Alles in allem also positive Auswirkungen und das Gegenteil der Befürchtungen der Kritiker*innen, die Anzahl der Süchtigen würde mit einem liberaleren Zugang ansteigen.

Zusammenfassend kann man sagen, dass aus wissenschaftlicher Sicht und aus den Erfahrungen der Länder mit einer liberaleren Drogenpolitik sehr vieles für eine Entkriminalisierung, verbunden mit einem Ausbau an präventiven und unterstützenden Angeboten, spricht. Letztlich bleibt es also eine rein politische Frage, ob sich eine Regierung dazu durchringt, den „Kampf gegen Drogen" mit einem weniger restriktiven, mehr regulativen und unterstützenden Zugang zu führen.

DIE RECHTLICHE SITUATION IN ÖSTERREICH

Die österreichische Drogengesetzgebung differenziert zwischen Konsument*innen und Drogenhändler*innen und bietet ein breites Spektrum an unterstützenden und therapeutischen Maßnahmen für Abhängige. Die wesentlichsten gesetzlichen Regelungen finden sich im österreichischen Suchtmittelgesetz (SMG), das im Jahr 1998 das Suchtgiftgesetz ablöste und dem Grundsatz „Therapie statt Strafe" wesentliche Bedeutung eingeräumt hat. Neben dem SMG existiert seit dem Jahr 2012 zusätzlich das Neue-Psychoaktive-Substanzen-Gesetz (NPSG), das den Umgang mit den seit Ende der 2000er-Jahre aufgekommenen, überwiegend synthetischen Drogen regelt. Das NPSG ist in einigen Bereichen liberaler als das SMG, es versucht noch deutlicher die Konsument*innen von den Händler*innen zu unterscheiden und vor allem eine Reduktion auf der Angebotsseite zu erreichen. Das dritte wesentliche Gesetz im Zusammenhang mit Suchtmitteln in Österreich ist die Suchtgiftverordnung, die vorwiegend die ärztliche Verschreibung von Suchtmitteln sowie die Substitutionsbehandlung regelt.

Das Suchtmittelgesetz regelt den Umgang mit Substanzen wie Cannabis, Kokain oder Heroin. Was wenig bekannt zu sein scheint, ist, dass der Konsum von Suchtmitteln in Österreich generell nicht verboten ist, im SMG sind Besitz, Erwerb, Weitergabe, Erzeugung, Handel und ähnlich gelagerte Handlungen untersagt. Die Strafbarkeit des Konsums wird jedoch quasi indirekt über den Besitz geregelt, wer Suchtmittel konsumiert, muss ja schließlich welche haben. Neben den verbotenen Substanzklassen, deren Einordnung auf Basis internationaler Konventionen erfolgt, werden mittels Verordnungen Grenzmengen für verschiedenste Substanzen festgelegt. Dass es sich dabei um die Menge handelt, die man für den „Eigenbedarf" mit sich führen darf, wie dies häufig angenommen wird, ist ein Irrglaube. Die sogenannte Grenzmenge regelt lediglich jene Menge einer Substanz, bei deren Überschreitung die Strafen strenger werden. Bei Suchtmitteldelikten unterhalb der Grenzmenge spricht man von Vergehenstatbeständen (§ 27 SMG), bei solchen darüber von Verbrechenstatbeständen (§§ 28, 28a SMG). Die Haftstrafen bei Vergehen liegen bei einem beziehungsweise, in schwerwiegenderen Fällen, bei bis zu drei Jahren, die Strafen für Suchtmittelverbrechen können bis zu zwanzig Jahre oder lebenslang betragen. Nur um einen Eindruck von den Mengen zu erhalten: Die aktuell gültige Grenzmenge bei Cannabis beträgt zwanzig Gramm der Reinsubstanz, die von Heroin drei Gramm.

Die wesentlichen Strafbestimmungen im Suchtmittelgesetz sind die §§ 27, 28 und 28a des SMG. Der § 27 SMG regelt die Strafen für den Erwerb, Besitz, Erzeugung, Beförderung, Ein- und Ausfuhr, das Anbieten, Verschaffen oder Überlassen von Suchtmitteln, wobei es Unterscheidungen hinsichtlich des persönlichen Gebrauchs sowie des gewerbsmäßigen Vorgehens gibt. Unter diese Paragrafen fällt der Besitz von Cannabis zum Eigengebrauch genauso wie der Verkauf von Heroin oder anderen Substanzen, jedoch bei § 27 SMG in allen Fällen unterhalb der Grenzmenge. Der Besitz von Cannabis ist nach diesem Gesetz demnach genauso strafbar wie das Herumreichen eines Joints in einer Runde. Im Gesetzesdeutsch handelt es sich bei Letzterem nämlich um Überlassung eines Suchtmittels, die nach § 27 SMG strafbar ist. Die Bestimmungen für den Suchtgifthandel und die Vorbereitungen dazu finden sich in den §§ 28 und 28a SMG und betreffen den Umgang mit Substanzen oberhalb der Grenzmenge.

§ 27, 28, 28a Suchtmittelgesetz (SMG)

§ 27

(1) Wer vorschriftswidrig

1. Suchtgift erwirbt, besitzt, erzeugt, befördert, einführt, ausführt oder einem anderen anbietet, überlässt oder verschafft,
2. Opiummohn, den Kokastrauch oder die Cannabispflanze zum Zweck der Suchtgiftgewinnung anbaut oder
3. psilocin-, psilotin- oder psilocybinhältige Pilze einem anderen anbietet, überlässt, verschafft oder zum Zweck des Suchtgiftmissbrauchs anbaut, ist mit Freiheitsstrafe bis zu einem Jahr oder mit Geldstrafe bis zu 360 Tagessätzen zu bestrafen.

(2) Wer jedoch die Straftat ausschließlich zum persönlichen Gebrauch begeht, ist mit Freiheitsstrafe bis zu sechs Monaten oder mit Geldstrafe bis zu 360 Tagessätzen zu bestrafen.

(2a) Mit Freiheitsstrafe bis zu zwei Jahren ist zu bestrafen, wer vorschriftswidrig in einem öffentlichen Verkehrsmittel, in einer dem öffentlichen Verkehr dienenden Anlage, auf einer öffentlichen Verkehrsfläche, in einem öffentlichen Gebäude oder sonst an einem allgemein zugänglichen Ort öffentlich oder unter Umständen, unter denen sein Verhalten geeignet ist, durch unmittelbare Wahrnehmung berechtigtes Ärgernis zu erregen, Suchtgift einem anderen gegen Entgelt anbietet, überlässt oder verschafft.

(3) Mit Freiheitsstrafe bis zu drei Jahren ist zu bestrafen, wer eine Straftat nach Abs. 1 Z 1, Z 2 oder Abs. 2a gewerbsmäßig begeht.

(4) Mit Freiheitsstrafe bis zu drei Jahren ist zu bestrafen, wer
1. durch eine Straftat nach Abs. 1 Z 1 oder 2 einem Minderjährigen den Gebrauch von Suchtgift ermöglicht und selbst volljährig und mehr als zwei Jahre älter als der Minderjährige ist oder
2. eine solche Straftat als Mitglied einer kriminellen Vereinigung begeht.

(5) Wer jedoch an Suchtmittel gewöhnt ist und eine Straftat nach Abs. 3 oder Abs. 4 Z 2 vorwiegend deshalb begeht, um sich für seinen persönlichen Gebrauch Suchtmittel oder Mittel zu deren Erwerb zu verschaffen, ist nur mit Freiheitsstrafe bis zu einem Jahr zu bestrafen.

Vorbereitung von Suchtgifthandel – § 28

(1) Wer vorschriftswidrig Suchtgift in einer die Grenzmenge (§ 28b) übersteigenden Menge mit dem Vorsatz erwirbt, besitzt oder befördert, dass es in Verkehr gesetzt werde, ist mit Freiheitsstrafe bis zu drei Jahren zu bestrafen. Ebenso ist zu bestrafen, wer die in § 27 Abs. 1 Z 2 genannten Pflanzen zum Zweck der Gewinnung einer solchen Menge Suchtgift mit dem Vorsatz anbaut, dass dieses in Verkehr gesetzt werde.

(2) Mit Freiheitsstrafe bis zu fünf Jahren ist zu bestrafen, wer die Straftat nach Abs. 1 in Bezug auf Suchtgift in einer das Fünfzehnfache der Grenzmenge (§ 28b) übersteigenden Menge (großen Menge) begeht.

(3) Mit Freiheitsstrafe von einem Jahr bis zu zehn Jahren ist zu bestrafen, wer die Straftat nach Abs. 1 als Mitglied einer kriminellen Vereinigung begeht.

(4) Unter den in § 27 Abs. 5 genannten Voraussetzungen ist der Täter jedoch im Fall des Abs. 1 nur mit Freiheitsstrafe bis zu einem Jahr, im Fall des Abs. 2 nur mit Freiheitsstrafe bis zu drei Jahren und im Fall des Abs. 3 nur mit Freiheitsstrafe bis zu fünf Jahren zu bestrafen.

Suchtgifthandel § 28a

(1) Wer vorschriftswidrig Suchtgift in einer die Grenzmenge (§ 28b) übersteigenden Menge erzeugt, einführt, ausführt oder einem anderen anbietet, überlässt oder verschafft, ist mit Freiheitsstrafe bis zu fünf Jahren zu bestrafen.

(2) Mit Freiheitsstrafe von einem Jahr bis zu zehn Jahren ist zu bestrafen, wer die Straftat nach Abs. 1

1. gewerbsmäßig begeht und schon einmal wegen einer Straftat nach Abs. 1 verurteilt worden ist,
2. als Mitglied einer kriminellen Vereinigung begeht oder
3. in Bezug auf Suchtgift in einer das Fünfzehnfache der Grenzmenge übersteigenden Menge (großen Menge) begeht.

(3) Unter den in § 27 Abs. 5 genannten Voraussetzungen ist der Täter jedoch im Fall des Abs. 1 nur mit Freiheitsstrafe bis zu drei Jahren, im Fall des Abs. 2 nur mit Freiheitsstrafe bis zu fünf Jahren zu bestrafen.

(4) Mit Freiheitsstrafe von einem bis zu fünfzehn Jahren ist zu bestrafen, wer die Straftat nach Abs. 1

1. als Mitglied einer kriminellen Vereinigung begeht und schon einmal wegen einer Straftat nach Abs. 1 verurteilt worden ist,
2. als Mitglied einer Verbindung einer größeren Zahl von Menschen zur Begehung solcher Straftaten begeht oder
3. in Bezug auf Suchtgift in einer das Fünfundzwanzigfache der Grenzmenge übersteigenden Menge begeht.

(5) Mit Freiheitsstrafe von zehn bis zu zwanzig Jahren oder mit lebenslanger Freiheitsstrafe ist zu bestrafen, wer eine Straftat nach Abs. 1 begeht und in einer Verbindung einer größeren Zahl von Menschen zur Begehung solcher Straftaten führend tätig ist.

Doch was bedeutet das nun in der Praxis? Was geschieht, wenn man in Österreich mit einer geringen Menge Cannabis, Heroin oder Kokain erwischt wird? Schließlich stehen auch zum persönlichen Gebrauch im Gesetzestext bis zu sechs Monate Freiheitsstrafe oder eine Geldstrafe bis zu 360 Tagessätzen. Werden nun alle, die einmal mit einem Cannabis-Joint erwischt werden, eingesperrt? Nein, denn eine Verurteilung nach dem SMG bedeutet nicht gleichermaßen eine Inhaftierung. Im Jahr 2016 gab es beispielsweise 7351 Verurteilungen nach dem SMG in Österreich, davon 2219 wegen Handels und Vorbereitungen zum Suchtgifthandel und 5095 wegen unerlaubten Umgangs mit Suchtgiften [129].

Diese Kapazität an Haftplätzen gäbe es in Österreich überhaupt nicht und es würde auch nicht viel Sinn machen, alle diese Personen einzusperren. Vor allem bei Delikten im Zusammenhang mit geringen Mengen zum persönlichen Gebrauch kommen zumeist andere Maßnahmen zur Anwendung. Das Prinzip „Therapie statt Strafe“ ist ein fester Bestandteil des österreichischen Suchtmittelrechts.

Für Cannabis gibt es seit dem Jahr 2016 eine eigene Regelung im Suchtmittelgesetz, die zur Entkriminalisierung der Substanz beigetragen hat. Prinzipiell gilt Cannabis in Österreich als illegales Suchtmittel, dessen Erwerb, Besitz und Weitergabe genauso verboten ist wie im Fall von von Heroin oder Kokain. Eine definierte festgesetzte Menge zum Eigengebrauch, welche man besitzen darf, gibt es nicht. Wenn man jedoch mit einer geringen Menge Cannabis (maximal zwanzig Gramm Reinsubstanz THC) für den persönlichen Gebrauch erwischt wird, bekommt man zwar nach wie vor eine Anzeige, es kommt jedoch zu keinem Verfahren bei der Staatsanwaltschaft, sondern einer Meldung bei der Gesundheitsbehörde. Ist dies die erste innerhalb von fünf Jahren, gibt es seitens der Strafverfolgungsbehörden neben einem Eintrag ins Suchtmittelregister keine weiteren straf- oder suchtmittelrechtlichen Konsequenzen. Eine eher milde Reaktion im Vergleich zu den angedrohten Konsequenzen [10]. Bei Wiederholung kann es zu einer Anordnung von Therapie beziehungsweise auch zu Geld- und Haftstrafen kommen.

Eine wesentliche Zielrichtung des SMG ist damit die Differenzierung zwischen Konsument*innen und Händler*innen. Abhängige Personen sollen in geeignete Unterstützungssysteme vermittelt, Händler*innen durch Strafen abgeschreckt werden. Das SMG berücksichtigt die Tatsache, dass bei Drogenabhängigen neben medizinischen, häufig psychische und soziale Probleme im Vordergrund stehen. Unter dem zusammenfassenden Begriff der „gesundheitsbezogenen Maßnahmen“ steht drogenabhängigen Straftäter*innen ein differenzierteres Behandlungsspektrum als Alternative zur Strafverfolgung zur Verfügung. Neben der schon im alten, bis zum Jahr 1998 gültigen Suchgiftgesetz (SGG) verankerten Möglichkeit der ärztlichen Überwachung und Behandlung des Gesundheitszustandes, zählen nunmehr klinisch-psychologische Behandlung, Psychotherapie und psychosoziale Betreuung zu den gesundheitsbezogenen Maßnahmen.

Grundsätzlich sieht das österreichische Rechtssystem eine Art „Stufenleiter“ vor, mit der Drogenkonsument*innen motiviert, genötigt oder gezwungen werden sollen, behandelnde oder betreuende Angebote anzunehmen. Am unteren Ende steht dabei die Intervention der Gesundheitsbehörde, also der regionalen Administration, bei der festgeschrieben wird, dass jeder, der als süchtig und behandlungsbedürftig definiert ist, verpflichtet ist, sich einer Behandlung zu unterziehen. Wenn die Betroffenen den Behandlungsmaßnahmen nachkommen, gibt es keine strafrechtlichen Sanktionen. In der Praxis bedeutet das, dass unter bestimmten Bedingungen kein Gerichtsverfahren eingeleitet (§ 35 SMG) oder ein bereits laufendes Verfahren eingestellt wird (§ 37 SMG). Voraussetzungen hierfür sind der Eigengebrauch, das Unterschreiten der Grenzmenge und eine Begutachtung der Gesundheitsbehörde, bei der festgestellt wird, ob eine gesundheitsbezogene Maßnahme notwendig ist oder nicht. Wird diese als notwendig erachtet und erklärt sich die betroffene Person bereit, die Unterstützungsmaßnahmen anzunehmen, erfolgen keine weiteren straf- oder suchtmittelrechtlichen Maßnahmen. Für Cannabiskonsument*innen gibt es zusätzlich die weiter oben beschriebene Sonderregelung. Diese Bestimmungen führen dazu, dass eine Vielzahl von Fällen diversionell erledigt werden kann. Im Jahr 2016 endeten insgesamt 23.809 Fälle mit einem vorläufigen Rücktritt von der Verfolgung nach § 35 SMG und 1857 Fälle, in denen das Verfahren vom Gericht vorläufig eingestellt wurde (§ 37 SMG) [129]. Damit wird eine Vielzahl von Konsument*innen illegalisierter Substanzen eher dem Gesundheitssystem als dem Strafsystem zugeführt, was durchaus eine sehr sinnvolle Vorgangsweise ist.

Treffen die Voraussetzungen für eine vorläufige Anzeigenzurücklegung oder Verfahrenseinstellung jedoch nicht zu, droht eine unbedingte Haftstrafe. Doch auch hier greift wieder das Prinzip „Therapie statt Strafe“, bei dem die Strafe unter bestimmten Bedingungen bis zu zwei Jahre aufgeschoben werden kann, um dem Verurteilten die Gelegenheit zu geben, sich einer Behandlung der Drogenabhängigkeit zu unterziehen. Wurde diese Behandlung erfolgreich absolviert, wird die unbedingte in eine bedingte Freiheitsstrafe umgewandelt, die Strafe muss unter der Verhängung einer Probezeit nicht im Gefängnis verbüßt werden. Dieser Strafaufschub nach § 39 SMG steht verurteilten

Drogenabhängigen bei Strafen, die einen bestimmten Rahmen nicht überschreiten, zur Verfügung, wenn der Betroffene von Suchtmitteln abhängig ist. Darüber hinaus muss sich die Person einverstanden erklären, sich einer notwendigen gesundheitsbezogenen Maßnahme zu unterziehen. Es handelt sich also nicht um eine Zwangsbehandlung, sondern um eine Möglichkeit, die die Betroffenen in Anspruch nehmen können oder auch nicht, wenngleich die Alternative Gefängnis nicht sonderlich attraktiv ist. Demzufolge spricht man in diesem Zusammenhang auch von einer „Quasi-Zwangsbehandlung", da trotz des Zwangscharakters noch immer eine Wahlfreiheit für die Betroffenen besteht.

Damit gibt es für süchtige und behandlungsbedürftige Täter gewissermaßen eine „rechtliche Privilegierung" im Sinn von Therapie statt Strafe, die unter bestimmten Bedingungen die Möglichkeit bekommen, anstelle einer Haftstrafe einer Behandlung ihrer Abhängigkeit nachzugehen. Dies stellt selbstverständlich die nachhaltigere Methode im Umgang mit kriminell gewordenen Drogenabhängigen dar, als sie lediglich für einen bestimmten Zeitraum wegzusperren.

Neben dieser Quasi-Zwangsbehandlung gibt es aber noch eine weitere Stufe auf der Leiter der rechtlichen Möglichkeiten, Süchtige in Behandlung zu bringen, nämlich die Einweisung in die vorbeugende Maßnahme nach § 22 StGB. Bei dieser ist eine vom Gericht angeordnete Zwangsbehandlung vorgesehen, die über die Strafzeit hinausgehen kann. In Österreich werden die Behandlungen nach § 22 StGB in der Justizanstalt Favoriten und in Abteilungen anderer Justizanstalten angeboten, dies betrifft aber nur einen verschwindend kleinen Teil der inhaftierten Süchtigen.

Obwohl die Möglichkeiten, straffällig gewordene Abhängige in Behandlung zu bringen, damit im österreichischen SMG ganz gut geregelt sind, gibt es dennoch bei der Umsetzung Probleme. Dies hat auch damit zu tun, dass der Begriff „Therapie statt Strafe" etwas irreführend ist. Der Gesetzgeber hat bewusst einen sehr offenen Ansatz gewählt und spricht in § 11 SMG von gesundheitsbezogenen Maßnahmen, womit die Behandlung nicht nur auf psychotherapeutische Maßnahmen beschränkt ist, sondern auch medizinische, psychologische sowie psychosoziale Interventionen vorgesehen sind. Die

Anwendung methodenvielfältiger Angebote ist nicht nur im Umgang mit straffällig gewordenen Abhängigen mittlerweile State of the Art in der Suchtbehandlung. Diesem Umstand wird jedoch häufig bei der Begutachtung zu einem § 39 SMG zu wenig Beachtung geschenkt. Die vor allem bei einigen psychotherapeutischen Gutachter*innen gängige Methode, lediglich auf die Anwendbarkeit psychotherapeutischer Maßnahmen abzustellen, ist nicht im Sinne des Gesetzgebers und führt dazu, dass eine Reihe von Personen von den Behandlungsmaßnahmen ausgeschlossen ist. Dass nämlich beispielsweise jemandem, der der deutschen Sprache nicht mächtig ist, von vornherein eine Therapie versagt bleibt, macht wenig Sinn, denn um regelmäßig ärztlich verordnete Medikamente einzunehmen, benötigt man noch keine Deutschkenntnisse. Auch Personen, die schon mehrere Therapieversuche hinter sich haben, wird die Therapiefähigkeit häufig aufgrund einer von Gutachter*innen attestierten Aussichtslosigkeit abgesprochen. Wenn man jedoch in Betracht zieht, dass es gerade bei einer chronischen Erkrankung wie der Sucht häufig mehrere Therapieanläufe benötigt, damit diese in einer langfristigen Stabilisierung resultieren, sind derartige Entscheidungen kontraproduktiv. Diese Fehleinschätzungen führen zu einer manchmal recht restriktiven Handhabung des § 39 SMG, was zur Folge hat, dass oftmals die Kränkesten und am schwersten Betroffenen dort bleiben, wo sicher am wenigsten Besserung zu erwarten ist – im Strafvollzug.

Neben diesen Bestimmungen, die straffällig gewordene Abhängige betreffen, gibt es noch eine weitere Ebene, die vorwiegend den sekundärpräventiven Aspekten dienen soll, also jenen Personen Angebote macht, die bereits in Kontakt mit illegalisierten Substanzen gekommen sind. Spezielle Regelungen gibt es in Schulen und beim Bundesheer, die mit einer Art internem Krisenmanagementsystem sicherstellen, dass erstauffällige Konsument*innen möglichst rasch dem Gesundheitssystem zugeführt werden, ohne die Justiz einzuschalten. Fällt in diesen Institutionen jemand bezüglich Drogenmissbrauchs auf, wird der schul- beziehungsweise heeresinterne ärztliche sowie psychologische Dienst verständigt, der abklärt, ob weitere gesundheitsbezogene Maßnahmen notwendig sind. Damit ist sichergestellt, dass erstauffällige Betroffene möglichst rasch und diskret Hilfestellung erhalten.

Die Regelungen bezüglich des Konsums illegalisierter Drogen in Schulen ist in Österreich in § 13 des Suchtmittelgesetzes geregelt, dort heißt es in Absatz 1:

„Ist auf Grund bestimmter Tatsachen anzunehmen, daß ein Schüler Suchtgift mißbraucht, so hat ihn der Leiter der Schule einer schulärztlichen Untersuchung zuzuführen. Der schulpsychologische Dienst ist erforderlichenfalls beizuziehen. Ergibt die Untersuchung, daß eine gesundheitsbezogene Maßnahme gemäß *§ 11 Abs. 2* notwendig ist und ist diese nicht sichergestellt, oder wird vom Schüler, den Eltern oder anderen Erziehungsberechtigten die schulärztliche Untersuchung oder die Konsultierung des schulpsychologischen Dienstes verweigert, so hat der Leiter der Schule anstelle einer Strafanzeige davon die Bezirksverwaltungsbehörde als Gesundheitsbehörde zu verständigen. Schulen im Sinne dieser Bestimmungen sind die öffentlichen und privaten Schulen gemäß Schulorganisationsgesetz, *BGBl. Nr. 242/1962,* die öffentlichen land- und forstwirtschaftlichen Schulen sowie alle anderen Privatschulen."

Praktisch bedeutet das, dass Lehrer*innen beim Verdacht auf Drogengebrauch einer Schülerin oder eines Schülers zuerst die Direktion zu verständigen haben, die beim begründeten Verdacht auf Suchtmittelmissbrauch wiederum verpflichtet ist, eine schulärztliche beziehungsweise schulpsychologische Untersuchung zu veranlassen und die Eltern zu verständigen. Wenn der oder die Schüler*in die Untersuchung verweigert, muss die Schulleitung die Bezirksverwaltungsbehörde als Gesundheitsbehörde verständigen, es darf aber keine andere Behörde, also auch nicht die Polizei, verständigt werden. Vor dem Hintergrund der Leitlinie „Helfen statt strafen" ist dies durchaus sinnvoll. Von den involvierten Vertreter*innen des Gesundheitswesens wird nun in weiterer Folge entschieden, ob und welche gesundheitsbezogenen Maßnahmen notwendig sind. Mit dieser Vorgehensweise versucht der Gesetzgeber, einen möglichst unaufgeregten und nicht stigmatisierenden Umgang mit dem Thema Drogen bei Kindern und Jugendlichen an den Schulen zu verfolgen. Ein Ansatz, der weit sinnvoller ist, als mit Strafen, Schulverweisen oder anderen disziplinierenden Maßnahmen ohnehin schon gefährdete Jugendliche auszugrenzen, ihnen Bildungschancen zu nehmen und damit den Weg in den weiteren Drogenmissbrauch zu fördern.

WIE DROGEN WIRKEN

Wovon sprechen wir eigentlich, wenn wir von Drogen sprechen, was ist der Unterschied zwischen harten und weichen Drogen und wozu zählt der Alkohol? Um diese Fragen zu beantworten, muss man zuerst den Begriff „Droge“ näher beleuchten. Fragt man hundert verschiedene Personen, welche Drogen sie kennen, werden wahrscheinlich Substanzen wie Heroin, Kokain, eventuell noch Cannabis oder LSD genannt. Zu einem hohen Prozentsatz vermutlich jene Substanzen, die gesellschaftlich weniger anerkannt und darüber hinaus verboten sind. Erweitert man diese Befragung hinsichtlich der Gefährlichkeit unterschiedlicher Drogen, stehen ebenfalls schnell die illegalisierten Substanzen ganz weit oben auf der Liste. An den Ergebnissen derartiger Untersuchungen wird auch deutlich, wie wenig Wissen tatsächlich über Drogen und deren Gefahrenpotenzial vorhanden ist. In einer österreichischen Bevölkerungsbefragung schätzten beispielsweise knappe 95 Prozent Drogen wie Heroin oder Kokain als gefährlich ein, aber auch LSD – das ein vergleichsweise niedriges Schadens- und Abhängigkeitspotenzial hat – halten 94 Prozent der Befragten für gefährlich, gleich an zweiter Stelle der risikobehaftetsten Substanzen nach Heroin. Sekt hält gerade einmal jeder Fünfte, Bier jeder Vierte für gefährlich. Drei Viertel glauben, auf Cannabis wird man leicht süchtig, nur ein gutes Drittel glaubt dies hingegen bei Wein oder Bier [100]. Einschätzungen, die in keinem Verhältnis zum tatsächlichen Schadens- und Suchtpotenzial dieser Substanzen stehen.

Die meisten Menschen haben also ein Bild davon, was Drogen sind, oder zumindest eine vage Vorstellung. Hört man das Wort „Droge“ denkt man an Abhängigkeit, Gefährlichkeit, Risiko, eventuell sogar an Gefängnis oder Tod. Bilder von verwahrlosten Menschen, die in U-Bahn-Stationen oder auf öffentlichen Plätzen herumlungern, machen sich breit, vielleicht auch von Stars oder Mitgliedern der sogenannten High Society, die auf Partys Kokain sniefen. Drogen haben für viele Menschen etwas Abschreckendes, Gefährliches und Fremdes, auf andere wieder üben sie eine Faszination aus. So viele Bilder und Vorstellungen mit dem Begriff der Droge transportiert werden, so ungenau ist die Beschreibung, was er beinhaltet, eine wissenschaftlich exakte Definition des Begriffes gibt es nicht.

Auch die Herkunft des Wortes an sich hilft nicht wesentlich weiter. Der Begriff „Droge“ kommt vom althochdeutschen Wort *drög*, was so viel wie „trocken“ bedeutet und sich auf getrocknete Pflanzen oder Pflanzenteile zur Herstellung von Gewürzen oder pharmazeutisch wirksamen Arzneimittel bezieht. Folgt man der Begrifflichkeit, wären damit chemische Substanzen wie LSD oder Kokain keine Drogen, da sie nicht aus getrockneten Pflanzen bestehen. Auch im Englischen hat der Begriff *drugs* eine andere Bedeutung als im Deutschen, in den allseits verbreiteten *drug stores* kann man in den USA nämlich nicht Heroin und Kokain kaufen, sondern Arzneimittel, es handelt sich um Drogerien.

Der Begriff Droge beschreibt in unserem Sprachgebrauch in der Regel illegalisierte Substanzen und ist mit Mythen, Ängsten und Fantasien behaftet. Die fehlende Neutralität ist gleichzeitig ein Teil des Problems. Der Begriff transportiert immer eine bestimmte Bedeutung, für die meisten Menschen eine negative. So gibt es auf der einen Seite die in der Gesellschaft zumeist geächteten Drogenkonsument*innen, auf der anderen Seite die gesellschaftlich weitgehend anerkannten Alkoholkonsument*innen. Mit einem unterschiedlichen Gefährlichkeitspotenzial hat diese Unterscheidung nichts zu tun, es gibt durchaus einige Substanzen, die gemeinhin unter den Begriff Droge fallen, jedoch gesundheitlich weniger bedenklich sind als der Konsum von Alkohol. Diese Unterteilung in legalisierte und illegalisierte Substanzen zur Gefährlichkeitseinschätzung macht demnach nur bedingt Sinn. Auch Alkohol und Nikotin sind Drogen, nur wesentlich weiter verbreitete als Heroin, Kokain oder Cannabis.

Die exaktere sowie weniger moralisierende Bezeichnung ist psychoaktive oder psychotrope Substanzen. Darunter versteht man Stoffe, die in der Lage sind, die Wahrnehmung, das Verhalten, die Befindlichkeit oder Denkprozesse zu beeinflussen. Sie wirken auf das zentrale Nervensystem und lösen dort etwas aus. Sie regen an, beruhigen, verursachen Halluzinationen, führen zu Enthemmung, mehr Selbstvertrauen und vielem anderen mehr.

Nicht jede psychoaktive Substanz wirkt gleich, man kann sie grob in drei verschiedene Gruppen einteilen: betäubende Substanzen, halluzinogene Substanzen und stimulierende, aufputschende Substanzen, wobei es bei vielen von ihnen Überlappungen betreffend die Wirkungsbereiche gibt. Zu den betäubenden Substanzen zählen neben Heroin und Schlafmitteln der Alkohol, zu den stimulierenden neben Kokain das Nikotin. Der Begriff der psychoaktiven Substanzen unterscheidet also nicht zwischen legalen, gesellschaftlich anerkannten Drogen und solchen, die kriminalisiert und weniger verbreitet sind, sondern umfasst alle Substanzen, die in der Lage sind, unser Erleben, Befinden und unsere Wahrnehmung zu beeinflussen.

Ein weiterer Begriff, der in den Sprachgebrauch eingezogen ist, aber aus wissenschaftlicher Sicht wenig Sinn macht, ist die Unterscheidung zwischen „harten" und „weichen" Drogen. Diese Einteilung ist ein Versuch, Substanzen anhand ihres Gefährdungspotenzials zu differenzieren, und stammt ursprünglich aus der niederländischen Gesetzgebung. Der Besitz bestimmter „weicher" Substanzen führt dort unter bestimmten Umständen nicht zur Strafverfolgung. Wo es in den „Coffee Shops" einen toleranten Umgang mit Cannabis gibt, braucht es eine Abgrenzung zu anderen Substanzen, die als gefährlicher eingeschätzt werden und deren Besitz streng verboten ist. Zu den weichen Drogen zählen in der Regel Cannabis, zu den harten Kokain und Heroin. Doch der „Drogenmarkt" ist noch viel größer und eine eindeutige treffgenaue Einteilung in eine der beiden Kategorien ist nicht möglich.

Manchmal verläuft die Trennlinie zwischen harten und weichen Drogen auch entlang der Art des Abhängigkeitspotenzials, bei weichen Drogen geht man landläufig davon aus, dass sie „nur" psychisch abhängig machen, harte Drogen auch körperlich. Nichtsdestotrotz zählt Kokain zu den harten Drogen, obwohl es nur eine psychische und keine körperliche Abhängigkeit auslöst. Diese Trennung suggeriert, dass eine psychische Abhängigkeit weniger gravierend ist als eine körperliche. Die Realität ist aber, dass es sehr schwierig ist, eine rein psychische Abhängigkeit zu überwinden, eine körperliche ist zumindest mit medizinischer Unterstützung vergleichsweise einfacher zu lösen. Die meisten Betroffenen bekommen eine körperliche Abhängigkeit wesentlich schneller in den Griff als eine psychische. Die körperliche Abhängigkeit bei Opiaten wie etwa Heroin kann man mit einem Entzug, der in der Regel in ein paar Tagen vorbei ist, oder mit der Behandlung mit Drogenersatzstoffen bewältigen. Sie ist auf einer medizinischen Ebene relativ gut behandelbar, auf dem Weg der

Genesung aber noch nicht einmal die halbe Miete. Die psychische Entwöhnung ist in der Regel wesentlich intensiver und langwieriger.

Dazu kommt, dass es eine Reihe von Substanzen gibt, die allgemein ein geringes Abhängigkeitspotenzial haben. Diese mit einer Klassifizierung als weiche Droge auf dieselbe Stufe zu stellen wie andere, vor allem neuere psychoaktive Substanzen, die zum Teil ein erhebliches psychisches Abhängigkeitspotenzial haben, wäre nicht gerechtfertigt. Aus diesen Gründen ist die Unterteilung in harte und weiche Drogen überholt und wird in der Wissenschaft nicht mehr verwendet, obwohl sie im Sprachgebrauch vieler Menschen noch vorhanden ist. Von der von ihr ausgehenden Dramatisierung oder Verharmlosung von bestimmten Substanzen, sollte man sich nicht verwirren lassen.

Welche Substanzen sind denn nun mehr, welche weniger gefährlich? Und was bedeutet „gefährlich" überhaupt? Ist eine Substanz erst gefährlich, wenn dabei x Menschen pro Jahr an ihrer Toxizität sterben? Mit einer derartigen Definition wären nicht-substanzgebundene Süchte wie etwa die Spielsucht völlig ungefährlich. Menschen, die wegen hoher Spielschulden all ihr Hab und Gut verlieren und in die Beschaffungskriminalität abgleiten, werden vermutlich nicht bestätigen, dass Spielsucht ungefährlich ist. Es braucht demnach andere Indikatoren für die Beurteilung von Gefährlichkeit.

In einer Arbeit des britischen Psychiaters David Nutt [80], Professor für Neuropsychopharmakologie am Imperial College London, wurde die Gefährlichkeit verschiedener psychoaktiver Substanzen anhand einer Vielzahl von Merkmalen untersucht: Schäden, die der Konsum einer Substanz bei den Konsument*innen selbst verursacht, sowie Schäden bei anderen. Körperliche Folgeschäden wie drogenbezogene Todesfälle spielten genauso eine Rolle wie Folgeerkrankungen, seien dies Infektionen mit HIV oder Hepatitis C oder auch Krebserkrankungen durch Rauchen. Auch psychische und soziale Folgeschäden wie der Verlust von Beziehungen und Besitz wurden in der Untersuchung miteinbezogen. Auf der gesellschaftlichen Ebene wurde die Kriminalität, die der Konsum einer Substanz verursacht, ebenso berücksichtigt wie wirtschaftliche Folgeschäden. Es handelt sich dabei also um ein sehr vielschichtiges Modell, das die Gefährlichkeit von psychoaktiven Substanzen auf mehreren Ebenen untersucht.

Etwas, das der Realität mit Sicherheit näher kommt als die Einteilung in harte und weiche Drogen.

Die Gefährlichkeit von zwanzig verschiedenen Substanzen wurde auf diese Weise von einem Expert*innenkomitee eingeschätzt, es zeigte sich ein wenig überraschendes Bild. Die insgesamt gefährlichste Substanz, zählt man die Schäden für die Konsument*innen selbst und die Schäden für andere zusammen, ist der Alkohol. An der zweiten, dritten und vierten Stelle stehen Heroin, Crack und Methamphetamin (Crystal Meth), Nikotin ist auf Platz sechs. Damit sind unter den sechs gefährlichsten Drogen zwei Substanzen, die nicht verboten sind: Alkohol und Nikotin. Cannabis steht bei dieser Reihung auf Platz acht, LSD auf Platz 18. Betrachtet man nur das Schadenspotenzial für die Konsument*innen selbst, sind drei illegalisierte Substanzen vorne: Heroin, Crack und Methamphetamin. An oberster Stelle für den Schaden bei anderen steht jedoch der Alkohol [80, 81], etwas, das man nicht glauben möchte, wenn man in die Boulevardzeitungen schaut. Dort werden oftmals Delikte aus dem Bereich der Beschaffungskriminalität bei illegalisierten Substanzen dramatisiert, während Autounfälle oder Gewaltdelikte, bei denen Alkohol im Spiel ist, verharmlost werden. Die subjektive Wahrnehmung der Gefährlichkeit einer Substanz scheint sich hier oft nicht mit der objektiven Gefährlichkeit zu decken.

Die Wirkung von Drogen ist individuell sehr unterschiedlich und hängt von einer Reihe begleitender Faktoren ab. So kann das Konsumieren von Cannabis in einer geselligen Runde zu Lachanfällen führen, während der Konsum derselben Substanz alleine zu Hause vielleicht entspannt und zum Einschlafen anregt. Die Wirkung ist nicht nur von der Substanz, sondern auch von der Umgebung (dem Setting) und der Person und ihren Erwartungen (dem Set) abhängig. Darüber hinaus macht es einen Unterschied, ob man eine Substanz raucht oder sie nasal, intravenös oder auf anderen Wegen konsumiert (siehe weiter unten „Konsumformen"). Es gibt demnach nicht die eine immer gleiche Wirkung einer Substanz, wenngleich diese nach Wirkungsklassen doch grob in drei verschiedene Gruppen eingeteilt werden können: Beruhigende, dämpfende Substanzen (Sedativa/„Downer"), anregende Substanzen (Stimulantien/„Upper") und Substanzen, die verzerrte Sinneswahrnehmungen auslösen (Halluzinogene) [116].

Schädlichkeit von Drogen

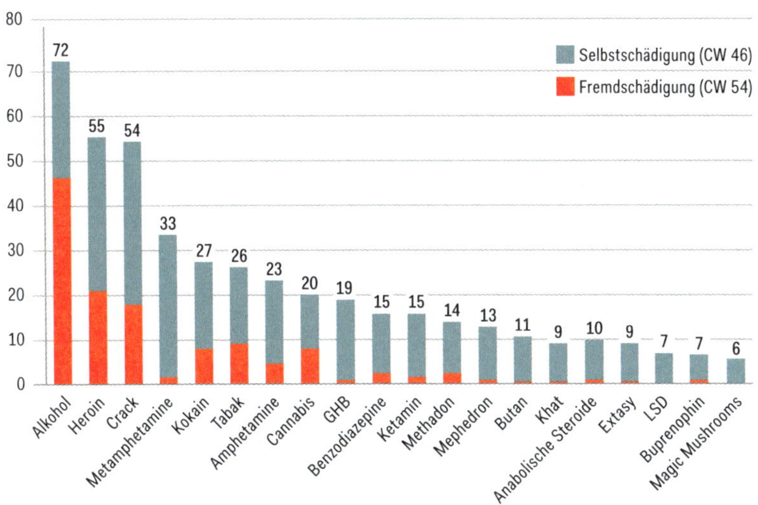

Konsumformen

Intravenös

Beim intravenösen (i.v.) Konsum wird das Suchtmittel durch Erhitzen verflüssigt und in die Venen gespritzt. Heroin wird dabei mit Wasser und Ascorbin- oder Zitronensäure auf einem Löffel vermischt und mit einem Feuerzeug angehitzt – „aufgekocht", wie es in der Szenesprache heißt. Wenn sich das Heroin vollständig aufgelöst hat, wird das Gemisch mit einer Spritze aufgezogen und in eine Vene in Unterarm, Unterschenkel, Ellenbeugen oder die Leiste, vereinzelt auch in Muskeln injiziert. Durch den jahrelangen i.v. Konsum vernarben oft die Einstichstellen, Abhängige beginnen in die Venen an Händen oder Füßen oder am Hals zu injizieren. Der intravenöse Konsum verschafft zwar den schnellsten „Kick", ist aber auch die riskanteste Konsumform. Durch die rasche Anflutung der Substanz im Körper kommt es schneller zu Überdosierungen als bei jeder anderen Konsumform. Dazu kommt die Gefahr von Abszessen, Vernarbungen und Infektionen mit Viren, Bakterien und Pilzen sowie HIV und Hepatitis C durch unsauberes Spritzbesteck. Neben Heroin können auch andere Substanzen wie Kokain, Benzodiazepine, Speed oder Crystal Meth intravenös konsumiert werden.

Nasal-Sniefen

Eine vor allem beim Kokainkonsum verbreitete Konsumform ist das Sniefen oder „Durch-die-Nase-Ziehen". Hierbei wird das Pulver so klein wie möglich zerhackt und mit Hilfe von Ziehröhrchen in die Nase gezogen. Als Ziehröhrchen werden zumeist Geldscheine oder ein Stück Papier benutzt, bei der gemeinsamen Verwendung besteht die Gefahr einer Ansteckung mit Hepatitis C, Herpes oder anderen Infektionen. Das Sniefen ist zwar im Vergleich zur intravenösen Applikation die schonendere Konsumform, die Gefahr der Schädigung der Nasenschleimhaut ist jedoch groß, die Möglichkeit einer Überdosierung ebenfalls gegeben.

Analinjektion

Die – eher selten angewendete – Analinjektion funktioniert ähnlich wie der oben beschriebene intravenöse Konsum, nur wird die Substanz, anstatt sie mit einer Nadel in die Vene zu injizieren, mithilfe einer nadellosen Spritze in den After gespritzt. Durch die Schleimhäute gelangt der Wirkstoff sehr schnell ins Blut, ähnlich wie bei der intravenösen Applikation. Der Vorteil ist, dass die Schleimhäute im Enddarm eine Filterfunktion für manche Krankheitserreger haben.

Rauchen

Einige illegalisierte Substanzen können auch geraucht werden. Dies geschieht entweder pur in einem speziellen kleinen Pfeifchen, oder auch mit Tabak vermischt in einer Zigarette oder einer Wasserpfeife (Bong). Infektionen mit HIV und Hepatitis C sind nahezu ausgeschlossen. Eine spezielle Form des Rauchens, die häufig beim Heroinkonsum zur Anwendung kommt, ist das sogenannte „Folie rauchen". Dabei wird das Heroin auf einem Stück Alufolie erhitzt, sodass es schmilzt und zu einer öligen Flüssigkeit wird. Der dabei entstehende Dampf wird mithilfe eines Röhrchens inhaliert. Streckmittel und andere Verunreinigungen geraten nicht – wie beim intravenösen Konsum – direkt in die Blutbahn, sondern werden von Nasenschleimhaut und Lunge gefiltert oder bleiben unaufgelöst auf der Folie. Die Gefahr, sich mit HIV oder Hepatitis C zu infizieren, ist gleich null. Die Wirksamkeit ist im Vergleich zum intravenösen Konsum deutlich geringer, wodurch Überdosierungen wesentlich unwahrscheinlicher, jedoch nicht unmöglich sind.

Zur Gruppe der *Sedativa* zählen alle Substanzen, die beruhigend, angstlösend oder schlaffördernd wirken, sie machen müde und dämpfen die körperliche Aktivität. Zu den missbräuchlich verwendeten Substanzen dieser Klasse – szenesprachlich auch als „Downer" bezeichnet – zählen Benzodiazepine, Opioide, Barbiturate und auch Alkohol. Es gibt sowohl pflanzliche Präparate mit beruhigender Wirkung, wie etwa Baldrian, als auch chemisch-synthetische Stoffe mit unterschiedlich starker Wirkung.

Benzodiazepine sind die am häufigsten verwendeten Beruhigungs- und Schlafmittel, sie dämpfen die Funktion des zentralen Nervensystems und werden regelmäßig ärztlich verordnet. Eingesetzt werden sie zur Linderung von Schlafstörungen, Angst- und Spannungszuständen bei psychischen Erkrankungen oder auch zur Beruhigung im Rahmen von diagnostischen Eingriffen wie beispielsweise einer Magenspiegelung. Sedativa und Hypnotika sind durchaus sehr gebräuchliche und gut wirksame Medikamente der Humanmedizin. Sie haben nur einen Haken: Die meisten Beruhigungsmittel können als Nebenwirkung körperlich stark abhängig machen, was den Empfänger*innen dieser Medikamente nicht immer bewusst ist. Nicht selten wurden und werden diese bei Angstzuständen, Depressionen und Schlafstörungen, aber auch bei weniger beeinträchtigenden Zuständen wie Nervosität oder Überlastung eher großzügig verschrieben, was dazu führt, dass man nach einiger Zeit der Medikamenteneinnahme eine Abhängigkeit von Benzodiazepinen entwickelt. Manchmal fällt diese den Betroffenen erst auf, wenn die Medikamente plötzlich abgesetzt werden (müssen), was zu unangenehmen Entzugserscheinungen führt. Insofern ist darauf zu achten, Benzodiazepine nur nach strenger Indikationsstellung, so kurz wie möglich und so niedrig dosiert wie unbedingt notwendig einzunehmen [112]. Vor der Einnahme eines Beruhigungs- oder Schlafmittels sollte man sich bei der behandelnden Ärztin, dem behandelnden Arzt vergewissern, ob ein Abhängigkeitspotenzial der verordneten Substanzen besteht. Ist dies der Fall, ist es ratsam – nach einer genauen Kosten-Nutzen-Abwägung durch die Ärztin oder den Arzt –, darauf zu achten, diese Medikamente, wenn möglich, nicht dauerhaft einzunehmen beziehungsweise nach einer Zeit eine Alternative zu suchen. Nach Schätzungen des Gesundheitsministeriums sind in Österreich etwa 140.000 Menschen von Beruhigungs- und Schlafmitteln abhängig, wovon vorwiegend Frauen und ältere Menschen betroffen sind. Die Dunkelziffer könnte jedoch noch deutlich höher liegen [112]. Aufgrund ihrer vergleichsweise hohen Unauffälligkeit wird die Medikamentenabhängigkeit häufig auch als „stille Sucht“ bezeichnet.

Auch Opioide finden eine breite Anwendung in der Medizin, sie gelten als die effektivsten Schmerzmittel. Im Rahmen des missbräuchlichen Konsums wird vorwiegend das halbsynthetische Opioid Heroin konsumiert, das angst- und schmerzlösend sowie beruhigend wirkt. Im Rausch löst es ein Gefühl der Geborgenheit und Zufriedenheit aus, das psychische sowie physische Abhängigkeitspotenzial ist hoch. Ein Problem im Rahmen des abhängigen Konsums ist eine Eigenschaft dieser Substanzklasse, die auch bei Operationen zutage tritt: Sie wirken atemdepressiv, das heißt sie reduzieren den körpereigenen Atemantrieb. Atemdepressionen im Rahmen von Überdosierungen sind für die meisten Todesfälle im Zusammenhang mit dieser Substanzklasse verantwortlich.

Stimulantien erzeugen das Gegenteil, sie wirken anregend und aufputschend. Wie auch viele andere Drogen wurden Stimulantien früher zu medizinischen Zwecken verwendet. In den 1920er-Jahren wurde etwa das milde Stimulantium Ephedrin als Medikament gegen Atemnot bei Asthmatikern eingesetzt. Damals wurde die Substanz aus der eher seltenen Pflanze der Gattung Meerträubel (Ephedra) gewonnen, später wurde Ephedrin synthetisch hergestellt und unter dem Namen Amphetamin bekannt. Bis Ende der 1930er-Jahre waren Amphetamine als Arzneimittel verbreitet, etwa bei Depressionen, als wirksames Mittel gegen Schwangerschaftserbrechen oder Erkältungen. Im Zweiten Weltkrieg wurden Amphetaminderivate eingesetzt, um Soldaten wacher und furchtloser zu machen. Diese Derivate waren unter dem Namen „Pervitin“ oder „Nazi-Speed“ bekannt und sind im Grunde dasselbe wie das heute bekannte Crystal Meth, wenn es auch damals in einer geringeren Dosierung eingesetzt wurde. Aufgrund des hohen Missbrauchspotenzials und der anfangs nicht bekannten Nebenwirkungen wurde die Zulassung von Amphetaminen in Arzneimitteln stark eingeschränkt, wenngleich sie heute noch in einigen Medikamenten gegen das Aufmerksamkeitsdefizitsyndrom (ADHS) oder plötzliche Schlafanfälle während des Tages (Narkolepsie) eingesetzt werden. Zu den Stimulantien – umgangssprachlich auch als „Upper“ bezeichnet – zählen neben den Amphetaminen auch Kokain, Crack, synthetische Cathinone, Nikotin oder, in der Subgruppe der

Entaktogene, auch Substanzen mit einer stimulierenden und gleichzeitig bewusstseinsverändernden Wirkung wie MDMA (Ecstasy).

Die letzte große Substanzklasse sind *Halluzinogene*, die stark bewusstseins- und sinnesverändernd wirken, typisch ist ein stark verändertes Erleben von Raum und Zeit. Zu den Halluzinogenen zählen in der Natur vorkommende Substanzen wie Meskalin oder Psilocybin („Magic Mushrooms") sowie künstlich hergestellte Phenyläthylamine wie 2-CB. Das wohl bekannteste – und auch eines der potentesten Halluzinogene – ist das im Jahr 1938 erstmals von Albert Hofmann hergestellte LSD, der sich davon vorerst eine kreislaufstimulierende Wirkung versprach. Hofmann war Chemiker und experimentierte vorwiegend mit Naturstoffen, so auch mit einem Getreideparasiten namens Mutterkornpilz. Die darin enthaltene Lysergsäure ist die Grundform der Substanz Lysergsäurediethylamid, von der LSD seinen Namen hat. Die ersten Tests mit LSD ergaben jedoch nicht die erhoffte Wirkung, weswegen auch erst Jahre später weiter geforscht wurde. Im Jahr 1943 experimentierte Hofmann neuerlich mit der Substanz LSD-25 und testete diese im Selbstversuch, wobei er die hochpotente halluzinogene Wirkung erkannte und sich daraus einen Nutzen für die Psychiatrie erhoffte. LSD war, wie viele psychoaktive Substanzen, ursprünglich nämlich nicht für die Berauschung bestimmt, sondern für psychotherapeutische Anwendungen. Es wurde als Medikament unter dem Namen „Delysid" verkauft und sollte in der Psychotherapie der Entspannung und „Freisetzung verdrängten Materials" dienen, so war es im Beipackzettel angegeben. Auch für experimentelle Studien von Psychiater*innen selbst war es gedacht, durch die halluzinogene Wirkung sollten Fachkräfte einen Einblick in die Welt der Wahrnehmung psychotischer Patient*innen bekommen. Auch heute wird noch am therapeutischen Effekt der entspannenden und wahrnehmungsverändernden Wirkung von LSD geforscht, vorwiegend bei Patient*innen mit einer posttraumatischen Belastungsstörung oder starker Angst bei körperlich schwer erkrankten Menschen. Doch bei dieser therapeutischen Anwendung blieb es nicht, auch weil sich die therapeutischen Hoffnungen nicht erfüllten. In den Sechziger- und Siebzigerjahren entdeckte die Hippie- und Partyszene die sinnesanreichernde Wirkung der Substanz, weswegen diese auch nach und nach verboten wurde.

Halluzinogene wirken auf alle Sinnesempfindungen, die äußere Realität vermischt sich mit der inneren Wahrnehmung. Dinge, die normalerweise starr sind, bewegen sich plötzlich, nehmen die buntesten Farben an, fangen vielleicht sogar an zu sprechen. Die Konsument*innen erleben sich selbst mittendrin in dieser plötzlich veränderten Welt. Aber nicht nur Raum und Zeit werden verändert wahrgenommen, oft auch die eigene Person. In der Psychologie wird dieser Zustand „Ich-Auflösung" genannt, die Grenzen zwischen der eigenen Person und der Welt verschwimmen und zerfließen, die Kontrolle über sich und die Realität geht verloren. Während dies manchmal als sehr positiv wahrgenommen, als spirituelle Erfahrung und als „eins sein mit der Welt" beschrieben wird, kann dies auch zum Gegenteil führen – zu dem, was in der Umgangssprache als „Horrortrip" bezeichnet wird. Man fühlt sich durch den extremen Ausnahmezustand und damit einhergehenden Kontrollverlust bedroht und hat Angst „abzustürzen", die Überwältigung durch die Substanzwirkung kann zu paranoiden oder psychoseähnlichen Zuständen führen. Der Verlauf des Rausches ist damit sehr von der Person, den Erwartungen und der Situation abhängig, diese Faktoren bestimmen, ob es zu einem positiven, von Euphorie getragenen Erlebnis oder zu einem Horrortrip kommt.

Obgleich diese Einteilung in drei Hauptwirkungsklassen sehr anschaulich ist, lassen sich Substanzen nicht immer ganz eindeutig zuordnen. Die meisten von ihnen haben nicht nur eine eindeutige Wirkung, sondern auch Bestandteile anderer Wirkungsklassen. Cannabis beispielsweise wirkt beruhigend, kann aber durchaus auch Halluzinationen verursachen. Alkohol wirkt – vor allem bei den ersten Gläsern – anregend und stimulierend, hat aber ab einer gewissen Dosis eher eine beruhigende Wirkung. Etwas, das sich im Übrigen auch im Alltag ganz gut beobachten lässt. Nach den ersten Gläsern werden Menschen oft kommunikativer und „lustiger", ab einem gewissen Alkoholpegel jedoch immer ruhiger, bis irgendwann von der anfänglichen Angetriebenheit nichts mehr zu merken ist und die Betroffenen einschlafen. Insofern kann eine derartige Einteilung nie grenzgenau sein, sie gibt jedoch einen Überblick über die vorwiegend auftretende Wirkung.

Substanzklassen

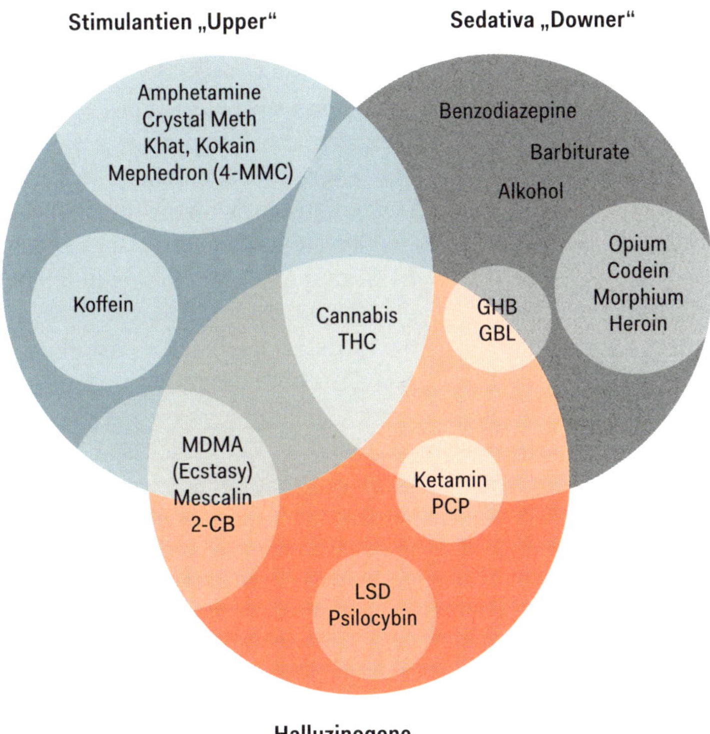

Eine detaillierte Beschreibung anhand ihrer Wirkungsweise, Verbreitung, Konsumform und der damit einhergehenden Gefahren und Risiken der wichtigsten am Markt verfügbaren und häufig missbräuchlich verwendeten psychoaktiven Substanzen findet sich in Kapitel „Kleine Substanzkunde“.

FREIZEITDROGENKONSUM

Nicht jeder, der Drogen konsumiert, wird auch davon abhängig, ganz im Gegenteil. Die meisten Menschen, die illegalisierte Substanzen zu sich nehmen, fallen unter die Gruppe der sogenannten Freizeit- oder Partydrogenkonsument*innen beziehungsweise der Probierkonsument*innen. Der Begriff ist im Deutschen etwas irreführend, nicht nur, weil er eine gewisse Harmlosigkeit suggeriert, sondern auch, weil er einen direkten Zusammenhang mit dem Konsumsetting und -anlass herstellt. Gemeint ist aber etwas, das im Englischen als *recreational drug use* bekannt ist: die Verwendung einer psychoaktiven Substanz, um eine Veränderung des Bewusstseinszustands zum Vergnügen herbeizuführen [106]. Es geht darum abzuschalten, zu entspannen, um Bewusstseinserweiterung, in der Partyszene auch um die Förderung der sozialen Interaktion, Enthemmung und Steigerung des sexuellen Erlebens.

Das ist nichts Neues. Betrachtet man allein das letzte Jahrhundert, sieht man, dass in den vergangenen Jahrzehnten unterschiedlichste Substanzen im Freizeitbereich eine Rolle gespielt haben. Ganz abgesehen vom Alkohol, der in unserem Kulturkreis schon lange mit Vergnügen und Festen assoziiert wird, wurden und werden stets illegalisierte Drogen in unterschiedlichen Kreisen konsumiert. In den 1930er-Jahren nahmen Jazzmusiker der Untergrundszene Kokain und Marihuana, in den 1960er-Jahren Rock-'n'-Roller Amphetamine. In den 1970er-Jahren waren die Hippies mit Cannabis und Halluzinogenen auf der Suche nach neuen Erfahrungen, Grenzüberschreitungen und sexueller Freiheit. Ecstasy war die Droge der Rave- und Technoszene der 1990er-Jahre, nach der Jahrtausendwende kamen noch eine Reihe von neuen psychoaktiven Substanzen hinzu, die bei Freizeitdrogenkonsumierenden ihren Platz fanden. Heute versteht man eine Vielzahl von Substanzen unter dem Begriff Party- oder Freizeitdrogen, von Alkohol und Cannabis über Ecstasy, LSD, Speed und Kokain bis hin zu neueren Substanzen wie Ketamin oder GHB.

Freizeitdrogenkonsument*innen bleiben – anders als schwer Abhängige – weitgehend unbemerkt, sie besorgen sich die Drogen unauffällig, sind nicht in der Straßendrogenszene unterwegs. Es handelt sich um eine sehr heterogene Gruppe, die sich nicht als

Drogenkonsument*innen im herkömmlichen Sinn wahrnimmt und vielfach keine Abhängigkeit entwickelt. Die Konsument*innen sind häufig sozial und beruflich gut integriert und konsumieren in Situationen, in denen diese Integration nicht beeinträchtigt wird. Diese Unauffälligkeit ist mit ein Grund, weshalb diese Gruppe für die Forschung, aber auch für die Zurverfügungstellung von Präventions- und Beratungsangeboten eher nur schwer zu erreichen ist [106].

Untersuchungen zu Konsumhäufigkeiten in der Allgemeinbevölkerung sowie große Online-Befragungen geben jedoch einen Einblick in die ungefähre Größe dieser Gruppe und die Häufigkeit der konsumierten Substanzen. In einer Online-Befragung mit über 100.000 Teilnehmer*innen in über fünfzig Staaten der Welt zeigte sich, dass 63 Prozent der Befragten im vergangenen Jahr Cannabis konsumiert hatten, dreißig Prozent MDMA, zwanzig Prozent Kokain und 13 Prozent LSD. Die höchste Prävalenz hat Alkohol mit 93 Prozent der Befragten [136]. Obwohl diese Zahlen durch die Zugangsweise als Online-Befragung mit Sicherheit eine Überschätzung darstellen, geben sie einen Hinweis auf die Konsumhäufigkeit psychoaktiver Substanzen in der Allgemeinbevölkerung. Diese relativ hohe Verbreitung im Vergleich zur Anzahl jener Menschen, die sich in Behandlung befindet, zeigt, dass es einen erheblichen Anteil an Personen gibt, die nicht aufgrund ihres Substanzkonsums behandlungsbedürftige Probleme entwickeln. Betrachtet man die unterschiedlichen Prävalenzen in unterschiedlichen Gruppen, wird auch deutlich, dass bestimmte Substanzen in manchen Gruppen häufiger verwendet werden. Während beispielsweise 22 bis 85 Prozent der Befragten in der Partyszene angeben, bereits einmal Ecstasy konsumiert zu haben, sind dies in einer hinsichtlich Alter und Geschlecht vergleichbaren Personengruppe der Allgemeinbevölkerung lediglich ein bis zwölf Prozent, wie eine europäische Befragung zeigt [84].

Freizeitdrogenkonsum wird in unterschiedlichen Settings betrieben, von Clubbings über Musikfestivals, illegalen Raves bis hin zu Urlaubsorten, die für den massiven Konsum von psychoaktiven Substanzen bekannt sind. Von Ibiza über Mallorca bis Amsterdam oder das indische Goa. Nicht wenige Reisende suchen sich ihren Urlaubsort danach aus, wie ausgeprägt das Nachtleben dort ist, wie gut Drogen verfügbar sind oder wie billig der Alkohol ist. Für viele, vor allem für jüngere Menschen, gehören Drogen oder Alkohol und Partymachen fest zusammen, eine Befragung in der Berliner Partyszene bestätigte das. Neun von zehn der befragten Partygänger*innen hatten im letzten Monat Alkohol getrunken, sechs von zehn Cannabis geraucht, die Hälfte Amphetamin und Ecstasy konsumiert, ein Drittel Kokain und Ketamin [5]. Bei den meisten Befragten handelte es sich um Freizeitdrogenkonsument*innen, sie sind durchschnittlich dreißig Jahre alt, über vierzig Prozent weiblich, jede*r Vierte verfügte über einen Hochschulabschluss. Soziodemografisch gesehen ist das, verglichen mit den schwer Opioidabhängigen, eine andere, aber keineswegs zu vernachlässigende Gruppe, die mit einer gewissen Regelmäßigkeit Drogen konsumiert.

Dieser exzessivere Konsum auf Partys oder bei vergleichbaren Gelegenheiten ist zumeist auf bestimmte Lebensphasen begrenzt und endet in der Regel mit dem Eintritt ins Berufsleben oder der Übernahme von Familienverantwortung. Die Gefahr der schleichenden Entwicklung einer Abhängigkeit besteht aber doch, auch diese Art des Konsums birgt Risiken. Wenn das Partymachen ohne Substanzen nicht mehr möglich ist, ist auch das eine Form von Abhängigkeit. Auch andere Auswirkungen auf den Alltag, wie Müdigkeit und Niedergeschlagenheit nach einem exzessiven Partywochenende, sind nicht unüblich. Eines der größten Risiken liegt jedoch in den Substanzen und deren unbekannter Qualität sowie im oft betriebenen Mischkonsum. Vor allem in jüngster Zeit wurden teilweise extrem hohe Dosierungen bei MDMA gefunden, was zu tödlichen Überdosierungen bei Partygänger*innen geführt hat. Nicht zuletzt deswegen sind Präventionsangebote wie etwa „Drug-Checking", also die Möglichkeit, Substanzen auf Partys auf ihre Reinheit zu überprüfen, wichtig, 15 Prozent der Befragten der oben zitierten Berliner Untersuchung wünschen sich ein derartiges Angebot. Auch Beratung sowie Informationen zum Safer Use sind auch in dieser Konsument*innengruppe von Bedeutung.

Eine spezielle Ausprägung des Freizeitdrogenkonsums, die vor allem unter einer bestimmten Gruppe von homo- oder bisexuellen Männern verbreitet ist, wird als Chemsex bezeichnet. In der Öffentlichkeit ist das eher weniger bekannt, weil es die beiden Tabuthemen Drogenkonsum und Sexualität gleichzeitig betrifft. Bei Chemsex handelt es sich um ein vergleichsweise neues Phänomen, das sich Mitte der 2010er-Jahre von London aus in Europa ausbreitete. Selbstverständlich sind nicht alle schwulen Männer gleichzeitig Drogenkonsumenten, die meisten konsumieren nicht mehr oder weniger Drogen als andere Menschen auch. Es gibt jedoch eine spezielle Gruppe von „Men who have sex with men" (MSM), in der der Konsum von Freizeitdrogen höher ist als in der Allgemeinbevölkerung [13]. Zu den Gründen für diese höhere Verbreitung gibt es unterschiedliche Hypothesen. Manche Männer setzen Drogen beim Sex ein, um länger feiern zu können und intensivere Gefühle beim Sex zu haben [86]. Andere versuchen ihr (sexuelles) Selbstwertgefühl zu steigern, um den Anforderungen einer bestimmten schwulen Szene, die sehr auf ein makelloses Äußeres und Attraktivität fokussiert ist, gerecht zu werden [13]. Manchen hilft der Drogenkonsum, negative Emotionen wie mangelndes Selbstwertgefühl, die Stigmatisierung aufgrund des HIV-Status oder eine internalisierte Ablehnung durch die heteronormative Gesellschaft zu überwinden [72].

Beim Chemsex werden psychoaktive Substanzen unmittelbar vor oder während des Sex eingenommen, um diesen länger und intensiver zu erleben [38]. Mit „Chems" sind Drogen gemeint, die den Sex intensiver oder entspannter werden lassen. Dabei spielen unterschiedliche Substanzen eine Rolle, wobei neben Alkohol, Cannabis und Poppers, Mephedron, GHB/GBL und Crystal Meth zum Einsatz kommen. Auch Kokain und Ketamin sowie Amphetamine sind gängige Substanzen in diesem Zusammenhang. In der Regel werden Drogen konsumiert, die stimulierend, euphorisierend und leistungssteigernd wirken. Die psychische Enthemmung begünstigt das sexuelle Erleben, die muskelentspannende Wirkung mancher Drogen ist für einen lang andauernden Verkehr förderlich. Substanzen wie Crystal Meth, GHB/GHL und Mephedron können außerdem die sexuelle Erregung steigern. Häufig werden mehrere Substanzen gleichzeitig oder abwechselnd konsumiert, nicht selten auch zusammen mit Alkohol. Am Ende eines Wochenendes mit Sex und Drogen werden manchmal beruhigende und schlaffördernde Substanzen eingenommen, um für den folgenden Arbeitstag wieder fit zu sein.

GHB/GBL

GHB (Gammahydroxybuttersäure) und GBL (Butyro-1,4-lacton) sind in der Szene auch unter dem Namen „Liquid Ecstasy" bekannt, obwohl weder Wirkung noch chemische Zusammensetzung jener von Ecstasy ähnlich sind. In niedrigen bis mittleren Dosierungen ist es leicht euphorisierend, angstlösend, enthemmend, erleichtert den sozialen Kontakt und wirkt sexuell stimulierend, ähnlich wie Alkohol. In hohen Dosen kann es zu einem plötzlichen komaähnlichen Schlaf kommen, aus dem die Betroffenen kaum zu wecken sind, der Unterschied in der Dosiermenge ist gering. GHB ist auch als „Date Rape Drug" bekannt, da es Berichte darüber gibt, dass die farblose Flüssigkeit Frauen in Diskotheken unbemerkt ins Getränk geschüttet wurde, um sie anschließend im bewusstlosen Zustand zu missbrauchen. Durch die substanzbedingten Gedächtnislücken sowie die geringe Nachweisdauer ist dies in vielen Fällen nur schwer zu belegen.

Ketamin

Bei Ketamin handelt es sich um ein Narkosemittel, das überwiegend in der Tiermedizin angewendet wird. In niedrigen Dosierungen kommt es zu einer verzerrten Wahrnehmung von Raum und Zeit und einer leicht euphorischen Wirkung, bei höheren Dosierungen zu einer Verschmelzung mit der Umwelt, auch Halluzinationen sind möglich. Bei Überdosis kann es zu Bewusstlosigkeit, Koma und Atemdepression kommen. Ketamin ist als weißes, meist kristallines Pulver am Schwarzmarkt erhältlich und wird vorwiegend gesnieft.

Mephedron/MMC

Mephedron gehört zur Gruppe der synthetischen Cathinone und wirkt antriebssteigernd und euphorisierend, es ist als Pulver oder in Tablettenform erhältlich. Da es zu den „Neuen psychoaktiven Substanzen" gehört, ist über Wirkungsweise, Risiken und Langzeitfolgen noch wenig bekannt (siehe Kapitel „Kleine Substanzkunde").

Poppers

Poppers ist ein Sammelbegriff für in kleine Glasfläschchen abgefüllte Nitritverbindungen, deren Dampf nach dem Öffnen der Ampullen inhaliert wird. Dies führt zu einem kurzfristigen High-Gefühl, aber auch zu einer Entspannung der glatten, vaskulären Muskulatur, weswegen sie auch beim Analverkehr verwendet werden.

Chemsex ist in der schwulen Partyszene vieler europäischer Länder zu finden, am häufigsten in englischen Städten wie London oder Manchester, gefolgt von Amsterdam und Barcelona, aber auch Berlin oder Wien haben eine Chemsex-Szene [92]. Die manchmal Tage dauernden privaten oder (halb-)öffentlichen Chemsex-Partys sind häufig über den Freundeskreis oder spezielle Online-Plattformen organisiert, in denen sich User als „chemfriendly" ausweisen. Spezielle mobile Dating-Apps spielen hierbei eine wesentliche Rolle. Bei den Konsumenten handelt es sich nicht um „klassische" Drogenkonsumenten, sie betrachten sich zumeist auch nicht als solche. Es handelt sich häufig um eher gut gebildete, sozial integrierte Personen der Mittel- bis Oberschicht, die im Berufsleben stehen und am Wochenende dem Alltag mit berauschenden Chemsex-Partys entfliehen.

Was so organisiert und harmlos klingt, ist es aber nicht. Zu den weiter oben bereits beschriebenen Risiken des Freizeitdrogenkonsums kommt beim Chemsex ein weiteres Risiko dazu, die Ansteckung mit sexuell übertragbaren Krankheiten wie HIV, Hepatitis C, Gonnorhö (Tripper) oder anderen Geschlechtskrankheiten. Der Zusammenhang zwischen Drogenkonsum und Risikobereitschaft ist komplex, das höchste Risiko besteht jedoch darin, dass es im Zuge der Enthemmung zu ungeschütztem Sexualverkehr kommt. Der Sex unter Drogeneinfluss dauert oft auch länger, manche Drogen trocknen darüber hinaus die Schleimhäute aus, was das Risiko von Verletzungen beim Verkehr zusätzlich erhöht. Dazu kommt, dass auf Chemsex-Partys häufig zu Verkehr mit wechselnden Partnern kommt, alles zusammen erhöht das Risiko der Ansteckung mit sexuell übertragbaren Krankheiten [97]. Nicht zuletzt dieses Risiko macht spezifische Präventions- und schadensminimierende Angebote notwendig. Kam oder kommt es beim Chemsex zu einem Kontrollverlust mit ungeschütztem Verkehr, können PrEP[2] (Prä-Expositions-Prophylaxe) und

2 Die PrEP dient der Vorsorge HIV-negativer Menschen vor einem Risikokontakt. Es handelt sich dabei um Medikamente, die täglich oder anlassbezogen eingenommen werden, um sich vor einer Infektion mit HIV zu schützen. Richtig angewendet ist sie so sicher wie ein Kondom, sie müssen jedoch ärztlich verordnet werden und sind privat zu bezahlen.

PEP[3] (Postexpositionsprophylaxe) zumindest vor einer Infektion mit HIV schützen, das Risiko für die Übertragung anderer Krankheiten ist jedoch nach wie vor gegeben.

Auch wenn das Phänomen Chemsex vorwiegend bei Männern, die Sex mit Männern haben, beschrieben wird, darf nicht vergessen werden, dass auch heterosexuelle Kontakte oft mit Berauschung einhergehen. Das Mittel der Wahl ist hier zumeist der Alkohol, der zur Enthemmung und Steigerung der Kontaktfreudigkeit eingesetzt wird. Darüber hinaus gibt es vermehrt Berichte, dass auch bei Heterosexuellen zunehmend andere Substanzen zur Förderung des sexuellen Erlebens eingesetzt werden, von Crystal Meth bis Mephedron, Substanzen, die in der homosexuellen Chemsex-Szene auch in Gebrauch sind.

Ganz unabhängig davon, wozu psychoaktive Substanzen im Freizeitbereich eingesetzt werden, hören die meisten Menschen, die Freizeit- oder Partydrogenkonsum betreiben, irgendwann auch wieder damit auf, ohne eine Abhängigkeit zu entwickeln. Die Lebensumstände ändern sich, andere Dinge werden wichtiger, der Konsum selbst ist nicht mehr so interessant, wie er einmal war. Dennoch bleibt das Risiko, eine Abhängigkeit schleichend zu entwickeln; die Grenzen zwischen genussvollem Gebrauch, Missbrauch und Abhängigkeit sind fließend.

MICHAEL

Michael[4] ist 38 Jahre alt und leitender Angestellter in einer Bank. Niemand von seinen Kund*innen würde vermuten, dass er über zehn Jahre lang an den Wochenenden ein ganz anderes Leben gelebt hat.

Michael wusste seit seiner frühen Kindheit, dass er schwul ist. Aufgewachsen in einem eher bürgerlichen Elternhaus, stellte dies

3 Die PEP ist eine Postexpositionsprophylaxe, die möglichst zeitnah – am besten innerhalb von zwei Stunden – nach einem Risikokontakt für die Dauer von vier Wochen eingenommen wird, um eine Infektion mit HIV zu verhindern. Die PEP kann in spezialisierten Arztpraxen oder Krankenhäusern verordnet werden.

4 Die in diesem Buch vorgestellten Lebensgeschichten beruhen auf den Erzählungen der Betroffenen. Zur Wahrung der Anonymität wurden Namen und andere Details, die auf eine konkrete Person schließen ließen, verändert.

nach seinem relativ späten Coming-out im Alter von 21 Jahren auch kein Problem mehr dar. Mit sich und seiner Sexualität schließlich im Reinen, hatte er bald viele homosexuelle Freunde und die ersten Beziehungen. Bis er im Alter von 28 Jahren noch einmal etwas anderes kennen lernte: Partydrogen und Chemsex.

Bis dahin hatte Michael keinerlei Erfahrungen mit härteren Drogen als Cannabis, ihm wurde immer erzählt, dass Drogen schnell süchtig machen und sehr gefährlich sind. Das schreckte ihn ab und interessierte ihn auch nicht. Bis zu dem Zeitpunkt, als er von einem Bekannten auf einer Party sein erstes Ecstasy angeboten bekam. Die Versuchung war da, der Respekt davor jedoch auch. So informierte er sich vorher genau über Drogen und ihre Wirkungen, Nebenwirkungen und die Gefahren und Risiken. Die Kontrolle, die er auch sonst von seinem Leben und seinem Beruf kannte, war ihm auch oder gerade bei Drogen wichtig. So bekam er von befreundeten Ärzten eine umfangreiche „Einschulung" über Wirkungen, Nebenwirkungen und Risiken, über das Internet waren die Informationen damals noch nicht so umfangreich zugänglich. Den beiden Ärzten vertraute er, er kannte sie gut und sie selbst konsumierten seit Jahren gelegentlich am Wochenende Drogen, während der Woche standen sie mit beiden Beinen im Leben.

Bald nach diesem ersten Kontakt mit Drogen fuhr er auf ein großes Schwulenfestival nach Miami, viele schöne, trainierte Männer, drei Viertel von ihnen auf Drogen, so schätzte er. Dort lernte er Kokain, GHB, Ketamin und Crystal Meth kennen, wobei er insbesondere Letzteres nur in sehr kleinen Mengen konsumierte, der Respekt davor war und blieb groß. Er wusste von der Gefährlichkeit der Substanz und ging dementsprechend vorsichtig damit um. Unter Drogeneinfluss sei eine Party ein ganz anderes Erleben, mit nacktem Oberkörper zu tanzen ist wie ein Vorspiel auf der Tanzfläche. Der Beginn eines sexuellen Erlebnisses, das sich über die ganze Nacht zieht. Michael verkehrte gerne öfter in einer bestimmten Schwulenszene, die sehr oberflächlich ist. Man muss perfekt sein, attraktiv, trainiert und erfolgreich, sonst ist man nicht begehrenswert. Auch er selbst optimierte seinen Körper mit viel Training, bewusster Ernährung und strenger Disziplin. Durch die Partydrogenszene kam er aber noch ein Stück besser an die „High-end-

Leute“ heran, wie er sie bezeichnet. Eine „geile“ Belohnung für all das Training und die Anstrengungen.

Nachdem ihm einmal in London beim Eingang in einen Club sein Ecstasy, das er für den Abend mithatte, abgenommen wurde, lernte er noch etwas anderes kennen: Mephedron. Er und die Männer, die er dort kennen gelernt hatte, gingen gemeinsam aufs Klo, um zu konsumieren. Die Toilettendame ließ sich fünf Pfund „Schweigegeld“ bezahlen, wer nicht zahlte, wurde nicht gemeinsam in eine Kabine gelassen. Der Drogenkonsum schien in dem Club System zu haben, die Toilettendame verdiente sich so ein Körberlgeld. Mephedron war noch einen Tick interessanter für ihn. Es macht dich nicht nur wach wie Kokain oder Speed, sondern verbessert deine Stimmung, ähnlich wie Ecstasy, „macht dich happy und geil“, wie er es formuliert. Der Zugang dazu war damals auch noch einfach, man konnte es bis zur Einführung des Neue-Psychoaktive-Substanzen-Gesetzes legal im Internet bestellen. Er bestellte sich gleich einen größeren Vorrat, von dem er jahrelang zehrte, das „Zeug“ war damals vergleichsweise rein und spottbillig.

Etwa zwei Jahre nach dem ersten Ecstasykonsum gab es kein Ausgehen ohne Drogen mehr. Die intensivsten Wochenenden waren immer auf Festivals im Ausland, wo sich bald der Tagesrhythmus umgestellt hatte. Schlafen bis nachmittags, abends auf eine oder mehrere Partys, immer in Verbindung mit Mephedron und/oder anderen Substanzen. Am Ende der Nacht ging es auf eine Afterparty im Club oder bei jemandem zu Hause, wo noch gechillt, getanzt, gekifft, in der Sonne gelegen und gefummelt wurde. Am Ende der Nacht hatte er Sex mit jemandem, den er sich während des Abends ausgesucht hatte. Zumeist für mehrere Stunden, etwas, das in dieser Intensität ohne Drogen nicht möglich sei. Manche dieser „Partynächte“ dauerten 24 Stunden, samt intensivsten sexuellen Erlebnissen mit den attraktivsten Männern.

Über zwei bis drei Jahre betrieb er dies sehr intensiv, manchmal mehrere Wochenenden in Folge. Mephedron war sein „Grundnahrungsmittel“ beim Ausgehen, dazu nahm er andere Drogen wie GHB oder Ketamin, je nachdem, was gerade aus einer relativ sicheren Quelle verfügbar war. Eine gewisse Ernüchterung folgte jedoch immer am nächsten Tag. Die Männer, die am Vortag noch so attraktiv wirkten, waren es bei genauerer Betrachtung gar nicht immer. Sie fanden einen selbst am nächsten Tag oft auch nicht mehr so toll wie noch am Vorabend. Bei manchen beruhte dies auf Gegenseitigkeit, bei manchen kratzte das aber am Selbstwert und frustrierte, wenn die schönen Erlebnisse nicht nachhaltig, sondern sehr schnell vergänglich waren.

In dieser Zeit gab es auch eine Vielzahl besonders lustiger oder geiler Erlebnisse, die ihm noch gut in Erinnerung sind. Wie einmal, als er nach der Pride[5] mit einem deutschen Notarzt und dessen Partner ins Hotel ging, um noch Sex zu haben. Die beiden spritzen sich Ketamin mit sterilen Einwegspritzen intramuskulär, etwas, das er noch nie zuvor gemacht hatte. Nachdem er sich eine Weile angesehen hatte, wie das bei den beiden wirkte, ließ er sich auch eine halbe Dosis spritzen, unter „ärztlicher Aufsicht" quasi. In Kombination mit dem zuvor konsumierten Mephedron führte dies zu einem der sexuell intensivsten Erlebnisse, die er je hatte. Dennoch würde er es nicht wiederholen, sich etwas zu injizieren ist noch einmal eine andere Liga des Konsums, da ist doch eine psychische Schranke bei ihm vorhanden.

Aber es gab auch ungute Erfahrungen, er erlebte Menschen auf Afterpartys, die GHB überdosiert hatten, krampften, von Freunden gestützt werden mussten, weil sie nicht mehr stehen konnten. Ihm selbst ist das nie passiert, auch weil er immer sehr auf Risikobeschränkung bedacht war. Beim Konsum von GHB sah er stets genau auf die Uhr, um zu kontrollieren, wann er wieder „nachlegen" konnte, achtete generell und bei allen Substanzen darauf, die ihm „empfohlenen" Dosen nicht zu überschreiten und immer nur Drogen von Menschen zu nehmen, die diese zuvor selbst auch probiert hatten. Die Ausnahmen davon kann er an einer Hand abzählen. Auch beim Mischkonsum war er sehr vorsichtig, so waren GHB und Alkohol zusammen für ihn tabu, auch wenn ihm andere erzählten, dass sie das regelmäßig problemlos machten. Weitergabe oder das Kontaktieren eines Dealers waren ebenfalls ausgeschlossen, die

5 Die Pride, auch Regenbogenparade genannt, ist eine Veranstaltung, bei der Lesben, Schwule, Bisexuelle, Heterosexuelle, Trans-, Cis-, Inter- und queere Personen für Akzeptanz, Respekt und gleiche Rechte in Österreich, Europa und auf der ganzen Welt demonstrieren. Sie findet jährlich in zahlreichen Ländern der Welt statt.

Angst, mit dem Gesetz in Konflikt zu kommen, war zu groß. Mit Ausnahme des noch legal übers Internet erworbenen Mephedrons bezog er sämtliche Substanzen immer nur über Freunde. So war der Konsum für ihn relativ risikoarm, dennoch kam es nach einer Zeit zu einem Erlebnis, das ihm klarmachte, dass es nicht ewig so weitergehen konnte.

Sein damaliger Freund betrieb den Drogenkonsum sehr exzessiv, jedes Wochenende intensives Ausgehen und Konsumieren, langes Unterwegssein mit Afterpartys und Sex. Nach einem halben Jahr hatte er sechs Kilo abgenommen, fühlte sich kaputt und ausgelaugt. Obwohl er seinen Freund sehr liebte, machte er tränenüberströmt Schluss. Er hielt das intensive Drogenleben nicht mehr aus, die Trennung tat ihm sehr weh, war aber aus Selbstschutz notwendig. Dieses Erlebnis öffnete ihm ein wenig die Augen, so wollte er es jedenfalls nicht haben, weniger ist mehr. Von diesem Zeitpunkt an plante er seine Partys genauso wie die Pausen dazwischen. Wochenenden am Land mit Freunden, Radausflüge oder Kinoabende hatten genauso Platz wie hin und wieder ein Partywochenende mit Drogen und Sex.

So wurden der Konsum und die intensiven Partys immer weniger, dazu kam eine gewisse Ambivalenz. Die Erlebnisse waren toll, aber auch nicht mehr so neu wie zu Beginn, der Kater an den drauffolgenden Tagen war unangenehm, die Vergänglichkeit der Erlebnisse ihm immer bewusster. Irgendwann merkte er, dass ihn das auf Dauer nicht weiterbrachte. Rückblickend bereut er nichts von dem, was er getan hat, das Risiko war für ihn tolerabel und die Erlebnisse toll und einzigartig. Irgendwann aber nützt sich alles ab und andere Dinge werden wichtiger. Alles hat seine Zeit, wie er gerne sagt.

Derzeit lebt er in einer sehr liebevollen Beziehung, was ihm insgesamt mehr Befriedigung gibt als die teils härteren und letztlich unechten sexuellen Erlebnisse zuvor. Urlaub mit Freunden, Kuschelabende mit dem Partner, all das ist auch noch da, wenn man am nächsten Tag aufwacht. Die Befriedigung hält wesentlich länger als nur für ein Wochenende.

Sorgen, dass der Konsum außer Kontrolle gerät, machte er sich nie. Vor allem auch deshalb, weil er sich selbst ganz strenge Regeln auferlegte in Hinblick auf Häufigkeit und Safer Use. Im Umgang mit Regeln war er immer gut und er wusste zumindest immer genau, wo er nicht hinwollte, in die Abhängigkeit. Michael glaubt, dass es für ihn auch sehr wichtig war, dass er selbst in seiner intensivsten Partyzeit darauf achtete, auch seine Kontakte, die kaum oder gar nichts mit der Partyszene zu tun hatten, immer intensiv weiterzupflegen und sich dadurch immer bewusst zu halten, dass es auch im „realen Leben" sehr viel Schönes für ihn zu erleben gibt. Dies und vermutlich auch eine Portion Glück haben ihm geholfen, aus zehn Jahren regelmäßigen Freizeitdrogenkonsum gesund wieder auszusteigen.

GEBRAUCH – MISSBRAUCH – ABHÄNGIGKEIT. NICHT NUR DIE DOSIS MACHT DAS GIFT

„Zwei Bier am Tag machen nichts aus, das trinkt doch jeder zum Entspannen nach der Arbeit."

Über den Konsum von berauschenden Substanzen gibt es eine Reihe von sich hartnäckig haltenden Mythen und Vorurteilen, die in Diskussionen zu dieser Thematik immer wieder hervorgeholt werden. Ganz weit vorne liegt der Glaube, dass Sucht eine Willensschwäche ist und keine Erkrankung. Andere Menschen würden es auch schaffen, mit Krisen und problematischen Lebenssituationen umzugehen, ohne abhängig zu werden. Jeder kennt irgendjemanden, der es schwer im Leben hatte und nicht abhängig wurde. Aber selbst wenn – es reiche doch der bloße starke Wille, um wieder aufzuhören, alles andere sind nur faule Ausreden.

Auf der anderen Seite hört man aber auch, dass der einmalige Konsum einer Substanz sofort süchtig mache, auch mir sind noch die warnenden Worte aus meiner Jugendzeit in Erinnerung, dass schon einmaliger Heroinkonsum abhängig mache und auch Cannabis eine höchst gefährliche Droge sei. Gar nicht zu sprechen von den vielen neuen „Teufelsdrogen", über die man in regelmäßigen Abständen in sozialen Medien zu lesen bekommt, die unweigerlich nach dem ersten Konsum in die Abhängigkeit und den Abstieg führen würden. Der Mythos der hochgefährlichen Killerdroge hält sich bis heute hartnäckig. Im Umgang mit Cannabis hat sich hingegen in den vergangenen Jahren einiges geändert, viele Menschen sind sogar mittlerweile der Ansicht, dass es völlig harmlos ist. Die Wahrheit liegt wie immer irgendwo dazwischen. Ein einmaliger Heroinkonsum macht noch niemanden unweigerlich abhängig – wenngleich er falsch dosiert durchaus tödlich enden kann –, ein regelmäßiger Cannabiskonsum hingegen muss nicht immer harmlos sein, auch wenn er es in vielen Fällen ist. Also was ist es, was Menschen abhängig macht? Die Droge an sich? Der Mensch, der sie konsumiert? Das Umfeld, das Jugendliche dazu bringt? Und wie viel ist denn eigentlich zu viel, wann wird es gefährlich und wie lange kann man psychoaktive Substanzen zu sich nehmen, um noch im Rahmen zu bleiben? All diesen Fragen wird im Folgenden nachgegangen.

Seit Menschengedenken gibt es das Bedürfnis nach Rausch und der Veränderung von Bewusstseinszuständen. Archäologische Ausgrabungen förderten fossile Überreste von psychoaktiven Pflanzen zutage, die zurück bis in das Jahr 8000 v. Chr. reichen. Das erste alkoholische Getränk stammt aus einer Zeit weit vor Christi Geburt, schon damals wurden Naturdrogen in der Heilkunde, aber auch zur Erzeugung von Rauschzuständen eingesetzt. Im Mittelalter war der übermäßige Konsum von Alkohol vor allem im Adel weit verbreitet, Ärzte und Apotheker stellten Extrakte aus Blättern her, um sie zu medizinischen Zwecken, aber auch zur genussvollen Berauschung einzusetzen. Drogen sind keine Erfindung der Neuzeit, sie wurden schon lange vor unserer Zeit als Medizin, bei religiösen oder schamanischen Ritualen oder einfach zur Erzeugung von Rausch und Euphorie eingesetzt.

Dieses Bedürfnis nach Rausch findet sich überall in der Gesellschaft, in allen Kulturen und allen Altersgruppen. Kleine Kinder drehen sich so lange im Kreis, bis ihnen schwindlig wird, fahren Karussell und lachen vor Freude über die leichte Vernebelung des Bewusstseinszustandes. Jugendliche und Erwachsene steigen in die Achterbahn oder springen, angehängt an ein Gummiseil, von hohen Brücken, um das Erlebnis des Adrenalinkicks einzusaugen. Es geht um Grenzerfahrungen, das Austesten des eigenen Ichs und das bewusste Erleben von Rauschzuständen. Auch der Genuss von Substanzen zur Leistungssteigerung ist in unserer Gesellschaft normal und anerkannt, Menschen trinken Kaffee und Energy-Drinks, um wacher zu werden, Alkohol, um in eine fröhliche Stimmung zu kommen, oder sie rauchen Zigaretten, um die Nervosität vor einer Prüfung oder einem wichtigen Gespräch auszuhalten. Etwas, das im Übrigen rein physiologisch kontraproduktiv ist, Nikotin aktiviert das Nervensystem und trägt eher dazu bei, unruhiger zu werden statt entspannter. Ein Effekt, der also nur psychologisch zu erklären ist. Wir klammern uns an Gewohnheiten, um ruhiger zu werden, halten uns an Vertrautes, um mit der Angst und Nervosität besser umzugehen. Der Rausch und das Bedürfnis danach ist nichts Außergewöhnliches und auch nichts, das generell zu verurteilen ist – die meisten Menschen konsumieren ab und zu irgendwelche psychoaktiven Substanzen. Manche, um Freude und Entspannung zu finden, manche, um die eigene Leistungsfähigkeit zu steigern, manche, um mit Leidenszuständen besser umgehen zu können.

Der Gebrauch von bewusstseinsverändernden Stoffen kann durchaus befriedigend sein, problematisch ist aber, dass das, was für den einen in einer bestimmten Situation harmlos ist, für den anderen gefährlich sein kann. Einem psychisch gesunden Erwachsenen wird der gelegentliche Konsum von Cannabis kaum Schaden zufügen, einem zu Psychosen neigenden Jugendlichen mit einer gewissen Wahrscheinlichkeit schon. Insofern ist es wichtig, den Konsum von psychoaktiven Substanzen differenziert zu betrachten, nach der Person, die sie konsumiert, dem Umfeld, in dem sie sich befindet, und der Substanz an sich.

Nicht jeder Konsum führt sofort in die Abhängigkeit. Wenn dies so wäre, müsste es in Österreich etwa 95 Prozent Alkoholabhängige geben – statistisch gesehen haben nämlich nur etwa fünf Prozent der Österreicher*innen noch niemals in ihrem Leben Alkohol konsumiert. Demnach unterscheidet man zwischen verschiedenen Konsumformen, nämlich Gebrauch, Missbrauch und Abhängigkeit. Wann in welcher Situation bei welcher Person was zutrifft, ist leider kein geradliniger, simpler Ursache-Wirkungs-Zusammenhang, sondern ein eher komplexes Zusammenspiel vieler Faktoren.

Betrachtet man die Entstehung einer Abhängigkeitserkrankung, kommt man nicht um eine Begriffsdefinition herum. Wann spricht man überhaupt von einer Abhängigkeit, wann ist der Konsum einer Substanz schädlich und wie lange ist er noch im Rahmen? Die Beantwortung dieser Frage ist nicht so einfach, wie es scheint. Hat jemand, der täglich zwei Bier trinkt, ein Alkoholproblem? Die Antwort ist vermutlich ganz klar Jein. Zum einen, weil sich eine Abhängigkeit nicht nur nach der Menge der konsumierten Substanz bemisst, zum anderen, weil die Grenzen zwischen Gebrauch, Missbrauch und Abhängigkeit fließend sind. Auch das Vorhandensein körperlicher Entzugserscheinungen ist nicht zwingend für das Konstatieren einer Abhängigkeit erforderlich, am deutlichsten ist das bei der Spielsucht oder anderen nicht substanzgebundenen Süchten zu sehen. Aber auch einige psychoaktive Substanzen, wie beispielsweise Kokain, rufen keine körperlichen Entzugserscheinungen hervor, können jedoch stark süchtig machen. An der Substanz kann man Abhängigkeit also nicht festmachen, und an einzelnen Folgeerscheinungen auch nicht. Dennoch gibt es Definitionen dahingehend, was noch als normaler Konsum, als schädlicher Gebrauch oder schon als Abhängigkeit gilt. Die in Europa geläufigste Definition ist die der Weltgesundheitsorganisation im Rahmen des ICD-11, dem Manual zur internationalen Klassifikation von Erkrankungen (International Classification of Diseases), die zwischen schädlichem Gebrauch und Abhängigkeit unterscheidet [134].

GEBRAUCH

Von Gebrauch spricht man, wenn Alkohol oder andere psychoaktive Substanzen in einem normalen, unbedenklichen Ausmaß konsumiert werden, ein kontrolliertes Konsumverhalten vorliegt, das primär dem Genuss dient. Ein gutes Glas Wein zum Essen, ein kühles Bier an einem heißen Sommertag, ein Glas Prosecco zum Anstoßen beim Geburtstagsfest. Eine Substanz wird zu bestimmten Gelegenheiten konsumiert, in einer überschaubaren Dosierung und zum Zweck, angenehme Gefühle herbeizuführen. Beim Genuss spricht man von einem bewussten und risikoarmen Umgang mit psychoaktiven Substanzen. Etwas, das es im Übrigen nicht nur mit Alkohol gibt, sondern durchaus auch mit anderen Substanzen. Nach dieser Definition sind sowohl der gelegentliche Konsum von Alkohol wie auch der Konsum von illegalisierten Substanzen wie Cannabis oder Kokain in derselben Kategorie, wobei man bei Letzterem auch von experimentellem Gebrauch (Probierkonsum) spricht.

Der Probierkonsum von Kokain oder Ecstasy wird von der Mehrheit der Menschen in Mitteleuropa vermutlich als wesentlich gefährlicher eingestuft als der gelegentliche Konsum von Alkohol. Dies hat weniger mit der Substanz an sich zu tun als mit unserem kulturellen Umgang damit. Alkohol ist den meisten Menschen in unserer Kultur bekannt, wir wissen über die Wirkung und die Risiken, die der Konsum mit sich bringt, Bescheid. Dinge, die man kennt und besser handhaben kann, sind in der subjektiven Wahrnehmung mit einem geringeren Risiko verbunden. Wenn man sich die Verkehrstoten in Zusammenhang mit Alkohol ansieht, stimmt das aber wieder auch nicht.

Selbsttest

Um ein Gefühl für die Einschätzung des Ausmaßes des Substanzkonsums zu bekommen, möchte ich Sie einladen, folgenden Selbsttest[6] zu machen:

Punkte	0	1	2	3	4
Wie oft nehmen Sie alkoholische Getränke zu sich?	niemals	einmal im Monat oder seltener	2- bis 4-mal im Monat	2- bis 3-mal pro Woche	4-mal oder öfter pro Woche
Wenn Sie alkoholische Getränke trinken, wie viele Gläser trinken Sie dann typischerweise an einem Tag? (Ein alkoholhaltiges Getränk ist z.B. ein kleines Glas oder eine kleine Flasche Bier, ein kleines Glas Wein oder Sekt, ein einfacher Schnaps oder ein Glas Likör.)	1 - 2	3–4	5–6	7–9	10 oder der mehr
Wie oft trinken Sie sechs oder mehr Gläser Alkohol bei einer Gelegenheit (z. B. beim Abendessen, auf einer Party)?	niemals	seltener als einmal pro Monat	einmal pro Monat	einmal pro Woche	täglich oder fast täglich
Wie oft haben Sie in den letzten 12 Monaten erlebt, dass Sie nicht mehr mit dem Trinken aufhören konnten, nachdem Sie einmal begonnen hatten?	niemals	seltener als einmal pro Monat	einmal pro Monat	einmal pro Woche	täglich oder fast täglich
Wie oft passierte es in den letzten 12 Monaten, dass Sie wegen des Trinkens Erwartungen, die man normalerweise an Sie hat, nicht mehr erfüllen konnten?	niemals	seltener als einmal pro Monat	einmal pro Monat	einmal pro Woche	täglich oder fast täglich

[6] Der AUDIT (Alcohol Use Disorder Identification Test) [6] wurde von der WHO entwickelt und gilt als einer der effizientesten Selbsttests zur Identifikation von Alkoholproblemen.

NÜTZLICH UND SCHÖN

WICHTIGE ADRESSEN, DATEN UND FAKTEN.

Almer, Lipka u.a.

Kind in Wien

Ein Stadtführer für alle, die in Wien mit Kindern zu tun haben. Kultur, Freizeit, Ferienaufenthalte, Schule, Kinderbetreuung u.v.m.

576 Seiten, € 16,50

Florian Holzer (Hg.)

Wien, wie es isst

Der umfangreichste Lokalführer. Mit mehr als 4000 Adressen für den kleinen wie den großen Hunger.

816 Seiten, € 18,50

Simonitsch, Wöss, Reif

Die kleine Hunde-Apotheke

Rat und Tipps zu Ernährung und Pflege, bei Erkrankungen und zu erster Hilfe bei Verletzungen des Hundes.

152 Seiten, € 14,50

lenk, Pesendorfer

ahlen, bitte!

kten, Zahlen und Daten über Österreich
seine Bewohner, über ihre Gebräuche
Lebensgewohnheiten und über
ere Politik.

Seiten, € 24,90

FALTER VERLAG
1011 Wien
Marc-Aurel-Straße 9

T: +43/1/536 60-928
E: service@falter.at
W: faltershop.at

Sämtliche Bücher sind auch in Ihrer Buchhandlung erhältlich.

Stand: Mai 2019

FALTER BÜCHER

FÜR WIEN UND ÖSTERREICH

FALTER VERLAG
DIE BESTEN SEITEN ÖSTERREICHS

REISEFÜHRER

ENTDECKUNGSREISEN IN DIE SCHÖNSTEN KULTURLANDSCHAFTEN.

Werner Schandor
Steirisches Wein- und Hügelland
Natur, Kultur, Essen, Trinken, Sport

Das Buch berichtet vom Land und den gastfreundlichen Leuten der Region, von den schönsten Städten und ihren Kulturschätzen, von Thermen und Vulkanen, von kulinarischen Köstlichkeiten und den begehrten Weinen, die in den sanften Hügeln der West-, Süd- und Oststeiermark gedeihen und wagt auch einen Sprung über die Grenze nach Slowenien.

448 Seiten, € 29,90

Othmar Pruckner
Das Waldviertel

Der passende Reiseführer für die Ausflugs- und Urlaubsplanung durch eine der schönsten Regionen Österreichs.

424 Seiten, € 29,90

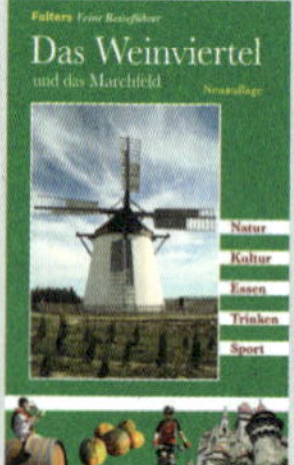

Thomas Hofmann
Das Weinviertel und das Marchfeld

Natur, Kultur, Ausflüge, Wanderungen, Radtouren, Kulinarik im Weinviertel.

432 Seiten, € 29,90

Christina Rademacher
Nationalpark Donau-Auen

Ein Führer durch die Natur zwischen den Metropolen Wien und Bratislava.

176 Seiten, € 19,90

Stefanie Platzgummer
Österreichs Nationalparks

Mit diesem Guide haben Sie alle sechs österreichischen Nationalparks fest im Griff.

256 Seiten, € 22,90

KULTUR FÜR GENIESSER

FREIZEIT, KULTUR, SPORT IM DETAIL.

Bernd Orfer
Wandern in Ostösterreich, Bd.1

35 der schönsten Touren vom Weinviertel bis zur Enns, von der Thaya bis zum Neusiedlersee.

200 Seiten, € 19,90

Bernd Orfer
Wandern in Ostösterreich, Bd.3

35 Wanderungen von der March bis zur Mürz, vom Waldviertel bis ins Burgenland.

200 Seiten, € 19,90

Wolfgang Kralicek
Skifahren in Ostösterreich

Lifte und Pisten in Niederösterreich, Wien, Burgenland; plus Steiermarkteil.

256 Seiten, € 22,90

Julia Köstenberger
Grenzenlos Radeln

Die schönsten Radtouren zw schen Österreich und Tsche chien – Orte entdecken, Na erleben, Geschichte erfahr

352 Seiten, € 29,90

P. Hie
Wan
Wie
Die
War
und

De
N
d
j

Edith
Tator
13 Kri
aus Wi

Wienty
existier
Urwien
werden
Kurzkri
kulären
Das klas
Kaffeeha
das gem
gesellige
urbane N
puristisc
stand, de
der besc
Friedhof
Rathaus
Hofburg
Stadtpa

272 Sei

120

Punkte	0	1	2	3	4
Wie oft brauchten Sie während der letzten 12 Monate am Morgen ein alkoholisches Getränk, um sich nach einem Abend mit viel Alkoholgenuss wieder fit zu fühlen?	niemals	selte-ner als einmal pro Monat	einmal pro Monat	einmal pro Woche	täglich oder fast täglich
Wie oft hatten Sie während der letzten 12 Monate wegen Ihrer Trink-gewohnheiten Schuldgefühle oder Gewissensbisse?	niemals	selte-ner als einmal pro Monat	einmal pro Monat	einmal pro Woche	täglich oder fast täglich
Wie oft haben Sie sich während der letzten 12 Monate nicht mehr an den vorangegangenen Abend erinnern können, weil Sie getrunken hatten?	niemals	selte-ner als einmal pro Monat	einmal pro Monat	einmal pro Woche	täglich oder fast täglich
Haben Sie sich oder eine andere Person unter Alkoholeinfluss schon mal verletzt?	Nein		Ja, aber nicht im letzten Jahr		Ja, im letzten Jahr
Hat ein Verwandter, Freund oder auch ein Arzt schon einmal Bedenken wegen Ihres Trinkverhal-tens geäußert oder vorgeschlagen, dass Sie Ihren Alkoholkonsum einschränken?	Nein		Ja, aber nicht im letzten Jahr		Ja, im letzten Jahr

Auswertung: Addieren sie die angegebenen Punkte zu einer Gesamtpunktzahl, ergibt sich ein Wert zwischen null und vierzig Punkten. Eine Punktzahl von acht bei Männern oder fünf bei Frauen weist auf einen gefährlichen Alkoholkonsum hin, je höher die Punktzahl, desto wahrscheinlicher ist eine Abhängigkeitserkrankung. Dieser Test dient einer ersten groben Einschätzung der eigenen Trinkgewohnheiten. Bei einer Punktzahl von acht oder mehr empfiehlt es sich, mit dem Hausarzt oder einer Alkoholberatungsstelle über die eigenen Trinkgewohnheiten zu sprechen.

Andere Länder haben infolge der kulturellen Gegebenheiten und gesetzlichen Regulationen ganz andere Umgangsweisen mit hierzulande illegalisierten Substanzen, man denke nur an den liberalisierten Umgang mit Cannabis in den Niederlanden oder an den Gebrauch von Coca-Blättern in den südamerikanischen Anden. Das Kauen von Coca-Blättern wird dort traditionell als Heilmittel gegen Hunger und Höhenkrankheit eingesetzt. Bolivien ist im Jahr 2011 sogar aus der UN-Drogenkonvention ausgetreten, weil diese das Kauen von Coca-Blättern verbietet, und ist erst später durch den Erlass einer Sonderregelung für diese uralte Tradition wieder eingetreten. In Bolivien ist nun erlaubt, was sonst durch die UN-Konvention verboten ist, die Bolivianer dürfen Coca-Blätter anbauen, handeln und besitzen. Was in einigen Ländern also normal und traditionell verankert ist, ist in anderen verboten. Das allein sagt aber noch nichts über die Gefährlichkeit einer Substanz aus.

Man kann also durchaus auch gebrauchende Konsummuster von anderen Drogen als dem Alkohol aufweisen, auch wenn bei manchen Substanzen ein höheres Risiko damit verbunden ist als bei anderen. Ein Teil dieses Risikos ist der psychoaktiven Wirksamkeit geschuldet, ein Teil der Illegalisierung dieser Substanzen. Kauft man Alkohol im Supermarkt, kann man davon ausgehen, dass dieser nicht mit irgendwelchen schädlichen Substanzen gestreckt ist. Vor einem Unfall in berauschtem Zustand oder einer Überdosierung mit anschließender Spitalseinlieferung schützt dies jedoch nicht. Bei illegal erhältlichen Substanzen kommt das Risiko der Streckung einer Substanz hinzu oder, wie bei vielen der sogenannten „Neuen Psychoaktiven Substanzen", auch die Tatsache, dass das, was man vermeintlich vom Dealer kauft, gar nicht in der Substanz enthalten ist. Das macht den Gebrauch einer am Schwarzmarkt gekauften Substanz unbekannter Qualität natürlich riskanter.

Aus diesem Grund gibt es für den Konsum aller psychoaktiven Substanzen gewisse Grundregeln, die zu beachten sind, damit dieser möglichst risikoarm ist. Dennoch ist die Vorstellung, dass man andere psychoaktive Substanzen als Alkohol nicht auch zum Genuss konsumieren kann, in einem von Alkohol geprägten Kulturkreis weit verbreitet. Dies liegt aber vor allem an Vorurteilen, Ängsten und ideologischen Überzeugungen. Die überwiegende Mehrheit der Wissenschaft ist sich beispielsweise einig, dass der gelegentliche Konsum von Cannabis für Erwachsene nicht gefährlicher ist als der von Alkohol, eher noch ist das Gegenteil der Fall. In der öffentlichen Wahrnehmung ist dies allerdings nicht so, wobei gerade bei Cannabis die Meinungen sehr vielfältig und überwiegend ideologisch geprägt sind.

Die Definition des unschädlichen Gebrauchs hängt also weniger mit der Art der Substanz zusammen als damit, welchen Umgang man mit ihr pflegt. Solange dieser in einem gewissen Rahmen und kontrollierbar ist, sind keine wesentlichen Folgeschäden zu erwarten. Beim Alkohol ist dieser Rahmen, ab wann eine gewisse Trinkmenge schädlich ist, definiert. Obwohl man das nicht nur am Ausmaß der konsumierten Menge festmachen kann, spricht man beim Alkohol von der sogenannten Harmlosigkeitsgrenze, bis zu der Alkoholkonsum als körperlich bedenkenlos eingestuft werden kann. Diese liegt laut dem österreichischen Bundesministerium für Gesundheit [16] bei Männern bei 24 Gramm reinem Alkohol pro Tag, bei Frauen bei 16 Gramm. Darunter kann man sich vermutlich wenig vorstellen, deswegen zur Veranschaulichung: Das „österreichische Standardglas Alkohol" enthält zwanzig Gramm reinen Alkohol. Das sind 0,5 Liter Bier, ein viertel Liter Wein, zwei Glas Sekt oder drei kleine Schnäpse à zwei Zentiliter. Demnach sind für Männer ein wenig mehr als ein Standardglas pro Tag eher harmlos, für Frauen etwas weniger als ein Standardglas. Allerdings nur, wenn es auch mindestens zwei konsumfreie Tage pro Woche gibt.

Die Gefährdungsgrenze sollte keinesfalls überschritten werden, die läge bei Männern bei drei Krügel Bier pro Tag, bei Frauen bei zwei Krügel Bier oder zwei Viertel Wein. Bei über hundert Gramm (Männer) oder sechzig Gramm (Frauen) Reinalkohol pro Tag besteht laut WHO ein sehr hohes Risiko für akute Probleme und chronische Beschwerden [131]. Dazu noch eine kleine Bemerkung am Rande: International wird zumeist das angelsächsische Glas Alkohol verwendet, welches lediglich acht Gramm reinen Alkohol enthält. Weniger als die Hälfte des österreichischen Standardglases, auch das sagt etwas über die Trinkkultur in unserem Land aus.

Gesundheitsrisiko	Männer	Frauen
Risikoarm Harmlosigkeitsgrenze	Bier: 0,6 Liter Wein: 0,3 Liter	Bier: 0,4 Liter Wein: 0,2 Liter
Problematisch Gefährdungsgrenze	Bier: 1,5 Liter Wein: 0,75 Liter	Bier: 1 Liter Wein: 0,5 Liter

Für andere psychoaktive Substanzen gibt es keine derartigen Klassifikationen nach konsumierten Mengen, was vielmehr mit der Kriminalisierung dieser Substanzen zu tun hat als mit der Schädlichkeit derselben. Ein Bundesministerium für Gesundheit kann schlecht die relative Unbedenklichkeit von zwei Joints pro Monat für gesunde Erwachsene offiziell attestieren, wenn die Substanz im Suchtmittelgesetz verboten ist.

Ein kontrollierter Gebrauch von Substanzen ist demnach weitgehend unbedenklich, bei manchen Substanzen hört man sogar immer wieder von dessen positiven Wirkungen bei gelegentlichem Konsum. Ein Glas Rotwein pro Tag soll Herz-Kreislauf-Erkrankungen vorbeugen und die Gefahr von Herzinfarkten oder Schlaganfällen verringern. Studienergebnisse dazu sind allerdings vielfältig und widersprechen sich zum Teil selbst. In manchen Untersuchungen wurde eine gesundheitsfördernde Wirkung von geringen Maßen Rotwein gefunden, in anderen konnte keine Wirkung festgestellt werden. Je nachdem, auf welchem Standpunkt man steht, wird man Studienergebnisse finden, die die eigene Argumentation stützen. Eine Vielzahl der Expert*innen ist zwar der Ansicht, dass es einen protektiven Effekt gegen koronare Herzkrankheiten beim Konsum geringer Mengen Alkohols gibt, man ist sich jedoch einig, dass die negativen Auswirkungen von zu viel Alkohol diese schützenden Effekte überlagern [69, 73].

Gegen einen moderaten Konsum ist nichts einzuwenden, die Schwierigkeit liegt jedoch darin, dass die Grenzen zwischen den verschiedenen Stadien vom Genuss über den schädlichen Gebrauch bis zur Abhängigkeit fließend sind und von den Betroffenen oft nicht oder erst zu spät wahrgenommen werden. Viele Abhängige berichten später, dass sie den Zeitpunkt, zu dem aus gelegentlichem Konsum ein Missbrauch und letztlich eine Abhängigkeit wurde, übersehen haben. Wenn man merkt, dass der Alkohol oder andere Substanzen beim Entspannen nach einem langen Arbeitstag helfen, weil das sonst aus lauter Grübelei nicht gelingt, ist man von einem genussvollen Trinken bald bei einer missbräuchlichen Verwendung angekommen, die zumindest ein Alarmsignal auf dem Weg zur Abhängigkeit ist.

SCHÄDLICHER GEBRAUCH

Vom schädlichen Gebrauch, auch als Missbrauch bezeichnet, spricht man, wenn eine Substanz eingenommen wird, um einen bestimmten Zweck zu erfüllen. Zumeist handelt es sich dabei um das Ausschalten von negativen Gefühlen wie Angst, Stress, Ärger oder auch Unsicherheit und Langeweile. Dazu kommt, dass beim schädlichen Gebrauch Risiken in Kauf genommen werden, man setzt sich alkoholisiert hinters Steuer oder raucht während der Schwangerschaft. Man trinkt übermäßig viel, obwohl der nächste Tag ein Arbeitstag ist, obwohl man die ersten schädlichen Auswirkungen bemerkt, obwohl man massiv verkatert ist. Dies sind untrügliche Anzeichen, dass man die Kontrolle über den Konsum zunehmend verliert.

Die Weltgesundheitsorganisation definiert den schädlichen Gebrauch als den fortlaufenden Gebrauch einer Substanz, obwohl negative Folgen schon eingetreten, die Kriterien für eine Abhängigkeit jedoch noch nicht erfüllt sind. Diese negativen Folgen können auf einer körperlichen Ebene sein, seien es das Auspumpen des Magens nach einer Überdosis Alkohol oder erste Zellschäden, die der Alkoholkonsum mit sich bringt. Sie können aber auch auf der psychischen Ebene liegen, das Suchtmittel wird immer mehr zur Beseitigung negativer Gefühle oder Zustände gebraucht, von denen man nicht mehr glaubt, sie ohne die Substanz aushalten zu können oder zu wollen. Vermutlich kennt jede*r jemanden im Bekanntenkreis, der meint, ohne zwei oder drei Bier am Abend nicht entspannen zu können, ohne Joint nicht einschlafen zu können oder Alkohol zu brauchen, um in Gesellschaft lockerer zu werden. In einer Welt voller Stress und menschengemachter zivilisatorischer Probleme wird dieser Missbrauch von psychoaktiven Substanzen in Zukunft vermutlich eher ansteigen als sinken. Es geht nicht mehr nur um den reinen Genuss einer Substanz, sondern darum, durch deren Konsum eine bestimmte Wirkung zu erzielen, negative Gefühle zu vermeiden, für den Alltag fit zu sein. Das in den 1960er-Jahren gegen Ängste, Nervosität und Schlafstörungen populäre Valium wurde nicht umsonst von den Rolling Stones als „Mothers little helper" in ihrem gleichnamigen Song bezeichnet.

Beim regelmäßigen Substanzmissbrauch ist auch merkbar, dass der Reiz, sich Belastungssituationen durch den Konsum von Substanzen zu entziehen, immer größer, der Konsum somit immer häufiger wird. Ist dies der Fall und wird nicht mit entsprechenden Maßnahmen gegengesteuert, führt dies zuerst zur Gewöhnung und später zur Abhängigkeit.

ABHÄNGIGKEIT

Die Grenze zwischen schädlichem Gebrauch und Abhängigkeit ist fließend und deren Überschreitung für die Betroffenen oft nicht bewusst wahrnehmbar. Nicht selten sprechen Drogenabhängige davon, dass sie lange geglaubt hätten, den Substanzkonsum im Griff zu haben, die Kontrolle über die Art und Häufigkeit der Drogeneinnahme noch bewusst steuern zu können. Der Zeitpunkt, an dem sie sich eingestehen, dass dem nicht so ist, kommt häufig erst viel später, wenn die Abhängigkeit schon ausgeprägt ist.

In den gängigen Diagnosesystemen geht man davon aus, dass sich eine Abhängigkeit auf mehreren Ebenen manifestiert: auf der körperlichen, psychischen und psychosozialen. Zu den wesentlichsten körperlichen Anzeichen einer Abhängigkeitserkrankung zählen Entzugserscheinungen und Toleranzentwicklung. Unter Entzugserscheinungen versteht man Symptome, die nach dem Absetzen einer Substanz auftreten. Das ist dann der Fall, wenn sich der Stoffwechsel an die Substanz gewöhnt hat und das körperliche Gleichgewicht aus der Balance geraten ist. Bei einem einmaligen massiven Konsum von Alkohol signalisiert der „Kater", dass der Körper Mühe hat, das Gleichgewicht wiederherzustellen, dies gelingt jedoch in der Regel relativ schnell. Hat sich der Körper jedoch an den dauerhaften Konsum gewöhnt, braucht er die Substanz, um dieses neuen Gleichgewicht aufrechtzuerhalten. Wird diese nicht zugeführt, signalisieren die Entzugserscheinungen, dass das nun auf die Substanz eingestellte Gleichgewicht außer Balance ist.

Eine weitere körperliche Erscheinungsform der Abhängigkeit ist die sogenannte Toleranzentwicklung, die Gewöhnung an eine Substanz. Beim Alkohol ist das sicherlich vielen bekannt. Personen, die nie trinken, sind bereits nach einem Glas Sekt oder einem Achterl Wein leicht angeheitert, während Menschen, die den Alkoholkonsum gewohnt sind, auch drei große Bier trinken können und noch vollkommen nüchtern wirken. Der Körper gewöhnt sich und braucht immer höhere Dosierungen, um den gewünschten Effekt zu erzielen. Dies geht so weit, dass Alkoholabhängige oft Mengen zu sich nehmen, die ein nicht an diese Dosierungen gewöhnter Mensch nicht überleben würde. Nicht selten begegnet man Patient*innen, denen man es kaum anmerkt, dass sie bereits eine halbe Flasche Wodka und ein paar Bier getrunken haben. Eine Menge, bei der andere Menschen bereits bewusstlos wären. Doch so bedrohlich das klingt, so relativ leicht ist eine körperliche Abhängigkeit zu behandeln. Im Fall der Opiatabhängigkeit ist es möglich, die körperlichen Symptome mit einer entsprechenden Substitutionsbehandlung auszugleichen, damit keine Entzugserscheinungen auftreten. Eine andere Möglichkeit, die beim Alkohol häufig angewendet wird, ist der Entzug, der einige Wochen dauert und mit medikamentöser Unterstützung durchaus gut bewältigbar ist. Beim Entzug von hohen Trinkmengen ist jedoch ein Spitalsaufenthalt mit medizinischer Überwachung unbedingt erforderlich, da dieser zu potenziell lebensbedrohlichen Zuständen führen kann. Beim Opiatentzug ist dies nicht der Fall, wobei auch hier eine medizinische Begleitung die Entgiftung erträglicher macht. Es sind jedoch nicht alle psychoaktiven Substanzen in der Lage, das körperliche Gleichgewicht derart außer Balance zu bringen. Zu den wesentlichsten körperlich abhängig machenden Substanzen zählen Alkohol, Opioide, Benzodiazepine und andere Medikamente. Kokain und Halluzinogene rufen keine körperliche Abhängigkeit hervor, Cannabis nur in einem sehr geringen Ausmaß.

Das weitaus größere Problem ist aber die psychische Abhängigkeit, die sich im Wesentlichen im starken Verlangen nach der Droge manifestiert, in der Fachsprache auch „Craving" oder „Suchtdruck" genannt. Dieses starke Verlangen und die damit einhergehende wahrgenommene Unfähigkeit, abstinent zu bleiben, treibt Abhängige an und ist eines der wesentlichsten Motive für einen fortgesetzten Konsum. Die Stärke des Cravings ist diagnostisch schwer festzustellen, da die Beurteilung desselben sehr subjektiv und von außen nicht mit einer Skala messbar ist. Doch genau dieser Suchtdruck und das damit oft verbundene irrationale Handeln ist das, was Außenstehende oft nicht verstehen und nachvollziehen können. Wieso bricht jemand immer wieder seine guten Vorsätze, obwohl er oder sie weiß, dass man damit die Familie verliert, vielleicht wieder ins Gefängnis muss oder den ohnehin schon schwer in Mitleidenschaft gezogenen Körper noch weiter schädigt. Wieso setzt sich jemand über moralische und gesellschaftliche Grenzen hinweg, nur um an sein Suchtmittel zu gelangen. In einer eher rational geprägten Welt wie der unseren ist das für Nichtbetroffene oft schwer zu verstehen, doch genau das macht den psychischen Aspekt der Suchterkrankung aus. Die Unfähigkeit, die vorgenommene Abstinenz auch einzuhalten, die Aufrechterhaltung des Konsums trotz angedrohter oder wahrgenommener negativer Konsequenzen. Gerade bei illegalisierten Substanzen gibt es von Außenstehenden oft wenig Toleranz, etwas, das es bei anderen Suchtmitteln wie Nikotin interessanterweise ja doch gibt. Kaum jemand wird schief angeschaut, wenn er wieder einmal den Silvestervorsatz, mit dem Rauchen aufzuhören, gebrochen hat, weil er das Craving nicht ausgehalten hat. Menschen, die den x-ten Abnehmversuch trotz der allerbesten Vorsätze wieder einmal nicht durchgehalten haben, erhalten oftmals guten Zuspruch und aufmunternde Worte, Opiatabhängige, die rückfällig werden, sehen sich Vorwürfen der Umgebung gegenüber und fühlen sich schuldig. Der Mechanismus ist derselbe, er ist nur bei legalen Suchtmitteln besser nachvollziehbar, weil wesentlich mehr Menschen Erfahrungen mit Nikotin oder Abnehmversuchen als mit Opiaten haben und sich damit besser in andere hineinfühlen können. Die Gründe für das Scheitern sind oft sehr ähnlich und liegen in der Psyche verankert.

Die Bewältigung dieser psychischen Abhängigkeit ist damit der weit schwierigere Prozess als die körperliche Stabilisierung. Der rein körperliche Entzug einer Substanz bedeutet noch lange keine Heilung der Erkrankung, die meisten Menschen werden nach Entzügen ohne zusätzliche weitere Behandlung wieder rückfällig. Der Gedanke, jemand sei nach einem körperlichen Alkohol- oder Drogenentzug „geheilt“, ist viel zu kurz gegriffen, die schwierige Wegstrecke beginnt erst danach. Die Diagnose einer Abhängigkeitserkrankung kann auch gestellt werden, wenn nur eine psychische Abhängigkeit besteht und keine körperliche.

Der dritte Aspekt, der eine Abhängigkeit ausmacht, ist die psychosoziale Komponente. Mit anhaltendem Konsum kommt es zu einer deutlichen Vernachlässigung der Interessen, das Leben dreht sich nur noch um Beschaffung und Konsum der Substanz. Für andere Interessen und Tätigkeiten bleibt oft keine Zeit und auch nicht die notwendige Stabilität, um diesen regelmäßig nachzugehen. Damit einhergehend folgt häufig der Wechsel der sozialen Beziehungen, weg von den „gesunden", unterstützenden Beziehungen, hin zu Kontakten aus der Drogenszene.

Es sind jedoch nicht alle Abhängigen und alle Verläufe gleich, nicht alle Betroffenen erleben Auswirkungen auf allen drei Ebenen. Um zu einer Diagnose der Erkrankung zu kommen, braucht es ein System, das diese Bündel an Auswirkungen zusammenfasst und die unterschiedlichen Effekte der Substanzen auf die Konsument*innen individuell berücksichtigt. Dies erfolgt für den europäischen Raum in der „Internationalen statistischen Klassifikation der Krankheiten und verwandter Gesundheitsprobleme" (International Classification of Diseases – ICD-11), einem von der WHO herausgegebenen Standardwerk zur Diagnose physischer und psychischer Erkrankungen. In der ICD-11 sind alle Erkrankungen mit Diagnoseschlüsseln aufgelistet, vom einfachen Kopfschmerz über die Blinddarmentzündung bis hin zu psychischen Erkrankungen.

Es werden sechs Kriterien, die bei einer Abhängigkeit auftreten können, definiert. Diagnostiziert wird die Erkrankung, wenn über die letzten zwölf Monate drei oder mehr der folgenden Symptome aufgetreten sind:

- ein starker Wunsch oder eine Art Zwang, das Suchtmittel zu konsumieren;
- verminderte Kontrollfähigkeit bezüglich des Beginns, der Beendigung und der Menge des Konsums des Suchtmittels;
- körperliches Entzugssyndrom bei Beendigung oder Reduktion des Konsums;
- Nachweis einer Toleranz: Um die ursprünglich durch niedrigere Mengen des Suchtmittels erreichten Wirkungen hervorzurufen, sind zunehmend höhere Dosen erforderlich;
- fortschreitende Vernachlässigung anderer Interessen und Vergnügen zugunsten des Suchtmittelkonsums und/oder erhöhter Zeitaufwand, um die Substanz zu beschaffen, zu konsumieren oder sich von den Folgen zu erholen;

- anhaltender Substanzgebrauch trotz des Nachweises eindeutiger schädlicher Folgen (körperlicher, psychischer oder sozialer Art).

Sind weniger als drei dieser Symptome, aber schon Schädigungen durch den Substanzkonsum feststellbar, spricht die WHO von einem schädlichen Gebrauch. Diese Definition beinhaltet lediglich substanzgebundene Süchte, also die Abhängigkeit von psychoaktiven Substanzen wie Alkohol, Nikotin, Opiaten, Kokain etc. Während in der Vorgängerversion, der ICD-10, noch nicht substanzgebundene Süchte, wie das pathologische Spielen oder Verhaltenssüchte, in anderen Kategorien subsummiert wurden, gibt es in der neuen Ausgabe, der ICD-11, nun auch eine eigene Kategorie für die sogenannte Gaming Disorder, die Computerspielsucht, die damit den offiziellen Status als behandlungsbedürftige Erkrankung erhält.

Auch wenn die Anwendung dieser Klassifikationssysteme in Fachkreisen nicht nur kritiklos gesehen wird, macht die Einordnung der Abhängigkeit als Erkrankung eines deutlich: Abhängigkeit ist keine Willensschwäche, sondern eine ernstzunehmende psychische Erkrankung, die mit Folgeerscheinungen auf verschiedenen Ebenen einhergeht. Die Verläufe sind zumeist langwierig und der Ausstieg aus der Abhängigkeit ist nicht nur eine Frage des Wollens, sondern benötigt häufig professionelle Unterstützung und Hilfeleistung.

IRENE

Solange sich Irene zurückerinnern kann, hatte sie immer Angst vor Menschen. In der Sandkiste spielte sie lieber allein, den Kindergarten mochte sie nicht, Firmunterricht und Tanzschule blieb sie, so gut es ging, fern, weil der Kontakt zu Fremden angstbesetzt und unangenehm war. Generell war sie anderen Menschen gegenüber immer eher misstrauisch und vermied möglichst den Kontakt. Ihr Leben lang versuchte sie stets, alles selbst zu erledigen, bevor sie sich Hilfe von jemand anders holte, sei das im Studium, bei handwerklichen Dingen oder im Haushalt. In der Schule war sie eine Außenseiterin, sie hatte kaum Freundschaften, und wenn doch, dann eher zu den anderen Außenseiter*innen der Klasse, von ihrer

besten Freundin wurde sie gemobbt. So war sie stets lieber allein als mit Menschen zusammen, die sie nicht kannte.

Irene wurde 1960 in Wien geboren und wuchs bei ihren Eltern gemeinsam mit ihrer älteren Schwester auf, ihre zweite Heimat war die Steiermark, wo ihre Eltern ein Haus besaßen. Ihr Vater verstarb relativ früh binnen weniger Monate an einer Krebserkrankung, ihre Schwester zog von zu Hause aus, als sie 21 Jahre alt war, und entwickelte ein Alkoholproblem. Im Alter von 45 Jahren war Irenes Schwester in einem so schlechten Zustand, dass sie Halluzinationen und Wahnvorstellungen hatte, sie war aggressiv und man konnte sie nicht allein lassen, sie war Alkoholikerin. Als Irene dies mitbekam, war es für sie überhaupt nicht vorstellbar, dass sie sich selbst einmal auf dem gleichen Weg befinden würde. Bis heute versteht sie nicht, wie es so weit kommen konnte.

So lebten Irenes unter Herzproblemen leidende Mutter und sie gemeinsam in einer Eigentumswohnung in Wien. Irene sah es als ihre Aufgabe, sich um die Mutter zu kümmern, mit ein Grund dafür, wieso sie nie aus der elterlichen Wohnung auszog. Es gab auch nie wirklich eine Notwendigkeit, anfänglich war es auch bequem für sie. Nach der Matura begann sie zu studieren und „lebte wie ein junger Hund", wie sie es bezeichnet. Sie besuchte die Lehrveranstaltungen, die sie interessierten, und lebte von der Waisenrente. Abgeschlossen hat sie die Studien nie, auch weil ihre Angst vor Menschen ihr dies schwer gemacht hatte.

Alkohol war in ihrer Familie etwas eher Außergewöhnliches, etwas, das es zur Belohnung gab oder wenn Gäste kamen. Ein normaler Umgang, wie er vermutlich in zigtausenden Familien vorkommt. Das erste Mal Alkohol trinken durfte sie mit 15 Jahren, ein Privileg und ein Zeichen dafür, dass sie nun erwachsen wurde. In ihrer Studentenzeit begann sie vermehrt Alkohol zu trinken, anfangs tranken sie und ihre Mutter beim Kochen am Wochenende Kir Royal, zuerst ein Stifterl Sekt gemeinsam, später eine halbe Flasche allein. „Wohlfühltrinken", wie sie sagt, es schmeckte ihr und machte ein angenehmes Gefühl, doch die Mengen steigerten sich langsam immer weiter.

Mit 27 Jahren, als die Waisenrente aus war und ihre Studien noch immer nicht fertig, brach sie diese ab und begann im Kundendienst einer Gas- und Heizungsfirma zu arbeiten. Ihre direkte Kollegin war ungut zu ihr, die Bezahlung war auch nicht überragend, aber sie blieb für dreißig Jahre in der Firma. Schließlich kannte sie dort schon alle, sie wusste, wie die Kolleg*innen und Vorgesetzten sind. Dieses Wissen gab ihr Sicherheit, ein Wechsel hätte bedeutet, sich wieder mit neuen Menschen arrangieren und sich einarbeiten zu müssen.

Irgendwann bemerkte sie, dass es ihr leichter fällt, unter Leuten zu sein, wenn sie getrunken hatte. Firmentreffen waren beschwipst leichter zu ertragen, es fiel ihr leichter, ihre Meinung zu sagen und sich zu behaupten, wenn sie getrunken hatte. Sie begann in der Früh zu trinken, was in der Firma lange nicht auffiel, und wenn, wurde eher hinter ihrem Rücken geredet, als sie direkt darauf anzusprechen. Das sei nur einmal passiert, aber sie hatte eine gute Ausrede parat. Der Alkohol half ihr außerdem, zu Hause mit der Situation umzugehen. Ihre Mutter war vor ihrem Tod pflegebedürftig und Irene die Einzige, die sich um sie kümmerte. Das Trinken war Entlastung und eine gute Möglichkeit, die Probleme – im wahrsten Sinne des Wortes – hinunterzuschlucken. Irgendwann später trank sie, um die Probleme mit dem Trinken nicht wahrhaben zu müssen. Trinken, um zu vergessen, dass sie trinkt.

Obwohl sie nur zwei Mal im Leben deutlich merkbar betrunken war, trank sie täglich große Mengen, sie war über lange Jahre Spiegeltrinkerin. Ein Blackout hatte sie nie, die Angst, die Kontrolle zu verlieren, etwas, das sie nicht leiden konnte, war zu groß. Sie trank vor der Arbeit Sekt statt Kaffee, spätestens nach dem Mittagessen verspürte sie die ersten Entzugserscheinungen, nach dem Büro trank sie weiter. Sie war immer um Kontrolle bemüht, damit sie keine Abstürze erlebte, und schaute auch, dass sie immer genug zu trinken zu Hause hatte. Bei mehreren Flaschen Sekt am Tag war das gar kein so leichtes Unterfangen, zumeist klapperte sie mehrere Supermärkte in der Umgebung ab und kaufte jeweils maximal sechs Flaschen, damit es nicht so auffiel. Wenn Wochenenden oder Feiertage waren, musste sie mehrere Supermärkte aufsuchen, um auf die benötigte Menge zu kommen.

Im Jahr 2014 verstarb ihre Mutter, 2017 ging die Firma in Konkurs, sie war arbeitslos und allein. Von diesem Zeitpunkt an war das Trinken der Hauptinhalt ihres Lebens, bis zu vier bis sechs Flaschen Sekt am Tag waren die übliche Menge, es konnten aber auch acht oder neun werden. Etwa dreißig Euro am Tag oder 900 Euro im Monat kostete sie ihr Konsum, wo das Geld für die Abfertigung aus ihrer Anstellung ist, weiß sie nicht, wahrscheinlich „versoffen".

Langsam merkte sie, dass es so nicht weitergehen konnte, ein Arzt attestierte ihr miserable Leberwerte, ihr Leben drehte sich nur noch um den Alkohol. Gleichzeitig konnte sie sich nicht vorstellen, in eine Therapieeinrichtung zu gehen und nie wieder zu trinken, ein Ringen mit sich selbst und der Erkrankung. Als sie einmal zu Hause in ihr Alkoholtestgerät blies und nach sechs Stunden Schlaf noch immer über zwei Promille hatte, machte ihr dies Angst. Sie informierte sich im Internet und wusste, dass ein Entzug allein zu Hause zu gefährlich sei. Sie wandte sich schließlich an ihren Hausarzt, der sie an eine Stelle verwies, wo sie Hilfe bekommen würde.

Bei Therapieantritt hatte sie in der Früh 1,7 Promille, mittlerweile ist sie seit Dezember 2017 trocken. Sie lernte, über Probleme zu sprechen und sie nicht mit Alkohol hinunterzuspülen, sie lernte, sich zu wehren und sich zu behaupten, etwas, das sie früher nie geschafft hatte. Auf sich selbst zu schauen und die eigenen Bedürfnisse zu berücksichtigen ist eine neue Erfahrung. Alkohol trinken ist dennoch nach wie vor positiv besetzt, hin und wieder träumt sie davon, ein Achterl bei einem Heurigen auf der steirischen Weinstraße zu trinken. Aus Angst, wieder abhängig zu werden, traut sie sich das jedoch nicht, denn wenn sich das Leben nur noch ums Trinken dreht, ist nichts anderes mehr erstrebenswert. Der erkämpfte Ausstieg ist zu viel wert, um ihn aufs Spiel zu setzen.

ENTWICKLUNG DER ABHÄNGIGKEIT

„Probiere niemals Heroin, da bist du sofort süchtig und kommst nicht mehr davon los."

„Cannabis als Einstiegsdroge" ist ein beliebtes Argument von Liberalisierungsgegnern, die die These vertreten, dass der Konsum von Cannabis den Konsum anderer, härterer Drogen nach sich zieht. Diese Theorie wurde auch deswegen aufgestellt, weil man beobachtete, dass Opiatabhängige den Einstieg in den Konsum illegalisierter Substanzen mit Cannabis begannen. Hinter dieser zeitlichen Abfolge vermutete man einen biochemischen Zusammenhang und stellte die Theorie auf, dass Cannabiskonsum zum späteren Konsum härterer Drogen führt. Dass diese These so nicht stimmen kann, zeigen die Zahlen der Konsument*innen. Etwa fünf bis zehn Prozent der Österreicher*innen rauchen gelegentlich Cannabis, zumindest einmal ausprobiert haben das wesentlich mehr, nämlich etwa 25 Prozent. Würden diese alle später opiatabhängig, hätten wir ein weit größeres Problem mit Drogen in diesem Land. Die These der Einstiegsdroge Cannabis gilt nicht zuletzt aufgrund dieser empirischen Beobachtungen als widerlegt.

Doch wie ist das mit anderen Drogen, macht nicht schon der einmalige Konsum von Heroin abhängig? Um diese Frage zu beantworten, muss man etwas weiter ausholen und etwa auf Kriegsschauplätze blicken. Drogen und Krieg haben eine enge Verbindung, nicht nur in Bezug auf den eingangs geschilderten War on Drugs, sondern auch, weil der Drogenkonsum unter Soldaten im Kriegseinsatz verbreitet war und nach wie vor ist. Im Zweiten Weltkrieg wurde bis in die hohen Ränge der Wehrmacht „Panzerschokolade" konsumiert. Sie verlieh Selbstvertrauen, half Müdigkeit, Hungergefühl und Angstgefühle zu überwinden und steigerte die Leistungsfähigkeit, was ihr auch später den Namen „Nazi-Speed" einbrachte. Alles Eigenschaften, die für Soldaten im Krieg von Nutzen sind, zumindest so lange, bis sich die negativen Folgen einstellen. Erhöhter Schlafbedarf nach Phasen längeren Wachseins, Abhängigkeit und Psychosen sind nur einige davon und auch mit ein Grund dafür, wieso die der Panzerschokolade zugrunde liegende Substanz 1941 verboten wurde. Es handelte sich dabei um nichts anderes als ein Methamphetamin, das unter dem

Namen Pervitin offiziell von pharmazeutischen Firmen hergestellt wurde. Der heute übliche „Handelsname" von Pervitin ist Crystal Meth, wenngleich dieses in der Regel wesentlich höher dosiert ist, als es das Pervitin des Zweiten Weltkriegs je war.

Neben weiteren Substanzen wie Marihuana oder Alkohol spielt auch Heroin im Krieg eine Rolle. Mehr als ein Drittel der Soldaten im Vietnamkrieg soll Heroin konsumiert haben, etwa ein Fünftel war opiatabhängig [90]. Der Konsum von Heroin war weit verbreitet, was zum einen etwas mit den Lebensumständen und den Grausamkeiten des Kriegs zu tun hatte, zum anderen aber auch mit der guten Verfügbarkeit vor Ort. Aber was wurde aus den tausenden Vietnamveteranen mit Heroinerfahrung? Wurden alle süchtig und blieben sie es auch nach ihrer Rückkehr in die USA? Mitnichten. Die meisten der Rückkehrer beendeten den Heroinkonsum wieder, sobald der Kriegseinsatz vorbei war, die Anzahl der Abhängigen unter den ehemaligen Opiatkonsumenten sank auf etwa zwei Prozent [43]. Ähnliche Erfahrungen wurden mit deutschen Soldaten gemacht, die im Zweiten Weltkrieg Methamphetamin konsumiert hatten. Auch hier sank die Rate der Süchtigen nach dem Krieg wieder auf das Ausgangsniveau. Die Substanz alleine kann es also nicht sein, die Menschen abhängig macht, und ein einmaliger Konsum welcher Substanz auch immer macht nicht gleich süchtig. Er kann aber der erste Schritt in Richtung Abhängigkeit sein.

Die wissenschaftliche Forschung beschäftigt sich seit langem damit, wie und unter welchen Umständen Menschen abhängig werden. Es gibt verschiedenste Theorien zur Suchtentstehung von unterschiedlichen Wissenschaftsdisziplinen, so führen beispielsweise medizinisch orientierte Erklärungstheorien die Sucht auf Stoffwechselvorgänge im Gehirn oder eine genetische Vorbelastung zurück. Psychologisch orientierte Theorien suchen wiederum die Ursache der Sucht in der Störung der Persönlichkeitsentwicklung oder sehen die Abhängigkeit als ein erlerntes Verhalten, dass es wieder zu verlernen gilt. In soziologisch orientierten Theorien stehen eher Umweltfaktoren wie mangelnde Perspektiven oder auch der Einfluss der Peergroup im Vordergrund. Im Grunde gehen alle diese Theorien der Frage nach, welche Faktoren für die Entstehung der Abhängigkeit verantwortlich sind, um daraus die für die Prävention und die Behandlung notwendigen Schlüsse zu ziehen.

BIOPSYCHOSOZIALES MODELL

Biologische, psychologische oder soziale Theorieansätze liefern jede für sich einen wesentlichen Beitrag für die Erklärung der Entstehung einer Suchterkrankung, jedoch greifen sie als alleinige Erklärungstheorien zu kurz. Keiner dieser Ansätze kann alleine die komplexe Entstehung einer Suchterkrankung erklären. Denn wie könnte es sonst Menschen mit einer genetischen Vorbelastung geben, die süchtig werden, während andere mit derselben Vorbelastung keine Sucht entwickeln? Wie kann es sein, dass manche Menschen nach traumatischen Erfahrungen substanzabhängig werden und andere nicht? Antworten auf diese Fragen bleiben monokausale Theorien aus einzelnen Wissenschaftsdisziplinen schuldig. Der Weg in die Sucht ist wesentlich komplexer, als es einzelne Theorien beschreiben können, man geht vielmehr davon aus, dass Abhängigkeit aus einem multifaktoriellen komplexen Bedingungsgefüge entsteht, viele Faktoren gemeinsam dazu beitragen, ob jemand süchtig wird oder nicht.

Ein Modell, das mehrere Ansätze zu kombinieren und unterschiedliche Aspekte zu berücksichtigen versucht, ist das sogenannte biopsychosoziale Modell, auch bekannt als Trias-Modell der Suchtentstehung. Zu diesem Zweck werden die Bedingungsfaktoren drei großen Bereichen zugeordnet: der Substanz an sich, bestimmten Faktoren der Person und des sozialen Umfelds. Die einzelnen Bestandteile basieren auf Forschungserkenntnissen verschiedener Wissenschaftsdisziplinen, die in diesem Modell vereint werden sollen.

Betrachten wir zuerst den Bereich der Droge an sich. Wie schon oben erwähnt, gibt es keine Droge, die alleine für sich sofort süchtig macht, dennoch führen manche Substanzen mit einer größeren Wahrscheinlichkeit zu einer Abhängigkeit als andere. Man spricht in diesem Zusammenhang auch vom Suchtpotenzial einer Substanz, dieses ist beispielsweise bei Opiaten wesentlich höher als bei Cannabis oder Alkohol. Je schneller der Wirkungseintritt, desto höher ist das Suchtpotenzial einer Substanz. Dazu kommen die Art der Anwendung sowie Häufigkeit und Dauer des Konsums. Je öfter und je länger man eine Substanz konsumiert, desto eher wird man von ihr abhängig.

Nicht zu unterschätzen ist aber auch das Image und die Verbreitung einer Substanz. In unserem Kulturkreis ist Alkoholkonsum deutlich positiver besetzt als der Konsum von Opiaten, die Verfügbarkeit ist

Das biopsychosoziale Modell (Trias-Modell)

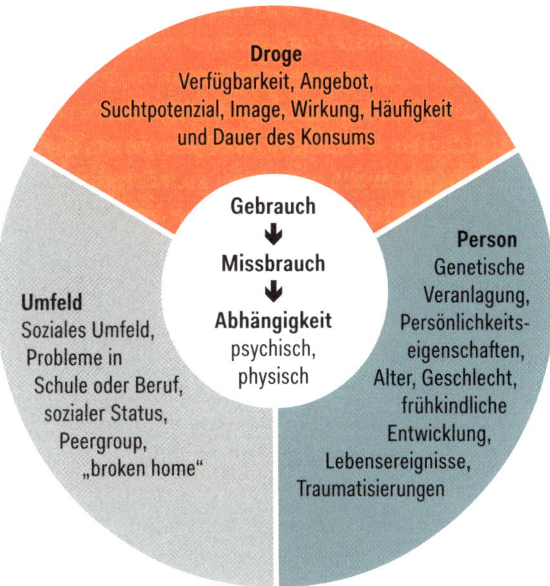

durch die Legalität wesentlich besser gegeben. Alkohol kann man im Supermarkt nebenan kaufen, bei Opiaten wird es schon schwieriger. Die positive Besetzung und ständige Verfügbarkeit des Alkohols ist sicherlich mit ein Grund dafür, wieso es eine derart hohe Anzahl an alkoholabhängigen Personen in Österreich gibt.

Darüber hinaus spielt es eine Rolle, wie die Wirkung einer Substanz individuell wahrgenommen wird. Sind die Erfahrungen positiv, wird dies eher zu einer Wiederholung führen, als wenn die erwünschte Wirkung nicht eintritt. Jemand, der sich in Gesellschaft unsicher oder unwohl fühlt, wird beispielsweise eher wieder zum Alkohol greifen, wenn ihm die enthemmende Wirkung dabei hilft, diese Ängste zu überwinden. Doch all das allein erklärt noch nicht, wieso jemand vom Konsum einer bestimmten Substanz abhängig wird.

Als zweiter Aspekt gelten Faktoren, die bei der konsumierenden Person selbst angesiedelt sind. Bestimmte Persönlichkeitseigenschaften und Erfahrungen, die einen anfälliger für eine Suchterkrankung machen, sowie genetische und neurobiologische Aspekte. Hier spielen das Alter und das Geschlecht eine Rolle, Abhängigkeitserkrankung ist eine eher „männliche“ Erkrankung, je nach Substanz sind die Betroffenen zu zwei Drittel bis drei Viertel Männer. Das Alter spielt insofern eine Rolle, als die Konsumprävalenz bei den jüngsten Konsument*innen am höchsten ist. Das Experimentieren, sich ausprobieren und Grenzen überschreiten ist ein notwendiger und jedenfalls üblicher Teil des Erwachsenwerdens. In diesem Zusammenhang lernen Jugendliche und junge Erwachsene zumeist auch durch die Peergroup die Wirkungsweise von Alkohol wie auch Drogen kennen. Ein Teil davon geht später zu einem regelmäßigeren Konsum über, ein Großteil gibt den Drogenkonsum aus vielerlei Gründen wieder auf.

Neben Alter und Geschlecht kommen auch Faktoren wie die frühkindliche Entwicklung, Lebensereignisse und Traumatisierungen dazu. Viele Abhängige haben Lebensgeschichten, die von traumatisierenden Ereignissen oder einschneidenden Erlebnissen geprägt sind. Dazu kommt, dass die Kompetenz, diese Ereignisse zu verarbeiten, gering ausgeprägt ist, ein herabgesetzter Selbstwert, geringe Problemlösungskompetenz oder die Unfähigkeit, Spannungen auszuhalten, spielen hier eine wesentliche Rolle. Menschen mit einer geringen Toleranz gegenüber unangenehmen Gefühlen und einer herabgesetzten Risikokompetenz werden tendenziell eher abhängig als andere.

Aber auch die erbliche Vorbelastung, die sogenannte genetische Prädisposition, spielt eine Rolle. Studien mit Adoptivkindern haben gezeigt, dass Kinder von alkoholkranken Eltern häufig ebenfalls alkoholabhängig werden, auch wenn sie nicht bei ihnen aufwachsen [122]. Eine derartige Vorbelastung hinsichtlich einer Abhängigkeit im Sinne eines genetischen Risikoprofils gilt als hinlänglich gesichert. Neben Zwillings- und Adoptivstudien kann man den genetischen Einfluss auch beim Vergleich von Menschen unterschiedlicher Herkunftsregionen sehen. Genforscher konnten klären, warum gerade viele Ostasiat*innen schon bei mäßigem Alkoholkonsum einen roten Kopf, Herzrasen und Übelkeit bekommen. Über die Hälfte der Vietnames*innen, 44 Prozent der Japaner*innen und dreißig Prozent der Chines*innen verfügen über eine Genvariante, die den Abbau des Alkoholabbauproduktes Acetyldehyd verlangsamt. Das Abbauprodukt reichert sich im Blut an, statt schnell abgebaut zu werden, was zu den genannten Beschwerden führt. Die betreffende Genvariante kommt bei Europäer*innen eher selten vor, der Alkohol wird vom Körper besser vertragen. Es gibt demnach auch genetische Vorbedingungen, die dazu beitragen, ob jemand an einer Abhängigkeit eher erkrankt. Die Entstehung einer Alkoholabhängigkeit ist Studien zufolge zu fünfzig Prozent durch genetische Faktoren bestimmt [41]. Wenn dies auch einiges erklärt, so erklärt es doch nicht alles, denn wenn die Wahrscheinlichkeit zu erkranken zu fünfzig Prozent von den Genen abhängt, gibt es noch immer die anderen fünfzig Prozent, die ebenso vorbelastet sind, aber nicht erkranken.

Zu den biologischen Erklärungsansätzen der Sucht zählen auch Erkenntnisse zu Veränderungen im Gehirn und der Körperorganik, welche die Entstehung und die Aufrechterhaltung der Erkrankung beeinflussen. Aus einer neurobiologischen Perspektive wird Sucht als die Folge von Veränderungen im Gehirn durch den dauerhaften Substanzkonsum betrachtet [79]. Obwohl eine detaillierte Schilderung der dahinterliegenden Mechanismen hier zu weit gehen würde, sei kurz auf zwei wesentliche Auswirkungen hingewiesen, die auf neuroadaptive Veränderungen im Gehirn zurückzuführen sind: Toleranzentwicklung und Entzugssymptomatik. Vereinfacht gesagt führt chronischer Substanzkonsum dazu, dass sich das Gehirn an die Einnahme der Substanz gewöhnt. Es versucht, sich an die kontinuierliche Zufuhr anzupassen und genau so zu funktionieren wie ohne die Substanz. Diese Anpassung an die regelmäßige Substanzzufuhr hat jedoch zur Folge, dass mit der Zeit eine deutlich größere Menge der Substanz eingenommen werden muss, um dieselben Effekte wie beim erstmaligen Konsum zu erzielen. Der Körper hat sich bereits an die kontinuierliche Zufuhr gewöhnt und braucht immer mehr. Dieser Effekt nennt sich Toleranzentwicklung. Wenn die Substanzzufuhr unterbrochen wird, weil keine Drogen verfügbar sind oder jemand mit dem Konsum aufhören will, reagiert der Körper ebenfalls. Die plötzliche Reduktion oder Beendigung des Konsums führt durch die vorangegangenen neuroadaptiven Veränderungen zu einer teilweise massiven Entzugssymptomatik, die beim Alkoholentzug sogar lebensbedrohlich sein kann. Der Entzug von Alkohol beginnt anfangs mit Ängstlichkeit, Schlaflosigkeit, starkem Zittern, Desorientierung und Krämpfen, nach einigen Tagen können sich die Symptome verstärken und sich ein Delirium tremens entwickeln, bei dem weitere Symptome wie Halluzinationen, hohes Fieber, Schock und Hyperthermie auftreten können, die potenziell lebensbedrohlich sind. Der Entzug von Alkohol ist in der Regel gefährlicher als der Drogenentzug und bedarf in schweren Fällen eines stationären Klinikaufenthaltes.

Aber auch bei der Aufrechterhaltung einer Abhängigkeit spielen neurobiologische Mechanismen eine Rolle. Unser Gehirn „merkt" sich die positiven Erfahrungen, die mit der substanzbedingten Aktivierung des Belohnungszentrums einhergehen. Dies ist nichts rein Drogenspezifisches, das Belohnungszentrum reagiert auch bei einem Stück Schokolade oder dem ersten Kuss, wenn er als angenehm empfunden wird. Glücksgefühle machen sich breit, positive Erfahrungen werden abgespeichert. Das Gehirn prägt sich Belohnungen und ihre Auslöser besonders gut ein, man will die angenehmen Gefühle immer wieder erleben, ist bestrebt, die Auslöser zu wiederholen. Ein Mechanismus, der wohl manchen Leser*innen von der Schokoladentorte oder gutem Sex bekannt sein dürfte. Beim Substanzkonsum passiert etwas Vergleichbares, nur wesentlich intensiver. Durch psychoaktive Substanzen wird das Belohnungszentrum besonders stark aktiviert, die Rezeptorstrukturen und Aktivitäten der Neurotransmitter passen sich der Zufuhr der Droge an. Bei regelmäßigem Konsum kommt es zu dauerhaften Veränderungen in Gehirnstrukturen, das sogenannte „Suchtgedächtnis" entsteht. Dieses führt dazu, dass Menschen auch nach Jahren der Abstinenz bei Hinweisreizen – wie etwa dem Anblick eines Weinglases oder Gedanken an die Droge – noch starkes Verlangen verspüren. Leider werden dort aber nur die positiven, belohnenden Aspekte repräsentiert und nicht die negativen Erfahrungen mit dem Suchtmittelkonsum. Diese neurobiologischen Veränderungen und Prägungen auf die Substanz erschweren Abhängigen das Loskommen von der Droge. Die Suchtforschung beschäftigt sich damit, wie das Suchtgedächtnis umprogrammiert oder gelöscht werden kann – bei Ratten ist dies bereits gelungen. Doch selbst wenn dies auch beim Menschen gelingt, bleiben immer noch andere Faktoren, die zur Aufrechterhaltung der Sucht beitragen.

Neben den biologischen und persönlichkeitsbedingten Aspekten kommt als dritter Faktor das Umfeld ins Spiel. Zum einen das ganz persönliche, wie Familie und Freunde, die schulische und berufliche

Situation, der soziale Status. Personen mit mangelnden Zukunftsperspektiven und Alternativen sind genauso anfällig für Suchterkrankungen wie Personen, die unter erhöhten Belastungen in Beruf, Schule oder Ausbildung leiden. Auch ein Mangel an positiven Sozialbeziehungen spielt hier eine Rolle. Insgesamt gesehen trägt ein schwieriges und belastendes Umfeld zur Suchtentwicklung bei. Darüber hinaus spielen auch die gesellschaftliche Bewertung und die Gesetzgebung und Verfügbarkeit eine Rolle. Wie eine Gesellschaft mit psychoaktiven Substanzen insgesamt umgeht, beeinflusst auch jedes einzelne Mitglied dieser Gesellschaft.

Die Entstehung der Abhängigkeitserkrankung folgt also nicht einzelnen einfachen Prinzipien, sondern ist zumeist Folge eines Zusammenspiels aus mehreren ungünstigen Faktoren und Entstehungsbedingungen.

KURT

Kurts Geschichte ist anders als die von „typischen" polytoxikomanen Drogenabhängigen, schon rein äußerlich passt er nicht in das Bild. Dennoch gab es in seinem Leben Umstände und Weichenstellungen, die zu einem Leben in Abhängigkeit führten. Mangelndes Selbstbewusstsein, familiäre Probleme in der schwierigen Phase der Pubertät, ein konsumierender Freundeskreis, die leichte Verfügbarkeit der Substanz, die ihn faszinierte: Crystal Meth.

Kurt ist 33 Jahre alt und in einem kleinen Dorf in Oberösterreich aufgewachsen. Die Eltern waren beide berufstätig, so verbrachte er als Kind viel Zeit bei seinen Großeltern, die mit seiner Familie gemeinsam in einem Zweifamilienhaus wohnten. Er hatte eine behütete Kindheit, zwei Mal im Jahr fuhr er mit seinen Eltern und seiner um vier Jahre älteren Schwester auf Urlaub, in der Schule hatte er nie Probleme, er war ein Einser-Schüler. Sein einziges Problem: Er war immer viel kleiner als die anderen, beim ersten Moped reichte er mit den Beinen nicht zum Boden, das kleinste Mädchen der Klasse war größer als er. Dies nagte stark an seinem Selbstbewusstsein und machte es ihm auch schwer, in seiner neuen Klasse, in die er mit 15 Jahren kam, Freunde zu finden. Seine Mutter wollte, dass er die Matura macht, und so musste er an ein Gymnasium in

Linz wechseln, er selbst hätte lieber wie alle seine Freunde am Land eine Lehre gemacht. Der Umstieg fiel ihm schwer, plötzlich schrieb er statt Einsern und Zweiern, Vierer und Fünfer, er hatte keine große Motivation zu lernen und keine Freunde in der Klasse. Die pubertäre Rebellion gegen den Wunsch der Mutter war die Faulheit. Schon damals kam er beim Ausgehen in einen Freundeskreis von etwas Älteren, der regelmäßig in der Freizeit Drogen konsumierte, hauptsächlich Ecstasy und Cannabis. Er sagte immer Nein, bis zu dem Zeitpunkt, als zu Hause das Thema Scheidung im Raum stand. Er begann die Schule zu schwänzen, am Wochenende Ecstasy zu nehmen, unter der Woche nach Wien zu fahren, um Marihuana zu kaufen, damals war er 15. Ecstasy sei damals leicht in Diskotheken erhältlich gewesen, auch in seinem Freundeskreis, in dem er trotz seiner geringen Körpergröße akzeptiert wurde. Drogenkonsum war bei ihnen Spaß, gehörte zum Ausgehen dazu wie für andere der Alkohol. Kurt probierte vieles, LSD, 2-CB, Ketamin, das alles war aber nicht so richtig seines, er brauchte etwas, das ihn aufputschte und nicht beruhigte. Wie etwa Speed, dass er nicht nur zum Partymachen konsumierte, sondern auch zum Lernen. Auf Speed lernte er manchmal nächtelang durch, was ihm durchs Gymnasium half. Nach der Matura, mit 18 Jahren, bekam er über einen Freund einen Job als Klimaanlagenmonteur, durch diesen lernte er auch Crystal Meth kennen. Er konsumierte es und wusste, das ist genau seins. Von diesem Zeitpunkt an nahm er auch keine anderen Substanzen mehr, außer solche, die ihn vom Crystal-Rausch wieder herunterholten. Anfangs nahm er es immer am Wochenende, unter der Woche ging er arbeiten und erholte sich vom Drogenkonsum. Auch Crystal war für ihn noch mit Spaß behaftet, er konnte es sich lange nicht vorstellen, nüchtern auszugehen, auch heute noch nicht wirklich, er ist nichts anderes gewohnt.

Im Alter von zwanzig Jahren begann er mit der Krankenpflegeschule, die er mit Auszeichnung abschloss, trotz regelmäßigen Crystal-Konsums am Wochenende. Dieser fiel in der Schule nie auf, er hatte das so weit unter Kontrolle, dass er den schulischen Verpflichtungen gut nachkommen konnte. Ein Jahr vor Abschluss der Schule kam seine Tochter zur Welt. Seine damalige Freundin und Mutter der Tochter erhoffte sich, dass er mit der neuen Verantwortung auch

Distanz zu seinem Drogen-Freundeskreis bekommen würde. Ein paar Wochen nach der Geburt trennte sie sich jedoch von ihm. Er konnte es nicht lassen, hatte immer das Gefühl, er versäume etwas, wenn er die Wochenenden nicht mit seinen Freunden und Crystal Meth verbrachte. Nach der Krankenpflegeschule begann er in einem Spital auf der Gerontopsychiatrischen Station zu arbeiten, was für ihn eine große psychische Belastung war. Nach eineinhalb Jahren, und damit etwa sechs Jahre nach Beginn des regelmäßigen Crystal-Konsums, wurde er gekündigt, er war zu oft im Krankenstand. Von da an ging es schnell bergab, ab diesem Zeitpunkt konsumierte er täglich und machte auch die ersten kriminellen Erfahrungen, um sich den Konsum leisten zu können. Er begann Drogen zu verkaufen. Ein Jahr später machte er den ersten Drogenentzug, für die Zeit des Aufenthalts in der stationären Klinik hielt er sich gut. Bald danach begann er jedoch wieder. In den nächsten Jahren hatte er immer wieder Gelegenheitsjobs und Phasen von zwei bis drei Monaten, in denen er nicht konsumierte. Er versuchte Pausen zu machen, um runterzukommen, fing aber immer wieder an, er kämpfte darum, Struktur in seinen Alltag zu bringen, um nicht zu weit abzurutschen.

Zu dieser Zeit wurde er auch abhängig von Benzodiazepinen, die er nahm, um sich vom Crystal-Rausch wieder herunterzuholen, um schlafen zu können. Auf die Benzodiazepine brachte ihn seine Oma, die seit ihrem sechzigsten Lebensjahr nach dem Tod ihres Gatten vom Hausarzt Rohypnol bekam. Wenn sie nicht schlafen konnte oder mit irgendjemandem Streit hatte, nahm sie ein paar Tabletten. Ihrer Tochter erzählte sie, wie gut ihr das helfe, wenn sie dazu auch noch ein Stamperl Schnaps trinke. Kurt bezeichnete die beiden immer scherzhaft als „Roiperl-Club". Seine Oma konsumierte über 23 Jahre bis zu ihrem Tod täglich mehrere Stück Rohypnol, wenn es ihr schlecht ging, manchmal auch ein paar Stück mehr. Wenn sie die darauffolgenden Tage wieder weniger nahm, wunderte sie sich, wenn sie schlechte Laune hatte und körperliche Beschwerden. Dass das der Entzug war, wusste sie nicht. Kurts Großmutter war schwer benzodiazepinabhängig, ohne das selber zu verstehen. Sie nahm schließlich nur die vom Hausarzt verordneten Tabletten. Für ihn war es damals jedoch praktisch, sie gab ihm immer wieder einen

Streifen Rohypnol, wenn er nicht schlafen konnte, bis er selbst in die Abhängigkeit rutschte. Durch seine Ausbildung zum Krankenpfleger wusste er mittlerweile auch, was für Tabletten das waren, die sie ihm gab und selbst regelmäßig konsumierte.

Diese ständige Rangelei um ein suchtfreies Leben mit Konsumphasen und Abstinenzversuchen ging über ein paar Jahre, bis er im Jahr 2016 das Darknet kennen lernte. Der damit „unbeschränkte Zugang zu Crystal Meth", wie er es nennt, brach ihm das Genick. Der Zugang ist einfach, über Youtube brachte er sich den Einstieg ins Darknet und den Umgang mit der dortigen Zahlungswährung, den Bitcoins, bei. Die Marktplätze dort funktionieren so, wie man sie aus dem Internet kennt, es gibt Anbieter analog zu Ebay oder Amazon, man kann nach Preisen oder Ländern filtern, aus denen man bestellt. Der einzige Unterschied zum normalen unverschlüsselten Internet: Gehandelt werden nicht Autos, Bücher oder Schallplatten, sondern Drogen, Waffen und Kinderpornografie. Kurt bestellte regelmäßig Crystal Meth und Speed, das er bei sich am Land auch weiterverkaufte, die Gewinnmargen waren hoch. Am Montag bestellte er, am Freitag lag das Paket mit den Substanzen im Briefkasten. Er interessierte sich aber auch fürs Selberbrauen der Substanz. Die Zutaten besorgte er sich in Deutschland in der Apotheke, ephedrinhaltige Tabletten, die dort rezeptfrei erhältlich waren, sind der Ausgangsstoff. Das Prozedere lernte er sich über ein Buch an, das er im Darknet erstand, die Zutaten bestellte er ganz legal bei Amazon. Die intellektuelle Kapazität und Neugierde, um sich die Vorgehensweise anzueignen, hatte er ja. Gebraut wurde im Keller, was auch gut funktionierte, obgleich er nicht an die Qualität herankam, die er im Darknet kaufen konnte. Billiger war das Bestellen obendrein, weswegen er den Versuch des Selberbrauens wieder aufgab. So lebte er eine Zeitlang und konsumierte täglich etwa ein Gramm Crystal, bis die Polizei seine Pakete abfing. Er wurde verhaftet und wegen des Besitzes von zwei Kilo Speed und 200 Gramm Crystal Meth angeklagt. Einerseits hatte er Angst, von der Polizei entdeckt zu werden, andererseits hatte er es gehofft, er fand keinen anderen Weg mehr auszusteigen.

Bis zu diesem Zeitpunkt hatte er 15 Jahre lang durchgehend Crystal Meth konsumiert, was man ihm jedoch nicht ansieht. Es gab schon Zeiten, da hätte er verwahrloster gelebt, aber er versuchte zwischendurch immer, sich zu erholen und Konsumpausen zu machen. Auch weil er es psychisch nicht mehr schaffte. Durch den regelmäßigen hochdosierten Konsum bekam er Halluzinationen, er hörte Stimmen und sah ständig die Polizei kommen, um ihn abzuholen. Das machte ihm so Angst, dass er ein paar Tage oder Wochen Konsumpausen einlegte. Die längste Zeit, die er am Stück wach war, waren neun Tage. Bei Konsumende schlief er oft eine Woche durch. 23 Stunden Schlaf, aufstehen, um zu essen und aufs Klo zu gehen, und weiterschlafen, eine ganze Woche lang. Bis sich ein Rhythmus entwickelte, zwei Tage wach sein, ein Tag schlafen. Zum herunterkommen nach dem Crystal nahm er Benzodiazepine und Heroin zum Schlafen. Ein ewiger Kreislauf.

Kurt sagt selbst, ein Teil von ihm liebt die Droge, ein Teil hasst sie. Crystal macht ihn leistungsfähiger, glücklicher, munter und aktiv, putscht ihn auf. Er hat das Gefühl, alles im Griff zu haben, in Wirklichkeit geht es aber immer weiter bergab. Er wusste von Anfang an, dass das seine Droge sei, und hörte mit dem Konsum vom ersten Probieren an nicht mehr auf, bis zum Tag seiner Verhaftung. Schuld ist nicht die Substanz, wie er sagt. Er kenne genug Leute, die Crystal Meth genommen und wieder damit aufgehört haben, weil die Droge nicht zu ihnen gepasst hat. Crystal Meth ist vielen zu heftig, die langen Wachphasen sind Wochenendkonsument*innen oft zu viel und zu anstrengend, die Wirkung entspricht nicht ihren Bedürfnissen. Bei ihm war das anders. Sie machte ihn leistungsfähiger und verschaffte ihm das Selbstbewusstsein, das er nicht hatte, bis sie ihn ins Gefängnis brachte.

RISIKO- UND SCHUTZFAKTOREN

Was mit dem Modell der Sucht-Trias deutlich wird, ist, dass es kein einfaches Ursache-Wirkungs-Modell der Drogenabhängigkeit gibt. Die Entstehung der Erkrankung ist eine Folge von Wechselwirkungen zwischen unterschiedlichen Faktoren. Der süchtige Drogengebrauch hat keinen Anfang und kein Ende, er ist in der Regel eine von mehreren Phasen mit fließenden Übergängen. Die Entstehung einer

Suchterkrankung ist komplex und schleichend und folgt meist nicht einem linearen Muster. Manche Menschen sind unter sehr ähnlichen Lebensbedingungen aufgewachsen, ihr weiterer Lebensweg unterscheidet sich jedoch sehr deutlich voneinander. Ich erinnere mich gut an einen Patienten, der einer der ersten Abhängigen der zweiten Generation war, die ich kennen gelernt hatte. Ein junger Mann, keine zwanzig Jahre alt und schwer drogenabhängig. Als er die Therapie begann, konsumierte er täglich Heroin und Benzodiazepine, und das seit dem Alter von zwölf Jahren. Seine Mutter, ebenfalls drogenabhängig, kannte ich bereits aus meiner Arbeit im Gefängnis, die beiden hatten zu diesem Zeitpunkt keinen Kontakt. Aufgewachsen in einem von Drogensucht, Drogenhandel und Prostitution bestimmten Milieu, erinnert er sich, dass oft mehrere Menschen bei ihnen zu Hause gewesen sind und irgendein Pulver auf dem Tisch gelegen ist. Damals war er vielleicht sechs Jahre alt. Er erzählte, dass die Polizei ihre Wohnung stürmte, als er noch ganz klein war, und seine Mutter verhaftete, etwas, das er damals nicht einordnen konnte. Mit einer derartigen Lebensgeschichte verwundert es wenig, dass er mit zwölf Jahren bereits selbst abhängig war, er kannte es ja nicht anders.

Es gibt aber auch noch andere Geschichten, beispielsweise die des österreichischen Filmregisseurs Adrian Goiginger, der für seinen autobiografischen Film „Die beste aller Welten", in dem er sein Aufwachsen mit einer drogenabhängigen Mutter schildert, mehrere Filmpreise erhielt. Es gibt durchaus ein paar Parallelen zwischen den beiden Geschichten, auch Goiginger wuchs mit einer abhängigen Mutter auf und erlebte als Kind mit, wie Menschen um ihn Drogen konsumierten. Seine Lebensgeschichte entwickelte sich jedoch gänzlich anders, er hat selbst kein Drogenproblem und ist mittlerweile ein erfolgreicher Filmregisseur. Zwei Leben mit einigen Parallelen, aber dennoch gänzlich anderen Verarbeitungsmustern. Doch wie kann es sein, dass es manchen Menschen gelingt, mit Belastungen anders und konstruktiv umzugehen, während andere den Weg in die Sucht als Bewältigungsmechanismus einschlagen?

Um das zu beantworten und das oben geschilderte Modell der Sucht-Trias noch etwas verständlicher zu machen, möchte ich noch auf ein weiteres Modell der Suchtentstehung Bezug nehmen, jenes der Risiko- und Schutzfaktoren. Dieses Modell, das vor allem in der

Präventivarbeit eingesetzt wird, geht davon aus, dass es auf der einen Seite Risikofaktoren gibt, die die Wahrscheinlichkeit der Entstehung einer Suchterkrankung erhöhen, und auf der anderen Seite protektive Faktoren, die vor einer Erkrankung schützen. Auf der Seite der Risikofaktoren stehen Herausforderungen des Lebens, etwa eine ungünstige soziale Ausgangslage, das Fehlen von tragfähigen Beziehungen, frühe Auffälligkeiten und problematisches Verhalten in der Schule. Es sind genetische Risikofaktoren, Missbrauchs- und Gewalterfahrungen, schlechte soziale Bedingungen und Perspektiven. Auch der Migrationshintergrund ist ein Risikofaktor, allerdings nicht deshalb, weil bestimmte ethnische Gruppen per se anfälliger für Suchterkrankungen wären als andere, sondern weil hier oftmals mehrere Risikofaktoren zusammenkommen. Traumatisierungen im Krieg, fehlendes soziales Umfeld und schlechte Perspektiven im Zielland sind nur einige davon. Es konnte aber auch nachgewiesen werden, dass Alkoholwerbung ein Risikofaktor für eine Suchtentwicklung darstellt, weshalb aus präventiven Aspekten eine Einschränkung derselben wünschenswert wäre [15]. Bei diesen Risikofaktoren handelt es sich also um bestimmte Einflüsse oder Konstellationen, die das Entstehen einer Sucht wahrscheinlicher machen. Man spricht hier auch von der Vulnerabilität, der „Verletzlichkeit" aufgrund suchtfördernder Faktoren.

Auf der anderen Seite stehen die Ressourcen, die schützenden Faktoren. Das sind sehr persönliche Aspekte wie soziale und kognitive Kompetenzen, aber auch Faktoren aus dem Umfeld, wie etwa die Möglichkeit zur Teilhabe an der Gesellschaft, stabile Bindungen, ein konsistenter Erziehungsstil oder Ähnliches. Schutzfaktoren mindern die Wahrscheinlichkeit zur Entstehung einer psychischen Erkrankung, man spricht in diesem Zusammenhang auch von „Resilienz". Risiko- und Schutzfaktoren sind alle den verschiedenen Ebenen des weiter oben beschriebenen biopsychosozialen Modells der Suchtentstehung zuordenbar, jedoch sind es eben nicht nur negative suchtfördernde, sondern auch stärkende und schützende Faktoren. Treffen zu viele Risikofaktoren bei gleichzeitiger Abwesenheit von ausreichenden Schutzfaktoren zusammen, ist das Entstehen einer Suchterkrankung wahrscheinlich. Gibt es ausreichend Schutzfaktoren trotz negativer Ausgangsbedingungen, ist die Wahrscheinlichkeit, selbst suchtkrank zu werden, geringer. Das erklärt ein wenig besser, wieso etwa schlechte Kindheitsbedingungen nicht immer zu einer Störung im Erwachsenenalter führen müssen. Gibt es genügend schützende Faktoren, können diese die schädlichen Faktoren in manchen Fällen ausgleichen. Wenn es aber genügend schädliche Faktoren gibt, ohne dass auf der anderen Seite auch protektive Anteile existieren, kann eine Suchterkrankung entstehen.

Ein monokausales Ursache-Wirkungs-Prinzip gibt es bei der Entstehung der Abhängigkeit nicht, sondern Faktoren, die eine Erkrankung wahrscheinlicher machen oder davor schützen. Was aus alldem aber sehr deutlich hervorgeht: Sucht ist keine Willensschwäche und Cannabis keine Einstiegsdroge. Der Weg in die Sucht ist nicht geradlinig und einfach, die Entstehungsbedingungen sind weit vielfältiger und verworrener. Sucht ist ein komplexes, mehrfaktorielles Krankheitsgeschehen, das demnach auch als solches behandelt gehört.

SIND FRAUEN ANDERS SÜCHTIG? – GENDERSPEZIFISCHE ASPEKTE VON SUCHTERKRANKUNGEN

Spricht man von drogen- oder alkoholabhängigen Personen, sind häufig Männer gemeint. Auf den ersten Blick ist dies nicht verwunderlich – zwei von drei Betroffenen sind schließlich männlich. Betrachtet man das Geschlechterverhältnis in Behandlungseinrichtungen, findet man dort häufig nur noch eine Frau auf vier oder gar fünf Männer. Dass das Behandlungsangebot häufig auf die Bedürfnisse von Männern ausgerichtet ist, ist vermutlich Ursache und Auswirkung zugleich. Frauen sind deutlich in therapeutischen Settings unterrepräsentiert und – wie so häufig – einfach mitgemeint. Betrachtet man jedoch die Entstehungs- und Aufrechterhaltungsbedingungen von weiblichen Suchterkrankungen genauer, erkennt man rasch, dass sich diese „mitgemeinten" Frauen von den Angeboten eines an die Bedürfnisse der Männer angepassten Behandlungsangebotes nicht angesprochen fühlen. Die Suchterkrankung hat zwar kein Geschlecht – die Süchtigen aber schon. Dieses gilt es beim Umgang mit Suchtkranken immer mitzubeachten und entsprechende diversifizierte Angebote für Männer und Frauen bereitzustellen.

Doch zuerst zu den „hard facts", den zahlenmäßigen Unterschieden zwischen Frauen und Männern bezüglich Alkohol- und Drogenkonsum. Männer sind bei allen Formen der Abhängigkeit deutlich häufiger vertreten als Frauen, wobei diese in den letzten Jahren in manchen Bereichen langsam nachziehen. Zwei Drittel der Abhängigen von Alkohol sind männlich, wobei es Unterschiede hinsichtlich des Alters und der Art des Konsums gibt. Während sich jugendliche Alkoholkonsument*innen bezüglich des Einstiegsalters und der ersten Rauscherfahrungen hinsichtlich des Geschlechtes kaum noch unterscheiden, zeigen sich spätestens ab dem Alter von zwanzig Jahren deutliche Unterschiede. Eine Befragung zum Alkoholkonsum in Österreich aus dem Jahr 2008 zeigte beispielsweise, dass 23 Prozent der Männer über der Gefährdungsgrenze konsumieren, bei Frauen liegt dieser Anteil bei „lediglich" zehn Prozent. In Österreich sind etwa fünf Prozent der Bevölkerung alkoholabhängig, 7,5 Prozent der Männer und 2,5 Prozent der Frauen. Hingegen leben mehr als fünfzig Prozent der Frauen (fast) abstinent, bei Männern ist es nur etwa jeder Dritte [70].

Betrachtet man den Konsum illegalisierter Substanzen, zeigt sich ein ähnliches Verhältnis. Siebzig Prozent Männer, dreißig Prozent Frauen, wobei die Zahlen hinsichtlich der Art der konsumierten Substanzen variieren. Die Geschlechterunterschiede beim Konsum von Cannabis sind wesentlich geringer als beim problematischen Konsum von Opioiden, bei dem das Geschlechterverhältnis etwa bei eins zu vier liegt. Lediglich bei der Abhängigkeit von Medikamenten ist das Verhältnis umgekehrt, von den etwa 140.000 medikamentenabhängigen Personen in Österreich sind siebzig Prozent weiblich. Die Medikamentenabhängigkeit entsteht in vielen Fällen durch Schlaf- oder Beruhigungsmittel, die an Personen verschrieben werden, die aufgrund körperlicher oder psychischer Probleme Hilfe suchen. Frauen ab dem Alter von fünfzig Jahren sowie in Alters- und Pflegeheimen sind davon besonders betroffen [124].

Doch woran liegen diese Unterschiede in den Zahlen, und gibt es darüber hinaus neben diesen quantitativen Differenzen auch noch qualitative? Frauen sind anders süchtig als Männer, sie konsumieren stiller, heimlicher, die weibliche Sucht ist noch tabuisierter als die männliche. Das ist auch mit ein Grund, wieso Frauen andere Substanzen konsumieren als Männer und viel häufiger auf eine Art und Weise, die länger unentdeckt bleibt. Der Konsum von Alkohol ist auffälliger als der stille Medikamentenkonsum, das fängt schon damit an, dass eine Schachtel Tabletten leichter zu verstecken ist als eine Flasche Wein, dass Medikamente keine „Fahne" erzeugen, wie dies der Alkohol tut. Nicht zuletzt wegen dieser Möglichkeit zum unauffälligeren Konsum ist die Medikamentenabhängigkeit unter Frauen so viel weiter verbreitet als bei Männern, bei denen der Konsum berauschender Substanzen gesellschaftlich wesentlich mehr toleriert wird. Männer konsumieren in der Regel früher, riskanter, öffentlich sichtbarer und unangepasster als Frauen [50].

Die unterschiedliche Sozialisation und die damit verbundenen spezifischen Lebensbedingungen von Frauen spielen eine entscheidende Rolle bei Entstehung und Verlauf der Abhängigkeit. Deutlich sichtbar wird dies bereits beim Konsum von Alkohol, wo es seit jeher Unterschiede im Trinkverhalten zwischen Frauen und Männern gibt. Während Alkoholkonsum unter Männern in den 1950er-Jahren bereits weiter verbreitet war, galten Frauen, die tranken, häufig als „leicht zu haben" und sexuell freizügig. Eine Frau, die sich in Bars aufhielt und trank, galt als schlechte Mutter, die sich nicht um ihre Kinder kümmert und generell den Aufgaben einer Frau nicht gerecht wird. Seit den 1970er-Jahren hat sich hier einiges verändert. Rauschtrinken ist bei jungen Frauen heutzutage viel selbstverständlicher als früher, dennoch bilden sich diese geschlechtsspezifischen Unterschiede auch heute noch ab. Trinkfestigkeit gehört viel mehr zur männlichen Identität als zur weiblichen. Nicht selten prahlen jugendliche Männer mit Rauscherlebnissen, spielen Trinkspiele, um sich miteinander zu messen, konsumieren öffentlich sichtbar, um ihre Männlichkeit zu demonstrieren. Übermäßiges Trinkverhalten ist für junge Männer gewissermaßen ein Initiationsritus, der dazu dient, Stärke und Macht zu demonstrieren.

Für junge Frauen ist dies viel schwieriger, schon allein deshalb, weil übermäßiges Trinken bei Frauen eher negativ besetzt ist. Einerseits wollen auch junge Mädchen im Sinne der Gleichberechtigung an männlichen Konsumritualen teilhaben, andererseits stoßen sie an Grenzen durch gesellschaftliche Erwartungen und Normen. Alkoholkonsum von Männern, sei er auch übermäßig, wird häufig von Mädchen und Burschen als geschlechtskonform angesehen, trinkende Frauen werden abgelehnt und in ihrer Weiblichkeit abgewertet oder als „Schlampen" und potenzielle Opfer von sexuellen Übergriffen gesehen [54]. Umso mehr gelten das Rauchen und Alkoholtrinken als eine Art Symbol der Gleichstellung zwischen jungen Männern und Frauen, junge Frauen emanzipieren sich, indem sie am den Männern vorbehaltenen Konsumverhalten teilhaben. Diese Entwicklung ist auch in den vergangenen zwanzig Jahren an der langsamen Angleichung der Konsummuster beim Alkohol bemerkbar, Frauen holen hier langsam, aber stetig auf. Auch beim Nikotinkonsum ist dies merkbar, während 1995 noch 42,8 Prozent der Männer und 29,3 Prozent der Frauen rauchten, waren es im Jahr 2015 nur mehr 28,5 Prozent der Männer und 23,4 Prozent der Frauen [66]. Die Anzahl der männlichen Raucher ging wesentlich stärker zurück als die der weiblichen. Aus

Untersuchungen mit Jugendlichen weiß man, dass auch Mädchen in jüngerem Alter regelmäßiger als früher zu rauchen beginnen. Gewisse Effekte der Emanzipation sind hier durchaus beobachtbar, dennoch bleiben geschlechtsspezifische Stereotype nach wie vor bestehen.

Diese über lange Zeit geprägten und tradierten gesellschaftlichen Konventionen, zeigen sich auch heute noch in Befragungen über das Konsumverhalten von Männern und Frauen. Weibliche Alkoholikerinnen trinken eher zu Hause als an öffentlichen Orten, sie trinken heimlicher und eher allein als in Gesellschaft. Da exzessiver Alkoholkonsum bei Frauen gesellschaftlich weniger toleriert wird, trinken diese häufiger heimlich als Männer. Diese beginnen mit dem Verheimlichen zumeist erst dann, wenn es seitens des/der Partner*in oder des/der Arbeitgeber*in einen Druck zur Reduktion des Alkoholkonsums oder zur Abstinenz gibt.

Weibliche Abhängigkeit hängt häufig auch mit dem Fehlen einer sicher ausgerichteten positiven Geschlechterrolle zusammen. Für ausreichende Widerstandskraft und Resilienz gegenüber psychischen Erkrankungen ist die Wertschätzung des eigenen Geschlechtes ein wesentlicher Bestandteil. Von Frauen wird häufig erwartet, dass sie Eigenschaften mitbringen, die mit „Mütterlichkeit" verbunden sind: Fürsorglichkeit, Verständnis, Anspruchslosigkeit gegenüber sich und den eigenen Bedürfnissen. Auch in „süchtigen" Partnerschaften fühlen sich Frauen häufig dazu „verpflichtet", für den suchtkranken Partner da zu sein, seine Probleme zu den ihren zu machen, die eigenen Bedürfnisse hintanzustellen.

Zum einen sind diese Erwartungen an Frauen in vielen Lebensbereichen noch deutlich spürbar, zum anderen verändern sich die sozialen Rollen zunehmend, was wiederum zu Rollenunsicherheit und Mehrfachbelastungen führt, die die Entstehung einer Suchterkrankung begünstigen können. Dazu kommt, dass Frauen häufig in Berufen beschäftigt sind, bei denen eine gesteigerte emotionale Belastung am Arbeitsplatz gegeben ist, man denke hier etwa an die Pflegekräfte in Altenheimen und Spitälern oder andere „frauentypische" Dienstleistungsberufe. Diese sind häufig durch hohe psychische Arbeitsbelastung, verbunden mit schlechten Arbeitsbedingungen und geringen Aufstiegschancen, gekennzeichnet. Neben der Belastung durch Arbeit, Kindererziehung und Haushalt führt dies zu emotionaler und physischer Mehrfachbelastung, die zu Alkoholabhängigkeit, starkem Zigaretten- oder auch Medikamentenkonsum führen kann. Dass auch Belastungen am Arbeitsplatz psychische Störungen fördern, ist nicht zuletzt seit des in Mode gekommenen Begriffes „Burn-out" allgemein bekannt. Diese vielschichtigen Rollenzuschreibungen und Mehrfachbelastungen sind ein Spezifikum weiblicher Suchtentwicklung, die es dementsprechend in der Behandlung zu berücksichtigen gilt.

Neben diesen sozialisationsspezifischen Aspekten spielen noch weitere Faktoren eine besondere Rolle bei der Entstehung von weiblichen Suchterkrankungen. Hier seien vor allem Gewalterfahrungen und sexueller Missbrauch in Familie oder Partnerschaft erwähnt. Alle Formen von Gewalt begünstigen eine spätere Suchtentwicklung, man kann davon ausgehen, dass ein erheblicher Teil der Süchtigen derartige Erfahrungen in der Kindheit und Jugend gemacht hat.

Obwohl (sexuelle) Gewalterfahrungen beide Geschlechter betreffen, werden Frauen häufiger Opfer von sexueller Gewalt als Männer. Problematisch ist, dass Gewaltopfer typischerweise auch dazu neigen, diese Erfahrungen zu internalisieren und die Opferrolle einzunehmen, die Schuld bei sich selbst zu suchen statt bei dem oder der Täter*in. Dazu kommt, dass Gewaltopfer ein überdurchschnittlich hohes Risiko der Reviktimisierung haben, also neuerlich zum Opfer werden. Mit jeder zusätzlichen Gewalterfahrung steigt wiederum die Gefahr, eine posttraumatische Belastungsstörung oder eine andere psychische Erkrankung zu entwickeln. Der Konsum von Alkohol oder Drogen wird in diesem Zusammenhang häufig zur Selbstmedikation und zur Verarbeitung der traumatischen Ereignisse eingesetzt. Weibliche Drogensucht wird aus dieser Perspektive als Selbstheilungsversuch für erlittene Gewalt und Traumatisierungen betrachtet.

Drogenkonsumentinnen haben demnach mit ganz besonderen Lebensbedingungen zu kämpfen: Sie sind häufiger Opfer von Gewalt und leiden oftmals unter einer unsicheren Geschlechtsidentität. Süchtige Frauen kommen sehr viel seltener und später als Männer ins Gefängnis, was auch damit zu tun hat, dass Frauen ihre Aggressionen eher gegen sich selbst als gegen andere richten und sich lange Zeit den Drogenkonsum durch Prostitution oder ähnliche ausbeuterische Verhältnisse finanzieren [83]. Frauen leben viel häufiger in Suchtpartnerschaften als Männer und machen in diesen neuerliche Gewalterfahrungen.

Dazu kommt noch eine besondere Situation, die drogenabhängige Frauen zu bewältigen haben: die Mutterschaft. In jenen Fällen, in denen süchtige Mütter kaum materielle und emotionale Ressourcen zur Verfügung haben und somit unter den Bedingungen der Abhängigkeit schlecht in der Lage sind, für ihre Kinder zu sorgen, sind Adoptionen, Fremdunterbringungen und der Sorgerechtsentzug häufige Folgen. Dadurch entstehen Scham- und Schuldgefühle, sich nicht um das eigene Kind kümmern zu können, was die Dynamik des Suchtkreislaufs oft anheizt. Diese Zuschreibung als schlechte Mütter und die gesellschaftliche Verurteilung trifft häufiger drogenabhängige Frauen, selbst wenn der Vater ebenfalls drogensüchtig ist und sich auch um das Kind kümmern könnte. Die gesellschaftliche Normenzuschreibung hat zur Folge, dass weibliche Drogenabhängige stärker in die Schuldfalle gedrängt werden als die allenfalls ebenfalls abhängigen Väter.

Zusätzlich problematisch ist, dass süchtige Frauen kaum frauenspezifische Angebote und Einrichtungen vorfinden, die bei einem Ausstieg aus der Sucht helfen könnten. Damit fühlen sie sich weniger angesprochen und gehen in der Regel seltener oder erst zu einem viel späteren Zeitpunkt in Therapie als Männer. Dies führt dazu, dass süchtige Frauen wesentlich länger als Männer schädigenden und risikobehafteten Lebensumständen ausgesetzt sind, bevor sie entweder freiwillig oder durch ein richterliches Urteil in Therapieeinrichtungen kommen. Dort werden sie dann als dementsprechend „kränker", „gestörter" und „schwieriger" als männliche Patienten wahrgenommen und diagnostiziert [83].

Drogenabhängige Frauen sind als eigene soziale „Problemgruppe" viel zu wenig sichtbar. Dabei geht es bei der Therapie süchtiger Frauen immer auch um gesellschaftliche Faktoren, die Unterdrückung und (sexuelle) Ausbeutung von Frauen erleichtern und in die Sucht führen können. Diese müssen in der therapeutischen Behandlung, im Kreieren von Ausstiegsmöglichkeiten und in der weiteren Lebensplanung Beachtung finden [82].

PETRA

Petra ist 29 Jahre alt und wäre an der Sucht beinahe gestorben. Ihr Leben ist typisch für viele suchtkranke Frauen. Vernachlässigung, Gewalt und die Suche nach Identität und Zugehörigkeit begleiteten sie durch ihr bisheriges Leben. Nach vielen Aufs und Abs wäre sie an der Sucht fast zerbrochen, das Aufwachsen in schwierigen Verhältnissen und die Beziehungen zu Männern haben ihr Leben in falsche Bahnen gelenkt.

Doch zurück in die 1980er-Jahre, als Petras Vater während des Jugoslawien-Kriegs als Arbeiter nach Wien kam und dort bald seine erste Frau kennenlernte. Sie bekamen drei Kinder, das älteste von ihnen ist Petra. Er arbeitete als Elektriker, war oft den ganzen Tag unterwegs, während seine Frau zu Hause Drogen konsumierte. Er bekam viele Jahre gar nicht mit – oder wollte es nicht wahrhaben –, dass sie regelmäßig Opiumtee trank und andere pflanzliche Drogen wie beispielsweise Engelstrompeten konsumierte, auch in den Schwangerschaften. Petra kam mit einem Entzug auf die Welt, ihre Schwester ist geistig behindert, ihr Bruder hat eine Gaumenspalte. Petra wurden die Drogen in die Wiege gelegt.

An ihre frühe Kindheit hat sie nur wenige Erinnerungen, diese sind aber allesamt eher negativ. Ihre Mutter hat sie hauptsächlich schlafend in Erinnerung, während sich Petra schon sehr früh auch um ihre Geschwister kümmern musste. Sie kann sich noch erinnern, dass sie sich immer gefreut hat, wenn sie in der Küche auch nur an ein Gurkenglas gelangten, um wenigstens irgendetwas zum Essen zu haben, während die Mutter in den Tag hinein schlief. Vielleicht, sagt Petra, hat sie auch selbst als kleines Kind vom O-Tee getrunken, leicht möglich.

Nach und nach merkte auch ihr Vater etwas von der Sucht seiner Frau, auch weil er einmal selbst unabsichtlich vom O-Tee trank und danach so beeinträchtigt war, dass er bei der Arbeit fast vom Dach fiel. Die Trennung von der Mutter, die der Vater daraufhin initiierte, war für Petra eine Erlösung, aber sie war auch traurig. Das Jugendamt gab sie und ihre Geschwister zu unterschiedlichen Pflegefamilien, als sie etwa vier Jahre alt war. Dies sollte sich jedoch bald ändern, als ihr Vater eine neue Frau kennen lernte. Die war zwar damals noch sehr jung, aber dennoch bereit, sich um die drei Kinder zu kümmern. Also kamen sie wieder zurück zu ihrem Vater.

Petras Stiefmutter war anfangs sehr nett zu ihr und ihren Geschwistern, sie kümmerte sich um sie, sie machten Ausflüge und fuhren gemeinsam auf Urlaub. Als jedoch noch ein weiteres, gemeinsames Kind zur Welt kam, kippte die Situation. Petra und ihre zwei Geschwister mussten häufig in ihrem Zimmer bleiben und sich um sich selbst kümmern, sie waren sich selbst überlassen. Immer wenn irgendetwas nicht stimmte, schimpfte sie die Stiefmutter, sie sei wie ihre leibliche Mutter. Die Stiefmutter war überfordert, selbst aus schwierigen Verhältnissen und noch sehr jung. Sie kam nicht zurecht mit den vier Kindern, wovon eines auch noch behindert war. Petra selbst war kein einfaches Kind, sie kann sich noch erinnern, dass sie immer immens viel Energie hatte und viel Aufmerksamkeit brauchte. Ob dies ADHS oder einfach die Suche nach Aufmerksamkeit nach den vielen Jahren der Vernachlässigung war, ist ungewiss. Was sie aber weiß, ist, dass ihr viele Bilder bis heute nicht aus dem Kopf gehen. Erst Jahre später entschuldigte sich die Stiefmutter für ihr Verhalten. Zur Mutter gibt es keinen Kontakt mehr, sie lebt angeblich in Polen und soll einen Schlaganfall gehabt haben, viel mehr weiß Petra nicht von ihr.

Im Alter von zwölf Jahren suchte Petra schließlich woanders jene Aufmerksamkeit und Geborgenheit, die sie zu Hause nicht bekommen hatte. In der Punkszene im Wiener Burggarten, wo sie viel Zeit verbrachte, Alkohol trank und THC rauchte, dennoch aber weiterhin in die Schule ging und ein einigermaßen normales Teenagerleben lebte. Im Alter von 15 Jahren zog sie schließlich nach vielen Konflikten in der Pubertät von zu Hause aus und wohnte bei einer Freundin in Straßhof nahe Wien. Dort gab es zwar keine Drogenszene, an den Wochenenden ging sie jedoch regelmäßig auf Partys und konsumierte Ecstasy, LSD und andere Freizeitdrogen, unter der Woche rauchte sie nur THC. Sie war nicht abhängig, obgleich Drogen in ihrem Leben damals schon eine Rolle spielten. Jedoch nahm sie nie etwas „Härteres“, wie sie es bezeichnet.

Bald nachdem sie von zu Hause weg war, entwickelte sie noch ein anderes Problem, sie bekam Panikattacken und Angstzustände. Sie ging damals zu ihrer Hausärztin, die ihr Praxiten und Somnubene verschrieb, beides Benzodiazepine, die abhängig machen, was ihr damals nicht bewusst war. Jetzt lacht sie, wenn sie erzählt, dass sie die blauen Pillen[7] weggeworfen hat, weil sie sie nicht nehmen wollte. Am Schwarzmarkt hätte sie die nämlich gut verkaufen können, Somnubene und Praxiten waren in der Drogenszene sehr beliebte Substanzen. Petra hatte fünf Packungen davon für zu Hause mitbekommen und nahm sie regelmäßig ein, was ihr gegen die Angstzustände half. Dass sie süchtig danach war, merkte sie erst, als sie sie einmal abrupt absetzte und einen schweren entzugsinduzierten epileptischen Anfall bekam.

In dieser Zeit lernte sie auch einen Mann kennen, von dem sie relativ bald schwanger wurde und mit 19 Jahren ihre Tochter bekam. Jetzt bezeichnet sie diesen Mann als „Psycho", er übte psychisch und physisch Gewalt ihr gegenüber aus. Einmal verprügelte er sie so stark, dass Jochbein und Kiefer gebrochen waren. Während der Schwangerschaft sperrte er sie in der Wohnung ein, während er selbst in der Arbeit war, damit sie „keinen Blödsinn" macht. In dieser Zeit konsumierte sie weder Alkohol noch Drogen, nicht einmal eine Zigarette rauchte sie. Zu groß war die Angst vor ihrem Mann, der ihr jeglichen Konsum psychoaktiver Substanzen verbot. Als ihre Tochter ein paar Monate alt war, floh sie schließlich vor ihm, er hatte dem Baby mit einer glühenden Zigarette Brandwunden auf den Armen zugefügt, das war ihr zu viel. Viel später erfuhr sie, dass ihr Mann sich immer wieder in der Psychiatrie befand, auch er hatte offenbar große psychische Probleme.

Nach einer kurzen Zeit bei ihren Eltern zog sie ins Mutter-Kind-Heim. Sie wurde von ihm gestalkt, mit dem Messer bedroht. Als ihr alles zu viel wurde, verständigte sie das Jugendamt. Man vereinbarte, dass ihre Tochter zu ihrer Stiefmutter kam, wo sie anfänglich auch gut aufgehoben war. Später jedoch trennte sich die Stiefmutter von ihrem Mann und bekam mit einem neuen, wesentlich jüngeren Mann noch ein weiteres Kind, das von nun an im Mittelpunkt stand.

[7] Somnubene enthält den Wirkstoff Flunitrazepam, derselbe Wirkstoff, der auch in Rohypnol enthalten ist. Somnubene-Tabletten sind bläulich eingefärbt, um das Kauen oder Lutschen sichtbar zu machen. Einigen Leser*innen werden vielleicht noch Abhängige mit auffallend blauen Lippen in Erinnerung sein. Mittlerweile unterliegt Flunitrazepam der Psychotropenverordnung.

Petras Tochter vertrug die vielen Trennungen, die Gewalt in der Kindheit und die Vernachlässigung nicht gut. Sie ist nun acht Jahre alt, hyperaktiv, fügt sich selbst Verletzungen zu und ist in psychiatrischer Behandlung. Mittlerweile lebt sie in einem Krisenzentrum, weil Petras Stiefmutter das Jugendamt verständigt hat, dass sie mit ihr nicht zurechtkommt. Die Geschichte wiederholt sich.

Nachdem sie ihre Tochter zu ihrer Stiefmutter gegeben hatte, brach alles zusammen. Sie lernte einen Mann kennen, der schwer abhängig und im Substitutionsprogramm war. Er war es auch, der sie letztlich über die „Attraktivität" von Somnubene und Praxiten in der Drogenszene aufklärte. Er missbrauchte die Substitution und spritze sie sich täglich intravenös, zu Hause im Badezimmer, was sie neugierig machte. Er schwärmte immer so von der Wirkung, dass sie es auch ausprobieren wollte. Ihr erster Kontakt mit Opiaten war der intravenöse Konsum von Substitutionsmitteln. Heroin oder anderes hatte sie nie zuvor probiert, für den Einstieg in die Opiatabhängigkeit etwas sehr Untypisches. Damals war sie etwa 23 Jahre alt und hatte trotz aller Schwierigkeiten bis dahin ein einigermaßen stabiles Leben, zumindest was Drogen betraf, die bislang abseits der Partyszene keine große Rolle spielten.

Von da an ging alles ganz schnell, der Absturz war tief. Sie und ihr Freund wurden obdachlos, konsumierten etwa drei Jahre lang intensiv Alkohol und Opiate. Zuerst tranken sie einige Fläschchen Kräuterbitter am Tag, als ihnen das zu teuer wurde, stiegen sie auf Wodka in großen Flaschen um. Bald benötigte sie in der Früh eine halbe Flasche Wodka, damit das Zittern aufhörte, und trank weitere eineinhalb Flaschen während des Tages, bis sie berauscht war. Jeden Tag. Einmal wurde sie von der Polizei aufgefordert, einen Alkoholtest zu machen, das Testgerät zeigte 3,5 Promille, sie konnte noch gerade stehen und gehen. Eine Dosis, die für andere Menschen tödlich sein kann. Beide lebten auf der Straße und bettelten, einmal war sie für sechs Monate wegen Hehlerei in Haft, ansonsten schafften sie es, straffrei zu bleiben.

Im Alter von 27 Jahren brach sie schließlich zusammen, sie fiel ins Leberkoma, konnte nicht mehr gehen, war gelähmt, die Leber stark zirrhotisch. Sie musste insgesamt fünf Monate im Spital bleiben, wieder mühsam gehen lernen, sich körperlich stabilisieren und erholen. Im Spital erfuhr sie auch von Möglichkeiten zur Therapie. Sie hatte nie zuvor eine Therapie gemacht und konnte sich das auch nicht vorstellen, aber sie wusste, dass sie etwas tun musste. So konnte es schließlich nicht weitergehen. Mittlerweile, nach einem halben Jahr stationärer und einem Jahr ganztägig ambulanter Therapie, geht es ihr gut. Sie hat viel aufgearbeitet, viel über sich und die Krankheit gelernt. Sie raucht noch gelegentlich THC oder CBD, vom Alkohol und dem intravenösen Opiatkonsum ist sie weg. Im Frauenwohnheim, in dem sie lebt, fühlt sie sich wohl, wie auch in dem Café, in dem sie arbeitet. Petra will nie wieder dorthin, wo sie einmal war: auf die Straße.

DIE FOLGEN DER ABHÄNGIGKEIT

Der abhängige Konsum von legalen oder illegalisierten Substanzen führt über kurz oder lang zu Beeinträchtigungen der psychischen und physischen Gesundheit sowie der sozialen Integration. Die Abhängigkeitserkrankung ist wie keine andere Erkrankung eng mit Kriminalität und damit auch mit dem Strafrecht verbunden. Obwohl man hierbei vermutlich zuerst an die Beschaffungskriminalität beim Konsum illegalisierter Substanzen denkt, spielen auch Delikte im Rahmen des Alkoholkonsums eine nicht unwesentliche Rolle. Man denke hier nur an das alkoholisierte Autofahren oder Gewalttaten im berauschten Zustand. In den folgenden Kapiteln findet sich ein Überblick über die justiziellen, körperlichen, sozialen und psychischen Folgewirkungen des süchtigen Substanzkonsums.

DROGENABHÄNGIGKEIT UND KRIMINALITÄT

Der Zusammenhang zwischen Drogenkonsum und Kriminalität scheint simpel. Der Konsum bestimmter Substanzen ist verboten, insofern sind bereits Besitz, Erwerb und Weitergabe strafbar. Die Illegalisierung der Substanzen macht es unmöglich, in den nächsten Supermarkt zu gehen und sich die Substanz, nach der der Körper oder die Psyche verlangt, zu kaufen. Sie muss am Schwarzmarkt besorgt werden; somit begibt man sich bereits in die Kriminalität. Doch ist dieser Zusammenhang wirklich so simpel? Dieser kurz umrissene Vorgang von Drogenbesitz, -erwerb oder -weitergabe ist eine strafbare Handlung für sich, aber bei weitem nicht die einzige, die im Zusammenhang mit illegalisierten, aber auch legalen Substanzen existiert. Die Verknüpfung von Drogen und Kriminalität ist weit komplexer, die sogenannte Drogendelinquenz ist nicht nur auf Erwerb und Besitz von illegalisierten Substanzen herunterzubrechen. Das würde Menschen, die für die Beschaffung von Drogen Einbrüche begehen, genauso wenig einschließen wie solche, die im Rausch jemanden verletzen oder gar töten.

Man muss demnach zwischen den zwei verschiedenen Deliktformen Beschaffungskriminalität und Begleitkriminalität unterscheiden. Unter Beschaffungskriminalität werden alle Verhaltensweisen subsummiert, die dem Erwerb einer Substanz dienen. Man unterscheidet hier zwischen der direkten und der indirekten Beschaffungskriminalität. Die direkte Beschaffungskriminalität gibt es nur bei illegalisierten Substanzen, es handelt sich dabei um Handlungen, die dem unmittelbaren Erwerb der Substanz dienen, wie beispielsweise den Kauf einer Droge beim Dealer. Die Strafbarkeit dieser Delikte ist unter Absatz 1 (1) des § 27 im Suchtmittelgesetz beschrieben: Wer „vorschriftswidrig Suchtgift erwirbt, besitzt, erzeugt, befördert, einführt, ausführt oder einem anderen anbietet, überlässt oder verschafft, ist mit Freiheitsstrafe bis zu einem Jahr oder mit Geldstrafe bis zu 360 Tagessätzen zu bestrafen". Dass Drogenabhängige Delikte nach § 27 SMG begehen, liegt in der Natur der Sache, da die der Abhängigkeit zugrunde liegenden Substanzen verboten sind. Dass es dennoch im Jahr 2017 laut gerichtlicher Kriminalstatistik in Österreich im Jahr 2017 „nur" zu 2915 Verurteilungen nach § 27 SMG kam, liegt einerseits an der großen Anzahl an diversionellen Erledigungen („Therapie statt Strafe"), andererseits auch daran, dass diese Delikte in der Regel keine Anzeigedelikte, sondern sogenannte Kontrolldelikte sind. Der Käufer hat genauso wenig Interesse an einer polizeilichen Anzeige wie der Verkäufer, denn beide begehen schließlich eine strafbare Handlung. Man spricht in diesem Zusammenhang auch von Delikten ohne Opfer [99], bei der beide Seiten ein Interesse an der unentdeckten Durchführung der Tat haben. Um hier eine*n „Täter*in" zu ermitteln, muss die Polizei aktiv werden, ansonsten kommt es zu keiner Anzeige. Demzufolge ist ein Anstieg von Drogendelikten nicht nur auf eine tatsächlich höhere Anzahl an Delikten, sondern immer auch auf eine höhere Kontrolldichte zurückzuführen.

Die indirekte Beschaffungskriminalität dient der Finanzierung des Drogenbedarfes, wie beispielswiese Einbruch, Diebstahl oder Betrug; auch der Weiterverkauf oder Handel von Drogen fallen unter diese Kategorie. Dabei gibt es vielfältige Erscheinungsformen, die sich mit der Zeit verändern und auch von Land zu Land unterschiedlich sind. Waren früher beispielsweise Apothekeneinbrüche üblicher, sind es heute eher Einbrüche in Keller oder Kraftfahrzeuge. Eins ist allen jedoch gemein, die Delikte dienen der Beschaffung von Geld zur Deckung des Bedarfes an Drogen. Bei diesen Delikten gibt es im Gegensatz zur direkten Beschaffungskriminalität jedoch schon

Opfer, die die Tat zur Anzeige bringen. Einen Sonderfall gibt es jedoch auch hier – ein Drogenabhängiger wird kaum einen anderen anzeigen, weil dieser ihm sein Heroin oder Kokain gestohlen hat. Diese Form des Diebstahls untereinander ist eine relativ häufige Form der Beschaffungskriminalität, die vermutlich in nahezu hundert Prozent der Fälle ungeahndet bleibt.

Insgesamt kann man davon ausgehen, dass die Wahrscheinlichkeit, strafrechtlich im Bereich der Beschaffungskriminalität auffällig zu werden, mit der Dauer der Drogenabhängigkeit und dem damit oft einhergehenden steigenden Geldbedarf ansteigt. Es gibt kaum jemand, der langjährig drogenabhängig ist und noch nie polizeilich auffällig wurde. In einer breit angelegten Untersuchung mit 150 Drogenabhängigen [36] zeigte sich, dass nahezu alle Befragten schon einmal in ihrem Leben eine kriminelle Handlung begangen haben, als Motiv für die letzte Straftat nannten 85 Prozent den Bedarf an Geld oder Drogen. Die am meisten verübten Delikte waren Ladendiebstähle, Drogenhandel oder -schmuggel, gefolgt von Delikten gegen Leib und Leben (wobei es sich hier vorwiegend um Körperverletzungen im Drogenmilieu handeln dürfte) sowie Betrug. Die Befragten waren bei der Begehung des ersten Deliktes im Durchschnitt erst 17 Jahre alt. Betrachtet man die Kosten einer Drogensucht, wird jedoch klarer, warum dies so ist. Vorsichtig geschätzt kann man davon ausgehen, dass eine schwer drogenabhängige Person mindestens hundert Euro pro Tag für die Finanzierung der Sucht benötigt. Auf einen Monat aufgerechnet sind das etwa 3000 Euro, die ein Opiatabhängiger kaum auf legalem Weg aufbringen kann.

Neben der Beschaffungskriminalität gibt es jedoch noch einen weiteren Aspekt, der bei Abhängigkeitserkrankungen eine Rolle spielt: die Begleitkriminalität. Hierunter werden Delikte verstanden, die unter dem Einfluss von Substanzen erfolgen. Zum einen sind das mittelbare Folgedelikte wie Betteln oder Prostitution, zum anderen auch unmittelbare wie Aggressionsdelikte oder Verstöße gegen die Straßenverkehrsordnung. Dabei handelt es sich vorwiegend um das Fahren unter Substanzeinfluss, bei dem nicht selten unbeteiligte Dritte zu Schaden kommen. Im Bereich des Alkohols ein bekanntes Problem, die Zahlen der Unfälle mit alkoholisierten Fahrer*innen sind in den vergangenen 25 Jahren in Österreich zwar etwas zurückgegangen, dennoch gab es im Jahr 2017 immerhin noch 2291 Verkehrsunfälle mit beeinträchtigten Lenker*innen. Dabei wurden insgesamt 2932 Personen verletzt und 33 getötet [105]. Eine beträchtliche Anzahl für ein vermeidbares Delikt.

Während beim Alkohol eine Beeinträchtigung mittlerweile sehr schnell und umgehend bei Verkehrskontrollen festgestellt werden kann, ist das bei anderen Drogen schon schwieriger. Zum einen, weil ein erhöhter Testwert nicht auf eine unmittelbare Beeinträchtigung hinweisen muss, die meisten Drogen werden im Blut wesentlich langsamer abgebaut als Alkohol. Zum Vergleich: Zum Abbau von einer Promille Alkohol braucht man im Durchschnitt zehn Stunden, ist der Alkohol abgebaut, ist er in der Atemluft nicht mehr nachweisbar. Der THC-Gehalt von einem Joint kann wesentlich länger nachgewiesen werden, bei regelmäßigerem Konsum bis zu sechs Wochen. Das bedeutet, dass jemand mit einem positiven Testergebnis nicht unbedingt akut beeinträchtigt ist, sondern lediglich, dass er in den letzten Tagen oder Wochen die Substanz konsumiert hat. So kann nicht direkt von einem positiven Testergebnis auf aktuelle Fahruntüchtigkeit geschlossen werden. Aus diesem Grund gibt es in den meisten Ländern, bei denen der Konsum von Cannabis liberalisiert ist, Grenzwerte für das Lenken von Kraftfahrzeugen. Wie hoch dieser Grenzwert sein soll, ist Gegenstand von Diskussionen in den betroffenen Ländern und der Wissenschaft. Als zweites Problem kommt hinzu, dass nicht alle Substanzen nachgewiesen werden können. Für gängige Substanzen wie Opiate, Kokain, THC oder Amphetamine gibt es mittlerweile Urin-Schnelltests und Speicheltests. Für viele andere Substanzen gibt es diese Tests jedoch nicht, oder deren Nachweis ist so aufwendig und teuer, dass er für die Eignung zur Fahrtauglichkeit nicht brauchbar wäre. Akute Beeinträchtigungen festzustellen ist auf der Straße schwierig. Demzufolge gibt es bei der österreichischen Polizei ein abgestuftes Vorgehen: Bei Verdacht auf Fahren unter Substanzeinfluss kommt erst ein Speichelvortestgerät zum Einsatz, bei Erhärtung des Verdachtes erfolgt eine klinische Prüfung, bei der die Amtsärztin oder der Amtsarzt mittels Bluttest eine Beeinträchtigung feststellt. Letztlich ist nur eine durch den oder die Amts*ärztin festgestellte Beeinträchtigung strafbar. Es handelt sich also im Vergleich zum Alkohol um ein recht aufwendiges und weniger treffsicheres Prozedere.

In den vergangenen Jahren war immer wieder zu lesen, dass die Anzahl der Drogenlenker*innen zunimmt, doch gibt es wirklich so viel mehr Menschen, die ein Kraftfahrzeug unter Drogeneinfluss lenken? Die Anzahl der problematisch konsumierenden Drogenabhängigen hat sich in den vergangenen Jahren nicht wesentlich geändert, was sich jedoch geändert hat, sind die Verkehrskontrollen auf Fahren unter Drogeneinfluss. Drogenvortestgeräte sind im österreichischen Straßenverkehr erst seit 2017 im Einsatz, die Exekutive achtete im Rahmen eines Pilotprojektes seit dem Jahr 2016 verstärkt auf Beeinträchtigungen durch Drogenkonsum. Dass seitdem die Zahlen an Drogenlenker*innen in der Statistik angestiegen sind, liegt in der Natur der Sache. Wo kontrolliert wird, gibt es Ergebnisse. Die offiziellen Zahlen zu Drogen- oder Alkohollenker*innen haben nur eine bedingte Aussagekraft, auch nicht alle alkoholisierten Personen werden beim Fahren ertappt, die Ergebnisse sind immer auch von der Kontrolldichte abhängig. Offiziell wurden in Österreich im Jahr 2017 1,7 Millionen Alkoholtestungen von der Polizei durchgeführt, 28.109 Lenker*innen wurden wegen Alkohols am Steuer angezeigt. Demgegenüber stehen 2192 Personen, die wegen Fahrens unter Drogeneinfluss angezeigt wurden, im Jahr 2016 waren es 1491. Eine derartige Steigerung kann nicht allein auf eine Zunahme der Anzahl der beeinträchtigten Fahrer*innen zurückgeführt werden, wenn sich zeitgleich die Drogenstatistiken kaum ändern.

Dennoch dürfte die tatsächliche Anzahl an beeinträchtigten Fahrer*innen jedoch beträchtlich höher sein, wie eine Dunkelfeldstudie des Kuratoriums für Verkehrssicherheit zeigt [30]. Von den tausend im Rahmen des Forschungsprojektes befragten aktiven Autofahrer*innen im Alter zwischen 17 und 65 Jahren, gab etwa ein Drittel an, schon einmal in ihrem Leben Drogen konsumiert zu haben, elf Prozent im vergangenen Jahr. Hierbei handelt es sich vorwiegend um Cannabis (31 %), gefolgt von Kokain und Amphetaminen (je 5 %). Über ein Sechstel (15 %) der Befragten setzte sich im vergangenen Jahr mindestens einmal alkoholisiert ans Steuer, wenn man dies auf alle Pkw-Lenker*innen in Österreich hochrechnet, sind das 722.000 Personen. Dazu kommen hochgerechnet 177.000 Menschen (4 %), die angeben, unter Drogeneinfluss gefahren zu sein. Bei allen Substanzen ist davon auszugehen, dass die Betroffenen nicht nur einmal unter Substanzeinfluss gefahren sind, eine gewisse Wiederholungswahrscheinlichkeit ist anzunehmen. Fahren unter Substanzeinfluss ist demnach ein relativ häufiges und problematisches Folgedelikt einer Konsumstörung.

Es gibt jedoch noch weitere Folgedelikte von Abhängigkeitserkrankungen, wobei man hier zwischen den Konsument*innen der verschiedenen Substanzen differenzieren muss. Unter Alkoholeinfluss werden in der Regel andere Delikte gesetzt als unter Drogeneinfluss. Psychopharmakologisch bedingte Gewaltdelikte und allgemein aggressives Verhalten sind unter Alkoholeinfluss wesentlich häufiger als unter Drogeneinfluss. Der Alkohol führt vor allem während der Anflutungsphase zu Enthemmung und Erregung, die zu Gewaltdelikten führen kann. Hier spielen neben der persönlichen Disposition auch gesellschaftliche Normen eine Rolle, in vielen Gesellschaften oder auch Subkulturen werden Alkohol und Aggressivität in Verbindung gebracht. Man denke hier beispielsweise an randalierende Fußballfans – nicht umsonst wird immer wieder über ein Alkoholverbot bei Fußballgroßveranstaltungen diskutiert. Nicht selten liest man auch in der Zeitung über Schlägereien am Rande von Zelt- oder Feuerwehrfesten, zumeist mitten in der Nacht. Dass die Beteiligten dabei häufig alkoholisiert sind, ist bekannt. In der enthemmten Stimmung kommt es zum gewalttätigen Austragen von Konflikten, die häufig etwas mit der Wahrung der „Ehre" oder des Gesichts zu tun haben, nicht selten sind Eifersuchtsszenarien der Auslöser für die im Alkoholrausch geführten Auseinandersetzungen.

Beim Konsum illegalisierter Substanzen finden sich Gewaltdelikte seltener, am ehesten noch bei Stimulanzien wie Kokain oder Amphetaminen. Wie auch beim Alkohol kommen weitere Faktoren hinzu, dass jemand tatsächlich gewalttätig wird, der Konsum einer Substanz allein ruft noch keine Gewalttaten hervor. Bei sedierenden Substanzen wie Cannabis, Opioiden oder Benzodiazepinen kommt es naturgemäß weniger zu Aggressionsdelikten, durch eine Opioid-Substitutionstherapie verringert sich zusätzlich die Anzahl der Gewaltdelikte. Typische Folgedelikte bei Drogenabhängigen sind eher die illegale Prostitution, Betteln oder das Schwarzfahren in öffentlichen Verkehrsmitteln.

Was bei dieser Differenzierung in Beschaffungs- und Folgedelikte jedoch nicht berücksichtigt wird, ist die Art des Zusammenhangs zwischen Sucht und Kriminalität. Es stellt sich die Frage, ob die Sucht eine Folge der Kriminalität ist oder umgekehrt. Oder treten beide Verhaltensweisen aufgrund der ähnlichen Ursachen zugleich auf? Sind Süchtige per se kriminellere Menschen oder neigen Kriminelle eher zur Sucht? Oder kann es sein, dass man sich in einem bestimmten Milieu einfach risikoreicher verhält?

Bei Delikten aus dem Bereich der Beschaffungskriminalität ist diese Frage noch am einfachsten zu beantworten, hierbei handelt es sich wohl um einen gerichteten Zusammenhang, bei dem die Sucht in die Kriminalität führt. Süchtige werden kriminell, um die Sucht zu finanzieren, oder sind das allein schon aufgrund der Tatsache, dass sie eine Substanz konsumieren, die im Suchtmittelgesetz verboten ist. Bei vielen anderen Delikten ist das schon wieder nicht so eindeutig, wobei sich die Wissenschaft einig ist, dass es wohl verschiedene Gruppen von Betroffenen gibt. Zum einen sind das Personen, die primär substanzabhängig sind und aufgrund der Abhängigkeit kriminell werden. In der weiter oben zitierten Untersuchung gaben beispielsweise 85 Prozent der Befragten an, dass sie zuerst süchtig waren und erst später die erste kriminelle Handlung setzten [36]. Andere Untersuchungen sprechen von etwa siebzig Prozent der Abhängigen, die erst nach Beginn ihrer Drogensucht kriminell wurden. Die Daten zeigen insgesamt, dass diese Gruppe die größte unter den Abhängigen sein dürfte. Mit einer entsprechenden Drogenpolitik im Sinne von Entkriminalisierung und Liberalisierung könnte man diese hohe Delinquenzrate senken.

Zum anderen gibt es auch gegenteilig gelagerte Fälle von Personen, die erst während einer bereits verfestigten Kriminalitätskarriere süchtig werden. Zudem entsteht Abhängigkeit, weil diese beiden Milieus eng miteinander verwoben sind. Als dritte Gruppe gibt es Personen, bei denen sowohl der Drogenkonsum als auch die Kriminalität Ausdruck einer generellen Bereitschaft zu sozial abweichendem Verhalten infolge derselben Risikobedingungen sind. Alkohol- oder Drogenmissbrauch bei den Eltern, psychische, physische oder sexuelle Traumatisierungen, ökonomische Benachteiligung sowie schulische Defizite und Lernstörungen sind Risikofaktoren, sowohl für die

Entwicklung einer Abhängigkeitserkrankung als auch für delinquentes Verhalten. In einer Untersuchung mit straffälligen Patient*innen einer forensischen Psychiatriestation in Deutschland zeigte sich, dass insbesondere bei jungen Menschen eine enge Beziehung zwischen vielfältigen sozialen Problemen, frühem Suchtmittelkonsum und aggressivem sowie delinquentem Verhalten besteht [95]. Es ist somit schwer zu sagen, was zuerst da war, die Sucht oder die Kriminalität, jedenfalls dürfte es sich um eine komplexe Beziehung zwischen einer Vielzahl an Faktoren handeln.

Dieser enge Zusammenhang zwischen Drogenabhängigkeit und Kriminalität – ganz gleich, wie er gelagert ist und wodurch er im konkreten Fall entsteht – bringt zwei Besonderheiten mit sich. Zum einen sind dies die eigenen Opfererfahrungen der Abhängigen. Drogenabhängige sind häufiger Opfer von Kriminalität als Menschen vergleichbarer Altersgruppen. Dies ist nicht nur, aber vor allem auch bei weiblichen Abhängigen und Personen, die unter zusätzlichen psychischen Probleme leiden, zu beobachten [107]. Abhängige werden häufiger Opfer von Eigentums- oder Gewaltdelikten, wobei die Täter häufig auch aus der Drogenszene stammen. Zum anderen darf nicht vergessen werden, dass die eigene Geschichte als Opfer von Straftaten wie sexuellem Missbrauch oder Gewalt bei einem nicht unerheblichen Teil der Abhängigen zur Entwicklung der Sucht beigetragen hat. Nicht alle Drogenabhängigen sind Täter, aber sehr viele Drogenabhängige sind oder waren selbst Opfer von Gewalt. Die Kriminalität von Abhängigen lässt sich also nicht nur auf die eigene Täterschaft und ihre Suchtproblematik reduzieren, insofern ist es auch in der therapeutischen Behandlung notwendig, neben den suchtspezifischen Aspekten andere Maßnahmen mit einzubeziehen. Sei es aufgrund persönlicher Faktoren, die neben der Sucht zur Kriminalität geführt haben, oder weil Abhängige häufig wegen ihrer engen Verwobenheit mit Kriminalität bereits langjährige Haftstrafen mit erheblichen Haftschäden hinter sich haben.

Die hohe Delinquenzrate hat zur Folge, dass viele der Betroffenen bereits Haftstrafen verbüßt haben und demzufolge auch die Anzahl an Insass*innen mit Drogenproblemen in den Gefängnissen hoch ist. Der Anteil intravenös konsumierender Personen in Haft wird auf etwa zwanzig bis dreißig Prozent geschätzt. Rechnet man nichtintravenösen Konsum sowie den Konsum von anderen Drogen wie Cannabis oder den Missbrauch von Medikamenten mit ein, kann von einem regelmäßigen Drogenkonsum bei bis zu fünfzig Prozent der Inhaftierten und mehr ausgegangen werden [28, 109]. Hierbei handelt es sich zum einen um straffällig gewordene Abhängige, zum anderen aber auch um Personen, die erst während der Haft süchtig wurden, wobei dies sicher der kleinere Anteil ist. Diese Zahlen zeigen auch, dass man mit noch so rigiden Kontrollen nichts wirklich verhindern kann. Gefängnisse sind mit Sicherheit Einrichtungen mit einer sehr hohen Kontrolldichte, Zellen von Insass*innen werden regelmäßig unangekündigt durchsucht, manchmal auch mit Drogenspürhunden. Insass*innen, die von einem Freigang oder einer Ausführung[8] zurückkommen, werden kontrolliert, Taschen untersucht, die körperliche Visitierung reicht manchmal bis zu menschenunwürdigen Vorgehensweisen wie Kontrollen aller Körperöffnungen. Und dennoch gibt es in jedem Gefängnis dieser Welt vermutlich so ziemlich alles zu kaufen, was man haben möchte. Der Aufenthalt in einem totalen System, wie es das Gefängnis ist, führt auch dazu, sich zu überlegen, wie man das System am besten austricksen kann. Zeit genug für solche Überlegungen haben die Inhaftierten ja. So ist der Schmuggel von verbotenen Gegenständen und das Auffinden derselben ein ständiges Katz-und-Maus-Spiel zwischen Justizwache und Inhaftierten. Mit Kontrollen allein ist dem Problem nicht beizukommen.

Abschließend sei noch erwähnt, dass keine Droge per se zu Kriminalität führt und es selbstverständlich auch eine große Zahl an Konsument*innen von illegalisierten Drogen gibt, die außer dem Verstoß gegen das Suchtmittelgesetz im Rahmen des Drogenerwerbs und -besitzes nicht straffällig werden. Je mehr sich der Konsum jedoch in Richtung eines abhängigen Verhaltens entwickelt und je näher sich die Betroffenen im subkulturellen Milieu der „Szene“ befinden, desto höher ist die Wahrscheinlichkeit, straffällig oder auch selbst Opfer von Straftaten zu werden.

[8] Insass*innen, die zu nicht aufschiebbaren Arztbesuchen, Gerichtsverhandlungen oder Ähnlichem müssen, werden, solange sie sich im geschlossenen Vollzug befinden, von Justizwachebeamt*innen begleitet.

SOZIALE FOLGEWIRKUNGEN

Neben diesen massiven Folgewirkungen auf der Ebene der Kriminalität gibt es eine Reihe von sozialen Problemen, die die Suchterkrankung mit sich bringt. Ein Aspekt der Suchterkrankung ist, dass sich der Großteil des Lebens nur mehr um die Droge dreht. Die Betroffenen sind damit beschäftigt, Drogen zu beschaffen, zu konsumieren, Geld für die Sucht zu organisieren, Drogen zu beschaffen, zu konsumieren und so weiter. Ein ständiger Kreislauf, häufig dreht sich der ganze Tagesablauf nur mehr um die Sucht. Das hat selbstverständlich Auswirkungen auf das restliche Leben, Vernachlässigung von Arbeit und sozialen Beziehungen, Aufgeben von Hobbys, so es denn je welche gegeben hat. Über kurz oder lang bestehen die einzigen sozialen Beziehungen nur noch innerhalb der Drogenszene. Diese soziale Vereinsamung ist spätestens beim Ausstieg aus der Sucht ein ernsthaftes Problem für viele Betroffene. Wenn der Drogenkonsum wegfällt, fallen auch die damit einhergehenden sozialen Beziehungen weg. Viele Betroffene wissen selbst, dass es besser wäre, den Kontakt zu Freunden und Bekannten aus der Drogenszene nicht weiter zu pflegen, zu groß ist die Gefahr, wieder rückfällig zu werden oder nicht Nein sagen zu können, wenn die anderen konsumieren. Das Problem ist nur, dass es häufig keine anderen Beziehungen gibt und der Aufbau neuer Beziehungen für Menschen, die eine langjährige Drogenabhängigkeit hinter sich haben, oft schwierig ist. Nicht selten sieht man diesen Personen die Geschichte an, die Vorurteile, mit denen ihnen begegnet wird, sind oft unüberwindbar.

Neben dem Verlust der sozialen Beziehungen gibt es noch einen weiteren Aspekt, der beim Ausstieg aus der Sucht problematisch ist: der Verlust des Tagesinhaltes. Viele langjährig Abhängige kennen keinen geregelten Alltag mehr, die Rate der Arbeitslosen ist hoch. Suchtkranke sind diesbezüglich eine besonders vulnerable Gruppe. Durch den oftmals sehr frühen Beginn der Drogenabhängigkeit ist das Ausbildungsniveau der Betroffenen sowie die bisherige Berufserfahrung eher gering. Knappe 45 Prozent der Patient*innen in längerfristiger ambulanter oder stationärer Betreuung in Österreich verfügen maximal über einen Pflichtschulabschluss, lediglich etwa ein Viertel ist erwerbstätig, viele haben nie gearbeitet [40]. Hier besteht ein deutlicher Unterschied zu Alkoholabhängigen. Nicht zuletzt durch die gesellschaftliche Akzeptanz und die Legalität der Substanz gelingt es den Betroffenen in der Regel, länger am sozialen Leben teilzuhaben, einer Arbeit nachzugehen und einigermaßen sozial integriert zu sein, als dies bei Drogenabhängigen der Fall ist. Dennoch werden langjährig substanzabhängige Personen, die im Erwerbsleben stehen, generell eher wieder arbeitslos. Aufgrund des Jobverlusts entwickeln die Betroffenen neuerlich eine höhere Symptombelastung, was die Chance, wieder ins Erwerbsleben einzutreten, vermindert. So entsteht ein Teufelskreis und oftmals auch ein irreversibler Prozess beruflicher Desintegration.

Damit fehlt vielen Betroffenen nicht nur ein geregeltes Einkommen, sondern es kommen auch andere Aspekte der Arbeitslosigkeit zum Tragen wie die mangelnde Tagesstruktur, das Fehlen von sozialen Kontakten und nicht zuletzt auch von Bestätigung und Anerkennung. Die Tagesstruktur ist während der Erkrankung zumeist durch die Sucht bestimmt, wenn diese nach einer Therapie wegfällt, entsteht für viele Betroffene ein Loch, das es zu füllen gilt.

Ein anderer Aspekt der sozialen Folgewirkungen betrifft die oftmals prekäre finanzielle Situation. Nicht nur die Drogensucht, sondern auch die Abhängigkeit vom Alkohol ist kostspielig. Wenngleich das Geld für den Konsum noch irgendwie aufgetrieben werden kann, haben viele Abhängige mit anderen Schulden zu kämpfen. Mietschulden, nicht bezahlte Verwaltungsstrafen wegen Schwarzfahrens, Schulden beim Telefonanbieter oder Ähnliches. Die Betroffenen versuchen aus der Realität zu fliehen, die sie jedoch spätestens beim Ausstieg aus der Sucht wieder einholt. Nicht selten kommen Patient*innen während eines Therapieaufenthalts mit einem Päckchen voller ungeöffneter Briefe zu den Sozialarbeiter*innen. Ältere und damit auch länger erkrankte Abhängige haben deutlich länger zurückliegende und höhere Schulden als jüngere, Daten aus dem Wiener Drogenmonitoring zeigen, dass lediglich ein Drittel der Klient*innen nicht verschuldet ist.

Neben der Arbeitslosigkeit und der Verschuldung gibt es noch einen weiteren Aspekt, mit dem viele schwer Abhängige zu kämpfen haben, und zwar mit Obdach- oder Wohnungslosigkeit. Hierfür gibt es mehrere Gründe. Manche Klient*innen verlieren die Wohnung, weil sie nicht mehr imstande waren, die Miete zu zahlen, andere, weil sie in Haft mussten und währenddessen die Fortzahlung der Kosten nicht aufbringen konnten. Wieder andere, vor allem junge Abhängige, hatten noch nie eine eigene Wohnung und können oder wollen nicht mehr zu den Eltern zurück. Die Datenlage dazu ist eher dürftig, es dürften sich aber unter den Obdachlosen etwa 25 bis 30 Prozent Drogenabhängige befinden und umgekehrt auch etwa 25 Prozent der Drogenabhängigen wohnungslos sein [88]. An sich ist in Österreich das Versorgungssystem für Obdachlose eher gut, vor allem in großen Städten gibt es eine Vielzahl von Einrichtungen, die wohnungslose Menschen betreuen und Angebote von Notschlafstellen bis zu betreuten Übergangseinrichtungen zur Verfügung stellen. Abhängige sind dabei jedoch häufig eine zusätzlich diskriminierte Subgruppe, da substituierte oder aktuell konsumierende Personen von einigen Angeboten ausgeschlossen sind. So wohnen viele Abhängige in ungesicherten Verhältnissen, mal auf der Straße, mal bei Freunden. Das Erlangen eines eigenen Wohnplatzes, sei es in einer eigenen Wohnung oder in einer längerfristig gesicherten betreuten Wohneinrichtung, ist nach einer Therapie ein essenzieller Faktor für die Aufrechterhaltung der Abstinenz. Dass die Gefahr, nach einer Behandlung rückfällig zu werden, um ein Vielfaches höher ist, wenn die Patient*innen nach einem stationären Aufenthalt ohne Tagesstruktur und ohne Wohnplatz sind, versteht sich von selbst.

Neben diesen sozialen Schwierigkeiten darf man eines nicht vergessen: Drogenabhängige haben – genauso wie schwer Alkoholabhängige – mit Stigmatisierung und gesellschaftlicher Ausgrenzung zu kämpfen, die ihnen oftmals die Rückkehr in ein geregeltes Leben zusätzlich erschwert. Noch immer gibt es zu viele Ängste, Befürchtungen und Vorbehalte gegenüber dieser Personengruppe. Das beginnt bei ganz simplen Dingen, zum Beispiel, dass ehemals Abhängige in Sportvereinen aus Angst vor Ansteckung mit HIV oder Hepatitis C nicht aufgenommen werden, bis hin zu Absagen bei Bewerbungen, weil man diesen Menschen ja ohnehin nicht trauen könne. Die Liste der von den Betroffenen diesbezüglich geschilderten Erlebnisse ist lang. Die Folgen dieser gesellschaftlichen Ausgrenzung und Stigmatisierung sind klar und auch ein wenig paradox: Es ist genau das, was erheblich dazu beiträgt, dass Reintegration und soziale Teilhabe für viele nicht möglich ist.

KÖRPERLICHE FOLGEWIRKUNGEN

Die Bilder der „Crystal-Meth-Gesichter", die im Internet kursieren und vor dem Konsum der Substanz abschrecken sollen, sind sicher vielen Leser*innen bekannt. Abgemagert, zahnlos, leere Augen, so schaut man, glaubt man dem Internet, aus, wenn man diese Substanz konsumiert. Auch die Bilder der verwahrlosten und abgemagerten Christiane F. aus dem Antidrogenklassiker „Wir Kinder vom Bahnhof Zoo" sind geläufig. Aber wie viel davon stimmt wirklich? Machen Drogen dermaßen körperlich kaputt, dass man es den Konsument*innen schon auf die Entfernung ansieht? Welche Auswirkungen hat der Konsum von psychoaktiven Substanzen auf die körperliche Gesundheit?

Die Folgewirkungen auf dieser Ebene sind recht unterschiedlich, nicht alle Substanzen schädigen den Körper auf dieselbe Art und Weise und auch nicht alle Substanzen sind für sich alleine schädlich. Bei den meisten illegalisierten Substanzen sind es die Streckmittel, die den Drogen beigefügt werden, um die verkaufte Menge zu steigern, die wirklich krank machen. Dazu kommen unsaubere Konsumbedingungen, gemeinsam benutztes Spritzbesteck und Ähnliches, die Risikofaktoren für Erkrankungen wie HIV oder Hepatitis C sind.

Doch betrachten wir zuerst eine Substanz, die nicht gestreckt wird und auch nicht unter unsauberen Bedingungen konsumiert werden muss, aber dennoch ein hohes körperliches Schadenspotenzial hat: den Alkohol. Alkohol ist ein Nervengift; für einen ungewohnten Trinker führt der Konsum einer Flasche Schnaps mit Sicherheit zu einer Vergiftung des Körpers. Aber auch geringere Mengen, die regelmäßig getrunken werden, führen über kurz oder lang zu Schädigungen des Gehirns, der Organe, des Herz-Kreislauf-Systems und anderem mehr.

Bei regelmäßigem intensivem Alkoholkonsum kommt es zu psychischer und physischer Abhängigkeit, bei der nahezu alle Organe des menschlichen Körpers angegriffen werden können. Chronischer Alkoholkonsum ist nachgewiesenermaßen mit mehr als sechzig Krankheiten verknüpft [131], wobei es fast immer einen Zusammenhang zwischen Dosis und Auswirkung gibt. Je höher der Alkoholkonsum desto größer das Erkrankungsrisiko. Zu den am häufigsten mit Alkoholkonsum assoziierten negativen Folgewirkungen zählen Erkrankungen der Leber, der Bauchspeicheldrüse und der Muskulatur. Auch eine Reihe von bösartigen Tumoren und negativen Auswirkungen auf das Herz-Kreislauf-System sind mit intensivem Alkoholkonsum verknüpft. Schädigungen des Nervensystems und des Gehirns sind ebenso eine häufige Folge. Zuerst leiden Gedächtnis und Konzentration, später auch die Intelligenz oder es kommt zu einem völligen geistigen Abbau wie beim Wernicke-Korsakow-Syndrom. Laut WHO ist Alkohol nach Tabakrauchen und Bluthochdruck als Risikofaktor für frühzeitigen Tod oder Erkrankung an dritter Stelle in der Europäischen Union, weltweit an dritter Stelle nach dem Tod durch zu niedriges Geburtsgewicht und unsichere Sexualpraktiken [132].

Der chronische Missbrauch von Alkohol hat massive und zum Teil lebensbedrohliche Auswirkungen auf die körperliche Gesundheit. Vergleicht man dies mit den Schädigungen durch den Missbrauch von illegalisierten Substanzen, bemerkt man zwei deutliche Unterschiede gegenüber dem Alkohol. Zum einen sind die Folgen viel differenzierter, da es sich um eine Vielzahl unterschiedlicher Substanzen handelt, zum anderen leiden viele Abhängige nicht primär unter den Auswirkungen der Droge an sich, sondern indirekt an den Folgen der Kriminalisierung. Diese bringt es mit sich, dass Drogen am Schwarzmarkt verkauft werden und die Konsument*innen häufig nicht wissen, wie hoch der Reingehalt einer Substanz in der gekauften Ware ist, und vor allem, mit welchen anderen Mitteln diese gestreckt wurde. Im besten Fall handelt es sich dabei um recht harmlose und unwirksame Substanzen wie Milchzucker oder Eiweißpräparate, im schlechteren Fall pharmakologisch wirksame Zusätze wie Paracetamol oder Lidocain, die in Kombination wesentlich stärkere Nebenwirkungen haben können als die Droge an sich. Auch Waschmittel, Gips, Milchpulver oder Levamisol, ein Entwurmungsmittel, sind den Substanzen häufig beigemengt. Der Reinheitsgehalt beträgt so oft nur fünf bis zwanzig Prozent, welche Stoffe sonst noch enthalten sind, wissen die Konsument*innen, so sie es nicht testen lassen (mehr dazu im Kapitel „Schadensminimierung und Safer Use“), nicht. Die mit dem Konsum von verschnittenen Drogen einhergehende Gefahr ist also, dass man nicht weiß, was genau man konsumiert, und so auch Substanzen mit zum Teil beträchtlichen Nebenwirkungen zu sich nimmt. Manchmal kommen aber auch sehr reine Substanzen auf den Markt, was wiederum problematisch ist, weil es zu Überdosierungen kommen kann, wenn man Substanzen mit weniger Wirkstoffgehalt gewohnt ist.

Ein weiteres Problem beim Konsum illlegalisierter Substanzen ist, dass dieser häufig unter unhygienischen Bedingungen stattfindet. Spritzen zum intravenösen Konsum werden geteilt wie auch Geldscheine, die zum In-die-Nase-„Ziehen" von beispielsweise Kokain verwendet werden. Mikroverletzungen in der Nase sind dabei nicht selten, wodurch ein Infektionsrisiko für Hepatitis C, eine Lebererkrankung, die zu schweren Leberschäden führen kann, gegeben ist. Beim gemeinsamen Nutzen von Spritzbesteck besteht ebenso die Gefahr einer Infektion mit Hepatitis C oder HIV. So ist es auch nicht verwunderlich, dass die Prävalenz von HIV bei intravenös konsumierenden Drogenabhängigen etwa sieben Prozent beträgt, die von Hepatitis C nahezu fünfzig Prozent [98] und damit im Vergleich zu einer altersmäßig vergleichbaren Personengruppe in der Allgemeinbevölkerung deutlich erhöht ist.

Dazu kommen Folgewirkungen, die substanzspezifisch unterschiedlich sind, sie sind vielfältig und reichen von Herzschäden über Lähmungen bis zum Nierenversagen. Substanzspezifische Folgewirkungen sind bei der Beschreibung der einzelnen Substanzen angeführt.

PSYCHISCHE FOLGEWIRKUNGEN

Die Auswirkungen einer Abhängigkeitserkrankung auf die Psyche sind vielfältig, sie reichen von Depressionen über Angstzustände bis zu Psychosen und wahnhaften Zuständen. Die Folgen, die der Konsum der einzelnen Substanzen nach sich zieht, sind sehr unterschiedlich, Kokain oder Amphetamine können zu Depressionen und Ängsten führen, halluzinogene Drogen psychoseähnliche Zustände auslösen. Es spielt jedoch auch eine Rolle, wie stabil die psychische Grundkonstitution ist und ob es bereits andere psychiatrische Vor- oder Begleiterkrankungen gibt. Oft ist es nur nach einer gründlichen Erörterung der Lebensgeschichte und Vorerfahrungen der

Betroffenen möglich festzustellen, ob gewisse psychische Probleme Ursache oder Folge des Drogenkonsums sind. Zum einen kann eine chronische Abhängigkeitserkrankung zu weiteren psychischen Störungen wie etwa Depressionen oder Psychosen führen, zum anderen gibt es Personen, die eine vorhandene psychische Störung mit dem Konsum von Substanzen zu „behandeln“ versuchen. In diesem Zusammenhang spricht man von einer Selbstmedikation der psychischen Erkrankung. Die Substanz ist das von den Betroffenen selbst gewählte Heilmittel, das später zum eigenständigen Problem wird. Was zuerst war, ob Droge oder psychische Erkrankung, ist nicht immer leicht nachvollziehbar, klar ist aber, dass Abhängigkeitserkrankungen häufig mit anderen psychischen Störungen einhergehen. In der Fachsprache spricht man dabei von der Komorbidität, die von der WHO als das „gleichzeitige Auftreten von Störungen durch den Gebrauch psychoaktiver Substanzen und einer anderen psychiatrischen Störung“ [23] definiert ist. Bei einem Teil der Erkrankten steht die Substanzabhängigkeit im Vordergrund, bei einem anderen Teil die psychiatrische Erkrankung. Es ist davon auszugehen, dass etwa achtzig Prozent der drogenabhängigen Patient*innen zumindest eine zusätzliche komorbide Störung haben, dabei handelt es sich hauptsächlich um Depressionen, Angststörungen, Persönlichkeitsstörungen sowie psychotische Störungen. Obgleich es nicht das Ergebnis einer diagnostischen Abklärung ist, geben die Zahlen einer Selbsteinschätzung einer Gruppe von langjährig Drogenabhängigen einen guten Einblick in die Größenordnung: Von 150 befragten unbehandelten schwer Drogenabhängigen gaben etwa sechzig Prozent an, einmal an einer schweren Depression gelitten zu haben, fünfzig Prozent an schweren Angst- oder Spannungszuständen, vierzig Prozent litten bereits unter ernsthaften Selbstmordgedanken, dreißig Prozent hatten Schwierigkeiten, gewalttätiges Verhalten zu kontrollieren [36].

Neuere Forschungsergebnisse zeigen, dass die psychiatrische Grunderkrankung in den meisten Fällen vor der Substanzabhängigkeit auftritt, wobei dies noch immer kein Hinweis auf einen ursächlichen Zusammenhang ist. Möglicherweise sind beide Störungen auch die Folge anderer, gemeinsamer ursächlicher Bedingungen. Mit Sicherheit weiß man jedoch, dass bei einem erheblichen Anteil der Drogenabhängigen auch noch weitere psychische Störungen vorliegen und dass sich nicht alle Schwierigkeiten auf die Substanzabhängigkeit zurückführen lassen. Im Umkehrschluss heißt das auch, dass es bei der Behandlung notwendig ist, auf beide Aspekte Rücksicht zu nehmen und neben der Substanzabhängigkeit auch die weiteren psychischen Störungen zu behandeln.

Laut europäischer Drogenbeobachtungsbehörde leiden etwa dreißig bis fünfzig Prozent aller Patient*innen, die sich in psychiatrischer Behandlung befinden, zusätzlich unter einer Abhängigkeitserkrankung [23]. Häufig handelt es sich hierbei um eine Abhängigkeit von Alkohol, Beruhigungsmitteln oder Cannabis. Bei Patient*innen in Drogenbehandlungseinrichtungen spielen vor allem Persönlichkeitsstörungen, Depressionen, Angstzustände und psychotische Störungen eine Rolle. Gemein ist beiden Gruppen, dass sie eine spezifische und vor allem integrative Therapie beider Störungsbereiche benötigen, etwas, das nicht immer in dem notwendigen Ausmaß gegeben ist. Mitarbeiter*innen von Drogeneinrichtungen haben oftmals ein geringeres Know-how psychiatrische Erkrankungen betreffend als Mitarbeiter*innen entsprechend spezialisierter Einrichtungen, und umgekehrt. Auch die unterschiedlichen Paradigmen und Haltungen machen eine ganzheitliche Behandlung oft schwer. Dies hat zur Folge, dass komorbide Patient*innen oftmals zwischen psychiatrischen Kliniken und Drogenbehandlungseinrichtungen pendeln, auch weil es sich dabei manchmal um sehr schwierig zu behandelnde Menschen handelt und einzelne Einrichtungen an die Grenzen ihrer Möglichkeiten stoßen. Dazu kommt, dass es sich – ganzheitlich betrachtet – nicht um komorbide, sondern multimorbide Personen handelt, die neben der Abhängigkeit und der psychiatrischen Erkrankung noch an einer Reihe von somatischen Beschwerden sowie sozialer Desintegration und nicht selten auch Verwahrlosung leiden. Von einer derart schwer kranken Person zu verlangen, gänzlich auf den Substanzkonsum zu verzichten, wäre anmaßend und zum Scheitern verurteilt. Oft geht es hier nicht mehr um Besserung des Zustandsbildes, sondern um Stabilisierung – im schlimmsten Fall kann auch die Hintanhaltung einer weiteren Verschlechterung Ziel einer integrativen Behandlung sein. Beim Umgang mit komorbiden Süchtigen kommt noch erschwerend hinzu: Das Umfeld neigt dazu, alle Schwierigkeiten und auffälligen Verhaltensweisen der Sucht zuzuschreiben und einzig und allein auf eine Stabilisierung oder Heilung der Suchterkrankung abzuzielen. Wenn dabei die komorbide Störung unbeachtet und unbehandelt bleibt, ist dies ein schwieriges bis unmögliches Unterfangen, das letztlich auch den Betroffenen selbst den Willen und Mut für neuerliche Genesungsversuche nimmt.

Doch betrachten wir die psychischen Komorbiditäten und Folgewirkungen näher. Wie bereits oben erwähnt, spielen hierbei vor allem drei große Störungsbereiche eine Rolle: Persönlichkeitsstörungen, Depressionen und Angststörungen sowie psychotische Störungen. Bei Persönlichkeitsstörungen handelt es sich um tief verwurzelte Verhaltens- und Erlebensmuster, die sich in den Reaktionen auf verschiedene Anforderungen des Lebens zeigen. Menschen mit einer Persönlichkeitsstörung sind im Verhalten wenig flexibel, sie reagieren immer auf eine ähnlich gelagerte Art und Weise, auch wenn sie merken, dass dies kontraproduktiv ist. Es sind zeitlich überdauernde Störungen, die meist in der frühen Kindheit beginnen, dennoch erst ab dem Alter von 18 Jahren diagnostiziert werden dürfen. Es gibt verschiedene Arten von Persönlichkeitsstörungen, die in drei große Gruppen eingeteilt werden können: Im Cluster A finden sich unter anderem die paranoide oder die schizoide Persönlichkeitsstörung. Betroffene sind häufig sonderbar, exzentrisch, verschroben und misstrauisch, sie wirken gefühlskalt, leben zurückgezogen und isoliert, von außen wirken erkrankte Menschen in sich gekehrt. In die zweite Klasse fallen die Borderline-Persönlichkeitsstörung genauso wie die antisoziale, die histrionische oder die narzisstische Störung. Deutliche Merkmale dieser Störungen sind eine Dramatik und Überemotionalität, Betroffene sind launenhaft und impulsiv, neigen zu Wutausbrüchen oder selbstschädigenden Verhaltensweisen. Dahinter liegt oft ein sehr gering ausgeprägtes Selbstwertgefühl, das erst bei genauem Hinsehen deutlich wird. Personen mit einer narzisstischen Persönlichkeitsstörung wirken nach außen hin oft gegenteilig, sie halten sich für überlegen und bewundernswert und zeigen wenig Achtung für die Gefühle anderer Menschen. Die antisoziale Persönlichkeitsstörung ist gekennzeichnet durch einen Mangel an Einfühlungsvermögen und Missachtung von Gefühlen anderer. Betroffene handeln verantwortungslos, verletzen Rechte anderer oder das Gesetz, neigen zu aggressivem und impulsivem Verhalten. In die dritte Klasse fallen ängstlich-vermeidende Persönlichkeitsstörungen wie die zwanghafte, die selbstunsicher-vermeidende oder die dependente Störung, bei der neben Angst und Anspannung vorwiegend Gefühle von Hilflosigkeit und Abhängigkeit eine Rolle spielen.

Persönlichkeitsstörungen sind nicht immer einfach zu diagnostizieren, da der Übergang zwischen deutlich ausgeprägten Charaktereigenschaften oder Persönlichkeitsmerkmalen und einer Persönlichkeitsstörung fließend ist. So gehen auch die Zahlen für die Anzahl der Betroffenen in der Allgemeinbevölkerung auseinander. Schätzungen zufolge erkranken fünf bis fünfzehn Prozent der Menschen in ihrem Leben an einer Persönlichkeitsstörung [123], unter psychiatrischen Patient*innen liegt die Prävalenz bei vierzig bis sechzig Prozent. Persönlichkeitsstörungen sind unter Drogenabhängigen eine verbreitete Zusatzdiagnose, wobei hier davon auszugehen ist, dass die Persönlichkeitsstörung nicht eine Folge des Drogenkonsums ist, sondern bereits vorher bestanden hat. Die Sucht ist die Sekundärerkrankung, der Substanzkonsum dient der Entspannung, der Aktivierung, erhöht das Selbstwertgefühl, erleichtert die soziale Kontaktaufnahme. Sie dient demnach in vielen Fällen dazu, die aufgrund der Persönlichkeitsstörung starren Verhaltensmuster zu durchbrechen oder dadurch auftretende Schwierigkeiten zu bewältigen. Dass beruhigende Medikamente oder die entspannende Wirkung des Alkohols anfänglich die Symptome der Angst und Anspannung bei einer ängstlich-vermeidenden Persönlichkeitsstörung lindern, ist naheliegend. Dass der Konsum von psychoaktiven Substanzen zur Bewältigung einer psychiatrischen Grunderkrankung nicht das Mittel der Wahl ist, allerdings auch. Demzufolge verwundert es nicht, wenn etwa zwanzig bis fünfzig Prozent der Menschen mit Persönlichkeitsstörungen auch an einer Abhängigkeit erkrankt sind [76] oder umgekehrt dreißig bis siebzig Prozent der Abhängigen an einer Persönlichkeitsstörung leiden [127]. Eine besondere Rolle spielt hier – vor allem bei Männern – die antisoziale Persönlichkeitsstörung, die durch ein gering ausgeprägtes Norm- und Regelbewusstsein geprägt ist. Folgen sind kriminelles Verhalten, Lügen, aggressives Verhalten, Reizbarkeit und Impulsivität. Betroffene gehen mit sich und anderen verantwortungslos um. Dass hier der Zusammenhang mit Drogen- oder Alkoholkonsum eng ist, ist naheliegend. Der Anteil an Menschen mit einer antisozialen Persönlichkeitsstörung unter den Drogenabhängigen beträgt klinischen Studien zufolge etwa 25 Prozent [23]. Auch Borderline-Störungen sind unter Abhängigen häufig zu finden.

Der zweite große Bereich der komorbiden Störungen sind Depressionen und Angststörungen. Im Gegensatz zu Persönlichkeitsstörungen haben vermutlich viele Menschen eine Vorstellung davon, was Depressionen sind, wobei es auch hier Vorurteile und damit einhergehend gut gemeinte Ratschläge gibt. Genauso wie man bei einer Abhängigkeitserkrankung „doch einfach aufhören soll", sollen sich Depressive „doch einfach nur zusammenreißen und was unternehmen". So oder so ähnlich lauten die gut gemeinten Ratschläge, die mit der Realität der Erkrankten wenig zu tun haben. Bei klinisch diagnostizierbaren Depressionen handelt es sich um ernsthafte Erkrankungen, die unter anderem durch Interessen- und Freudlosigkeit, gedrückte Stimmung sowie Antriebslosigkeit gekennzeichnet ist. Die Niedergeschlagenheit tritt oft ohne erkennbaren „Grund" auf, Betroffene sind kraftlos und schaffen es nicht, einfache Dinge des Alltags zu erledigen, gut gemeinte Aufheiterungsversuche laufen zumeist ins Leere. Genauso wie bei Suchterkrankungen neigen Depressive häufig dazu, sich selbst die Schuld zu geben, sie glauben, nichts zu können, und haben ein stark herabgesetztes Selbstwertgefühl. Depressionen können – wie auch weiter oben für die Persönlichkeitsstörungen beschrieben – Ursache der Drogenabhängigkeit sein, aber durchaus auch die Folge. So können vor allem nach dem Konsum von stimulierenden psychoaktiven Substanzen wie Kokain, Speed oder Ecstasy Depressionen auftreten. In einer kanadischen Längsschnittstudie mit Schüler*innen konnte gezeigt werden, dass das Risiko, an Depressionen zu erkranken, bei Schüler*innen mit Konsumerfahrungen von Ecstasy und Amphetaminen beinahe doppelt so hoch ist als bei abstinenten Schulkolleg*innen [14].

Die Abhängigkeit von Kokain ist eng mit Depressionen verbunden. Im abklingenden Kokainrausch kommt es zu depressiven Verstimmungen und Antriebslosigkeit. Wenn die Wirkung der Substanz nachlässt, setzt eine Niedergeschlagenheit ein, die zu neuerlichem Verlangen nach dem Suchtmittel führt – ein Teufelskreis. Länger dauernder und häufigerer Kokainkonsum führt zu Persönlichkeitsveränderungen, Erschöpfung, Lustlosigkeit und Gereiztheit, Depressionen und Angstzustände nehmen zu. Dazu kommt etwas, das in der Fachsprache als amotivationales Syndrom bezeichnet wird, die Betroffenen verspüren eine innere Leere, sind passiv und antriebslos, das Leben wird als sinnlos wahrgenommen. Etwas, das auch von chronischen Cannabiskonsument*innen bekannt ist. So bildet sich ein Kreislauf, der für viele Betroffene schwer zu durchbrechen ist. Sie konsumieren Kokain, um selbstbewusster, wacher, aktiver und fitter zu sein, was während der Konsumphase ja auch gut funktioniert. Im Abklingen und als Folge des chronischen Missbrauchs treten Stimmungsveränderungen und psychische Schwierigkeiten auf, die ziemlich genau das Gegenteil von dem sind, was die Betroffenen im Rauschzustand erleben. Um die depressiven Phasen und Angstzustände zu bewältigen, konsumieren viele Betroffene Benzodiazepine oder Opiate, manche injizieren sich Heroin und Kokain gleichzeitig („Speedball"). Wieder andere konsumieren zusätzlich Amphetamine oder auch Kokain in steigender Dosierung und Häufigkeit.

Das bedeutet jedoch nicht, dass alle Menschen, die irgendwann Kokain konsumieren oder dies in einem einigermaßen kontrollierten Umfang betreiben, später depressiv werden und verwahrlosen. Selbstverständlich gibt es auch einen gewissen Anteil an Konsument*innen, die den Konsum der Substanz im Griff haben und nicht nur subjektiv, sondern auch ganz objektiv wenig Probleme mit dem Konsum haben. Zum einen kommt es auf die Häufigkeit und Menge an, in der jemand konsumiert, zum anderen auch auf die Konsumform. Kokain zu rauchen oder zu sniefen führt in der Regel weniger häufig zu den oben beschriebenen Folgewirkungen als intravenöser Kokainkonsum.

Bei chronischem Kokainmissbrauch kann aber noch eine weitere Folgewirkung auftreten, die dem dritten oben erwähnten Spektrum der psychischen Störungen zuzurechnen ist: die Kokainpsychose. Unter Psychosen versteht man eine psychiatrische Störung, bei der Störungen des Denkens und der Wahrnehmung im Vordergrund stehen. Die Betroffenen leiden unter Wahnvorstellungen und Halluzinationen und haben Schwierigkeiten im Denkablauf. Sie fühlen sich verfolgt und beziehen Dinge auf sich, die sie nicht betreffen, hören Stimmen oder sehen etwas, das es in der Realität nicht gibt. Dazu wirken sie unkonzentriert und verwirrt, weil die Denkabläufe gestört sind. Psychosen haben vielschichtige Ursachen und stehen in einigen

Fällen auch in Zusammenhang mit Drogenkonsum. Bei der Kokainpsychose handelt es sich um eine Folgewirkung des chronischen exzessiven Kokainkonsums, bei der häufig paranoide Symptome auftreten, aber auch allgemeine Verwirrtheit und Halluzinationen. Typisch hierfür ist, dass sich die Betroffenen einbilden, auf und in der Haut Insekten und anderes Kleintier zu haben. Durch das ständige Jucken und Kratzen ist die Haut verwundet und mit verkrusteten oder eitrigen Hautstellen übersät.

Aber auch beim Alkohol sind Psychosen eine gefürchtete und gar nicht so unbekannte Folgewirkung. Im Rahmen der Alkoholhalluzinose entstehen neben Bewusstseinsstörungen akustische Halluzinationen, die Betroffenen hören Stimmen, die meistens bedrohlich, beschimpfend oder anklagend sind, diese verängstigen oder machen aggressiv. Gewaltdelikte von Alkoholabhängigen stehen nicht selten in Zusammenhang mit alkoholbedingten psychiatrischen Störungen. So sind am sogenannten alkoholischen Eifersuchtswahn erkrankte Personen der festen Überzeugung, dass sie ihr/e Partner*in betrügt und hintergeht. Dies ist allerdings eine eher seltene Folge der Alkoholabhängigkeit, die im Wesentlichen im forensischen Bereich Bedeutung hat, da es im wahnhaften Zustand zu Auseinandersetzungen und Gewaltdelikten bis hin zu Tötungen kommen kann. Eine häufigere Komplikation ist das Delirium tremens, das sich vorwiegend im Rahmen eines Alkoholentzugs entwickeln und unbehandelt zum Tod führen kann. Neben Verwirrtheitszuständen und Desorientierung sind optische Halluzinationen ein Symptom der Erkrankung. Die Aussage „Der sieht schon weiße Mäuse“ rührt daher.

Derartige substanzinduzierte Psychosen können vorübergehend, aber auch dauerhaft sein, nicht bei allen Patient*innen verschwinden die psychotischen Symptome mit Beendigung des Substanzkonsums wieder.

Die drogeninduzierte Entstehung von Psychosen wird in der Debatte um die Legalisierung von Cannabis immer wieder thematisiert. Gegner*innen eines freizügigeren Umgangs mit Cannabis argumentieren, dass Cannabis bei Jugendlichen zu Psychosen führen kann und demzufolge eine Liberalisierung der Substanz fahrlässig wäre. Doch trotz zahlreicher wissenschaftlicher Studien ist der Zusammenhang zwischen Cannabis und Psychose bisher nicht hinlänglich geklärt. Es gibt keinen Zweifel, dass es einen Zusammenhang gibt, wenngleich dieser auch wesentlich geringer ausgeprägt ist, als er von Cannabisgegner*innen häufig dargestellt wird. Die Frage ist vielmehr die nach dem Ursache-Wirkungs-Zusammenhang: Führt der Gebrauch von Cannabis zu Psychosen oder sind es vielmehr psychosegefährdete Jugendliche, die eine besondere Vorliebe für Cannabis haben? Hierzu existieren unterschiedliche Theorien, eine davon besagt, dass Personen Cannabis konsumieren, um die Symptome der bereits vorhandenen Psychose zu mildern. Eine andere geht davon aus, dass Cannabis und Psychosen zwei unabhängig voneinander auftretende Ereignisse sind, die nicht ursächlich miteinander verknüpft werden können. Eine dritte Theorie ist, dass Cannabis ein sogenannter Stressor bei der Entstehung einer Psychose ist. Dies geht zurück auf das Vulnerabilitäts-Stress-Modell, mit dem die Entstehung von Psychosen und anderen psychischen Störungen erklärt werden kann. Es geht davon aus, dass es für die Entstehung einer psychischen Erkrankung zwei Dinge braucht: eine Vorbelastung oder Disposition und ein belastendes Ereignis, einen sogenannten Stressor. Die Vorbelastung kann genetisch sein, gerade bei Psychosen gibt es einen erheblichen Anteil an Vererbbarkeit. Die Stressoren können verschiedenster Art sein, etwa belastende Lebensereignisse, schwierige soziale Bedingungen oder eben auch Drogenkonsum. Demnach kann für Personen, die entsprechend genetisch vorbelastet sind, der Cannabiskonsum das belastende Ereignis – der Stressor – sein, der letztlich dazu führt, dass die Psychose ausgelöst wird. Ob und wann diese ohne den Cannabiskonsum auch ausgelöst worden wäre, ist schwer zu untersuchen. Man weiß lediglich, dass Cannabiskonsum den Ausbruch der Psychose bei Jugendlichen um einige Jahre nach vorne verschieben kann. Diese Vulnerabilitäts-Stress-Theorie in Zusammenhang mit Cannabis und Psychosen ist mittlerweile wissenschaftlich relativ eindeutig belegt. Cannabiskonsum kann bei bereits psychosegefährdeten Jugendlichen den Ausbruch der Erkrankung auslösen beziehungsweise beschleunigen. Eine breit angelegte australische Analyse von zwanzig Jahren Forschung im Cannabisbereich zeigt, dass sich das Risiko, an einer Psychose zu erkranken, bei familiär vorbelasteten Jugendlichen durch den Konsum von Cannabis etwa verdoppelt [45]. Cannabis ist damit nicht der Verursacher der Psychose, sondern der

Auslöser, was einen wesentlichen Unterschied macht. Wäre Cannabis der Verursacher von Psychosen, dann müsste es ja konsequenterweise in den Ländern, in denen Cannabis vermehrt konsumiert wird, auch zu einem allgemeinen Anstieg der Psychoseerkrankungen kommen, das tut es aber nicht, zumindest bisweilen nicht.

In diesem Zusammenhang wird immer wieder darauf hingewiesen, dass das heutzutage erhältliche Cannabis durch die Aufzucht in Indoor-Plantagen eine wesentlich höhere Wirkstoffkonzentration hat als das Gras, das in den 1970er-Jahren erhältlich war, und demzufolge das Risiko, an Psychosen zu erkranken, erhöht ist. Das ist insofern richtig, als die Dosis einen Einfluss auf den oben geschilderten Zusammenhang zwischen Cannabis und Psychosen zu haben scheint, ändert aber noch immer nichts an der Tatsache, dass es keine wissenschaftlichen Belege dafür gibt, dass Cannabis auch bei nicht vorbelasteten Personen eine Psychose auslösen kann. Praktisch bedeutet das also, dass insbesondere vorbelastete Personen und jedenfalls Jugendliche besser kein Cannabis konsumieren sollten. Das Problem an der Sache ist nur, dass man nicht mit Sicherheit wissen kann, ob man bezüglich Psychosen vorbelastet ist oder nicht, ein Restrisiko bleibt. Das ist allerdings wohl kein Spezifikum des Cannabis, sondern des Lebens an sich.

DIE WEGE AUS DER SUCHT SIND VERWORREN

RAUS AUS DER SUCHT – WILL ICH DAS WIRKLICH?

„Der will ja gar nicht aufhören, da bringt die ganze Therapie nichts."

Abhängige werden entlang einiger Trennlinien häufig in gute und weniger gute Abhängige eingeteilt. Eines der prominentesten Beispiele hierzu ist die unterschiedliche Sichtweise von drogen- und alkoholabhängigen Menschen. Während Letztere „manchmal gerne einen über den Durst trinken" oder „zwei, drei Verdauungsschnäpschen ja niemandem schaden", werden Drogenabhängige zumeist weit weniger wohlwollend von der kritischen Öffentlichkeit betrachtet. Schnell sind das alles „rauschgiftsüchtige Verbrecher, die zu nichts taugen und nur einfach keine Drogen mehr nehmen sollen – was ist daran auch so schwer".

Was hier etwas überspitzt klingt, hat einen ernsten Hintergrund: Solche und ähnliche Zuschreibungen sind gang und gäbe. Doch unter den Drogenabhängigen gibt es noch eine weitere Subgruppe, die in der Regel noch kritischer beäugt wird: jene der Abhängigen, die sich fremdmotiviert in eine Therapie begeben. Sogar in Fachkreisen hält sich da und dort noch hartnäckig die Meinung, dass nur ein eigenmotivierter Patient ein guter Patient ist, nur allzu oft hört man: „Wenn er oder sie nicht wirklich etwas verändern will, bringt die ganze Therapie nichts." Aber nicht nur das, die Motivation soll nicht nur vorhanden sein, sie muss auch aus angesehenen Quellen stammen. So gilt der Klient, der sich kraft eigenen Antriebs und starken Änderungswillens in die Vorbetreuung einer Therapieeinrichtung begibt, als guter, ordentlicher Klient, während der, der die Therapie anstelle einer Haftstrafe absolviert, sich ja „nur das Gefängnis ersparen" will.

Dabei drängen sich mehrere Fragen auf: Ist der brave, eigenmotivierte Drogenabhängige wirklich immer und ausschließlich eigenmotiviert? Kann nicht jemand, der die Therapie statt einer Haftstrafe absolviert, genauso motiviert sein, das schädliche Verhalten zu verändern? Kann es nicht vielleicht sein, dass sich die Motivation im Laufe der Zeit ändert?

Die Motivationsforschung ist ein Teilgebiet der Psychologie, das sich mit solchen und ähnlichen Fragen beschäftigt. Wie und warum ändern Menschen ihr Verhalten, wodurch entsteht Motivation, was hält die Veränderungsbereitschaft aufrecht. Dazu gibt es eine Reihe von Theorien, die die wissenschaftliche Forschung in den letzten Jahrzehnten untersucht hat. Bevor man sich diese Theorien näher ansieht, muss man jedoch zunächst einmal definieren, was man überhaupt unter Motivation in diesem Bereich versteht. Grundsätzlich wird zwischen Behandlungsmotivation und Veränderungsmotivation unterschieden. Unter Behandlungsmotivation versteht man die Tatsache, dass jemand zu einer Behandlung seiner Schwierigkeiten motiviert ist, mit anderen Worten bereit ist, fremde Hilfe in Anspruch zu nehmen. Die Veränderungsmotivation wiederum beschreibt die Motivation, das Verhalten auch tatsächlich zu verändern. Die Unterscheidung ist deswegen so wichtig, weil beides oftmals nicht miteinander einhergeht. Es gibt Menschen, die sich verändern wollen, weniger rauchen oder weniger trinken möchten, aber nicht bereit sind, dafür fremde Hilfe in Anspruch zu nehmen. Sei es, weil sie sich nicht trauen oder nicht wissen, was sie erwartet, oder weil sie denken, das auch alleine zu schaffen. Und es gibt Menschen, die zwar bereit sind sich in Behandlung zu begeben, aber nicht zu einer Veränderung des Verhaltens motiviert sind. Man denke hier beispielsweise an den trinkenden Ehemann, der Psychotherapiestunden in Anspruch nimmt, weil seine Frau ihm droht, sich von ihm zu trennen, wenn er nicht etwas gegen seine Sucht tut. Mit der Inanspruchnahme einer Behandlung ist aus Sicht des Abhängigen dem „Etwas gegen seine Sucht tun" oft schon genüge getan, der in der Behandlung spürbare Widerstand gegen dieselbe wohl den meisten Behandler*innen bekannt. Dass beide Motivationen zeitgleich auftreten, ist natürlich der optimale Zustand, aber nicht der übliche. Bei vielen Abhängigen überwiegt einmal das eine, einmal das andere, zumeist ist das auch ein Prozess, der Schwankungen unterliegt.

Doch bei welchen Menschen ist nun ein Behandlungsversuch erfolgversprechend, nur bei solchen, die zu einer Behandlung motiviert sind? Oder nur bei wirklich Veränderungswilligen? Oder gar nur bei jenen, wo beides gleichzeitig vorhanden ist?

Dazu gibt es unterschiedliche Auffassungen, jedoch mittlerweile valide Erkenntnisse aus der Motivationsforschung. Schon Sigmund

Freud, der Pionier der analytischen Psychoanalyse, beschäftigte sich in seinen Arbeiten mit dem Thema Behandlungsmotivation. Im Jahr 1905 schreibt er über die Anwendbarkeit der analytischen Psychotherapie: „Sie ist auch bei Personen nicht anwendbar, die sich nicht selbst durch ihre Leiden zur Therapie gedrängt fühlen, sondern sich einer solchen nur infolge des Machtgebotes ihrer Angehörigen unterziehen" [33]. Aus seiner Sicht ist also der Leidensdruck, den eine Krankheit hervorruft, die Triebfeder der Behandlungsmotivation, ein Drängen von anderen Personen zur Therapie sinnlos. Diese Thesen mögen auf die klassische Psychoanalyse zutreffen, haben mit der Motivation zur Verhaltensveränderung im Allgemeinen jedoch relativ wenig gemein. Zum besseren Verständnis, wieso das so ist, ist es notwendig, noch ein paar weitere theoretische Positionen zu betrachten.

Eine bekannte Unterscheidung, auf der auch viele Vorurteile beruhen, ist die zwischen intrinsischer und extrinsischer Motivation. Also einer Motivation von innen heraus und einer, die von außen angestoßen wird. Häufig wird Erstere als die einzig wesentliche Motivation angesehen, während extrinsische Motivation zur Verhaltenssteuerung abgewertet wird. Doch so einfach ist es – wie bei vielem in der Psychologie – leider nicht. Wäre dies der Fall, würde niemand unangenehmen Tätigkeiten nachgehen, nur weil er dafür bezahlt wird. Große Teile des Arbeitslebens beruhen auf dem Prinzip der extrinsischen Motivation, dennoch würde niemand sagen, dass es schlecht ist, monatlich sein Gehalt zu bekommen. Gerade aus der Arbeitspsychologie kann man einiges lernen, was die Motivation zur Verhaltensänderung betrifft. Hier beschäftigt man sich schon lange und intensiv mit leistungssteigernden Aspekten verschiedener Motivationsmaßnahmen, man denke beispielsweise an Mitarbeiter*innenprämien für besonders gute Leistungen, Beförderungen oder andere Anreize, die Menschen in einem Unternehmen antreiben sollen. Hier würde vermutlich auch niemand bestreiten, dass monetäre Anreize wirksam sein können, wenngleich es auch Befunde gibt, dass eine Überbezahlung die intrinsische Motivation korrumpieren kann.

Auch wenn man die Ergebnisse der arbeitspsychologischen Motivationsforschung nicht eins zu eins auf den Bereich der Klinischen

Psychologie übertragen kann, kann man etwas davon lernen. Im Wesentlichen sicherlich die Tatsache, dass die Ursachen für menschliches Verhalten nicht nur in der Person alleine liegen und die Motivation von innen heraus nicht die einzig verhaltenssteuernde ist. Auch andere Aspekte, wie äußere Bedingungen und externe Anreize, spielen eine wesentliche Rolle bei der Entstehung und Veränderung von Motivation und Verhalten.

In den vergangenen Jahrzehnten wurden in unterschiedlichen Teilgebieten der Psychologie zahlreiche Theorien entwickelt, die Motivation und ihren Einfluss auf Verhaltensänderung beschreiben. Auf eine weitere möchte ich hier aus zwei Gründen noch näher eingehen. Zum einen ist es eine Theorie, die auf viele Lebensbereiche anwendbar ist und deren grundsätzliche Prinzipien jede*r von uns vermutlich schon einmal erlebt hat. Zum anderen ist es eine Theorie, die gerade bei Abhängigkeitserkrankten, deren Änderungsmotivation manchmal sehr schwankend ist, einen guten Beitrag zum Verständnis derselben liefern und sich eine Reihe von praktischen Implikationen daraus ableiten lassen. Die Rede ist von sogenannten Stadien- oder Stufenmodellen, deren Hauptvertreter das transtheoretische Modell der Veränderung von Prochaska und DiClemente [36, 87] ist. Stadienmodelle gehen davon aus, dass im Laufe einer Verhaltensänderung verschiedene Stufen durchlaufen werden, das höchste zu erreichende Stadium ist das Ziel des Veränderungsprozesses, beispielsweise die Abstinenz von Drogenkonsum oder das Aufhören mit dem Rauchen. Personen, die sich im selben Stadium befinden, erleben ähnliche Schwierigkeiten und profitieren von ähnlichen Behandlungsmethoden, im Laufe eines Veränderungsprozesses kann man immer wieder auf schon durchlaufende Stadien zurückfallen, aber sich auch immer wieder weiterentwickeln. Ursprünglich wurde das Modell zur Beschreibung der Veränderung beim Rauchen entwickelt und mittlerweile auf weitere Bereiche ausgedehnt, dazu zählen Thematiken aus dem Bereich der Gesundheitspsychologie, wie beispielsweise gesunde Ernährung oder Diätverhalten.

Aus Sicht des Modells ist Verhaltensänderung ein Prozess, bei dem verschiedene Phasen in zeitlicher Folge durchlaufen werden. In der ersten Phase (Phase der Absichtslosigkeit) ist man sich seines Problemverhaltens nicht bewusst beziehungsweise möchte man es nicht verändern. Man spricht in diesem Zusammenhang auch von konsonanten Raucher*innen, also solchen, die damit nicht aufhören wollen und das Rauchen auch nicht als störend erleben. Jemand, der sich in der Phase der Absichtslosigkeit befindet, kommt klarerweise nicht ohne externen Anstoß in eine Therapie, wieso auch, er oder sie möchte ja nichts verändern. Das heißt aber im Umkehrschluss nicht, dass solche Menschen nicht auch in Therapieeinrichtungen zu finden sind, und das ist vielleicht auch gut so. Wieso das so ist, erklärt sich, wenn man das Modell weiterverfolgt.

Die zweite Stufe ist die sogenannte Phase der Absichtsbildung. Diese ist vorrangig durch Ambivalenz gegenüber dem Problemverhalten geprägt. Die Vor- bzw. Nachteile der Verhaltensänderung werden abgewogen, die Betroffenen sind sich zwar schon bewusst, dass sie etwas ändern sollten, haben aber noch keine konkreten Schritte dazu gesetzt. Wenn wir hier wieder das Raucherbeispiel aufgreifen, sind das jene Personen, die zwar noch gerne rauchen, aber sich schon bewusst sind, dass das Rauchen schädlich für die Gesundheit ist, viel Geld kostet und so weiter. Manche Menschen verweilen sehr lange in dieser Phase und beschäftigen sich teilweise über Jahre mit dem Gedanken, „irgendwann“ etwas ändern zu wollen oder müssen. Im Bereich des Diätverhaltens ist dieses Stadium auch als die „Morgen-Diät“ bekannt, die nur deshalb so heißt, weil sich das „morgen“ praktischerweise von Tag zu Tag weiter nach hinten verschiebt.

Die dritte Stufe des Modells ist die Phase der Vorbereitung, in der zum ersten Mal die tatsächliche Verhaltensänderung näher ins Auge gefasst wird. Morgen fange ich also wirklich an und ich weiß auch, wie. Erste kleine Änderungen des Problemverhaltens treten in dieser Phase bereits auf, manch einer raucht nur noch fünfzehn statt zwanzig Zigaretten oder schafft es zumindest einmal im Monat zum Sport, statt der eigentlich gewünschten drei Mal pro Woche. In dieser Phase entsteht in der Regel der klassische Silvestervorsatz – am 1. Jänner höre ich zu rauchen auf oder beginne mit dem Sport. Ist dies geschafft, folgt die Phase der Handlung, diese erkennt man daran, dass das gewünschte Verhalten zumindest einen Tag erreicht ist. Im Unterschied zu den vorhergehenden Phasen spielt hier nun erstmal das tatsächliche Verhalten eine Rolle. Bei einer dauerhaften Verhaltensänderung spricht man dann von der Phase der Aufrechterhaltung – definitionsgemäß nach sechs Monaten der erfolgreichen Verhaltensveränderung.

Wer jedoch schon einmal versucht hat, ein Verhalten in einem bestimmten Bereich zu verändern, weiß auch, dass dies kein linearer Prozess ist. Die wenigsten Menschen nehmen sich vor, etwas zu tun, und es gelingt vom ersten Tag an. Einer der treffendsten Sprüche zu dem Thema stammt von Mark Twain: „Mit dem Rauchen aufzuhören ist kinderleicht, ich habe es schon hundertmal geschafft." Dieser launige Spruch weist auf etwas ganz Essenzielles bei der Verhaltensänderung generell, aber insbesondere bei Abhängigkeitserkrankungen hin. In der Regel ist es kein linearer Prozess, sondern einer, der durch schwankende Motivation, Rückfälle und neuerliche Bewältigungsversuche gekennzeichnet ist. Vielleicht kennen Sie ja selbst Raucher*innen, die schon über Monate nicht geraucht haben und bei einer Party schwach werden, wieder zur Zigarette greifen und neuerlich auch im Alltag wieder zu rauchen beginnen. Bis sich die Ambivalenz wieder einstellt, die ersten Überlegungen folgen, wie der nächste Versuch, mit dem Rauchen aufzuhören, geschafft werden kann, und so weiter. Es ist eher die Regel als die Ausnahme, dass Menschen bei der Verhaltensänderung zwischen diesen unterschiedlichen Phasen wechseln, bis irgendwann der dauerhafte Ausstieg gelingt. Die Verweildauer in den jeweiligen Stadien ist individuell sehr unterschiedlich, für eine erfolgreiche Verhaltensänderung ist jedoch das Durchlaufen aller Phasen notwendig. So umstritten das Modell auch in der Forschung ist (vor allem weil die Abgrenzung zwischen den Stadien oft schwer messbar ist), so hilfreich ist es für das Verständnis von Ausstiegsverläufen und vor allem auch für die Arbeit mit ambivalent motivierten Patient*innen.

Man weiß, dass Personen, die sich in niedrigeren Motivationsphasen in Behandlung begeben, eine Therapie eher abbrechen [18], der Behandlungserfolg steigt mit erhöhter Veränderungsmotivation [51]. Das bedeutet, je veränderungsmotivierter jemand in einer Behandlung ist, desto besser ist das Behandlungsergebnis. Das heißt aber nicht, dass Menschen von vornherein motiviert sein müssen, eine Änderungsmotivation kann sich auch im Laufe der Zeit entwickeln, vor allem wenn entsprechende Interventionstechniken zur Anwendung kommen. So haben beispielsweise die beiden Psycho-

Stadien der Veränderungsbereitschaft

(nach Prochaska/DiClemente)

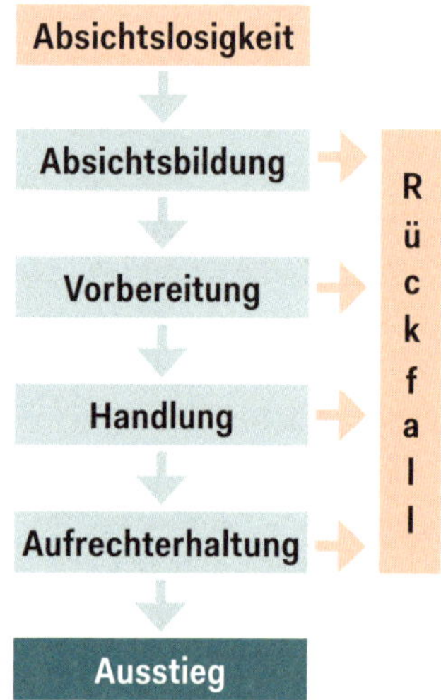

logen William Miller und Stephen Rollnick, die mittlerweile in der Arbeit mit Süchtigen verbreitete Interventionstechnik der „Motivierenden Gesprächsführung“ [75] entwickelt, die gezielt auf die Förderung der Änderungsmotivation Substanzabhängiger ausgerichtet ist. Diese Methode zielt darauf ab, Ambivalenzen zu hinterfragen und die Veränderungsbereitschaft gemeinsam mit den Patient*innen zu entwickeln und zu fördern. Veränderungsmotivation als erster Therapieschritt.

Aus der Forschung und den empirischen Befunden kann man demnach ablesen, dass Motivation nicht schwarz-weiß ist und nicht entweder-oder. Und vor allem auch nichts Unveränderliches. Motivation kann sich entwickeln und ist nur selten etwas, das ausschließlich von innen heraus kommt. Um das noch ein wenig anschaulicher zu machen, schauen wir uns einmal einen Bereich an, der vielen vermutlich aus eigener Erfahrung oder der naher Bekannter oder Verwandter geläufig ist, und machen dazu ein Gedankenexperiment:

Stellen Sie sich vor, ihr Lieblingsessen sind Wiener Schnitzel, dazu ein kühles Bier, das sie nach einem langen Arbeitstag mit Freunden gemeinsam an einem lauen Sommerabend im Gastgarten trinken. Vielleicht sogar ein zweites oder drittes. Das machen sie gerne und oft, bis sie eines Tages vom Arzt ihre Blutwerte übermittelt bekommen und dieser ihnen dringend nahelegt, ihre Ernährung umzustellen, etwas weniger Alkohol zu trinken, weniger Fette zu essen und wenn, dann die richtigen, mehr Gemüse zu sich zu nehmen und vor allem viel Bewegung zu machen. Also lieber einen Abendspaziergang als einen Gastgartenbesuch. Was löst dieser Gedanke bei Ihnen aus: Juhu, endlich darf ich kein Schnitzel mehr essen und kein Bier mehr trinken? Oder doch vielleicht: Wenn es der Arzt empfiehlt, versuche ich einmal, mich anders zu ernähren, und verzichte einmal in der Woche. Das bedeutet schon eine Umstellung meiner bisherigen Lebensgewohnheiten, aber der Gesundheit zuliebe muss es wohl sein.

Welcher Typ sind Sie? Typ eins oder Typ zwei? Ich habe in all den Jahren, in denen ich diese Metapher zur Erklärung von Motivationstheorien verwendet habe, noch kaum jemanden erlebt, der sich über die Empfehlungen des Arztes uneingeschränkt gefreut hätte. Niemand folgt voller Freude und Tatendrang den Empfehlungen zur Veränderung eines bisher als angenehm erlebten Lebensstils, vor allem dann nicht, wenn der Leidensdruck nicht spürbar oder doch noch gut zur Seite geschoben werden kann. Das ist auch verständlich, wenn es darum geht, eine kurzfristige lustvolle Erfahrung (das Schnitzel) gegen ein längerfristiges Gut (Gesundheit) einzutauschen. Dies erfordert ein gewisses Maß an Belohnungsaufschub und Selbstmanagement, zugunsten der weiter entfernten positiven Alternative, auf die kurzfristige Befriedigung zu verzichten. Und im Fall des Schnitzels ist die weit entfernte Alternative nicht einmal unbedingt eine positive, sondern nur die Abwendung der negativen Folgen, nämlich gesundheitlicher Komplikationen.

Die Analogie zu Drogenabhängigen ist eine naheliegende, auch der Ausstieg aus der Abhängigkeit ist nicht immer nur mit positiven Gefühlen verbunden. Die Droge selbst hat für viele Betroffene über lange Zeit positive Effekte gehabt, sie hat sie bei vielen immer noch. Sei es zur Bewältigung von Traumata, Krisen, schwierigen Lebensbedingungen und vielem mehr. Die Droge ist für viele Klient*innen Lebensinhalt, das einzig existierende soziale Netz das Drogenmilieu, der Alltag dreht sich oft nur noch um das Beschaffen und Konsumieren von Drogen und das Highsein. All das ist selbstverständlich auch mit positiven Gefühlen verbunden, kein Mensch hält ein Verhalten, das ihm ausschließlich nur schadet, über Jahre hinweg aufrecht. Viele Abhängige leiden auch nicht unter dem Konsum an sich (unter dem Essen eines Schnitzels leidet auch niemand, außer das dafür geschlachtete Schwein), sondern an den negativen Folgewirkungen. Gesundheitliche Komplikationen, finanzielle Probleme, Beschaffungskriminalität und so weiter. Insofern ist es müßig, auf den hochmotivierten Drogenabhängigen zu warten, der sich dann voller Freude und Enthusiasmus auf eine lange und oft stark einschränkende Drogentherapie einlässt. Wenn man mit Abhängigen zu tun hat, muss man sich bewusst sein, dass sich eine Reihe von Ambivalenzen bezüglich der Erkrankung und der Therapie durch das Leben ziehen und dass es – was die Motivation betrifft – kein Schwarz oder Weiß gibt, sondern eine Reihe von Grauabstufungen. Motivation ist etwas, das sich ändert und variiert. Und auch etwas, das sich entwickeln kann, oft bewirkt der Anstoß von außen einen ersten Schritt in die richtige Richtung.

Ein Bereich, der in der Behandlung von Abhängigen immer wieder eine Rolle spielt, ist die Verwobenheit mit der Justiz. Ein nicht unerheblicher Anteil der Klient*innen kommt mit einer Weisung oder einer Auflage zur Therapie in Behandlung, die anstelle einer Haftstrafe absolviert werden kann. Wie weiter oben ausgeführt, stehen auch viele in Heilberufen Tätige dieser speziellen Klientel kritisch gegenüber, wie die Wissenschaft zeigt, jedoch völlig zu unrecht.

In einer breit angelegten Untersuchung mit Drogenabhängigen in sieben verschiedenen europäischen Ländern, in der ein Vergleich zwischen Patient*innen mit und ohne Therapieweisung durch die Justiz bezüglich ihrer Motivationslage angestellt wurde, zeigte sich, dass eine dichotome Einteilung in hoch motivierte freiwillige Klient*innen und unmotivierte Justiz-Klient*innen nicht möglich ist [36]. Ganz im Gegenteil, bezüglich der Motivationslage zu Beginn der Behandlung zeigten sich keine statistisch signifikanten Unterschiede, lediglich die Quellen der Motivation waren unterschiedlich. Während sich die Justizklient*innen von der Justiz zur Behandlung unter Druck gesetzt fühlten, verspürten die sogenannten freiwilligen Klient*innen ebenso externen Druck – durch Arbeitgeber, den oder die Ehepartner*in oder Einrichtungen des Gesundheitswesens. Dazu kommt, dass auch Klient*innen, die aktuell ohne Justizweisung in Behandlung waren, ebenso Druck durch die Justiz verspüren, weil sie genau wissen, dass sie das aktuelle Verhalten von Konsum und Begleitkriminalität in Schwierigkeiten mit der Justiz bringen wird und sie demnach schon vorausschauend eine Behandlung beginnen. Apropos Kriminalität: Zwischen den Justiz-Klient*innen und den freiwilligen Klient*innen gab es keine nachweisbaren Unterschiede, was das kriminelle Verhalten betrifft. Beide Gruppen hatten eine ebenso lange und intensive kriminelle Karriere hinter sich, die einen hatten nur das „Pech", aktuell dabei erwischt worden zu sein, die anderen eben nicht, wobei es auch in Bezug auf die Anzahl an vorhergehenden Haftstrafen keine Unterschiede gab. Worin sie sich jedoch deutlich unterschieden, war die psychische und physische Gesundheit. Klient*innen, die sich ohne eine richterliche Weisung in Behandlung begaben, waren in der Regel kränker, länger abhängig und hatten eine höhere Anzahl an psychischen Begleiterkrankungen.

Interessant ist auch die Tatsache, dass der Druck oder Zwang von den Klient*innen sehr unterschiedlich wahrgenommen wird. Manche empfinden den richterlichen Druck als hilfreich, manche als störend, manche nehmen ihn gar nicht wahr. Was jedoch die Wissenschaft dazu zeigt, ist eindeutig: Den drogenabhängigen Patienten oder die drogenabhängige Patientin, der oder die sich nicht von irgendwem oder irgendetwas zur Behandlung unter Druck gesetzt fühlt, gibt es nicht. Die Quellen sind unterschiedlich und ändern sich im Verlauf der Zeit. Es ist nicht selten, dass Klient*innen mit einer richterlichen Weisung am Ende der Behandlung den Druck durch die Justiz gar nicht mehr wahrnehmen, aber umso mehr den Druck durch das (neu geschaffene oder wiedererlangte) soziale und familiäre Umfeld. Auch „die Mama nicht wieder zu enttäuschen" oder den neu und mühsam gefundenen Arbeitsplatz nicht wieder zu verlieren, erzeugt Druck. Dass dieser an der Verhaltensänderung hinderlich ist, kann wissenschaftlich nicht bestätigt werden, im Gegenteil, ein Anstoß von außen kann oft zu einer Motivation von innen heraus werden.

Für die praktische Arbeit und den Umgang mit Abhängigen im privaten Bereich bedeutet dies im Wesentlichen, dass es keine gute oder schlechte Motivation zu einer Verhaltensänderung gibt. Jeder Anstoß zur Veränderung kann einen Prozess in Gang setzen. Jeder Anlauf zur Veränderung kann anders ausgehen als die vorherigen Versuche. Motivation kann sich ändern und entwickeln, so man ihr die Chance dazu gibt.

MARTIN

Martin ist ein großer, schlanker 45-jähriger Mann, sein Körper durch Tätowierungen und Narben gezeichnet. Er blickt mittlerweile auf 33 Jahre Leben mit der Sucht zurück. Dieses Leben war geprägt durch Drogen und Gefängnis, aber auch gekennzeichnet davon, dass ihm allzu oft Hilfe und Unterstützung versagt blieb, wo sie notwendig gewesen wäre.

Martin wuchs als jüngeres von zwei Geschwistern in Deutschland auf, er ist drei Jahre alt, als sich seine Mutter scheiden lässt und mit ihm und seinem drei Jahre älteren Bruder nach Wien zieht. Sie war wegen eines Mannes nach München gezogen, der sie, wie Martin erst viel später erfuhr, regelmäßig schlug. Er selbst war zu klein, um sich daran erinnern zu können. Seine weitere Kindheit beschreibt er als „normal", seine Mutter heiratete erneut, sein Stiefvater bemühte sich stets, zu den Kindern ein gutes Verhältnis aufzubauen, was ihm jedoch nicht so recht gelang. Die beiden Söhne blockten ab, akzeptierten, dass er da war, sahen ihn aber nie so recht als Vater an.

Seine Mutter wiederum bemühte sich sehr, den beiden Söhnen eine gute Kindheit zu bieten, sie ging arbeiten, um den Lebensunterhalt zu finanzieren, wenn sie nicht da war, kümmerte sich die Großmutter der beiden um sie. Drogen oder Alkohol waren kein Thema in der Familie, bis auf den Großvater, der trank, weil er mit den im Zweiten Weltkrieg erlittenen Traumatisierungen nicht zurecht kam. Die Familie wohnte in Wien im zweiten Bezirk, „kein gutes Pflaster" sei das damals gewesen, die Nähe zum Wiener Vergnügungspark Prater, in dem neben den Achterbahnen für die ganze Familie auch einiges an illegalen Geschäften zu finden war. Vom kleinen Glücksspiel über illegale Prostitution bis hin zu Drogen.

Bis zum Alter von etwa acht Jahren schien jedoch alles einigermaßen normal zu verlaufen, erst dann begannen langsam die ersten Schwierigkeiten in der Schule, Martin wurde immer unruhiger und aggressiver gegenüber seinen Mitschüler*innen, er eckte oft an und hatte Schwierigkeiten, sich in der Schule angemessen zu verhalten. Das Umfeld schien damals damit überfordert zu sein, bei derartigen Auffälligkeiten in der dritte Klasse Volksschule würde heute wahrscheinlich der schulpsychologische Dienst beigezogen werden, die Diagnose eines ADHS[9] scheint nach den Schilderungen naheliegend. Eine solche Diagnose nur aufgrund von Erzählungen so lange im Nachhinein zu stellen, wäre unseriös, dennoch ist es eindeutig, dass ein Kind, das im Alter von acht Jahren derartige Schwierigkeiten mit sich selbst und der Umwelt hat, etwas anderes braucht als Ausgrenzung und Ablehnung. Dies ist jedoch das, was es erfuhr.

Martin schaffte es, die Volksschule positiv abzuschließen, in der Hauptschule wurde es jedoch immer schwieriger, er hatte Aggressionsprobleme und blieb immer öfter der Schule fern. So kam es, dass seine Mutter und er im Alter von zwölf Jahren beim Jugendamt vorgeladen wurden, wobei man ihnen eröffnete, dass er seinen Schulplatz verloren habe und es auch keine andere Schule in ganz Österreich gäbe, die ihn noch aufnehmen würde. Bei der Anzahl an Schulen in Österreich klingt das eher nach einem Versuch der Einschüchterung und Drohung als nach der Realität, was scheinbar aber funktionierte. Seine Mutter stimmte der Aufnahme in ein Schwererziehbarenheim in Niederösterreich zu. Dieses Kinderheim galt als eines der härtesten Erziehungseinrichtungen in ganz Österreich, Misshandlungen sollen in den 1960er- und 1970er-Jahren an der Tagesordnung gewesen sein. So wurde auch Martin Opfer von Gewalt und Demütigungen, die Zeit im Heim beschreibt er als furchtbar und grausam. Viel später in seinem Leben bekam er für diese Zeit vom Staat Österreich eine Opferentschädigung zugesprochen, das half ihm jedoch damals nicht, mit den Misshand-

9 Bei ADHS handelt es sich um das Aufmerksamkeitsdefizit- und Hyperaktivitätssyndrom, eine der häufigsten psychiatrischen Erkrankungen im Kindheits- und Jugendalter. ADHS ist durch Störungen der Aufmerksamkeit und Impulsivität sowie Selbstkontrolle gekennzeichnet, betroffene Kinder können häufig nicht stillsitzen, länger aufmerksam arbeiten oder spielen, reden viel oder fühlen sich getrieben, häufig ecken sie durch die mangelnde Impulskontrolle mit Mitschüler*innen an.

lungen umzugehen. Er floh immer wieder aus dem Heim und kam schließlich mit der Drogenszene in Wien in Berührung. Im Alter von 13 Jahren konsumierte er die ersten Drogen, meist Cannabis und Benzodiazepine. In der Szene fühlte er sich erstmals seit langer Zeit wieder akzeptiert und gut aufgehoben, die Drogen halfen ihm, ruhiger zu sein und seine Probleme zu vergessen.

Mit 15 Jahren endete dies jedoch erstmals im Jugendgefängnis, damals noch im Rüdenhof im fünften Wiener Gemeindebezirk. In der Haft gelang es ihm, endlich seinen Schulabschluss nachzuholen. Nach fünf Monaten Untersuchungshaft wurde er entlassen und gleich darauf wieder eingesperrt, immer wegen Beschaffungsdelikten wie Einbruch oder Diebstahl. In den Zeiten außerhalb der Haft konsumierte er Drogen, zuerst hauptsächlich Cannabis und Benzodiazepine, ab dem Alter von 19 Jahren hauptsächlich Heroin. Dieses konsumierte er gleich beim ersten Mal intravenös, weil er sich dachte, das ginge gar nicht anders. Dass man Heroin auch rauchen oder sich durch die Nase ziehen kann, sagte ihm niemand. Den Heroinkonsum beschreibt er als eine wohlig-warme Umarmung, etwas, das er trotz der Bemühungen seiner Mutter nie von ihr erhalten hatte.

Dieser Kreislauf von Drogenkonsum und Gefängnis bestimmte von da an sein weiteres Leben. Von den vergangenen dreißig Jahren verbrachte er 17 Jahre in Haft. Nicht durchgehend, aber die Zeiten zwischen den verschiedenen Gefängnisaufenthalten waren manchmal nicht sehr lange. Einmal schaffte er es für sechs Jahre, einigermaßen unauffällig und stabil zu leben, was nicht heißt, dass er in dieser Zeit keine Drogen konsumiert hätte, aber eben nicht so intensiv und eher kontrolliert. Doch dann wurde er wieder verhaftet und inhaftiert, und so vergingen die Jahre. In der Haft „war er jemand", er verschaffte sich mit Schlägereien und illegalen Geschäften Respekt, schon im Jugendgefängnis in Gerasdorf kannte man ihn. Diese Anerkennung verschaffte ihm Selbstwert, mit den Drogen verdrängte er die Probleme, die ihm diese auch immer wieder einbrachten.

Aber so wichtig auch manche Aspekte dieses Drogenlebens waren, so mürbe machte es ihn, zwischendurch wollte er sich immer wieder einer Therapie unterziehen und versuchen, die Sucht in den Griff zu bekommen. So ließ er sich im Jahr 1998 substituieren, er nahm täglich Methadon und war von da an sicher, seine Heroinsucht im Griff zu haben. Das stimmte auch und stimmt heute immer noch, Heroin ist für ihn kein Thema mehr. Stattdessen begann er jedoch Kokain zu konsumieren, eine Substanz, die körperlich nicht abhängig macht, aber stark psychisch. Dafür gibt es aber leider kein Substitutionsmittel, gäbe es das, würde er es sich sofort verschreiben lassen, um auch von dieser Sucht loszukommen.

Während seiner Haftzeit suchte er immer wieder um Therapie statt Strafe an, bekam sie aber nie. Einmal war die Strafe zu lang, einmal wurde das Delikt nicht als Beschaffungsdelikt gewertet, was aber notwendig ist, um eine Therapieauflage gewährt zu bekommen. Andere Male attestierten ihm Gutachter*innen nicht die notwendige Behandlungsmotivation. In den Zeiten, in denen er nicht in Haft war, bemühte er sich meist nicht um eine Therapie, zu schnell stürzte er wieder ab und war wieder im Drogenmilieu. Die Haft beschreibt er als belastend, aber auch als eine gute Chance, sich etwas zu erholen und wieder zu sich zu kommen, sich zu besinnen, was wichtig ist, und wach zu werden. Zeit, um nachzudenken, sein Leben zu verändern. Im Jahr 2017 geriet er an eine Gutachterin, die zwar wohl bemerkte, dass er drogenabhängig war und motiviert, etwas dagegen zu tun, ihm aber mitteilte, dass sie denke, die Chancen würden nicht sehr gut stehen, dass er jemals gesund und stabil würde. Sie schrieb ihm dennoch ein therapiebefürwortendes Gutachten, woraufhin Martin mit einer stationären Therapie begann und mit der Sucht umzugehen lernte.

Man kann rückblickend nicht sagen, was passiert wäre, wenn er mit zwölf Jahren nicht ins Schwererziehbarenheim gekommen wäre, sondern bereits früher Hilfe erhalten hätte. Man kann auch nicht sagen, wie vorangegangene Entwöhnungsversuche ausgegangen wären. Aber dass es nach 33 Jahren mit einer derart schweren chronischen Krankheit zu den ersten ernsthaften Bewältigungs- und Behandlungsversuchen kommt, ist schon ein Spezifikum der Suchtkrankheit.

ABSTINENZ ODER AKZEPTANZ – EINE IDEOLOGISCHE DEBATTE

„Einmal Alkoholiker, immer Alkoholiker. Ein trockener Alkoholiker darf nie wieder etwas trinken, sonst ist er wieder abhängig."

Möchte man mit Drogen oder Alkohol aufhören, gibt es nur eine Möglichkeit: Man muss gänzlich frei von allen Substanzen werden und gut darauf achten, nie wieder rückfällig zu werden. Am besten begibt man sich dazu in eine lang dauernde stationäre Behandlung, um seine Persönlichkeit so weit zu verändern, dass der Konsum von Substanzen nicht mehr notwendig ist. Überkommt einen doch einmal die Lust darauf, dann sollte man dieser auf keinen Fall nachgeben. Auch nur ein Tropfen, und man ist wieder süchtig.

Diese abstinenzorientierte Haltung war lange Zeit die einzige Wahrheit in der Suchthilfe und bestimmt auch noch heute das Denken vieler Menschen, darunter auch das der Betroffenen selbst. Aber stimmt sie denn nicht? Ist nicht das Streben nach Abstinenz die einzige Möglichkeit, um aus der Sucht herauszukommen?

Die Antwort auf diese Frage ist einfach: Nein, ist sie nicht. Um dies zu verstehen, muss man in der Geschichte der Drogenpolitik etwas weiter zurückgehen. Bis Mitte der 1980er-Jahre war der Umgang mit Abhängigen vorwiegend repressiv, Drogenabhängige wurden kriminalisiert und ausgegrenzt. Die vorhandenen Behandlungsangebote waren vorwiegend stationär und strikt abstinenzorientiert. Man erhoffte sich durch einen langdauernden stationären Aufenthalt und eine vielfach sehr einschränkende und pädagogisierende Haltung, Drogenabhängige zu besseren Menschen zu machen. Nämlich zu solchen, die ohne Suchtmittel leben können und wollen. So wurden Suchtkranke in stationären Einrichtungen kontrolliert und in ihrer persönlichen Lebensführung stark eingeschränkt, so dass sie sich möglichst auf sich selbst und die Genesung konzentrieren könnten und in einem steril abstinenten Umfeld clean würden. Dieser Ansatz mag für einige Personen hilfreich sein, für viele jedoch ging diese strikte Haltung an der Lebensrealität vorbei. An der Lebensrealität jener, die zu diesem oder jenem Zeitpunkt nicht abstinent sein wollten oder konnten, die schlicht nicht in der Lage dazu waren.

Für diese Menschen gab es in den 1980er-Jahren kaum ein Behandlungs- oder Unterstützungsangebot, was zur Folge hatte, dass Gefängnisse voll von Abhängigen waren und die Zahl der Drogentoten stieg. Die durch die kriminalisierende und repressive Haltung erhoffte Abnahme der Erstkonsument*innen wurde nicht erreicht. Das allein wäre ja vielleicht noch nicht genügend Druck gewesen, hier etwas zu verändern. Wenn Süchtige tot oder im Gefängnis sind, sind sie wenigstens nicht sichtbar, so die etwas zynische Sichtweise.

Es kam aber noch ein weiteres Problem dazu, das plötzlich die Öffentlichkeit interessierte, und zwar HIV. Anfang der 1980er-Jahre gab es die ersten Aids-Toten, die Welt fürchtete sich vor einer Epidemie. Der Erreger war anfangs unbekannt, man hatte kein Gegenmittel und war ratlos. So schrieb beispielsweise der *Spiegel* im Jahr 1983: „Die Homosexuellen-Seuche ‚Aids', eine tödliche Abwehrschwäche, hat Europa erreicht. Mindestens 100 Deutsche sind bereits erkrankt, sechs in den letzten Wochen gestorben. Die Ärzte sind ratlos: Über die Ursache wird nur spekuliert, eine Behandlung gibt es nicht. In den nächsten zwei Jahren wird die Zahl der ‚Aids'-Kranken dramatisch zunehmen. Sind dann auch Heterosexuelle, Frauen und Kinder tödlich gefährdet?" [20].

Zu Anfang stand die Wissenschaft vor einem Rätsel, man wusste eigentlich nicht genau, woher HIV kommt und wie es sich verbreitet. Man machte die Erkrankung jedoch eindeutig an homosexuellen Männern fest. So gab es anfänglich auch die Bezeichnungen „Gay Related Immune Deficiency" (GRID) oder „Gay People's Immuno Deficiency Syndrome" (GIDS), Medien verwendeten den Begriff „Schwulenkrebs". Es zeigte sich aber bald, dass die Krankheit auch bei anderen Gruppen auftrat, wie zum Beispiel bei (heterosexuellen) Drogenabhängigen. Damit war es aber noch immer weitgehend ein „Randgruppen"-Problem. Erst die zunehmende Verbreitung und die Tatsache, dass die „Seuche" auch bei Empfänger*innen von Blutkonserven auftritt, die Erkenntnis, dass die Wahrscheinlichkeit, sich bei heterosexuellem Geschlechtsverkehr anzustecken, höher war als gedacht, verunsicherte die Menschen und steigerte das öffentliche Interesse.

Diese Entwicklungen waren rückblickend gesehen nicht nur negativ, sondern förderten auf eine paradoxe Weise die Emanzipation der Betroffenen. Die Forschung hatte ein Interesse an der Verhinderung der gefürchteten Epidemie, es entstanden Präventionsmodelle, in die die betroffenen Gruppen miteinbezogen wurden. Eine dieser

Gruppen waren Drogenabhängige. Im selben Atemzug wurde die Tabuisierung der Krankheit von Selbsthilfegruppen kritisiert und Gegenmaßnahmen etabliert. Überfüllte Gefängnisse, eine zunehmende Zahl an Drogentoten sowie die Angst vor HIV haben letztlich einen anderen Umgang mit Drogenkranken eingeläutet: Die strikte Abstinenzorientierung wurde aufgegeben und die Etablierung von schadensminimierenden Maßnahmen in Angriff genommen.

Der Umgang mit Drogenabhängigen war bis dahin hochschwellig und auf ein einziges Ziel ausgerichtet: Drogenfreiheit. Man musste in der Regel in der Vorbetreuung auf einen Platz in einer Therapieeinrichtung lange warten, um sich dann noch länger während der Behandlung zu einem drogenfreien, „anständigen" Menschen zu entwickeln. Stationäre Therapien waren vorwiegend nach dem Modell der therapeutischen Gemeinschaft organisiert, die Therapiekette war klar geregelt: Entzug, Entwöhnung, Nachsorge. Bevor sich jemand in eine Therapie begeben konnte, musste erst einmal das Suchtmittel entzogen werden. Vergleicht man dies mit der Behandlung bei anderen Erkrankungen, wäre das in etwa so, als würde man einem Menschen, der sich beide Beine gebrochen hat, zunächst einmal die Krücken wegnehmen und erwarten, dass er gehen kann, bevor noch die Brüche verheilt sind. Manche werden es schaffen, weil sie sich unter höchster Anstrengung Techniken aneignen, wie sie trotz zweier Gipsbeine gehen können. Andere werden sich vielleicht heimlich Krücken besorgen, um den Weg zu den notwendigen Behandlungen zu schaffen. Viele werden aber hinfallen und keinen Weg finden zurechtzukommen. Es dürfte den meisten Leser*innen wahrscheinlich relativ klar sein, dass das von jemandem mit zwei Gipsbeinen auch nicht zu erwarten ist. Von Abhängigen hat man das jedoch lange Zeit erwartet. Zuerst wurde das Suchtmittel ersatzlos entzogen, dann begann erst die Entwöhnung. Dass das für viele Abhängige eine Überforderung war und man damit einen hohen Prozentsatz an Süchtigen nicht erreichen konnte, ist verständlich. Genauso wie die Tatsache, dass viele Betroffene die Behandlung vorzeitig abgebrochen und wieder auf die bekannten „Krücken" zurückgegriffen haben.

Man hat lange Zeit versucht, Abstinenz mit Zwang durchzusetzen, indem es keine anderen Angebote gab. Man musste jedoch langsam feststellen, dass dies nicht oder nur für einen sehr kleinen Personenkreis funktioniert. Im Gegenteil, diese starke Fokussierung auf ein bestimmtes Ziel ist für viele Klient*innen abschreckend. Ein/e Alkoholiker*in wünscht sich in der Regel nicht, für das restliche Leben auf jegliches alkoholische Getränk verzichten zu müssen. Der Wunsch ist vielmehr, die negativen Folgeerscheinungen nicht mehr zu erleben. Das aggressive Ausrasten nach dem zehnten Schnaps, das Verschlafen, wenn die letzte Nacht wieder zu lange war, oder die strengen Blicke des Arztes, wenn die Leberwerte langsam bedenklich werden. Für viele Abhängige ist nicht komplette Abstinenz das Ziel, sondern eine gewisse Stabilität im Umgang mit Substanzen, die ein einigermaßen geregeltes Leben ermöglicht. Die enge Verwobenheit von Therapie und lebenslanger Abstinenz hält viele Betroffene ab, überhaupt auch nur den ersten Schritt zu setzen. Die Behandlung darf jedoch nicht ausschließlich auf jene Personen ausgerichtet sein, die ein bestimmtes Ziel verfolgen, es muss auch niederschwelligere und zieloffenere Angebote geben, um eine möglichst hohe Anzahl an Konsument*innen zu erreichen. Die heute vorhandene bedarfsorientierte Angebotsstruktur ist damit aus einer eher pragmatischen Sichtweise im Kampf gegen die überfüllten Gefängnisse, die vielen Drogentoten und die Ausbreitung von HIV entstanden.

Dies veranlasste die Drogenpolitik zum Umdenken und es entstand zweierlei: der Versuch einer anderen Sichtweise auf Drogenabhängige sowie damit einhergehend die Entwicklung neuer Behandlungs- und Unterstützungsansätze. Man begann zur Kenntnis zu nehmen, dass es utopisch ist, Drogenprobleme allein durch Verbote bewältigen zu wollen und durch Repression eine drogenfreie Gesellschaft zu erreichen. Drogenabhängigkeit wurde zumindest in Fachkreisen und drogenpolitisch als eine Erkrankung gesehen. Dass diese durch das Strafrecht allein nicht gelöst werden kann, ist naheliegend, niemand würde auf die Idee kommen zu behaupten, eine Inhaftierung sei die optimale Methode zur Heilung einer Blinddarmentzündung. Im Bereich der Sucht war diese Ansicht jedoch weit verbreitet, und ist es zum Teil immer noch.

Man begann also drogenkonsumierende Menschen nicht mehr als Opfer ihrer Sucht zu sehen, von der sie möglichst komplett befreit werden müssen, um ein glückliches Leben zu führen. Es entwickelte sich eine akzeptanzorientierte Strömung, im Rahmen derer Drogenkonsumierende als mündige, zu Selbstbestimmung und Selbstverantwortung fähige Menschen gesehen werden [2]. Auch die Entscheidung für ein Leben mit Drogen ist möglich, der Konsum kann Teil eines Lebensentwurfes sein, auch wenn dies in der Gesellschaft nicht sehr gerne gesehen wird. „Junkies" werden als Menschen zweiter Klasse, Drogenkonsum generell als negative Eigenschaft gesehen. Wenn man den Umgang mit Alkohol in unserem Kulturkreis betrachtet, wird hier jedoch eine bedeutsame Doppelmoral deutlich. Betrinken darf sich hierzulande jeder, Alkohol ist nicht verpönt. Dass Kinder einmal vom Bierglas nippen dürfen, ist fast schon so etwas wie ein kulturell anerkanntes Initiationsritual in die Welt des Alkohols. Dass Politiker während einer Rede das Bierglas am Rednerpult stehen haben, ist beim Anhängerkreis ein Zeichen für Bürgernähe und Bodenständigkeit. Bei illegalisierten Drogen hört sich aber jedes Verständnis auf. Die Grenze zwischen legal und illegal wird jedoch nicht nur nach dem Gefährlichkeitspotenzial einer Substanz gezogen, hier spielen vielmehr geschichtliche und kulturelle sowie wirtschaftliche Faktoren eine Rolle.

Akzeptanzorientierte Drogenarbeit geht davon aus, dass auch eine selbstbestimmte Entscheidung für ein Leben mit Drogen möglich ist, der Konsum kann Teil eines Lebensentwurfes sein. Das mag für viele Leser*innen unverständlich sein, denn wie kann man sich für ein Leben als „Junkie" entscheiden. Für Außenstehende hat das vermutlich viel mehr mit dem Bild zu tun, das man gemeinhin von Abhängigen hat, als mit der Lebensrealität der Menschen. Viele Abhängige entscheiden sich zumindest für einen bestimmten Zeitraum bewusst dafür, die negativen Konsequenzen des Drogenkonsums in Kauf zu nehmen, weil der Konsum der Droge aus verschiedensten Gründen momentan wichtiger oder hilfreicher ist als der Verzicht. Besonders langjährig Abhängige geben mit der Abstinenz viel mehr auf als nur die Droge an sich. Oft ist das ganze soziale Umfeld davon berührt, die Szene, in der sie sich auskennen, der Lebensalltag. So trist das für Außenstehende auch klingen mag, für manche Menschen ist ein drogenfreies Leben die noch weniger erstrebenswerte Alternative. Das heißt nicht, dass man sich jederzeit auch für oder gegen eine Abhängigkeit entscheiden und mit dem reinen Willen dem Ganzen ein Ende setzen kann. Das heißt aber sehr wohl, dass es Phasen im Leben von

Abhängigen gibt, in denen sie sich gegen eine Behandlung und für die Sucht entscheiden. Dies muss das Hilfesystem zur Kenntnis nehmen, Drogenfreiheit ist für bestimmte Menschen zu bestimmten Zeiten keine realistische Alternative. Diese Lebensentwürfe darf es in den Augen der Gesellschaft zwar nicht geben, die Realität ist aber eine andere.

Die akzeptanzorientierte Drogenarbeit unterstellt keine generelle Behandlungsbedürftigkeit aller Konsumierenden in Richtung Abstinenz (etwas, das ja zumindest bei Cannabis auch in der Öffentlichkeit langsam so gesehen wird). Nicht alle Drogenabhängigen müssen grundsätzlich von einer Störung geheilt werden, auch sie sind mündige und zur Selbstbestimmung fähige Menschen. Gleichzeitig geht es aber auch nicht um Verharmlosung und Gleichgültigkeit bezüglich der negativen Konsequenzen des Drogengebrauchs. Auch konsumierende Menschen möchten von den gesundheitlichen Folgeerkrankungen möglichst verschont bleiben, sich nicht beim intravenösen Konsum mit HIV oder Hepatitis C anstecken und nicht ständig mit einem Fuß im Gefängnis stehen. Daher muss es für Menschen, für die Abstinenz im Augenblick kein realistisches Ziel ist, auch Angebote geben. Zur Minimierung gesundheitlicher, sozialer, rechtlicher und psychischer Folgeprobleme und ganz klar auch zur Überlebenssicherung. In einer sehr breiten Definition von Abstinenzorientierung kann man auch den niederschwelligen Spritzentausch als ein derartiges Angebot sehen, denn so zynisch es klingen mag: ein toter Drogenabhängiger kann nicht mehr abstinent werden. Das Ziel vieler Lebensentwürfe von Abhängigen ist zumeist irgendwann die Abstinenz, aber eben das Ziel und nicht der erste Schritt auf dem Weg dorthin. Und diesen Weg muss man überleben.

Dass sich diese Auffassung noch nicht überall herumgesprochen hat, ist auch eine Tatsache. Dazu liegen die ideologischen Sichtweisen zwischen Abstinenz- und Akzeptanzorientierung zu weit auseinander, ist das Wissen über Abhängige in der Öffentlichkeit zu gering. Und letztlich ist es auch eine gesellschaftspolitische Frage, die in dem Zusammenhang immer aufgeworfen wird. Wieso muss die Gesellschaft für Behandlungs- und Unterstützungsleistungen für Drogenabhängige aufkommen, auch wenn sie momentan gar nicht abstinent werden wollen? Eine legitime Frage. Genauso legitim ist es aber zu fragen, wieso die Gesellschaft für die Folgekosten von Freizeitunfällen aufkommen soll. Oder die Behandlung von Lungenkrebs bei Raucher*innen. Die Lebertransplantation bei Alkoholkranken. Die Operation von komplizierten Beinbrüchen bei Skiunfällen. Letztlich wird deutlich, es ist eine moralische Frage, bei der Drogenkonsum und Abhängigkeit eine stärkere Verurteilung erfahren als vielerlei anderes Verhalten, ja sogar als viele andere Erkrankungen.

Abseits dieser moralisierenden Komponente spricht jedoch sehr viel für die Notwendigkeit einer nicht rein abstinenzorientierten Haltung. Abstinenz kann nicht das einzige Ziel einer Suchttherapie sein, wenn sie möglichst viele Menschen erreichen will. Obwohl die Daten zu Ausstiegsverläufen von Drogenabhängigen eher spärlich sind, geht man etwa von einer prognostischen Drittelregel aus. Etwa zwanzig Jahre nach Konsumbeginn ist ein Drittel der Betroffenen verstorben, von den Überlebenden erreicht ein Drittel eine nachhaltige Abstinenz, ein Drittel konsumiert kontrolliert, ein Drittel verbleibt weiterhin in höchst problematischen Konsummustern [74]. Nur ein sehr geringer Anteil an Abhängigen erreicht demnach in einem überschaubaren Zeitrahmen das Ziel der Abstinenz dauerhaft. Wenn man als Betroffene*r, Angehörige*r oder Professionist*in jedoch immer nur dieses eine Ziel anstrebt, das letztlich vergleichsweise wenige erreichen, ist die Enttäuschung und Frustration vorprogrammiert. Sieht man die Abhängigkeit als eine chronische Erkrankung, was sie nach empirisch-medizinischen Kriterien auch ist, muss man zur Kenntnis nehmen, dass Abstinenz nicht das einzige Ziel sein kann. Auch bei anderen chronischen Erkrankungen wie Diabetes oder Herzerkrankungen stellt man nicht die Bemühungen um eine möglichst gute Lebensqualität ein, weil eine Heilung nicht (mehr) erreicht werden kann. Schon allein aus diesem Grund ist eine akzeptanzorientierte Haltung notwendig. Dazu kommt, dass die Fixierung auf Abstinenz für viele Betroffene abschreckend ist, weil sie wissen, dass diese für sie zurzeit nicht erreichbar ist oder sie sie auch nicht erreichen wollen. Untersuchungen mit Alkoholkranken haben ergeben, dass bis zur Hälfte der Betroffenen nicht abstinenzmotiviert ist, sich ein Leben mit lebenslangem Alkoholverzicht nicht vorstellen kann [49]. Dennoch sind viele dieser Personen änderungsmotiviert, an einer Reduzierung der Trinkmenge oder an einer Abstinenz bezüglich einzelner

Substanzen interessiert. So kann es ein Ziel sein, auf hochprozentigen Alkohol zu verzichten, weil dieser von der Person als wesentlich problematischer erlebt wird als der Konsum von Bier oder Wein allein, oder eine Abstinenz bezüglich Heroin und Kokain anzustreben, wenngleich der lebenslange Verzicht auf Cannabis nicht gewünscht wird. Das sind alles verständliche Ziele, vor allem für Menschen, die lange und schwer suchtkrank sind und alles andere (zumindest vorerst) gänzlich unerreichbar scheint. Solche Personen fühlen sich von strikt abstinenzorientierten Programmen nicht angesprochen, was zur Konsequenz hat, dass sie dort entweder gar nicht hingehen oder eine Abstinenzmotivation vorspielen, was auf Dauer aber nicht von Erfolg gekrönt ist. Erfahrungsgemäß haben Programme, die nicht strikt auf Abstinenz ausgerichtet sind, einen wesentlichen Vorteil: Die Patient*innen können im Rahmen der Therapie offener über ihren Konsum reden und Strategien entwickeln, wie sie in Zukunft mit Risikosituationen besser umgehen können. In vielen abstinenzorientierten Einrichtungen bestand und besteht zum Teil immer noch die Regel, dass man nach einer gewissen Anzahl von Rückfällen aus dem Behandlungsprogramm ausgeschlossen wird. Eigentlich ziemlich absurd, wenn man Rückfälle als zur Erkrankung gehörendes Symptom betrachtet. Kein Arzt würde eine Patientin oder einen Patienten aus dem Krankenhaus entlassen, weil er oder sie einen neuerlichen Fieberschub hat. In der abstinenzorientierten Suchtbehandlung war das gang und gäbe, was zur Folge hatte, dass die Patient*innen in der Therapie nicht offen über ihre Rückfälle sprachen, weil sie Konsequenzen befürchteten. Das ist natürlich nicht Sinn der Sache, das Thematisieren von Rückfällen ermöglicht das Erlernen von Risikokompetenz und Bewältigungsstrategien für die Zukunft, ein wesentlicher Bestandteil der Suchttherapie.

Ein gesundheitspolitisch problematischer Umstand ist, dass sich nicht gänzlich abstinenzmotivierte Personen von derart ausgerichteten Programmen nicht angesprochen oder sogar abgeschreckt fühlen. Besonders im Bereich der Alkoholabhängigkeit gibt es eine sehr große Gruppe unbehandelter Personen, von denen sich viele deswegen nicht in Behandlung begeben, weil sie nicht bereit sind, auf Alkoholkonsum lebenslang zu verzichten. Es braucht also mehr und auch andere Programme, Abstinenz darf nicht das einzige Ziel sein, Zieloffenheit ist ein wesentlicher Faktor, um Betroffene in Behandlung und Betreuung zu bringen und dort auch zu halten.

Dieser Tatsache entsprechend haben sich in den vergangenen zwei Jahrzehnten auch Programme zum kontrollierten Konsum herausgebildet, die immer breitere Anwendung finden. Es handelt sich dabei um Programme, die die Selbstkontrolle des Substanzkonsums fördern sollen, weg von einem unkontrollierten, oft überbordenden Konsum, hin zu einem geplanten, disziplinierten und limitierten Substanzgebrauch. Bei den meisten dieser Programme geht es um die Einhaltung von vorher festgelegten drogenfreien Tagen, der maximalen Konsummenge pro Tag sowie des Gesamtkonsums pro Woche. Es geht hierbei nicht darum, unter dem Deckmantel des kontrollierten Konsumprogramms weiter zu konsumieren wie zuvor, es geht primär um eine Bewusstmachung des eigenen Konsums, eine Stärkung der Änderungsmotivation und vor allem um das Erlernen von Fähigkeiten, den Substanzkonsum zu kontrollieren und zu managen.

Aber funktioniert das überhaupt? Wo doch bekannt ist, dass Alkoholkranke nie wieder auch nur einen Tropfen trinken dürfen, weil sie sonst wieder rückfällig werden?

Diese Frage kann man nicht generell mit Ja oder Nein beantworten, es gibt in der Suchttherapie keinen Weg, der für alle und immer passt. Und auch interindividuell kann das sehr unterschiedlich sein. Es gibt Personen, die die Erfahrung gemacht haben, dass ein kontrollierter Cannabiskonsum für sie möglich ist, aber ein kontrollierter Konsum von Kokain nicht. Jemand anderer erlebt das vielleicht genau umgekehrt, und wieder einer kann mit dem Konzept des kontrollierten Konsums gar nichts anfangen. Für viele Betroffene ist es jedoch erleichternd, nicht sofort mit allen psychoaktiven Substanzen aufhören zu müssen, weiterhin im Substitutionsprogramm sein zu können oder auch ab und zu ein Bier trinken zu dürfen, obwohl man in Behandlung ist. Dies sind vorwiegend Personen, die bereits mehrmals mit dem Versuch, Abstinenz zu erreichen, gescheitert sind und mit einem Alles-oder-nichts-Modell nicht zurechtkommen. Für diese Personen kann ein kontrollierter Konsum ein Zwischenziel auf dem Weg zur Abstinenz sein. Und da versteht es sich von selbst, dass weniger und kontrollierter zu konsumieren immer noch besser ist, als nichts an seinem Konsumverhalten zu verändern.

Es gibt aber auch die Personengruppe, die sich grundsätzlich eine dauerhafte Abstinenz von allen Suchtmitteln nicht vorstellen kann. So hat man beispielsweise festgestellt, dass bis zu einem Viertel der Abhängigen, die in abstinenzorientierten Programmen waren, auch nach deren Abschluss einen kontrollierten Konsum aufwiesen. Die weit verbreitete Meinung, dass dies dauerhaft nicht möglich sei, ist empirisch widerlegt [128]. Untersuchungen zeigten, dass auch bei Alkoholabhängigen ein kontrollierter Konsum möglich ist und dieser über viele Jahre erfolgreich aufrechterhalten werden kann. Programme zum kontrollierten Konsum haben vergleichbare Erfolge wie abstinenzorientierte Behandlungsprogramme, die Theorie des einen Tropfens, der wieder in die Abhängigkeit führt, kann aus wissenschaftlicher Sicht nicht bestätigt werden.

Selbstverständlich gibt es aber auch Personen, für die ein kontrollierter Konsum nicht die Methode der Wahl ist und die – etwa weil bereits massive körperliche Schädigungen oder andere schwerwiegende Konsumfolgen aufgetreten sind, die sich nicht mit dem weiteren Konsum vereinbaren lassen – das Trinken ganz bleiben lassen sollten. Wobei man schon auch zur Kenntnis nehmen muss, dass das Sollen ein Können voraussetzt.

GENESUNGSVERLÄUFE UND DER UMGANG MIT RÜCKFÄLLEN

Sucht ist eine chronische Erkrankung, die wie andere chronische Erkrankungen auch zumeist nicht geradlinig verläuft. Die Wege aus der Sucht gleichen nicht dem Zieleinlauf eines Marathonläufers, sie ähneln vielmehr einem Labyrinth mit vielen Abzweigungen und Wegen, die manchmal in einer Sackgasse enden und manchmal ein Stück weiterführen. Die Wege aus der Sucht sind verworren, vielfältig und vor allem auch von vielen Rückschlägen gekennzeichnet. Oft werde ich gefragt, wie hoch denn die Erfolgsquote bei der Behandlung Drogenabhängiger ist, wie viele es denn wirklich schaffen und clean werden. So verständlich der Wunsch nach einer eindeutigen Antwort auf diese Frage ist, so schwierig ist es, diese zu geben. Zuallererst stellt sich die Frage, was „wirklich schaffen" bedeutet, heißt das, nie wieder auch nur einen Joint zu rauchen? Nie mehr ein Glas Wein zu trinken?

Nie wieder auch nur einmal Kokain zu ziehen? Sein Leben lang komplett abstinent zu leben oder die Sucht zumindest besser im Griff zu haben? Bevor man die Frage nach dem „Schaffen“ beantwortet, muss man einiges zum Thema Rückfälligkeit im Rahmen von Genesungsverläufen wissen.

Die Wahrscheinlichkeit, dass ein schwer suchtkranker Mensch während oder nach einer Therapie nie wieder zu irgendeiner psychoaktiven Substanz greift, ist gleich null. Das starke Verlangen nach der Substanz, die Unfähigkeit, das Konsumverhalten zu kontrollieren und die Sucht von einem Moment auf den anderen zu stoppen, sind allesamt Symptome der Abhängigkeitserkrankung. Eine Therapie, bei der alle Symptome sofort und dauerhaft und ausnahmslos gestoppt werden, gibt es auch bei körperlichen Erkrankungen nicht und schon gar nicht bei psychischen. Insofern wundert es die meisten Behandler*innen nicht, wenn Menschen trotz Ausstiegsversuchen immer wieder rückfällig werden. Das ist Teil des Genesungsprozesses, Teil des Weges in eine Stabilität oder Abstinenz. Interessanterweise sind die Betroffenen selbst und vor allem auch die Angehörigen meistens sehr erschrocken darüber, nicht selten hört man: „Jetzt hat er es sich so fest vorgenommen, nie wieder zu Heroin zu greifen, und ist doch wieder rückfällig geworden.“ Ja, das ist die Erkrankung und Teil dessen, womit die Betroffenen fertig werden müssen, womit zurechtzukommen sie lernen müssen. Doch Rückfälle sind keineswegs nur Zeichen des Scheiterns, sie sind auch eine Chance, obwohl dies von vielen Menschen nicht so gesehen wird oder werden kann.

Rückfälle in einer Therapie sind sehr negativ behaftet, es heißt, wer während einer Therapie einen Rückfall hat, ist nicht ausreichend motiviert, die ganze bisherige Behandlung war vergeblich, mit dem einen Rückfall ist der Weg zurück in die Abhängigkeit wieder geebnet. Aus diesen und ähnlichen Gründen wurden (und werden zum Teil immer noch) Menschen aus Therapieeinrichtungen verwiesen, sanktioniert oder mit Einschränkungen aller Art von Ausgangssperre bis zum Entzug des persönlichen Hab und Gutes konfrontiert.

Man kann dies jedoch auch aus einer anderen Perspektive sehen, und die Suchtforschung der vergangenen Jahre stärkt diese Position. Rückfälle dürfen nicht nur negativ betrachtet werden, Rückfälle sind Bestandteile jedes Genesungsprozesses und gleichzeitig Entwicklungschancen. Rückfälle können anstrengend sein und frustrierend, vor allem, weil diese zumeist mit einem Gefühl des Scheiterns einhergehen. Auf der anderen Seite bietet jeder Rückfall die Chance, etwas dazuzulernen, die Bearbeitung des Geschehenen beinhaltet die Möglichkeit, für die nächste schwierige Situation Bewältigungsmechanismen zu erlernen, sich beim nächsten Mal anders zu verhalten, das Risiko besser einschätzen zu lernen. All das sind Verhaltensweisen und Erfahrungen, die beim langfristigen Ausstieg helfen und die einem niemand mehr wegnehmen kann. Betrachtet man den Ausstiegsprozess als das, was er ist, nämlich ein oft lang andauernder Prozess mit Rückschlägen und Erfolgen, ist eine Bearbeitung von Rückfallsgeschehen im Rahmen des Genesungsprozesses wesentlich näher an der Realität, wesentlich weniger frustrierend für alle Beteiligten und wesentlich hilfreicher für die Betroffenen. In der wissenschaftlichen Psychologie wird aus diesem Grund auch zwischen Vorfall und Rückfall unterschieden. Ein einmaliger Konsum stellt keine Niederlage oder das Ende des Veränderungsprozesses dar, sondern eine Möglichkeit, durch die konstruktive Verarbeitung des Geschehens Bewältigungsstrategien für zukünftige Risikosituationen zu erlernen. Ein Vorfall ist ein einmaliger Suchtmittelkonsum oder eine kurze Phase von Rückfällen während des Genesungsprozesses, während ein Rückfall den wiederholten Konsum und eine Wiederaufnahme des früheren Suchtverhaltens mit all ihren Begleitumständen, wie etwa der Verwahrlosung, darstellt. Diese Unterscheidung klingt zwar sehr theoretisch, hat jedoch vor allem für die Betroffenen eine nicht unwesentliche Bedeutung.

Durch die lange vorherrschende negative Besetzung des Rückfalls als Willensschwäche und Ausdruck fehlender Veränderungsmotivation entsteht bei vielen Abhängigen etwas, das nicht gerade hilfreich ist: Schuld, Scham und Selbstvorwürfe. Es wieder nicht geschafft zu haben, wieder konsumiert zu haben, obwohl man sich vorgenommen hatte, das nicht mehr zu tun. Diese Scham führt auch dazu, dass Konsumvorfälle im Laufe einer Behandlung oft nur ungern thematisiert werden, mit den abenteuerlichsten Geschichten werden positive Urinbefunde schöngeredet. Von „Da muss mir jemand etwas ins Glas geschmissen haben“ bis zu „Das Labor muss meine Urinprobe vertauscht haben“ gibt es ein breites Spektrum an Ausreden und Lügen, nur um den Konsum nicht zugeben zu müssen. Ein Phänomen, das in Einrichtungen, die bei Rückfällen mit Therapieausschluss drohen, an der Tagesordnung ist, aber gelegentlich auch dort vorzufinden ist, wo versucht wird, konstruktiv mit Rückfällen zu arbeiten. Weil die eigene Scham und die Selbstvorwürfe so groß sind, dass die Betroffenen sich nicht trauen, offen darüber zu sprechen. Diese Selbstvorwürfe führen aber auch dazu, dass auf den einmaligen Konsum der nächste folgt, weil das Gefühl, wieder gescheitert zu sein, so schwer auszuhalten ist. Und dann machen Süchtige das, was sie am besten können oder auch am meisten gewohnt sind: unangenehme Gefühle mit Drogen abtöten. So wird aus dem einmaligen Konsum eine Reihe von Konsumvorfällen, die nicht selten im gänzlichen Verlust der Behandlungsmotivation und ein Abdriften in die Abhängigkeit enden.

Betrachtet man Rückfälle als das, was sie sind, nämlich Bestandteil jedes Genesungsprozesseses, sind diese Risiken wesentlich geringer und die Chance, Rückfälle konstruktiv zu bearbeiten, um für die nächste Phase des Verlangens besser gerüstet zu sein, größer. Aus diesem Grund spricht sehr viel für einen offenen, akzeptierenden und konstruktiven Umgang mit Rückfällen, auch die Erfahrungen zu Genesungsverläufen geben dieser Vorgehensweise recht. Vorfälle begleiten den Weg in die Stabilität und helfen im besten Fall dabei, mit kommenden Risikosituationen anders umzugehen. Der Abstand zwischen den einzelnen Konsumereignissen wird auf diese Weise immer länger, bis schließlich irgendwann Stabilität erreicht wird.

Man darf sich den Genesungsprozess nicht als linearen Verlauf vorstellen, sondern als eine Art Spirale, bei der es manchmal bergauf geht, manchmal dann wieder ein Stück bergab, manchmal gibt es Pausen und manchmal folgen längere stabile Phasen. Oft braucht das Gesundwerden seine Zeit und auch kleine Schritte in Richtung mehr Stabilität sind oft für die Betroffenen sehr wertvoll. Für jemand, der vor der Behandlung täglich mehrmals mehrere Substanzen intravenös konsumierte, mit anderen das Spritzbesteck teilte, Delikte zur Beschaffung der Drogen beging, ist schon ein Wechsel zu weniger riskanten Konsumformen mit einer geringeren Gefahr von gesundheitlichen Folgeschäden und Begleitkriminalität ein großer Erfolg. Selbst wenn er noch hie und da Cannabis raucht oder Alkohol trinkt, die subjektive wie auch die objektive Gesundheit und Lebensqualität sind sicherlich deutlich verbessert. In der Statistik gilt so jemand aber vermutlich doch als rückfällig, als „Erfolg“ wird häufig nur gewertet, wenn die Abstinenz, das Maximum des Erreichbaren, dauerhaft vorhanden ist. Dennoch muss man, wie bei allen anderen Erkrankungen auch, berücksichtigen, dass die Wahrscheinlichkeit und das Ausmaß eines Behandlungserfolges im Wesentlichen vom Stadium der Erkrankung abhängt. Insofern sind diese Zahlen und Statistiken, die mit dem Erfolgsindikator „Rückfälligkeit“ arbeiten, immer mit Vorsicht zu genießen.

Auch wenn Therapieabbruch- und Rückfallsquoten im Vergleich zu anderen Erkrankungen relativ hoch sind, heißt das nicht, dass man der Erkrankung hilflos auf ewig ausgeliefert ist. Die Chancen, aus der Abhängigkeit auch wieder auszusteigen oder zumindest ein einigermaßen stabiles Leben zu führen, stehen gar nicht so schlecht, wenn man bis dahin überlebt. In den meisten Fällen braucht es mehrere Ausstiegsanläufe, bis es zu einer dauerhafteren Stabilität kommt.

Doch nun – unter Berücksichtigung des oben gesagten – zu den Zahlen. Man kann davon ausgehen, dass nach einer erfolgreichen Behandlung der Abhängigkeit ein Drittel der Patient*innen frei von illegalem Beikonsum ist, ein Drittel sich deutlich bessert, aber doch immer wieder konsumiert, und ein Drittel schwer rückfällig wird [29]. Oder auch etwas salopper formuliert: Ein Drittel schafft es gleich, ein Drittel schafft es später und ein Drittel schafft es nie. Von Bedeutung ist hierbei auch das Einstiegsalter in die Sucht, wobei ein Einstieg im Jugend- und frühen Erwachsenenalter eher ein ungünstiger Prädiktor für den Langzeitverlauf ist. Menschen, die schon früh mit dem Substanzkonsum beginnen, tun dies häufig riskanter, mit einem ausgeprägteren Mischkonsum und von mehr Kriminalität und psychischen Begleiterkrankungen begleitet als Konsument*innen, die erst später damit beginnen [102]. Dazu kommt, dass ältere Personen zumeist länger in Therapie bleiben und von dieser auch mehr profitieren als jüngere. Kurz gesagt, je älter man beim Einstieg in die Sucht ist, desto größer sind die Chancen, auch wieder auszusteigen. Entgegen der weitläufigen Annahme, dass ältere Menschen ihre Abhängigkeit wohl nicht mehr in den Griff bekommen, zeigen Studien, dass die Wahrscheinlichkeit, stabil oder auch abstinent zu leben, mit dem Alter steigt.

Diese Zahlen gelten allerdings nur unter einer Bedingung, nämlich dass man die Erkrankung überlebt. Sowohl Alkohol- als auch Drogenabhängigkeit ist mit einer erhöhten Sterblichkeitsrate verbunden. Bei alkoholabhängigen Patient*innen ist das Risiko, frühzeitig zu versterben, deutlich erhöht. Obwohl gerade bei Alkohol immer wieder diskutiert wird, ob nicht ein Achterl Rotwein am Tag gesund für das Herz ist, muss man klar sagen, dass insgesamt die negativen Effekte des Alkoholkonsums die positiven überwiegen. Regelmäßiger missbräuchlicher Konsum steht in direktem Zusammenhang mit einer höheren Wahrscheinlichkeit, sich Krebs, Leberzirrhose oder andere potenziell lebensbedrohliche Krankheiten zuzuziehen. Bei der Drogenabhängigkeit steht das erhöhte Mortalitätsrisiko durch Folgeerkrankungen ebenfalls mit den direkten gesundheitsschädigenden Wirkungen und den riskanten Konsummustern in Verbindung. Obgleich durch Maßnahmen wie die Opioid-Substitutionstherapie die Sterblichkeit der Drogenabhängigen insgesamt gesenkt werden kann, liegt sie dennoch jährlich bei etwa ein bis zwei Prozent. Das klingt noch vergleichsweise gering, betrachtet man dies jedoch über die Jahre der Abhängigkeit, liegt das Risiko, innerhalb von zehn Jahren an der Erkrankung zu versterben, schon bei zehn bis zwanzig Prozent, nach zwanzig Jahren bei zwanzig bis vierzig Prozent, was ein nicht unerheblicher Anteil ist. Insofern muss jeder vernünftigen Drogenpolitik daran gelegen sein, Angebote zu machen, um die Sterblichkeit zu verringern und auch langjährig abhängigen Personen noch adäquate Ausstiegshilfen anzubieten. Dann ist die Wahrscheinlichkeit, irgendwann im höheren Alter doch noch suchtfrei leben zu können, gar nicht so gering.

RAUS AUS DER SUCHT – ABER WIE?

Genauso komplex und vielfältig wie die Wege in die Sucht sind, genauso verwoben und verworren sind die Wege aus der Sucht raus. Den einen und einzigen Königsweg zur Behandlung von Abhängigkeitserkrankungen gibt es nicht, es gibt jedoch einige Bausteine, die allesamt zu einer erfolgreichen Behandlung von Suchtkranken beitragen können. Wesentlich ist, dass sich die Behandlungsmaßnahmen an den Bedürfnissen und dem Bedarf der Klient*innen orientieren und nicht die eigenen Ziele und Lebensentwürfe übergestülpt werden. Die Wege aus der Sucht sind oft nicht linear, die Behandlungsangebote müssen dem prozesshaften Charakter und Verlauf beim Ausstieg gerecht werden. Demzufolge gibt es mittlerweile ein breites Spektrum von Maßnahmen, an dessen einem Ende die Überlebenssicherung und am anderen Ende die Abstinenz steht. Wann jemand welchen Schritt geht und wie weit die Reise insgesamt gehen soll, ist individuell unterschiedlich und sollte die Entscheidung der Betroffenen sein. Professionist*innen, Angehörige oder andere Bezugspersonen können motivationsfördernde, stützende und beratende Begleiter*innen auf dem Weg sein, sollten aber nicht das Ziel vorgeben. Bei dieser Frage ist leider manchmal immer noch ein ethisches Problem der Suchthilfe merkbar, die lange Zeit davon geprägt war zu wissen, was für die Betroffenen gut und hilfreich ist. In bestimmten Teilaspekten mag dies ja auch stimmen, bei anderen Erkrankungen vertraut man in der Regel auch der Meinung des Arztes oder der Ärztin, die Spezialist*innen für eine Erkrankung sind. Man darf aber dabei nicht vergessen, dass bei kaum einer anderen Erkrankung die Patient*innen selbst so gute Kenner ihrer Störung sind und sehr oft auch wissen, was ihnen hilft und was nicht. Letztlich ist es auch eine ganz individuelle Frage und Entscheidung, welche Ziele man anstrebt und welche Anstrengungen man dafür in Kauf zu nehmen bereit ist.

Verglichen mit der in den 1980er-Jahren üblichen Therapiekette Entzug–Entwöhnung–Nachbehandlung mit dem Ziel der Abstinenz ist die moderne Suchthilfe wesentlich facettenreicher. Neben Entzug und Entwöhnung gibt es mittlerweile eine Vielzahl von anderen etablierten Angeboten, Abstinenz ist nicht mehr das alleinige Ziel. Überlebenssicherung, Schadensminimierung, Gesundheitsförderung oder

Teilabstinenz sind ebenso anerkannte Ziele einer modernen Suchtbehandlung, bei der es insgesamt um eine Verbesserung der Lebensqualität und Lebensbewältigung der Betroffenen geht.

So vielfältig, unterschiedlich und verworren die Wege aus der Sucht oft sind, eines ist klar: Ein starker Wille zum Ausstieg allein reicht nicht. Sucht ist keine Willensschwäche, sondern eine multifaktorielle, oft chronisch rezidivierende Erkrankung, die mit körperlicher, psychischer und sozialer Beeinträchtigung einhergeht. Mit Willen allein lässt sich auch kein Krebs heilen, wieso sollte dies also für psychische Erkrankungen gelten. Auch einem depressiven Menschen bringen die „gute Ratschläge“, sich einfach mehr zusammenzureißen und Spaß am Leben zu haben, nichts. Es gehört zum Wesen der Erkrankung, dass das Verlangen nach Substanzen eben nicht mehr einfach nur willentlich beherrschbar ist.

Eines der wesentlichen Symptome einer Abhängigkeitserkrankung ist der starke Wunsch, ja fast schon Zwang, Substanzen zu konsumieren. Interessanterweise wird Süchtigen dennoch oft abverlangt, die Substanz einfach nicht mehr zu konsumieren, wobei die Betroffenen bald als willensschwach und motivationslos abqualifiziert werden, wenn dies nicht gelingt. In anderen Bereichen des Gesundheitsverhaltens werden oft ganz andere Maßstäbe angelegt. Wer kennt nicht jemanden, der schon die zehnte Diät hinter sich hat und nach jedem Scheitern trotzdem ermutigt wird, nicht den Kopf hängen zu lassen. Irgendwann werde es schon klappen. Oder die Raucherin, die wieder einmal am Versuch aufzuhören gescheitert ist, auch da gibt es in der Regel viel Verständnis der Umgebung. Bei Abhängigen von illegalisierten Substanzen ist das oft nicht so, Angehörige verurteilen ihre kranken Partner, wenn sie es wieder einmal nicht geschafft haben, nach dem Entzug clean zu bleiben. Gutachter*innen sprechen sich gegen die Gewährung von Therapie statt Strafe aus, weil die Therapie in der Vergangenheit schon einmal abgebrochen wurde und damit ersichtlich sei, dass die Behandlung nutzlos ist. Allerdings ist ganz das Gegenteil der Fall, jeder Behandlungsversuch bringt die Chance, dass sich etwas verbessert. Wenngleich auch oft nicht sofort ein Ausstieg aus der Sucht erreicht werden kann, so zumindest eine Verbesserung des Zustandes oder eine Stabilisierung. Erlernte Möglichkeiten, mit der Sucht umzugehen, bleiben, auch wenn sie vielleicht noch nicht ganz ausreichend sein mögen. Eine durch den Spritzentausch verhinderte Infektion mit HIV oder Hepatitis C ist sehr viel wert. Die Verschiebung der Konsumart von injizierendem Konsum zum Rauchen oder Sniefen ist ein wesentlicher Baustein zur Schadensminimierung. Auch wenn die Abstinenz mit vielen der im folgenden beschriebenen Angebote nicht gleich erreicht wird oder auch nicht das primäre Ziel ist, all dies sind Schritte in die richtige Richtung: zu einem gesünderen, stabileren Leben mit einer höheren Lebensqualität.

OPIOID-SUBSTITUTIONSTHERAPIE

Die Opioid-Substitutionstherapie, im Volksmund besser bekannt als „Ersatzdrogentherapie", hat im Allgemeinen keinen guten Ruf. Man verlagere ja nur die Sucht von dem einen auf ein anderes Mittel, solange man nicht wirklich clean ist, wäre nichts erreicht, so hört man oft. In den Medien liest man von Substitutionsmedikamenten, die am Schwarzmarkt landen, und Drogentoten, die an einem Mix von verschiedenen Substanzen, nicht selten auch Substitutionsmedikamenten, gestorben sind. Alles in allem eilt der Substitutionsbehandlung kein guter Ruf voraus. Völlig zu Unrecht, muss man aber sagen.

Bei der Substitutionstherapie handelt es sich um die State-of-the-Art-Methode zur Behandlung von Opiatabhängigkeit, bei der die Patient*innen anstelle von Heroin oder anderen Opiaten ärztlich verordnete und unter Aufsicht verabreichte Substanzen erhalten. Diese wirken auf das Gehirn ähnlich wie Heroin oder Morphin und mildern damit Entzugserscheinungen und das Verlagen nach illegalisierten Substanzen. Ziel ist, das Ersetzen von verbotenen, zumeist verunreinigten und auf dem Schwarzmarkt erworbenen Substanzen mit sauberen Präparaten, die unter ärztlicher Aufsicht und Kontrolle verordnet werden. Die Substitutionstherapie spielt seit Mitte der 1980er-Jahre eine wesentliche Rolle bei der Behandlung von Opiatabhängigen. Anfangs wurde sie als letztes Therapiemittel eingesetzt, mittlerweile ist die Substitution mit Opioiden die Methode der Wahl bei der Behandlung von Opiatabhängigen. Ähnlich wie beim Spritzentausch oder anderen schadensminimierenden Maßnahmen war und ist die Einführung der Opioidsubstitution eine bedeutsame Maßnahme zur Eindämmung der Verbreitung von HIV in den 1980er-Jahren. Ihren Ursprung hatte diese Behandlungsform aber vermutlich schon viel früher, als die Entzugserscheinungen bei den sogenannten „Weltkriegsmorphinisten", den aus dem Zweiten Weltkrieg zurückgekehrten Soldaten mit einer Abhängigkeitsproblematik, mit Codein behandelt wurden. Damals war dies zwar keine anerkannte Behandlungsmethode der Opiatabhängigkeit, jedoch durchaus eine von manchen Ärzt*innen erfolgreich praktizierte.

Die zunehmende Verbreitung von psychoaktiven Substanzen sowie das Aufkommen von Begleiterkrankungen wie HIV machten ein Umdenken notwendig. Lange Zeit war – und ist man vielerorts immer noch – der Ansicht, dass eine Heroinabhängigkeit nur mit Abstinenz von der Substanz geheilt werden kann und eine Substitution mit Ersatzmedikamenten die Sucht nur verlängern würde. Die Zahlen sprechen jedoch eine andere Sprache. Man weiß aus mittlerweile jahrzehntelanger Drogenforschung, dass die Abbruchquote von abstinenzorientierten Entzugsbehandlungen mit bis zu 85 Prozent sehr hoch ist [103]. Aber auch unter jenen, die die Behandlung abschließen, ist die Gefahr eines Rückfalls hoch und betrifft siebzig bis neunzig Prozent der Patient*innen [19, 101]. Patient*innen entziehen die Droge, an der zugrundeliegenden psychischen Störung ändert das jedoch nichts. Die Wahrscheinlichkeit, eine derartige Behandlung positiv abzuschließen, ist demnach gering, die Wahrscheinlichkeit, trotz positiven Abschlusses langfristig rückfallsfrei zu bleiben, ebenso.

Auch die Sterblichkeit nach einer Abstinenztherapie ist erhöht, das Risiko für eine tödliche Überdosierung steigt mit der Entlassung aus einer Entzugstherapie ohne Weiterbehandlung erheblich an. Viele Menschen sind überrascht, wenn sie hören, dass jemand gerade noch so motiviert war und sich einer Entzugsbehandlung unterzogen hat und dann plötzlich an einer Überdosis verstirbt. Expert*innen erstaunt dies weniger, das Risiko ist bekannt und auch die Patient*innen sollten darüber informiert sein. Bei unbehandelten Opiatabhängigen liegt die Sterberate bei etwa 2,5 bis drei Prozent pro Jahr, unter Substitutionstherapie bei etwa einem Prozent. Auf den ersten Blick scheint die Differenz gering, ist sie aber nicht. Bei den angegebenen Sterberaten handelt es sich um jährliche Zahlen, das heißt nach zehn Jahren sind 25 Prozent der unbehandelten Opiatabhängigen verstorben, unter

Substitutionsbedingungen sind es „nur“ zehn Prozent, nach zwanzig Jahren sind es knapp die Hälfte der Unbehandelten oder zwanzig Prozent unter Substitution [74]. Substitutionstherapie ist demnach imstande, das Mortalitätsrisiko von Opiatabhängigen effektiv zu senken [137]. In Anbetracht all dieser Zahlen kann man nicht wirklich vom Erfolgsmodell Abstinenz sprechen, es ist eher ein seltenes Phänomen, das zugleich mit erheblichen Risiken für die Betroffenen einhergeht. Abstinenzorientierung kann ein Therapiemodell sein, aber kein für alle Abhängigen verbindliches Therapieziel. Es braucht etwas anderes, etwas, das auch jenen Menschen hilft, die mit einer abstinenzorientierten Behandlung nicht erreichbar sind.

Mittlerweile gilt die Opioid-Substitutionstherapie bei der Diagnose einer Opiatabhängigkeit als Behandlungsmethode der ersten Wahl [85]. Dabei werden ärztlich verordnete Medikamente eingesetzt, um Entzugssymptome und das Suchtverlangen der betroffenen Patient*innen zu mildern. Im Gegensatz zu Heroin verursachen diese Substitutionsmittel bei verschreibungskonformer Anwendung keinen Rauschzustand, jemand, der gut auf die Medikamente eingestellt ist, ist durchaus arbeitsfähig oder auch in der Lage, ein Fahrzeug zu lenken. Es ist also nicht der „Rausch auf Krankenschein“, wie es der Opioid-Substitutionstherapie oftmals unterstellt wird, sondern ein Medikament zum Abmildern der Symptome der Erkrankung und zur Stabilisierung. Die Substanzen werden in der Regel als Retardpräparate abgegeben, das bedeutet, der Wirkstoff wird verzögert freigesetzt und die Konzentration bleibt über einen längeren Zeitraum weitgehend konstant. So müssen die meisten Substitutionsmittel nur einmal pro Tag eingenommen werden und die Wirkung bleibt über einen Zeitraum von 24 Stunden stabil. Es gibt keinen „Kick“ wie beispielsweise bei Heroin, sondern eine länger dauernde stabile Wirkung der Substanz. Betroffene nehmen die Substitutionsmittel wie andere chronisch erkrankte Menschen andere Medikamente, die es ihnen ermöglichen, normal zu funktionieren. Die meisten Menschen würden es auch nicht einmal erkennen, wenn ihr Gegenüber gut auf Substitutionsmittel eingestellt ist, sie wirken und verhalten sich wie andere Personen auch.

In den meisten europäischen Ländern kommen vorrangig Methadon und Buprenorphin zur Anwendung, weltweit stellt Methadon die am meisten zur Substitution genutzte Substanz dar. In Österreich sind neben Methadon, Levo-Methadon und Buprenorphin seit dem Jahr 1998 auch retardierte Morphine zur Erhaltungstherapie zugelassen. Alle diese Substanzen dienen dazu, Entzugssymptomen vorzubeugen und das Verlangen nach Opiaten abzumildern, sie haben jedoch unterschiedliche Nebenwirkungen und damit einhergehend auch unterschiedliche Akzeptanz bei den Betroffenen. Diese Akzeptanz und auch die Verträglichkeit sind wichtig, damit Patient*innen in Behandlung bleiben, wie bei jedem anderen Arzneimittel auch. Insofern kommt der Wahl des richtigen Mittels eine entscheidende Bedeutung zu [85]. Die Verschreibung des Substitutionsmittels erfolgt durch zu dieser Behandlungsform zugelassene Ärzt*innen, die Rezepte müssen darüber hinaus vom Amtsarzt vidiert werden. Die Einnahme erfolgt in der Regel täglich in der Apotheke, bei ausreichender Stabilität können die Medikamente auch für mehrere Tage mitgegeben werden, was vor allem für Berufstätige oftmals notwendig ist. Da es sich bei Substitutionsmedikamenten um Suchtgifte handelt, ist der Umgang damit in Österreich streng geregelt und eine Vielzahl von Kontroll- und Sicherheitsrichtlinien eingezogen, damit es nicht zu Mehrfachverschreibungen oder ähnlichem Missbrauch kommen kann.

Die Ziele dieser Behandlungsform insgesamt sind vielschichtig und finden sich auf mehreren Ebenen: Auf der gesundheitlichen Ebene zeigt sich, dass durch die Erhaltungstherapie die mit dem Substanzmissbrauch einhergehende Sterblichkeitsrate durch Überdosierungen oder riskanten Konsum gesenkt werden kann, die Verbreitung von ansteckenden Krankheiten wie HIV und Hepatitis C wird eingeschränkt, allgemein verbessert sich der gesundheitliche Zustand der betroffenen Patient*innen. Der Konsum von illegalisierten Substanzen, und hier vor allem der Konsum von Opiaten, wird deutlich reduziert. Auf der sozialen Ebene hilft die Substitution und die damit einhergehende Stabilität den Betroffenen, weitere psychosoziale Hilfsangebote in Anspruch zu nehmen sowie in den Wohnungs- und Arbeitsmarkt wieder eingegliedert zu werden. Nicht zuletzt trägt die Substitutionsbehandlung durch das Wegfallen der Beschaffungskriminalität zu einer Entkriminalisierung der Betroffenen bei. Insgesamt geht es also um mehr Stabilität, soziale Integration und eine Verbesserung der Lebensqualität der Betroffenen, die mit der Substitutionstherapie erreicht werden kann [137].

In einigen Fällen ergibt sich durch die Verbesserung der Lebenssituation und der Stabilität auch der Wunsch nach Abstinenz, was durchaus auch ein Ziel dieser Behandlungsform sein kann. Die Erfahrung zeigt aber, dass diese für die wenigsten Patient*innen erreichbar ist und eine langfristige Behandlung mit Substitutionsmedikamenten die sinnvollere Alternative ist. Auch international dominiert das Ziel der langfristigen Medikation, wie bei anderen chronischen Erkrankungen auch, man denke hier beispielsweise an die Notwendigkeit der Gabe von Insulin bei Diabetiker*innen. Die langfristige Behandlung stabilisiert die Betroffenen nicht nur durch die direkte medikamentöse Wirkung, sondern gewährleistet auch eine Anbindung an das Hilfesystem. Abhängige, die sich in Substitutionsbehandlung befinden, können im Schnitt länger und besser an das Hilfesystem angebunden werden, als dies bei abstinenzorientierten Therapien der Fall ist. Substanzabhängige Personen weisen üblicherweise im Vergleich zu anderen Patient*innen eine eher schlechte Compliance, also Verlässlichkeit bei der Therapieteilnahme auf. Die Desintegration der Betroffenen sowie die Ambivalenz und mangelnde Zukunftsperspektiven bringen die Patient*innen immer wieder dazu, Behandlungen abzubrechen oder Termine derart unzuverlässig einzuhalten, dass eine sinnvolle Behandlung nicht möglich ist. Mit der Substitutionsbehandlung sind Patient*innen jedoch automatisch an das Hilfesystem angebunden, Verordnungen müssen jedes Monat beim Arzt erneuert werden, welcher die Betroffenen zu einer begleitenden psychosozialen Betreuung motivieren und anhalten soll. Diese Anbindung an das Hilfesystem ist in vielen Fällen erst die Voraussetzung für andere Interventionen wie Psychotherapie oder klinisch-psychologische Behandlung, die Betroffenen sind erreichbarer, wesentlich stabiler und durch die Verbesserung der Lebenssituation auch motivierter, insgesamt an der Erkrankung zu arbeiten.

In Österreich konnte die Zahl der Patient*innen in Substitutionsbehandlung in den letzten Jahrzehnten erfreulicherweise stark gesteigert werden. Während sich im Jahr 2002 erst knapp 5000 Menschen in oraler Substitutionsbehandlung befanden, sind dies 15 Jahre später knapp viermal so viele. Insgesamt sind etwa zwei Drittel der geschätzt 33.000 Opiatabhängigen in Substitutionsbehandlung, was als gesundheitspolitischer Erfolg gewertet werden kann.

So gut dies auch klingt, man muss ehrlicherweise auch sagen, dass die Opioid-Substitutionstherapie zwar das Mittel der Wahl bei diagnostizierter Opiatabhängigkeit ist, aber leider auch kein Wunderheilmittel. Obwohl sich insgesamt beim Großteil der Patient*innen eine Verbesserung und Stabilisierung zeigt, ist diese nicht immer dauerhaft und nicht immer ohne Krisen im Verlauf. Auch bei dieser Behandlungsform gibt es Unterbrechungen, Abbrüche, Wiederaufnahmen und andere Schwierigkeiten. Dies ist jedoch weniger der Behandlungsmethode geschuldet als vielmehr dem komplexen Krankheitsbild der chronischen Suchterkrankung mit ihren körperlichen und psychiatrischen Begleiterkrankungen.

Wie eingangs erwähnt, ist die Substitutionsbehandlung, obwohl wissenschaftlich als Methode der ersten Wahl bei der Behandlung Opiatabhängiger anerkannt, in manchen Kreisen nicht unumstritten, die gesellschaftliche Akzeptanz ist – vorsichtig formuliert – verbesserungswürdig. Eine Problematik, die vor allem in manchen Medien häufig als reißerisches Argument gegen die Substitutionsbehandlung vorgebracht wird, ist die des Substitutionsmissbrauchs. Immer wieder finden sich Schlagzeilen wie etwa „Missbrauch von Drogenersatzmitteln erschreckend hoch“ oder „Tod durch Drogenersatzmittel“. Gelegentlich gibt es die Forderung mancher Politiker*innen nach einem Verbot bestimmter Substitutionsmittel oder gar der Substitutionsbehandlung an sich. All dies zeugt mehr von der Unkenntnis des Feldes und den Vorurteilen, die mit Substitutionsbehandlung verbunden sind, als von der Realität. Nicht weil es keinen Missbrauch von Substitutionsmitteln gäbe, das ist überall so – wo es Gebrauch gibt, gibt es auch Missbrauch. In der (populistischen) Darstellung wird jedoch das Missbrauchspotenzial deutlich überzeichnet, es bedarf einer differenzierteren Betrachtung der Problematik. Missbrauch von Substitutionsmitteln kann sich auf zwei verschiedenen Ebenen abbilden: der Weitergabe der verordneten Medikamente an Dritte oder der nicht verschreibungskonformen Einnahme der Patient*innen selbst. Beides ist die Folge einer komplexen Ursache-Wirkungs-Struktur von Angebot und Nachfrage. Die Überbrückung von Versorgungslücken, der Wunsch nach einem anderen Rauscherlebnis oder die eigenständige

Erhöhung der Dosis sind nur einige Gründe für die missbräuchliche Verwendung. Neben der eingeschränkten Vielfalt des Behandlungsangebots, bestehenden Zugangshürden und anderen versorgungsrelevanten Faktoren ist der Missbrauch auch Ausdruck der Erkrankung [130], der Therapiemethode per se kann er mit Sicherheit nicht angelastet werden [85]. Darüber hinaus ist der Anteil an Substitutionsmitteln, die auf diese Weise auf dem Schwarzmarkt landen, verglichen mit dem Gesamtangebot der dort erhältlichen Substanzen äußerst gering, nicht zuletzt aufgrund streng geregelter Verschreibungs- und Abgabemodalitäten. Die Standards zur Qualitäts- und Missbrauchssicherheit in der Behandlung wurden in den vergangenen Jahren durch ein Expert*innenkomitee auf einem sehr hohen Niveau festgelegt. Deren Einhaltung ist durch ein standardisiertes Prozedere bei Verschreibung und Abgabe sowie eine Vernetzung aller Beteiligten (Ärzt*innen, Apotheker*innen, Polizei u.a.) gewährleistet.

Aus wissenschaftlicher Sicht kann eindeutig festgestellt werden, dass Argumente gegen die Substitutionsbehandlung einer genauen Analyse nicht standhalten. Die damit verbundenen Risiken stehen in keinem Verhältnis zum Nutzen der Behandlung, empirische Befunde sprechen deutlich für eine möglichst breite, vielfältige und individualisierte Anwendung dieser Behandlungsmethode.

ENTZUG

Der Entzug von psychoaktiven Substanzen galt lange Zeit als die Methode der Wahl im Umgang mit Abhängigen. Zugegeben, sie ist auch verlockend. Man begibt sich für einige Wochen in Spitalsbehandlung und am Ende kommt man gesund und frei von Substanzen wieder heraus. Leider ist die Realität aber eine andere und die Wirksamkeit von Entzugsbehandlungen auf lange Sicht äußerst überschaubar. Wenn man die Komplexität der Erkrankung betrachtet, ist das auch nicht überraschend – die Abhängigkeit äußert sich nicht nur auf der körperlichen Ebene, sondern auch oder vor allem auf der psychischen. Bei einer Entzugsbehandlung wird lediglich der Körper von den psychoaktiven Substanzen, an die er gewöhnt ist, entgiftet, damit er wieder so funktioniert, wie vor Beginn der Abhängigkeit. Der Metabolismus gewöhnt sich wieder daran, ohne die zugeführten

Substanzen zu funktionieren, und zeigt keine Entzugserscheinungen, wenn er nicht bekommt, woran er gewöhnt ist. Derartige Entzüge können entweder ambulant oder stationär durchgeführt werden und dauern in der Regel ein paar Tage oder maximal vier bis sechs Wochen. Da der Alkoholentzug ab einem gewissen Grad zu lebensbedrohlichen Komplikationen, wie einem Delirium mit Herzstillstand, führen kann, ist dieser an einen Spitalsaufenthalt mit dauerhafter Überwachung geknüpft. Der körperliche Entzug von illegalisierten Substanzen ist zwar unangenehm, aber zumeist unkomplizierter als ein Alkoholentzug, eine Entgiftung von Opiaten ist in der Regel nach einer Woche überstanden. Die meisten Opiatabhängigen erleben immer wieder Phasen von – zumeist kalten – Entzügen, wenn sie sich aufgrund fehlender finanzieller Mittel kein Heroin kaufen können oder aus anderen Gründen gerade keines erhältlich ist. Dies führt zu Symptomen, die denen einer schweren Grippe ähneln, wer den Film „Wir Kinder vom Bahnhof Zoo“ gesehen hat, kann sich in etwa vorstellen, wie das vonstattengeht. Schwitzen, Frösteln, Übelkeit, Erbrechen, Durchfall, Blutdruckkrisen, schmerzhafte Krämpfe und ähnliche Symptome sind während eines kalten Entzuges vorhanden. Die Gefährlichkeit und Intensität der Entzugserscheinungen sind von Droge zu Droge unterschiedlich und auch die Dauer der Abhängigkeit spielt eine Rolle. Bei einem medizinisch begleiteten Entzug werden diese Symptome durch medikamentöse Unterstützung abgemildert und die Opiate langsam „ausgeschlichen“. Eine Entzugsbehandlung ist nur dort möglich, wo auch eine körperliche Abhängigkeit vorhanden ist, also in der Regel bei Alkohol, Opiaten und Medikamentenabhängigkeit.

Doch wie erfolgreich ist so ein Entzug? Was passiert mit Menschen, die eine Entzugsbehandlung hinter sich gebracht haben, weiter? Viele Abhängige haben die Idee, sich auf einen körperlichen Entzug zu begeben und damit die Erkrankung zu bewältigen. Mindestens genauso viele Abhängige haben vermutlich die Erfahrung gemacht, dass das als alleinige Methode nicht sonderlich wirksam ist, vor allem nicht auf Dauer. Langjährig Abhängige haben oftmals so viele Entzüge hinter sich, dass sie sie gar nicht mehr zählen können, jedes Mal wurden sie wieder rückfällig. Früher ist man davon ausgegangen, dass der Weg aus der Sucht über eine Therapiekette aus Entzug, psychischer Entwöhnung und Reintegration zum Ziel führt. Aufnahmevoraussetzung in den meisten stationären Therapieeinrichtungen war eine vorangegangene körperliche Entgiftung. Die Wartelisten auf den Entzugsstationen waren lang, die Zeit bis zur Aufnahme verbrachten die Abhängigen meist auf der Straße oder in anderen prekären Lebensumständen. In den Gefängnissen gab es lange Zeit nur kalte Entzüge, wer inhaftiert wurde, musste in Ermangelung eines ausreichend großen Schwarzmarktes die Entgiftung durchmachen, oft auch noch ohne medikamentöse Unterstützung. Ein Zustand, der in vielen Ländern noch immer so ist, in Österreich erfreulicherweise nicht mehr. Medikamentöse Unterstützung und Substitutionstherapie ist mittlerweile Standard in allen österreichischen Justizanstalten.

Diese Vorgehensweise von Entzug, Entwöhnung bis zur Reintegration hat sich jedoch nicht unbedingt als sehr erfolgreich erwiesen, und zwar aus vielerlei Gründen. Zum einen hat dies viele Abhängige abgeschreckt, überhaupt eine Behandlung zu beginnen. Es gab – und gibt immer noch – einen eklatanten Teil an Betroffenen, die diese Substanz nicht entziehen wollten, was aus therapeutischer Perspektive durchaus sinnvoll ist. Dadurch blieb ihnen aber bei dieser Methode der Weg in die Langzeittherapie verwehrt. Es gab bis etwa 2010 nur eine einzige Einrichtung in Österreich[10] – und auch lange Zeit in ganz Europa –, die stationäre Behandlung für Substituierte anbot. Ein Zustand, der sich mittlerweile geändert hat und aufgrund der Erfolgsgeschichte dieses Modells von anderen Einrichtungen ebenso angeboten wird. Zum anderen ist die Abbruchs- beziehungsweise Rückfallquote bei einer Entzugsbehandlung relativ hoch, ohne Weiterbehandlung liegt die Rückfallhäufigkeit bei etwa 75 Prozent und mehr [64], was auch bei Betrachtung der Komplexität des Krankheitsbildes leicht nachvollziehbar ist. Für viele der schwer Suchtkranken ist die Droge eine Möglichkeit, mit anderen Schwierigkeiten oder komorbiden Störungen umzugehen. Wenn man nun zuerst den Bewältigungsmechanismus in Form der Droge wegnimmt, bleiben nur noch die Schwierigkeiten über. Dass das für viele Betroffene nicht sonderlich attraktiv ist, ist wohl verständlich, insofern braucht es eine andere Abfolge in der Behandlung: Stabilisierung und medikamentöse

10 Schweizer Haus Hadersdorf, Mauerbachstraße 34, 1140 Wien. www.shh.at.

Substitutionsbehandlung, Entwöhnung und Therapie mit begleitender Reintegration in ein stabilisierendes soziales Umfeld. Mittlerweile haben sich die meisten Therapieeinrichtungen in Österreich dieser Vorgehensweise angeschlossen und bieten Plätze für Substituierte im stationären Bereich an, auch hier regelt die Nachfrage das Angebot, wie auch sonst in der Marktwirtschaft üblich.

Ein weiterer bedeutsamer Aspekt, der gegen einen alleinigen Drogenentzug spricht, ist das deutlich erhöhte Mortalitätsrisiko danach. Der Grund hierfür ist naheliegend und aus anderen Bereichen vielleicht den meisten Menschen bekannt. Wenn man lange auf etwas verzichten muss und dies erfolgreich geschafft hat, neigen Süchtige (wie auch andere Menschen) dazu, sich mit genau demselben zu belohnen. Menschen, die wegen einer Herz-Kreislauf-Erkrankung auf Kur waren und dort wochenlang auf Schnitzel und Bier verzichten mussten, feiern nicht selten die Entlassung mit einem derartigen Menü beim Stammwirt. Das hätte man sich ja nach wochenlangem Verzicht auch schließlich verdient, es ist ja auch nur einmal und nicht mehr so regelmäßig wie früher. Ähnlich funktioniert dies auch bei Drogenabhängigen nach einem Entzug. Das starke Verlangen, das Craving, sowie die herabgesetzten Kontrollfähigkeiten sind schließlich psychische Symptome der Suchterkrankung, die mit der Entgiftung nicht plötzlich verschwunden sind. Anders als beim Schnitzel ist beim Drogenrückfall die Gefahr, an einer Überdosis zu versterben, jedoch deutlich höher. Abhängige überschätzen oft die Menge an Substanzen, die der Körper noch verträgt. Durch die Entgiftung ist das deutlich weniger als vor dem Entzug, die Gefahr einer Überdosierung ist groß. So ist die Wahrscheinlichkeit zu sterben bei einem positiven Abschluss einer Entzugsbehandlung höher als bei einem vorzeitigen Abbruch, wenn es keine weiterführenden Behandlungsmaßnahmen gibt [111].

Als Reaktion auf diese Erkenntnisse hat sich die Behandlungslandschaft, wie oben erwähnt, deutlich verändert. Es gibt wesentlich weniger Vollentzüge als noch vor zwanzig Jahren, zugunsten einer stabilisierenden Substitutionsbehandlung. Das heißt aber im Umkehrschluss nicht, dass es keine Entzüge bräuchte. Zum einen kann man davon ausgehen, dass es einen kleinen Teil an Abhängigen gibt, der doch von einer abstinenzorientierten Behandlung mit vorangegangenem Entzug am besten profitiert, zum anderen ist es bei vielen Betroffenen notwendig, zumindest Teilentzüge vorzunehmen. Schwer Abhängige konsumieren in der Regel nicht nur Opiate, zumeist ist es eine Mischung von mehreren Substanzen, die gleichzeitig oder über den Tag verteilt eingenommen wird. So ist es keine Seltenheit, dass jemand, der heroinabhängig ist, zusätzlich Kokain, Benzodiazepine oder Alkohol in hohen Dosierungen konsumiert. Dieser Mischkonsum macht es notwendig, vor Beginn einer stationären Entwöhnungsbehandlung einen Teilentzug durchzuführen, damit therapeutisch gearbeitet werden kann. Unter Substitutionsbehandlung ist eine Entwöhnung und Stabilisierung durchaus gut möglich, unter dem Einfluss einer hohen Anzahl von Benzodiazepinen oder Alkohol jedoch nicht. Insofern haben auch Entzugsbehandlungen als Unterstützung und notwendige vorbereitende Maßnahme ihre Berechtigung, sind aber mit Sicherheit nicht die Methode der ersten Wahl bei der Behandlung der Opiatabhängigkeit.

ENTWÖHNUNG UND REHABILITATION

Dass der rein körperliche Entzug von Drogen oder Alkohol keine dauerhafte Lösung eines Suchtproblems ist, wurde bereits im vorangegangenen Kapitel ausgeführt. Die psychische Abhängigkeit sowie die Folgewirkungen der Erkrankung machen es für viele Betroffene notwendig, sich einer Entwöhnungsbehandlung zu unterziehen. Im Unterschied zum körperlichen Entzug geht es hierbei um die psychische Aufarbeitung der Suchterkrankung, Stabilisierung und Wiedererlangung von Fähigkeiten und Fertigkeiten, die für eine Integration in ein stabiles Umfeld notwendig sind.

Durch den oftmals frühen Beginn der Drogenabhängigkeit sind viele Betroffene einen geregelten Tagesablauf nicht mehr gewohnt. Morgens aufstehen, arbeiten gehen, sich um seine Angelegenheiten kümmern, kochen, Wäsche waschen und andere Verpflichtungen des täglichen Lebens. Dinge, die oftmals während des Lebens in der Abhängigkeit nur eine sehr untergeordnete Rolle gespielt haben. Viele, vor allem lang und schwer erkrankte Süchtige, haben einen relativ hohen Grad an Verwahrlosung, die eigene Körperpflege sowie auch die Ordnung in der Wohnung oder am Schlafplatz spielen während der Phasen des Konsums eine untergeordnete Rolle. Wohnungen süchtiger Personen sind häufig unordentlich, die Spuren des Konsums sind sichtbar, Spritzen und anderes Konsumzubehör liegen herum. Das äußere Erscheinungsbild der Person und ihrer Wohnumgebung spiegelt den inneren Zustand wider. Die Unordnung in der Seele ist äußerlich sichtbar. Beim Genesungsprozess geht es demnach auch darum, äußere Bedingungen zu schaffen, die ein suchtstabiles Leben ermöglichen und widerspiegeln. Die eigenen Angelegenheiten in Ordnung zu bringen, die Verwahrlosung hintanzuhalten, dies gilt es wieder zu erlernen und einzuüben.

Dazu kommt, dass es viele Süchtige gewohnt sind, bei Schwierigkeiten und Herausforderungen auf die vermeintlich am besten funktionierende Bewältigungsstrategie zur Vermeidung von Unlustgefühlen zurückzugreifen, den Drogenkonsum. Wenn die Anforderungen steigen und die damit einhergehende Spannung nur schwer auszuhalten ist, lässt sich diese mit Substanzkonsum leicht unterdrücken. Ein Mechanismus, den viele Abhängige gewohnt sind. Ehrlicherweise muss man sagen, es hilft ja auch ganz gut. Mit Drogen lassen sich schnell alle Arten von Gefühlen herstellen, von euphorischen Glücksgefühlen bis zu schläfriger Dämmrigkeit, dem Gefühl, geliebt zu werden und geborgen zu sein, bis zur Gleichgültigkeit. Dass der Konsum kurzfristig angenehm und in manchen Situationen hilfreich ist, diese Erfahrungen haben die Betroffenen gemacht. Bei dem Versuch, gesund zu werden, stehen diese Möglichkeiten nun nicht mehr zur Verfügung und die Betroffenen müssen lernen, anders zurechtzukommen. Sich anders Zufriedenheit zu verschaffen, anders abschalten zu können, anders Spaß zu haben. Und letztlich auch anders mit den psychischen Begleiterkrankungen umgehen zu lernen. Für nicht wenige Betroffene ist die Droge eine Bewältigungsstrategie für psychiatrische Komorbiditäten. Die Substanz als Antidepressivum bei Depressionen, als Mittel zur Angstlösung bei Angststörungen oder Phobien, als Schlaf- oder Beruhigungsmittel bei Traumafolgestörungen. Auch hierbei helfen die Drogen kurzfristig ganz gut, längerfristig entstehen dadurch neue Schwierigkeiten. Demzufolge müssen die Betroffenen auch die psychiatrischen Begleiterkrankungen abseits der Suchterkrankung in den Griff bekommen, um Stabilität und Besserung zu erlangen. Eine Behandlung der Abhängigkeit ohne eine gleichzeitige Behandlung der allenfalls vorhandenen komorbiden Störungen ist eher sinnlos. Die Auseinandersetzung damit ist ein zumeist langwieriger Prozess, das Erlenen von Bewältigungsstrategien Teil jeder Entwöhnungstherapie.

Zum einen geht es also um das Erlernen von Strategien, mit den Anforderungen eines drogenfreien Lebens umzugehen, zum anderen geht es aber auch darum, Möglichkeiten zur Bewältigung von konkreten Rückfallsituationen zu erlernen. Man fährt mit der U-Bahn zu einem Termin, muss an einem der Plätze umsteigen, an dem man früher seine Drogen gekauft hat, und trifft dort seinen ehemaligen Dealer. Dieser hat zufällig gerade gute Ware, die er zu einem guten Preis anbietet, ja vielleicht sogar herschenkt, weil man einander so lange nicht gesehen hat. Diese Situationen lösen oft ganz automatisch und plötzlich Rückfallgedanken aus, ein Verlangen nach Drogen setzt ein, in der Fachsprache nennt man dies „triggern". Trigger setzen gewohnte Verhaltensweisen und Gedanken in Gang und machen es den Betroffenen schwer, sich anders zu verhalten. Wie man praktisch mit solchen triggernden Situationen umgeht, muss in der Therapie gelernt werden. Ist es die bessere Lösung, bewusst Plätze zu meiden, Umwege in Kauf zu nehmen, um nur ja nicht mit der alten Szene in Kontakt zu kommen? Was mache ich, wenn ich doch jemanden treffe, wie komme ich aus der Situation heraus? Wie verhalte ich mich, wenn ich dann doch rückfällig geworden bin, damit ich nach dem einmaligen Konsum nicht wieder in die alte Spirale von Verlangen, Konsum, Scham- und Schuldgefühlen komme? Beim Genesungsprozess ist es unbedingt notwendig, sich mit diesen und ähnlichen Fragen auseinanderzusetzen und sich ein Handwerkszeug im Umgang mit risikobehafteten Situationen anzueignen.

Dazu kommt, dass die Abhängigkeit auf mehreren Ebenen ihre Spuren hinterlassen hat. Seien das psychische Begleiterkrankungen wie Depressionen oder Angststörungen, körperliche Folgen wie Hepatitis C oder HIV oder soziale Folgen wie zum Teil massive Schulden, offene Verwaltungsstrafen, Wohnungslosigkeit, abgebrochene Ausbildungen und andere Dinge, die einen Start in ein normales Leben schwermachen. Aussteigen aus der Sucht ist in der Regel viel mehr, als nur die Substanz nicht mehr zu nehmen, vor den Betroffenen liegt ein Berg von Schwierigkeiten, den es zu ordnen und zu bewältigen gilt. Für manche scheint der Berg so groß und unbezwingbar, dass sie der Mut verlässt oder sie die Kraft nicht aufbringen auszusteigen. Für manche ist die Perspektivlosigkeit so groß, dass es verständlich scheint, wenn sie es erst gar nicht versuchen. Andere kämpfen sich mit viel Geduld und unter Zuhilfenahme diverser Unterstützungssystem durch einen ganzen Dschungel an Problemen.

Dass mit einem Entzug der Substanz nicht auch gleich alle Probleme gelöst sind, liegt auf der Hand, demzufolge ist es für die meisten schwer Erkrankten hilfreich, sich in eine ambulante oder stationäre Entwöhnungsbehandlung zu begeben. Hierzu gibt es unterschiedliche Modelle und Konzepte, die sich an den Bedürfnissen der Klient*innen orientieren. Es gibt eine ganze Reihe ambulanter Angebote, die vorwiegend für Menschen konzipiert sind, die in der Lage sind, mit weniger strukturierten Maßnahmen auszukommen. In der Regel sind das Personen, die zumindest einen Wohnplatz haben, eine Tagesstruktur und ein gewisses Ausmaß an Stabilität, um die wöchentlichen Termine regelmäßig einzuhalten. Besonders im angloamerikanischen Raum haben sich hier als Ergänzung schon seit langem hochfrequente ambulante Modelle etabliert, die als *outpatient treatment clinics* bekannt sind. Es handelt sich dabei um tagesklinische Strukturen, wie sie auch in anderen Bereichen der Krankenbehandlung üblich sind, beispielsweise bei der Therapie von Rheuma oder nach Hüftoperationen. Die Betroffenen besuchen von Montag bis Freitag die Tagesklinik und erhalten eine Reihe von Angeboten, die sie bei der Genesung unterstützen. Im Fall der Alkohol- oder Drogenbehandlung sind das neben der psychotherapeutischen oder klinisch-psychologischen Behandlung auch medizinische Versorgung, Sozialarbeit, Tagesstruktur sowie Sport- und Freizeitangebote. Dies ist insbesondere für jene Personen hilfreich, die selbst noch keine ausreichende (Tages-)Struktur haben und bei der Bewältigung der Probleme mit einer einmal wöchentlich stattfindenden Psychotherapie nicht das Auslangen finden. Gleichzeitig ist eine stationäre Aufnahme jedoch nicht unbedingt notwendig oder von den Betroffenen nicht erwünscht.

Eine Entwöhnungsbehandlung kann auch stationär durchgeführt werden, wobei sich in den vergangenen Jahren die Konzepte vieler Einrichtungen sehr verändert haben. Während früher stationäre Langzeittherapien von zwölf bis achtzehn Monaten die Methode der Wahl waren, werden diese zunehmend seltener. Die Ziele sind zumeist auch mit kürzeren Angeboten, verbunden mit einer intensiven Nachbetreuung in Form einer tagesklinischen ambulanten Behandlung, erreichbar. Das Erlangen von Stabilität bezüglich der Abhängigkeit, die soziale Reintegration sowie die Besserung des psychischen und physischen Gesundheitszustandes stehen dabei im Vordergrund, wobei auch ein Hauptaugenmerk auf den Transfer in den Alltag nach der Therapie liegen sollte. Stabil und guter Dinge aus der Entwöhnungsbehandlung in ein Nichts ohne Wohnung und Tagesstruktur entlassen zu werden führt klarerweise relativ schnell wieder zu einem Rückfall in alte Verhaltensweisen. Essenziell ist, dass es eine Absicherung des Erreichten für die Zeit nach der stationären Behandlung gibt. Hierzu existieren unterschiedliche Konzepte, um einen Einblick in die Praxis zu gewähren, möchte ich das Therapiekonzept der Einrichtung, in der ich arbeite, kurz beschreiben.

Das Schweizer Haus Hadersdorf (SHH) ist eine stationäre und ambulante Therapieeinrichtung für Abhängigkeitserkrankungen, behandelt werden Menschen mit Drogen- und/oder Alkoholproblemen. Das Behandlungskonzept steht im Wesentlichen auf vier Säulen. Einer kurzen stationären Unterbringung von drei bis sechs Monaten, wobei dieses kurzfristige Herausnehmen aus dem Alltag mit einem intensiven Therapieangebot helfen soll, Stabilität zu erlangen. Opioid-Substitutionstherapie ist in allen Phasen der Behandlung möglich, ein vorangegangener Entzug der Substitutionsmedikamente ist nicht notwendig, diese können nach medizinischer Indikation weiterhin täglich verabreicht werden. Damit macht man sich die positiven stabilisierenden Aspekte der Substitutionsbehandlung auch während der stationären Unterbringung zunutze. Im weiteren Behandlungsprogramm steht eine Kombination von Milieutherapie und Psychotherapie im Vordergrund, bei der im Wesentlichen das Wiedererlernen und Einüben von Alltagssituationen und die Aufarbeitung persönlicher lebensgeschichtlicher Aspekte der Suchterkrankung eine Rolle spielen. Durch die Stadtnähe der Einrichtung ist ein Verbleiben im Lebensumfeld gewährleistet und es bietet sich eine optimale Ausgangslage für die Reintegration in eine normale Wohn- und Arbeitssituation nach der Therapie. Im Rahmen der stationären Behandlung wird versucht, möglichst gut einen geregelten Alltag wirksam werden zu lassen. Die Patient*innen wohnen zu sechst bis acht in Wohngruppen, die man sich wie Student*innen-WGs vorstellen kann. Es gibt mehrere Zimmer, ein Bad mit Dusche, WC, Waschmaschine und einen Aufenthaltsraum mit großer Wohnküche. Die Bewohner*innen kümmern sich dort – unter Anleitung der Betreuer*innen – selbstständig um alltägliche Angelegenheiten wie Kochen und Wäsche waschen, halten ihr Zimmer und die gesamte WG in Ordnung. Nach dem gemeinsamen Frühstück gehen alle „in die Arbeit", im stationären Bereich sind das eine Vielzahl von arbeitstherapeutischen Werkstätten und Programmen. Die Arbeit im Garten ist genauso Bestandteil wie das Schreiben in der Redaktion der hauseigenen Patient*innenzeitschrift. Gearbeitet wird in der Regel bis 16 Uhr, unterbrochen durch ein gemeinsames Mittagessen bei der Wohngruppe, um auch ein Zusammengehörigkeitsgefühl zu fördern, ein Stück „Familie" zu bieten, die viele nicht gehabt haben. Neben diesen tagesstrukturierenden Angeboten gibt es eine Vielzahl von medizinischen, psychotherapeutischen und sozialarbeiterischen Unterstützungsangeboten, seien das Gruppentherapien, ärztliche Sprechstunden oder Einzelgespräche mit den Psycholog*innen, in denen die Aufarbeitung der Suchterkrankung sowie die Bewältigung der Anforderungen des drogenfreien Lebens im Vordergrund steht. Wer rückfällig wird, wird nicht aus dem Programm ausgeschlossen, das wäre ja auch absurd. Vergleicht man das mit einem Krankenhausaufenthalt, würde auch kein Arzt seine Patient*innen des Spitals verweisen, wenn die Symptome der Erkrankung wieder auftreten. Sie haben wieder Fieber? Das geht aber bitte nicht, verlassen Sie unser Spital! Das ist natürlich kein sinnvoller Umgang mit (psychisch) kranken Menschen, insofern sind Rückfälle als Symptome der Erkrankung kein Grund, die Therapie zu beenden. Zumindest solange die Motivation und Kooperationsbereitschaft gegeben ist, an einer Besserung der Symptomatik zu arbeiten.

Am Wochenende gibt es für stabile Patient*innen die Möglichkeit, die Einrichtung zu verlassen und sich hierbei gleichzeitig im Alltag abseits der stationären Einrichtung zu erproben. Das auch hier nicht immer alles glattläuft, versteht sich von selbst, doch genau diese Krisen und Rückschläge können im Sinne einer Rückfallsprophylaxe im Laufe der Behandlung besprochen und bearbeitet werden.

Die gesamte Behandlung ist in der Regel in zwei Teile gegliedert, einen drei- bis sechsmonatigen stationären Teil zur Stabilisierung und Behandlung und einen etwa sechsmonatigen Teil mit ganztägig ambulanter Behandlung, bei der die Erprobung und Reintegration in den Alltag im Vordergrund steht. Nach Abschluss eines Jahres sollten die Patient*innen über einen Wohnplatz verfügen, einen Arbeitsplatz auf dem ersten oder zweiten Arbeitsmarkt haben und die notwendige psychische Stabilität aufweisen, beides längerfristig zu behalten. Wenn dann noch eine ambulante Weiterbehandlung notwendig oder gewünscht ist, ist das auch möglich. Für manche Betroffenen ist eine langfristige, wenn auch lockere Anbindung an ein Behandlungsprogramm eine Art Sicherheitsanker, der ihnen hilft, auch dauerhaft stabil zu bleiben.

Die Behandlung alkoholabhängiger Menschen ist auf ambulante Betreuungsmodelle fokussiert, von der niederfrequenten Psychotherapie bis hin zu hochfrequenten tagesklinischen Programmen mit therapeutischen, medizinischen, sozialarbeiterischen und tagesstrukturierenden Angeboten. Sowohl Abstinenz als auch kontrolliertes Trinken sind mögliche Behandlungsziele.

In anderen Behandlungseinrichtungen finden sich sehr ähnliche Grundstrukturen, aber durchaus auch sehr unterschiedliche Ideologien. Bereiche, in dem es sicherlich wesentliche Unterschiede gibt, sind die Art und Weise, wie mit Rückfällen umgegangen wird, ob und in welcher Form eine Substitutionsbehandlung während der Therapie möglich ist und auch welchen Stellenwert milieutherapeutische Angebote haben. Es gibt gute Argumente für die meisten Vorgehensweisen, das Nebeneinanderexistieren dieser Angebote hat insofern auch eine Berechtigung, als es den Königsweg aus der Sucht ohnehin nicht gibt. Es braucht unterschiedliche Herangehensweisen, um eine Vielzahl von Patient*innen anzusprechen und gut zu erreichen. Manche können mit größeren Freiheiten besser umgehen als andere, manche benötigen eher krankenhausartige Strukturen, andere sind in Einrichtungen, in denen der Reha-Anspruch an erster Stelle steht, besser aufgehoben.

Dennoch erzählen auch Patient*innen immer wieder von Vorgehensweisen, die in der Suchtarbeit leider längst überholt sein sollten. Abenteuerliche Geschichten von der Rationierung der Zigaretten bis zur strikten Einhaltung einer begrenzten Menge an Kaffee pro Tag. Insofern sind alle Betroffenen gut beraten, sich vorab über die Einrichtungen zu informieren, sich zu überlegen, ob sie in das angebotene Konzept passen und sich dort wohl fühlen könnten. Auch Drogenabhängige sind mündige Patient*innen, die auch so behandelt werden wollen und sollen.

KONTROLLIERTER KONSUM

Während lange Zeit die Abstinenz als der Königsweg aus der Sucht galt, entwickelten sich in den letzten Jahrzehnten auch andere Strömungen und fanden mittlerweile Einzug in die Behandlungslandschaft. Der kontrollierte Konsum als Gegenpol oder Ergänzung zur Abstinenz ist ein wesentlicher Bestandteil vieler Behandlungsprogramme und eine gute Möglichkeit, auch Menschen zu erreichen, die man mit abstinenzorientierten Programmen nicht erreichen würde.

Im Grunde geht es darum, mit der Substanz und dem Konsum umgehen zu lernen, anstatt jeglichen Konsum völlig auszuschließen, eine Konsumform anzustreben, die etwa beim Alkohol in unserer Kultur völlig normal ist. Konsum in Maßen statt in Massen. Es gibt jedoch einen wesentlichen Unterschied zwischen dem, was Professionist*innen unter kontrolliertem Konsum verstehen, und dem, was sich Laien häufig darunter vorstellen. Kontrollierter Konsum ist nicht „einfach ein bisschen weniger trinken“ und endet auch nicht nur beim Vorhaben, moderat zu konsumieren, vielleicht jeden Tag nur noch zwei Bier statt vorher zehn. Dies kann zwar durchaus das Ziel des kontrollierten Konsums sein, der wesentliche Unterschied besteht jedoch darin, dass es bei derartigen Programmen um das Erlernen von Disziplin und Kontrolle im Konsum geht. Beim Ausstieg aus der Sucht spielen zwei Dinge eine wesentliche Rolle, das Wollen und das Können. Oder wie es der kognitive Verhaltenstherapeut Aaron T. Beck etwas schöner formuliert, Voraussetzung für eine erfolgreiche Verhaltensveränderung sind die Motivation zur Veränderung sowie das Erlernen von Handlungskompetenzen [8]. Wenn ich abstinent werden möchte, aber nicht weiß, wie das funktionieren soll, werde ich genauso scheitern, wie wenn ich viele gute Strategien zur Rückfallvermeidung habe, aber eigentlich kein Interesse daran.

Viele Menschen, auch Betroffene und Angehörige, haben die Idee, dass kontrollierter Konsum einfach durch den Wunsch, weniger zu konsumieren, erreichbar ist. Sie nehmen sich vor, weniger zu trinken, schaffen das vielleicht sogar ein paar Tage lang, aber bald wird aus dem geringeren Konsum schleichend immer mehr, was wieder zu einem Rückfall in alte Verhaltensweisen führt. Hier kommt die professionelle Seite des kontrollierten Trinkens ins Spiel, die Auseinandersetzung mit dem „wie", damit neben dem Vorhaben, weniger zu trinken, tatsächlich auch die praktische Umsetzung gelingt.

Die im deutschsprachigen Raum wohl bekanntesten Programme, die mit dieser Zielrichtung angeboten werden, sind das KISS- und das KT-Training [65]. KISS steht nicht für küssen, sondern ist eine Abkürzung für den etwas sperrigen Titel „Kontrolle im selbstbestimmten Substanzkonsum", bei KT handelt es sich um „Kontrolliertes Trinken", das Programm für Alkoholabhängige. Der Hintergrund ist bei beiden Programmen gleich, es geht darum, einen selbstbestimmten und eigenverantwortlichen Umgang mit dem Konsum von Substanzen zu erlernen. Nicht die Abstinenz steht im Vordergrund, sondern die Reduktion und vor allem die Kontrolle des Konsums. Derartige Programme wurden in erster Linie entwickelt, um die Patient*innen dort abzuholen, wo sie gerade stehen, und sie nicht in eine Konsumform zu zwängen, die sie nicht wollen oder für gänzlich unrealistisch halten. Viele Abhängige, die in kontrollierten Programmen sind und damit eine Stabilisierung des Lebens erreichen konnten, sagen, dass sie das mit einer gänzlich abstinenzorientierten Ausrichtung nicht geschafft hätten. Nicht zuletzt deswegen, weil sie sich nicht vorstellen konnten, ihr ganzes Leben lang auf Alkohol oder andere Substanzen zu verzichten. Diese für manche schier überhöhte Forderung schreckt viele von vornherein von einer Behandlung ab, was jedoch, wenn man sich die Ergebnisse aus der Forschung zu kontrollierten Konsumformen ansieht, schade ist.

Wie schon weiter oben ausgeführt, geht es bei der Behandlung der Abhängigkeit darum, gewisse Kompetenzen im Umgang mit Suchtmitteln zu erwerben, was bei dieser Methode im Vordergrund steht. Es geht nicht darum, irgendwie weniger zu trinken, sondern darum, den Konsum nach den eigenen Regeln und Konsumplänen auszurichten. Der Konsum soll geplant und limitiert erfolgen, in den meisten Programmen ist es üblich, sowohl die wöchentliche maximale Konsummenge als auch die Anzahl der konsumfreien Tage vorab festzulegen. Zu diesem Zweck werden diese Regeln sowie auch der tatsächliche Konsum in ein Konsumtagebuch (siehe Abbildung rechts) eingetragen, in dem man die etwaigen Diskrepanzen zwischen Anspruch und Wirklichkeit überprüfen und bearbeiten kann. Die Teilnehmer*innen derartiger Programme lernen Methoden im Umgang mit Risikosituationen und Bewältigungsmechanismen. Das Ziel ist demnach nicht nur, einfach weniger zu trinken, sondern das eigene Konsumverhalten bewusst zu machen und Fähigkeiten zum Selbstmanagement und zur Konsumreduktion zu erlernen. Die Betroffenen lernen, Risiken zu erkennen und zu bewältigen, sie lernen, nicht zu konsumieren, obwohl sie das gerne täten, und machen damit die Erfahrung, dass Verlangen nicht immer im Konsum endet, sondern durchaus auch bewältigt werden kann, wenn man weiß, wie. Die Energie, an sich zu arbeiten, und das technische Handlungswissen sind zwei wesentliche Voraussetzungen, um den Suchtmittelkonsum in den Griff zu bekommen. Wenn sich aus dem kontrollierten Konsum einmal der Wunsch nach Abstinenz entwickelt, ist das gut, wenn nicht, ist es auch in Ordnung. Es handelt sich um eine zieloffene Herangehensweise, bei der die Autonomie und Entscheidungsfreiheit der Patient*innen gewahrt wird. Die Therapie mit ehrlichen und offenen Zielaussagen der Betroffenen zu beginnen fördert nicht nur die Motivation, an einem Programm teilzunehmen, sondern erhöht auch die Verbindlichkeit beim Erarbeiten des definierten Ziels. Auch das ist im Übrigen keine Besonderheit der Suchttherapie, denn wer trainiert nicht motivierter und dauerhafter für einen Marathonlauf, wenn er oder sie sich diese Aufgabe selbst zum Ziel gesetzt hat. Die Besonderheit der Suchttherapie ist jedoch, dass Menschen nicht immer ganz ehrlich mit ihren Zielen sind. Wenn man in einer strikt abstinenzorientierten Einrichtung aufgenommen werden möchte, bleibt einem kaum etwas anderes übrig, als zu sagen, dass man abstinent werden möchte. Aus Studien ist aber bekannt, dass ein Drittel bis die Hälfte der Menschen, die sich in abstinenzorientierte Behandlung ihrer Alkoholabhängigkeit begeben, nicht abstinent werden wollen, sie möchten lediglich den Konsum in den Griff bekommen [52]. Diese fünfzig Prozent werden in abstinenzorientierten Einrichtungen nicht offen und ehrlich über

Konsumtagebuch

Woche		**Tagesziel**	**Wochenziel**	**Konsumfreie Tage**
von		(max. Menge/Tag)	(max. Menge/Woche)	(Tage ohne Alkohol etc.)
bis				

	1. Tag		2. Tag		3. Tag		4. Tag		5. Tag		6. Tag		7. Tag	
ab 6 Uhr														
ab 12 Uhr														
ab 18 Uhr														
Tagesziel (max. Menge/Tag) erreicht	ja ☐	nein ☐	ja ☐	nein ☐	ja ☐	nein ☐	ja ☐	nein ☐	ja ☐	nein ☐	ja ☐	nein ☐	ja ☐	nein ☐

Wochenziel erreicht? ja ☐ nein ☐ Konsumfreie Tage:

Mit meinem Konsumverhalten bin ich diese Woche so zufrieden:

sehr zufrieden ☐ ☐ ☐ ☐ ☐ sehr unzufrieden

Quelle:
https://www.dialogwoche-alkohol.at/wp-content/uploads/2019/04/Konsumtagebuch.pdf

die Ziele sprechen können, geschweige denn Methoden erlernen, wie sie diese realistisch erreichen können.

Oft wird dieser Behandlungsform – mehr aus dogmatischen denn aus wissenschaftlich fundierten Gründen – vorgeworfen, dass es keine wirksame Methode im Umgang mit Suchtkranken darstellt. Ganz oder gar nicht. Man könne den Konsum einer Substanz, von der man einmal abhängig war, nicht kontrollieren. Es gibt doch das „Suchtgedächtnis“, das nie vergisst, und wenn das immer genährt wird, verstummt es nie. Solche und andere Aussagen werden häufig in Zusammenhang mit Programmen zum kontrollierten Konsum getroffen, obwohl es wissenschaftliche Evidenz für deren Wirksamkeit gibt. Eine Vielzahl der Teilnehmer*innen an derartigen Programmen erreicht eine deutliche Reduktion des Konsums, manche auch eine komplette Abstinenz [128].

Derartig ausgerichtete Programme sind erheblich besser als ihr Ruf, der kontrollierte Konsum hatte und hat immer noch einen Touch von „wenn es nicht anders geht, dann halt zumindest das", mit dem leisen Unterton, dass Abstinenz jedenfalls besser wäre. Wobei, es stimmt schon, komplette Abstinenz wäre aus rein medizinischer Sicht natürlich gesünder für jeden Menschen, es ist jedoch schon bei gesunden Menschen nicht üblich und für eine Vielzahl der Abhängigen schlicht unrealistisch, dauerhaft auf jegliches Suchtmittel zu verzichten. Zumindest in bestimmten Phasen ihres Lebens und des Krankheitsverlaufes. Wenn man einmal von den ideologisch überfrachteten Süchten wie der Drogenabhängigkeit weggeht und zu anderen exzessiven Verhaltensformen blickt. Niemand würde einem „sexsüchtigen" Menschen empfehlen, nie wieder Geschlechtsverkehr zu haben, hier wäre es wohl selbstverständlich zu raten, zu einem normalen Umgang mit Sexualität zu kommen. Wieso sollte dies also bei anderen aus dem Ruder gelaufenen Verhaltensweisen nicht auch denkbar sein?

SELBSTGESTEUERTE AUSSTIEGSVERLÄUFE

Neben all den medizinisch und therapeutisch begleiteten Behandlungsmethoden gibt es noch ein Phänomen, das im Bereich der Sucht gar nicht so selten zu beobachten ist: das Herauswachsen aus der Sucht. Nicht alle Süchtigen bleiben ein Leben lang süchtig und nicht alle Süchtigen brauchen professionelle Unterstützung beim Ausstieg, manche Betroffenen schaffen dies ganz allein. Bei schwer drogen- oder alkoholabhängigen Menschen klingt das vielleicht seltsam, schaut man aber auf Nikotinabhängige, ist der selbstgesteuerte Ausstieg mehr die Regel als die Ausnahme. Viele Betroffene versuchen erst einmal, den Zigarettenkonsum zu reduzieren, und ernten nicht selten Anerkennung von Familie und Freunden, wenn sie „nur noch fünf Zigaretten am Tag" rauchen anstatt wie zuvor eine ganze Packung. Häufig gelingt der Ausstieg über den kontrollierten Konsum, man nimmt sich vor, erst einmal weniger zu konsumieren, wenn das klappt und damit auch das Selbstvertrauen in die eigenen Bewältigungsmechanismen steigt, folgt die komplette Abstinenz. Ähnliches lässt sich auch bei alkoholabhängigen Menschen beobachten, auch hier verlaufen die Genesungsprozesse oftmals über einen selbstgesteuerten kontrollierten Konsum, der allenfalls irgendwann in der Abstinenz endet. Dabei spielen in vielen Fällen kognitive Abwägungsprozesse eine Rolle, im Zuge derer sich die Betroffenen aktiv mit den Vor- und Nachteilen des eigenen Suchtverhaltens auseinandersetzen [63]. Wer kennt das nicht aus anderen Bereichen, es werden Listen angefertigt mit Gründen, die für oder gegen den Wechsel eines Jobs, eine neue Wohnung oder auch nur ein Urlaubsziel sprechen. Diese Form der schriftlichen Auseinandersetzung hilft, die eigenen Gedanken zu sortieren und Gründe, die gegen eine Beendigung des unerwünschten Verhaltens sprechen, bewusster zu machen. Nicht alles ist dem Bewusstsein immer so zugänglich, wie wir es gerne hätten, nicht nur Süchtige sind oft Meister darin, sich Dinge „schönzureden" und die negativen Aspekte zu vergessen. Diese Pro-und-Contra-Abwägungen helfen, mehrere Aspekte ins Bewusstsein zu rufen und die Gründe für und gegen eine Veränderung schwarz auf weiß vor sich zu sehen.

Aber auch ein funktionierendes soziales Umfeld aus Freunden und Familie kann den Selbstheilungsprozess zumindest begünstigen, genauso wie der Verlust der Beziehungen und eine Änderung des Lebensstils, die mit dem süchtigen Verhalten verbunden sind. Es gibt demnach eine Gruppe von Süchtigen, die es über die selbstgesteuerte Auseinandersetzung mit dem eigenen Problemverhalten, verbunden mit einem guten Ausmaß an sozialer Unterstützung, schafft auszusteigen. Dieser Anteil ist vor allem bei Abhängigen legalisierter Substanzen relativ groß. Einschränkend muss man jedoch dazu sagen, dass die Hinweise aus der Forschung eher dahingehen, dass derartige Selbstheilungsverläufe meist bei weniger schweren Fällen der Suchterkrankung stattfinden.

Eine andere Theorie aus diesem Bereich ist die sogenannte „Maturing out"-Hypothese, die gewissermaßen ein altersbedingtes Herauswachsen aus der Sucht bezeichnet. Angelehnt ist dies an das Wissen über andere psychiatrische Erkrankungen, die in der Regel im Alter besser werden und nicht schlechter. Beim Alkoholkonsum ist dies häufig bei Jugendlichen zu beobachten, die nach dem Ablösen aus dem Elternhaus zu einem exzessiveren Trinkverhalten neigen als zuvor. Dieselben Jugendlichen ändern ihren Konsum aber auch wieder, wenn andere Verpflichtungen oder Lebensumstände wichtig werden – Studium, Beruf, Hochzeit, Kinder. Der Alkoholkonsum wird reduziert und das Trinkverhalten pendelt sich auf einem Genussniveau ein. Vermutlich kennen viele Leser*innen einen derartigen Verlauf aus dem eigenen Verwandten- oder Freundeskreis. Auch bei älteren Süchtigen ist das zu beobachten, wobei dieser Anteil Untersuchungen zufolge eher gering sein dürfte.

Während der Aspekt des Alters bei schwer Abhängigen in vielen Studien nicht nachgewiesen werden konnte, zeigten sich oftmals andere Faktoren, die den Betroffenen beim eigenständigen Ausstieg aus der Sucht helfen: die Motivation zur Veränderung, positiver Einfluss von Familie und Freunden oder die Zuwendung zu einer Religion, die Kraft und Sicherheit gibt [32, 126]. Besonders der Einfluss von sich ändernden Lebensumständen und die Unterstützung durch ein soziales Umfeld dürfte für viele Abhängige den Weg aus der Sucht ermöglichen oder zumindest erleichtern [31]. Jedoch ist gerade diese soziale Unterstützung durch Angehörige und Freunde etwas, das viele Süchtige verloren haben und nur noch in der Drogenszene finden.

Solche selbstgestützten Ausstiegsverläufe gibt es im Wesentlichen bei legalisierten Substanzen wie Alkohol oder Nikotin, worauf sich auch die meisten Untersuchungen über dieses Thema beziehen. Phasen des Konsums illegalisierter Substanzen werden aber häufig auch ohne weitere professionelle Unterstützung bewältigt, man stelle sich vor, wie viele Menschen in Therapie wären, wenn jeder, der Cannabis oder andere Substanzen zu sich nimmt, nur mit therapeutischer Unterstützung wieder herausfände. Dennoch gilt mit Sicherheit, je länger und schwerer die Suchterkrankung ist, desto schwieriger ist es, ohne weitere Hilfe stabil oder gar gesund zu werden. Einen Schnupfen kann man auch schnell einmal allein ausheilen, bei einer Grippe wird es schon schwieriger und bei einer Krebserkrankung gar unmöglich. Wobei es auch hier gelegentlich, wenn auch sehr selten, zu Spontanremissionen und einer unerwarteten Genesung kommt.

RECOVERY-ORIENTIERUNG IN DER SUCHTHILFE

Die stationäre Suchthilfe war lange Zeit durch starre Regelwerke, Beschränkungen und Reglementierungen, denen sich die Patient*innen unterwerfen mussten, geprägt. Anzahl und Dauer der Rauchpausen während der Arbeitstherapie waren genauso geregelt wie die Menge des Kaffees, die an einem Tag getrunken werden durfte. Das Mobiltelefon musste bei Eintritt in die Einrichtung abgegeben werden, andere Dinge des täglichen Lebens wie Laptops oder gar Spielekonsolen waren sowieso verboten. Taschen wurden nach einer Rückkehr vom Ausgang genau durchsucht, Entscheidungen über das Verlassen der Einrichtung von den Professionist*innen getroffen. Auch Paarbeziehungen waren untersagt, wo kämen wir auch hin, wenn zwei Menschen, die einander mögen, gemeinsam das Ziel verfolgten, mehr Stabilität in ihrem Leben zu erreichen. Das wäre zu viel Ablenkung während der Therapie, das Suchtgedächtnis würde auch durch Kaffee getriggert, es sei notwendig, den Kontakt zur Außenwelt zu unterbinden, um die in der stationären Einrichtung aufhältigen Menschen zu einem besseren Leben zu erziehen. All diese und ähnliche Reglementierungen sind mir in der Vielzahl von Suchthilfeeinrichtungen, die ich in meinem Leben besucht habe, untergekommen. All diesen Anordnungen ist gemein, dass die Machtverhältnisse klar geregelt sind. Wir – die Professionist*innen – wissen, wie es geht, und sie – die Süchtigen – haben sich danach zu richten. Übrigens scheint dies generell eine Besonderheit beim Umgang mit Suchtkranken zu sein, dass sich immer alle anderen Beteiligten einbilden, besser zu wissen, wie sich jemand zu verhalten hat, um gesund zu werden. Das endet nicht bei den Professionist*innen, nein, von gänzlich Unbeteiligten bis hinauf in die hohe Politik gibt es immer Menschen, die zu wissen meinen, was für die Betroffenen gut ist. Nur leider decken sich diese Ansichten nicht immer mit der wissenschaftlichen Evidenz, sonst gäbe es bereits Drogenkonsumräume, Spritzentauschprogramme in der Haft, Substitutionsbehandlung mit Diamorphin (Heroin) und andere hilfreiche Angebote mehr.

Auch das langjährig praktizierte Aufzwingen des Abstinenzparadigmas ist ein Paradebeispiel für die Bevormundung von Suchtkranken, genauso wie die oft strengen Reglementierungen in Rehabilitationseinrichtungen für Suchtkranke, die dies verständlicherweise nicht freut. Oder würden Sie sich gerne das Mobiltelefon abnehmen lassen, wenn sie ihre dreiwöchige Rehabilitation aufgrund ihres Rückenleidens antreten? Würden sie gerne jedes Mal nach einem Spaziergang den Inhalt ihrer Handtasche dem Portier vorlegen und hoffen, dass er heute zumindest auf die Leibesvisitation verzichtet? Ich vermute, die Antwort ist Nein. Im Suchtbereich wird häufig damit argumentiert, dass dies notwendig sei, Suchtpatient*innen bräuchten Struktur und seien ohnehin entgrenzt, sie müssten erst lernen, mit dem nüchternen Leben umzugehen und Verantwortung für ihr Leben zu übernehmen und so weiter. Letzteres stimmt vermutlich auch für viele Betroffene, jedoch führen diese kontrollierenden paternalistischen Strukturen zu der paradoxen Situation, dass einerseits von den Patient*innen gefordert wird, un-abhängig (im Wortsinn) und eigenständig zu werden und mehr Eigenverantwortung für ihr Handeln zu übernehmen, diese Veränderung aber im Umfeld von Macht und Kontrolle verlangt wird. Patient*innen sollen für ihr Leben und Handeln mehr Verantwortung übernehmen, wobei auf dem Weg dorthin die eigene Entscheidungsfähigkeit bis in die kleinsten Bereiche eingeschränkt wird. Dies klingt nicht nur paradox, sondern ist es auch. Während sich in anderen Bereichen der sozialen Arbeit schon länger der Wandel von der Bevormundung zur Selbstbefähigung und Empowerment vollzog, hinkt die Suchthilfe noch immer etwas hinterher.

Doch auch hier bewegt sich langsam etwas, das Konzept der Recovery-Orientierung findet Eingang in die stationäre Suchthilfe, ein Konzept, das das Gesundungspotenzial und die Ressourcen der Betroffenen hervorhebt. Recovery hat sich in den frühen 1990er-Jahren aus den Beschränkungen der Patient*innenrolle in der Psychiatrie entwickelt, die lange Zeit mit erheblichen Einschränkungen und Zwangsmaßnahmen verbunden war. Obwohl diese Einschränkungen durchaus manchmal notwendig waren und sind, werden diese oftmals nicht mit dem nötigen Respekt eingesetzt, wobei gleichzeitig eines vergessen wird: die Hoffnung auf Besserung, das Vertrauen in die Ressourcen und Fähigkeiten zur (Selbst-)Heilung der Betroffenen. Aus dieser Stimmung heraus hat sich eine Bewegung entwickelt, die nicht nur Symptombekämpfung, sondern vielmehr Förderung der Lebensqualität forderte. Es gab einen deutlichen Ruf nach mehr Autonomie, Selbstbestimmung und Mitgestaltung bei der Behandlung. Der

Blick auf die Erkrankung war nicht mehr nur defizit-, sondern vielmehr lösungsorientiert, eine neue Hoffnung machte sich breit.

Ein wesentlicher Aspekt dieser Recovery-Bewegung ist die Einbeziehung der Betroffenen, die Professionist*innen haben nicht den alleinigen Anspruch auf der Weisheit letzten Schluss. Dem lebensgeschichtlichen, erfahrungsbasierten Wissen kommt eine mindestens ebenso große Bedeutung bei der Behandlung zu. Patient*innen sind gleichwertige, mündige Partner*innen, was wiederum die Behandler*innen vielmehr zu Begleitenden statt über die Genesungsschritte Bestimmenden macht. Es geht also darum, statt einer paternalistischen, defizitorientierten Herangehensweise zu einer gemeinschaftlichen Arbeit an der Genesung zu kommen, ohne die Autonomie und die Selbstbestimmung der Patient*innen zu sehr einzuschränken. Eine diffizile Aufgabe, die mit Machtverlust aufseiten der Behandler*innen verbunden ist. Verankert wird diese Einbeziehung der Betroffenen durch das Konzept der „peers", dem in der Recovery-Bewegung eine hohe Bedeutung zukommt. Peers sind Mitarbeiter*innen, die selbst an einer psychiatrischen Erkrankung oder in unserem Fall an einer Suchterkrankung gelitten haben und sich dann in einer eigenen Ausbildung Lehrbuchwissen zu der Erkrankung angeeignet haben. Der Vorteil dieser Peers liegt auf der Hand, sie haben nicht nur das angelernte Wissen aus Büchern, sondern auch das eigene Erfahrungswissen, wie es sich anfühlt, süchtig zu sein, in Behandlung zu sein, Krisen zu durchlaufen und letztlich einen Weg aus der Krankheit heraus zu finden. So sind sie nicht nur umfassende Expert*innen, sondern auch die personifizierte Hoffnung für viele Patient*innen. Hoffnung auf Besserung spielt bei der Genesung von oft nicht linearen Heilungsverläufen mit Krisen und Rückschlägen eine wesentliche Rolle. Wenn es gelingt, nicht die Hoffnung zu verlieren, ist schon viel erreicht, der Glaube an die eigenen Fähigkeiten und eine Besserung in der Zukunft ist ein essenzieller Bestandteil jeder Erkrankung. Ja sogar aus dem Bereich der somatischen Erkrankungen kennt man das.

Die Recovery-Bewegung beinhaltet demnach vier Schlüsselwerte: die Orientierung an der Person, die Einbeziehung von Betroffenen, Selbstbestimmung und Wahlfreiheit sowie die Anerkennung des Wachstumspotenzials [59]. Was als Bewegung von Selbsthilfe- und

Patient*innenorganisationen begonnen hat, hat mittlerweile Einzug in die Behandlungskonzepte einer Vielzahl von psychiatrischen und rehabilitativen Einrichtungen gefunden.

Was bedeutet dies jedoch für die stationäre Suchthilfe? Wie kann man die Autonomie und Selbstbestimmung fördern und Patient*innen als gleichwertige Partner*innen im Genesungsprozess sehen, wenn gleichzeitig nach jedem Ausgang die Taschen auf Alkohol oder Drogen kontrolliert werden und die Entscheidungen über das Verlassen der Einrichtung einzig und allein der oder die Behandler*in trifft? Ganz genau, gar nicht. Die Einbeziehung Recovery-orientierter Ansätze heißt, gleichzeitig auf paternalistische Strukturen und Machtausübung weitgehend zu verzichten. Mehr Vertrauen statt Kontrolle, mehr Freiheiten geben statt Grenzen setzen, mehr mit den Betroffenen reden statt über die Betroffenen.

Die Einführung von Elementen der Recovery-Orientierung in der Einrichtung, in der ich arbeite, brachte entgegen anfänglicher Skepsis der Mitarbeiter*innen insgesamt deutlich positive Veränderungen. Das Klima wurde angenehmer, die therapeutische Beziehung zu den Patient*innen besser und damit auch die Notwendigkeit, Macht und institutionelle Kontrolle auszuüben, geringer. Die Zufriedenheit der Patient*innen stieg messbar, wie auch die Verweildauer der Betroffenen im angebotenen Behandlungsprogramm. Das ist wiederum ein wesentlicher Prädiktor für den Behandlungserfolg, je länger jemand in Behandlung ist, desto höher die Chancen auf Genesung. Insgesamt also eine sehr erfreuliche Entwicklung, die wir nicht missen wollen. Die weitgehende Aufgabe von Macht, Kontrolle und strikten Reglementierungen zugunsten einer besseren Beziehung, höheren Bindung und einem gedeihlichen Miteinander mit einer Vielzahl von Aspekten der Autonomie und Selbstbestimmung der Patient*innen war ein guter Tausch für alle. Etwas, das übrigens die Vertreter*innen aller Recovery-orientierten Suchthilfeeinrichtungen, die ich besucht habe, berichten. Es ist zu hoffen, dass sich derartige partizipative Konzepte durchsetzen und in eine Vielzahl von Einrichtungen der stationären Suchthilfe Eingang finden.

SELBSTHILFE

Neben den professionalisierten therapeutischen Interventionen gibt es auch ein relativ großes Spektrum von Selbsthilfeangeboten im Bereich der Abhängigkeitserkrankungen, das sich einerseits aus einem Mangel an alternativen Angeboten entwickelt hat, andererseits auch aus den Bestrebungen, selbst mehr Verantwortung für die eigene Gesundheit zu übernehmen. Bei Selbsthilfeangeboten handelt es sich oft um Gesprächsgruppen, in denen sich Betroffene untereinander über sich selbst und ihre Erfahrungen mit der Erkrankung austauschen können. Je nach Angebot oder Konzept haben diese Gruppen einen fixen Leiter oder es moderiert jedes Mal ein anderes Mitglied der Gruppe. Die meisten dieser Selbsthilfegruppen sind offen gestaltet, sodass man jederzeit einsteigen oder auch nur zum Schnuppern kommen kann, in der Regel kostenlos. Dadurch ist die Hemmschwelle für eine Teilnahme geringer, als sich an eine*n Professionist*in zu wenden. Solche Gruppen haben auch den Vorteil, dass hier quasi die Teilnehmer*innen alle selbst Expert*innen ihrer Sucht sind. Manchen Betroffenen fällt es leichter, sich mit Gleichgesinnten auszutauschen und sich von anderen, die dieselben Erfahrungen gemacht haben, Tipps und Ratschläge zu holen. Auch das Gemeinschaftsgefühl mit Menschen, die dieselben Probleme haben, ist für viele förderlich und hilfreich. Nicht wenige Betroffene spüren allein durch die Tatsache, dass es Menschen gibt, die dieselben Probleme haben wie sie, eine immense Erleichterung. Nicht selten habe ich den Satz gehört „Ich dachte, nur ich bin verrückt, aber anderen geht es ja auch so“. Diesen für viele positiven Effekt hat man in der Selbsthilfegruppe genauso wie in einer angeleiteten Psychotherapiegruppe.

Obgleich es zu Selbsthilfegruppen unterschiedliche Ansätze und Vorgehensweisen gibt, ist das besonders aus dem angloamerikanischen Raum bekannte Zwölf-Schritte-Programm der Anonymen Alkoholiker das am weitesten verbreitete. Die Anonymen Alkoholiker (AA) wurden in den 1930er-Jahren in den USA von drei Personen, die selbst Alkoholprobleme hatten, gegründet. Im Jahr 1949 folgten mit den „Narcotics Anonymous“ lokale Selbsthilfegruppen, die nach demselben Prinzip Menschen, die Probleme durch andere psychoaktive Substanzen hatten, Hilfe anboten. Mitte des 20. Jahrhunderts gab es die ersten Gruppen in Europa, mittlerweile haben die AA etwa zwei Millionen Mitglieder in 144 Ländern der Welt. Diese Mitglieder sind in lokalen Gruppen organisiert, die sich regelmäßig treffen und in der Gruppe über sich und die Sucht sprechen. Das Programm der AA orientiert sich an zwölf Schritten, die jede*r Teilnehmer*in durcharbeiten sollte [3].

Das Zwölf-Schritte-Programm

1. Schritt: Wir gaben zu, dass wir dem Alkohol gegenüber machtlos sind – und unser Leben nicht mehr meistern konnten.

2. Schritt: Wir kamen zu dem Glauben, dass eine Macht, größer als wir selbst, uns unsere geistige Gesundheit wiedergeben kann.

3. Schritt: Wir fassten den Entschluss, unseren Willen und unser Leben der Sorge Gottes – wie wir Ihn verstanden – anzuvertrauen.

4. Schritt: Wir machten eine gründliche und furchtlose Inventur in unserem Inneren.

5. Schritt: Wir gaben Gott, uns selbst und einem anderen Menschen gegenüber unverhüllt unsere Fehler zu.

6. Schritt: Wir waren völlig bereit, all diese Charakterfehler von Gott beseitigen zu lassen.

7. Schritt: Demütig baten wir Ihn, unsere Mängel von uns zu nehmen.

8. Schritt: Wir machten eine Liste aller Personen, denen wir Schaden zugefügt hatten, und waren willig, ihn bei allen wieder gutzumachen.

9. Schritt: Wir machten bei diesen Menschen alles wieder gut – wo immer es möglich war –, es sei denn, wir hätten dadurch sie oder andere verletzt.

10. Schritt: Wir setzten die Inventur bei uns fort, und wenn wir Unrecht hatten, gaben wir es sofort zu.

11. Schritt: Wir suchten durch Gebet und Besinnung die bewusste Verbindung zu Gott – wie wir Ihn verstanden – zu vertiefen. Wir baten Ihn nur, uns Seinen Willen erkennbar werden zu lassen und uns die Kraft zu geben, ihn auszuführen.

12. Schritt: Nachdem wir durch diese Schritte ein spirituelles Erwachen erlebt hatten, versuchten wir, diese Botschaft an Alkoholiker weiterzugeben und unser tägliches Leben nach diesen Grundsätzen auszurichten.

Die Gruppen folgen zum Teil einem starren Ablauf, der zumeist mit den Worten „Hallo, mein Name ist xy und ich bin Alkoholiker“ beginnt. Danach ist genug Zeit und Raum, sich über sich, die eigenen

Hoffnungen und Wünsche, Lebensgeschichten und anderes auszutauschen. Voraussetzungen gibt es kaum, außer dem Wunsch, abstinent zu werden. Die Spiritualität des Programmes ist mit Sicherheit nicht jedermanns Sache, die Vielzahl der Mitglieder zeigt jedoch, wie viele Betroffene sich einen Austausch unter Gleichgesinnten wünschen und holen.

Selbsthilfegruppen insgesamt sind mittlerweile ein fester Bestandteil der Suchtbehandlungslandschaft und werden auch in vielen Einrichtungen und Institutionen, die professionalisierte Behandlung leisten, ergänzend angeboten. Oft ist es leichter, in einem derartigen Rahmen zu lernen, sich über seine Probleme zu äußern und die erste Scheu und Scham zu überwinden.

SCHADENSMINIMIERUNG UND SAFER USE

Wie im vorangegangenen Kapitel ausgeführt, gibt es die Notwendigkeit neben therapeutischen Maßnahmen auch andere Angebote für abhängige Menschen bereitzustellen. Nicht allen gelingt der Ausstieg aus der Sucht beim ersten Mal, manchen gelingt er erst zu einem späteren Zeitpunkt, manchen nie. Voraussetzung, irgendwann Stabilität zu erlangen, ist, dass man die Krankheit überlebt, im besten Fall auch noch ohne wesentliche Begleiterkrankungen oder Folgeschäden. Eine ganzheitliche Drogenpolitik muss demnach Angebote bereitstellen, die Folgeschäden in Zusammenhang mit dem Konsum psychoaktiver Substanzen verringern oder verhindern können.

Neben diesem altruistischen Aspekt gibt es einen weiteren, um nicht zu sagen den eigentlichen Grund, weshalb schadensminimierende Angebote in den 1980er-Jahren langsam Einzug in die Drogenlandschaft gefunden haben: die allgemeine Angst vor HIV. Ohne noch genau zu wissen, wen HIV betreffen kann, wusste man doch, dass die Gruppe der Abhängigen anscheinend einem höheren Risiko für eine HIV-Infektion ausgesetzt ist. Wie man bald herausfand, ging dies über den direkten Blutkontakt beim gemeinsamen Verwenden von Spritzbesteck. Aus Angst, die Volksgesundheit könnte in Gefahr sein, führte man Maßnahmen ein, die zu einer Reduzierung der Folgeschäden von Drogenkranken beitragen sollten. Dazu zählte allen voran der Spritzentausch, bei dem benutztes Spritzbesteck an speziellen Abgabestellen eins zu eins gegen sauberes Spritzbesteck eingetauscht werden kann. Abhängige müssen damit nicht (von jemand anderem) benutztes Besteck weiterverwenden und können damit eine Ansteckung mit Krankheiten wie HIV oder Hepatitis C verhindern. Als positiver Nebeneffekt für die Allgemeinheit reduzieren derartige Spritzentauschprogramme deutlich die Anzahl der Spritzen, die im öffentlichen Raum weggeworfen werden und dann irgendwo herumliegen, wo sich andere Menschen daran verletzen könnten. Um einen Eindruck der Größenordnung zu bekommen: In Wien wurden im Jahr 2017 in drei verschiedenen Einrichtungen insgesamt 3.831.144 Spritzen abgegeben, das sind täglich 10.496 Spritzen, die Tauschquote betrug dabei 98,3 Prozent [114]. Neben dem gesundheitspräventiven Aspekt haben Spritzentauschprogramme noch einen weiteren Vorteil: Sie bringen Abhängige in Einrichtungen, in denen in der Regel auch weitere Hilfestellungen, Beratung und Betreuung angeboten werden. So können über diesen Weg des Kontaktes in vielen Fällen auch andere Angebote thematisiert werden und Betroffene in weiterführende Behandlungs- und Betreuungsleistungen vermittelt werden. Alles in allem ist der Ruf mancher populistischer Akteure nach einer Schließung oder Verlegung von Spritzentauschprogrammen an den Stadtrand eher kontraproduktiv, derartige Programme helfen nicht nur den Betroffenen selbst, sondern allen Menschen, die sich im öffentlichen Raum aufhalten. Dazu müssen sie jedoch gut erreichbar sein, um in Anspruch genommen zu werden.

Eine andere Maßnahme, der auch ungerechtfertigterweise kein guter Ruf vorauseilt, sind Drogenkonsumräume, auch unter den Namen „Druckräume“ oder „Fixerstübli“ bekannt. Nach dem Dialekt der beiden letztgenannten Bezeichnungen kann man leicht auf die Länder schließen, in denen diese Räume vorwiegend angesiedelt sind: in Deutschland und der Schweiz. Aber auch in Spanien, den Niederlanden, Australien und Kanada existiert ein derartiges Angebot, in Österreich gibt es noch keine Konsumräume, was mit Sicherheit eher eine politische als eine bedarfs- beziehungsweise nutzenorientierte Entscheidung ist. Mit diesem Angebot befindet man sich in einem Spannungsfeld zwischen einem akzeptierenden, schadensminimierenden Ansatz und einer damit einhergehenden Toleranz der mit dem Drogenkonsum verbundenen Rechtsbrüche. Ein für die Drogenpolitik typisches Spannungsfeld zwischen Akzeptanz und Prohibition.

Drogenkonsumräume sind Einrichtungen, in denen man unter Einhaltung von strengen Regeln und hygienischen Bedingungen mitgebrachte Drogen unter Aufsicht konsumieren kann. Primär dienen diese Räume dem intravenösen Gebrauch, es gibt jedoch auch Angebote für inhalierenden Gebrauch oder andere Konsumarten. Im Prinzip geht es darum, den Konsument*innen eine Möglichkeit zu bieten, auch illegalisierte Substanzen auf stressfreie und hygienische Art und Weise unter Aufsicht, aber dennoch unter Wahrung der Privatsphäre konsumieren zu können. Dieses Angebot des geschützten Gebrauchs illegalisierter Substanzen verfolgt mehrere Ziele [104].

Zum einen dient es der Gesundheit der Drogengebraucher*innen, weil beim Konsum unter Aufsicht für den Fall einer Überdosierung schneller professionelle Hilfe vorhanden ist. Wenn sich jemand in einer öffentlichen Toilette eine Überdosis injiziert, ist nicht klar, ob er oder sie rechtzeitig gefunden wird, damit noch lebensrettende Maßnahmen eingeleitet werden können. In einem Drogenkonsumraum fällt es schnell auf, wenn jemand überdosiert ist, und man kann rasch reagieren und helfen. Des Weiteren hat der Konsum unter hygienischen Bedingungen mit sauberem Spritzbesteck auch zur Folge, dass sich Infektionskrankheiten wie HIV oder Hepatitis C nicht weiter verbreiten, was wiederum ganz generell einen präventiven Effekt hat. Eine weitere positive Auswirkung ist die Förderung der Sicherheit der Allgemeinheit, indem der öffentliche Raum vom Konsum und den damit einhergehenden Problemen, wie weggeworfenen Spritzen, entlastet wird. Dazu kommt, wie auch beim Spritzentausch, dass Konsumräume eine erste Anbindung an das Hilfesystem sein können und sollen. Mit einem derartigen Angebot erreicht man auch Konsument*innen, die mit anderen, eher therapeutisch orientierten Maßnahmen momentan nicht zu erreichen sind. Im Optimalfall ergibt sich aus dieser sehr niederschwelligen Form der Anbindung irgendwann doch auch so etwas wie eine therapeutische weiterführende Behandlung. An sich sind das alles sehr positive Aspekte, auch der harte Kern der Konsument*innen kann erreicht werden, der Drogenkonsum erfolgt nicht im öffentlichen Raum, sondern hinter verschlossenen Türen, Spritzen werden fachgerecht entsorgt und landen nicht auf der Straße. Dass diese Zielsetzungen mit einem derartigen Angebot erreicht werden können, zeigen die zu dieser Thematik durchgeführten Evaluationsstudien. Aus fachlicher Sicht gibt es gegen das Zurverfügungstellen von Konsumräumen für Abhängige kaum etwas einzuwenden. Dennoch gibt es in vielen Ländern massiven Gegenwind gegen die Einrichtung von Konsumräumen. Befürchtungen, dass Konsumräume Konsument*innen anziehen würden und damit die Bevölkerung der Nachbarschaft gefährdet wäre, sind eher der Angst und der Unwissenheit geschuldet. Derartige Angebote machen Probleme zwar sichtbar, sie sind jedoch mit Sicherheit nicht die Verursacher. Ein Argument, das in der Debatte auch immer wieder ins Treffen geführt wird, ist die Vereinbarkeit mit der aktuell gültigen Rechtslage. Einen Raum zu schaffen für den Konsum von Substanzen, die verboten sind, ist natürlich ein Widerspruch in sich. Gegner*innen befürchten, dass diese Doppelbotschaft den Drogenkonsum verharmlosen und legitimieren würde. Wie die Praxis in anderen Ländern zeigt, handelt es sich dabei jedoch um lösbare Probleme und leicht widerlegbare Befürchtungen.

Analog zu den Drogenkonsumräumen gibt es in einigen europäischen Großstädten auch Trinkerräume für alkoholkranke Menschen. In Zeiten von Alkoholverbotszonen an Bahnhöfen und gezielter Vertreibung von sozial marginalisierten Gruppen mittels architektonischer Maßnahmen braucht es andere Plätze für Trinker*innen im öffentlichen Raum, damit es nicht nur zu einer Verdrängung und zu einem Aufpoppen der Problematik an einem anderen Ort kommt. Derartige Trinkerräume sind soziale Treffpunkte, bieten eine Anbindung an das Hilfesystem und entlasten gleichzeitig den öffentlichen Raum [110].

Ein weiterer Aspekt der Schadensminimierung bezüglich Folgeerkrankungen bei Drogenkonsum sind Virus-Statusbestimmungen, die ebenfalls Bestandteil der meisten nationalen Drogenstrategien sind. So werden Abhängigen, aber auch anderen Personengruppen, kostenlose Tests auf übertragbare Viruserkrankungen wie HIV oder Hepatitis C angeboten. Das Wissen über den eigenen HIV-Status trägt essenziell zur Verringerung der Weiterverbreitungsrate bei, wer weiß, dass er selbst Virusträger ist, kann sich dementsprechend vorsichtiger verhalten. Zu diesem vorsichtigeren Verhalten gehören bei Abhängigen aber nicht nur das Verwenden von sauberem Spritzbesteck, sondern auch die Verhütung beim Sexualverkehr. Nicht nur, aber vor allem auch bei der Prostitution spielt dies eine wesentliche Rolle. So werden beispielsweise in vielen Gefängnissen sogenannte „Care-Pakete“ ausgegeben, in denen unter anderem Kondome und Gleitgel zu finden sind, genauso wie Informationsbroschüren zu HIV und Hepatitis C und deren Übertragungswege. Gerade im Gefängnis, wo sexuelle Kontakte unter Mitgefangenen schambesetzt sind, ist eine anonyme Ausgabe von Verhütungsmitteln wichtig. Spritzentauschprogramme hingegen gibt es noch in den wenigsten Gefängnissen, da die Idee dahintersteckt, dass der (intravenöse) Konsum von Suchtmitteln in der Haft ohnehin verboten ist, womit das Zur-Verfügung-Stellen von

Warnung: extrem hochdosierte XTC's

Logo	**Gary (Schnecke)**
Gewicht	306.5 mg
Grösse	8.7 x 8.8 mm
Dicke	5.1 mm
Bruchrille	Nein
Farbe	Rot
Bemerkungen	Beidseitiges Logo
Inhaltsstoffe	**MDMA*HCl: 251.6 mg**
Getestet in	Basel (Mobil), 31. Juli 2019

Warnung: extrem hochdosierte XTC's

Logo	**Philipp Plein**
Gewicht	444.8 mg
Grösse	10.7 x 12.2 mm
Dicke	3.9 mm
Bruchrille	Ja
Farbe	Gelb / Grün
Bemerkungen	Zweifarbig / 3 Bruchrillen
Inhaltsstoffe	**MDMA*HCl: 244.7 mg**
Getestet in	Basel (Mobil), 31. Juli 2019

Quelle: https://www.saferparty.ch/Warnung.html

sauberem Spritzbesteck obsolet ist. Dass die Realität eine andere ist und es kein Gefängnis, sei es noch so gut überwacht, gibt, in dem man keine Drogen erhält, ist leider auch eine Tatsache. In anderen Ländern werden Spritzentauschprogramme auch in den Gefängnissen bereits erfolgreich angewendet.

Ein Bereich der Schadensminimierung, der nicht unbedingt nur schwer Abhängige, sondern vor allem Gelegenheits- oder Partydrogenkonsument*innen betrifft, ist das sogenannte Drug-Checking. Hierbei können vorwiegend bei Veranstaltungen, Raves oder Festivals Drogen zur Analyse auf ihre potenzielle Gesundheitsschädlichkeit getestet werden. Die Substanz wird analysiert und kurze Zeit später erfährt der oder die Konsument*in, welche Inhaltsstoffe in welcher Zusammensetzung in dieser Probe vorhanden sind. Dazu muss die Substanz nicht als Ganzes abgegeben werden, man kann sie

Vorsicht: XTC-Tablette mit 2C-B

Logo	**Champagner (Moët & Chandon)**
Gewicht	231.1 mg
Grösse	13.1 x 4.9 mm
Dicke	4.3 mm
Bruchrille	Ja
Farbe	Beige
Inhaltsstoffe	**2C-B*HCl: 15.4 mg**
Getestet in	Zürich (DIZ), 30. Juli 2019

Beispiele (l.u.r.) für Ergebnisse des Drug-Checking. Ausführliche Informationen sowie Risikoeinschätzung unter https://www.saferparty.ch/Warnung.html

behalten und je nach Testergebnis entscheiden, ob man sie konsumiert oder nicht. Das Angebot ist darüber hinaus anonym und zumeist kostenlos. Nach kurzer Zeit erfährt man, ob die abgegebene Probe tatsächlich die Substanz erhält, die man erwartet hat, und in welcher Dosierung. Vor Proben, die unbekannte oder potenziell sehr schädliche Inhaltsstoffe enthalten, wird ausdrücklich gewarnt, ebenso, wenn die Dosis sehr hoch ist. Diese Vorgehensweise hat den großen Vorteil, dass man weiß, was man in welcher Dosis zu sich nimmt, um so möglichen Komplikationen wie Überdosierungen oder Gesundheitsschäden durch unbekannte Substanzen vorzubeugen. Gerade im Bereich von sogenannten Party- oder Freizeitdrogen kommt es nämlich sehr häufig vor, dass das, was man vermeintlich beim Dealer gekauft hat, gar nicht in der Tablette oder dem Pulver enthalten ist. Streckungsmittel, andere chemische Zusätze oder unerwartet hohe Dosierungen sind keine Seltenheit.

Drug-Checking trägt somit deutlich zu einer Risikoreduktion bei, wobei ein Restrisiko natürlich bei jedem Substanzkonsum vorhanden ist. Wer denkt, dass man mit solchen Maßnahmen den Erstkonsument*innen nur den Zugang zu Drogen erleichtert, indem man das vermeintlich abschreckende Risiko reduziert, der irrt. Studien haben gezeigt, dass Konsument*innen in der Regel erst ein paar Jahre nach dem Erstkonsum das erste Mal ein Drug-Checking-Angebot in Anspruch nehmen, insofern können diese Angebote nicht für den Erstkonsum ausschlaggebend sein [9].

Neben der Risikoreduktion durch die chemische Analyse der Substanz können mit diesem Angebot Konsument*innen erreicht werden, die mit den herkömmlichen Angeboten der Drogenhilfe nicht angesprochen werden. So kann auch die Gruppe der Freizeitdrogenkonsument*innen mit Informationen zur Prävention und Safer Use erreicht werden.

Ein weiterer wesentlicher Aspekt bei der Risikoreduktion ist das Wissen über die Auswirkungen des Mischkonsums. Dabei werden zwei oder mehrere Substanzen gleichzeitig oder nacheinander eingenommen, um besondere Wirkungen zu erhalten. Problematisch ist zum einen, dass die (Wechsel-)Wirkungen der eingenommenen Substanzen wesentlich schlechter einschätzbar sind als die Wirkung einer Substanz alleine, da sich die Wirkungen erheblich verstärken können. Zum anderen stellt der Mischkonsum eine extreme Belastung für den Körper dar und erhöht damit das Risiko für drogenbezogene Notfälle. Mischkonsum ist leider keine Seltenheit, auch viele Partydrogenkonsument*innen konsumieren neben Ecstasy, Kokain und anderem auch Alkohol und Cannabis. Gerade Alkohol ist aber in diesem Zusammenhang gar nicht so „harmlos", wie er sonst oft wahrgenommen wird, die dämpfende Wirkung von Alkohol potenziert sich, wenn sie mit anderen dämpfenden Substanzen wie etwa Opioiden, aber auch „Partydrogen" wie GHB oder Ketamin, gemeinsam konsumiert werden. Dies kann zu schwerwiegenden Komplikationen wie Bewusstlosigkeit, Koma bis hin zum Atemstillstand führen. Aber nicht nur bei dämpfenden Substanzen ist Vorsicht geboten, auch andere Kombinationen können zu mitunter lebensbedrohlichen Zuständen führen. Die meisten Drogentoten sind auf Mischkonsum zurückzuführen.

Generell gilt: Wenn man schon trotz aller damit verbundenen Risiken Drogen konsumieren möchte, sollte man sich zumindest mit den Wirkungen, Wechselwirkungen und Gefahren der konsumierten Substanz gut auskennen. Darüber hinaus sollte man über die Bedeutung von „Set" und „Setting" Bescheid wissen, es macht einen Unterschied, in welcher Umgebung man Drogen konsumiert (Setting) und in welcher psychischen Verfassung (Set) man gerade ist. Ist man vor dem Konsum in einem schlechten Zustand, helfen auch keine Partydrogen, diese verstärken oft nur die vorhandene Stimmung, im Guten wie im Schlechten. Die Wirkung und Risiken beim Drogenkonsum sind nämlich nicht nur von der Substanz abhängig, sondern von Erwartungshaltung, Stimmung, körperlicher und psychischer Verfassung, Dosierung und vielem mehr. Das Wissen über all dies macht den Drogenkonsum nicht zu hundert Prozent sicher, es hilft aber zumindest dabei, das Risiko zu minimieren. Im Internet findet man mittlerweile zahlreiche Seiten, die seriöse Informationen zur Risikoreduktion sowie aktuelle Substanzwarnungen bieten[11].

[11] Zum Beispiel checkit! – Kompetenzzentrum für Freizeitdrogen. https://checkit.wien/

MYTHOS CO-ABHÄNGIGKEIT

Nicht selten berichten Abhängige, dass sie von den eigenen Eltern zu Hause nicht mehr in die Wohnung gelassen würden oder diese gar nichts mehr mit ihnen zu tun haben wollten. Dass der oder die Partner*in droht, sich scheiden zu lassen, wenn das Trinken kein Ende habe, dass man mit dem süchtigen Angehörigen nichts mehr zu tun haben wolle. Suchtkranke werden von den eigenen Familien „verstoßen", sie bieten ihnen keine Unterstützung und Hilfe mehr an. Doch was so grausam klingt, hat oft eine lange Geschichte und ist manchmal Ausdruck der Verzweiflung, manchmal aber glaubt man auch, damit dem oder der Abhängigen zu helfen. Davor liegen oft eine Reihe von Verletzungen und Enttäuschungen. Eltern, die von den drogenkranken Kindern auf der Suche nach einer Möglichkeit, die Sucht zu finanzieren, bestohlen wurden. Partner*innen, die zu viele „letzte Chancen" auf ein abstinentes Leben gewährt haben und immer wieder enttäuscht wurden. Angehörige, die im Rausch von abhängigen Verwandten geschlagen oder verletzt wurden. Erlebnisse, die für beide Seiten nicht einfach sind und vor allem die Angehörigen hilflos bis wütend und verzweifelt machen. Manchmal enden Verzweiflung und Enttäuschung in der Entscheidung, sich von dem abhängigen Verwandten zu distanzieren und darauf zu hoffen, dass er oder sie das Leben von allein wieder in den Griff bekommt. Eine durchaus nachvollziehbare Entscheidung.

Auf der anderen Seite gibt es auch Partner*innen und Eltern, die ihre Angehörigen bedingungslos unterstützen, weil sie nicht wollen, dass sie ins Gefängnis kommen, den Arbeitsplatz verlieren oder auf der Straße schlafen müssen. Nicht selten finanzieren Eltern ihren drogenabhängigen Kindern die Sucht aus Angst, dass die Tochter oder der Sohn sonst straffällig werden könnte. Oder rein aus der elterlichen Verantwortung und Fürsorge, dem eigenen Kind Geld zu geben, damit es sich etwas zu essen oder Zigaretten kaufen kann, um den Lebensbedarf wie Kleidung oder ähnlich Selbstverständliches zu decken. Dass dieses Geld dann auch in den Kauf von Drogen fließt, ist bei süchtigen Menschen leider auch allzu häufig der Fall. Abgesehen von der finanziellen Komponente gibt es aber auch andere Formen, die Sucht zu unterstützen, obwohl das sicher nicht die primäre Intention ist. Ehefrauen, die beim Arbeitgeber anrufen und den verkaterten Ehemann entschuldigen, weil er mit einer „plötzlichen Magen-Darm-Grippe“ im Bett liegt. Eltern, die den Sohn beim Arbeitgeber mit immer neuen Ausreden entschuldigen, damit dieser die Lehrstelle nicht verliert. Alles Vorgehensweisen, die dabei helfen sollen, die Folgen des Konsums möglichst gering zu halten und den suchtkranken Partner vor noch Schlimmerem zu bewahren. Auch eine durchaus nachvollziehbare Vorgehensweise.

Schätzungen zufolge leben etwa zehn Prozent der Bevölkerung in Deutschland mit einer suchtkranken Person zusammen, wie die Ergebnisse des epidemiologischen Suchtsurveys aus dem Jahr 2015 zeigen [42]. Diese Zahlen berücksichtigen jedoch auch Angehörige von Nikotinabhängigen, was mit Sicherheit geringere soziale und finanzielle Auswirkungen hat als eine Alkohol- oder Drogensucht. Betrachtet man es von der anderen Seite, kommt man jedoch zu sehr ähnlichen Zahlen. Bei Schätzungen zu der Anzahl von Angehörigen drogen- oder alkoholabhängiger Personen geht man im Schnitt von einer durchschnittlichen Anzahl von drei nahen Angehörigen pro Erkranktem aus, wobei unter nahen Angehörigen Eltern, Kinder, Geschwister und Partner*innen zu verstehen sind. Bei etwa 400.000 drogen- oder alkoholabhängigen Personen in Österreich ergibt das etwa 1,2 Millionen betroffene Angehörige. Jede*r Achte hat demnach statistisch gesehen eine von Sucht betroffene Person in seinem nächsten Umfeld. Wenn sie beim Lesen dieser Zahlen darüber nachdenken, ob Sie einen suchtkranken Menschen im nächsten Umfeld kennen, bin ich sicher, dass Ihnen zumindest eine, wenn nicht sogar mehrere Personen einfallen. Die Anzahl der Betroffenen ist also groß, das Thema trotzdem immer noch tabuisiert und mit Scham besetzt. Der Umgang mit den erkrankten Personen oft von Hilflosigkeit, Überforderung und Schuldgefühlen geprägt.

Doch wie geht man wirklich am besten mit einem suchtkranken Angehörigen um? Verstoßen und darauf hoffen, dass er oder sie es schon allein hinbekommen wird, oder besser unterstützen und helfen, damit er oder sie nicht noch weiter abrutscht? Eine einfache Antwort auf diese Frage gibt es leider nicht und schon gar kein Patentrezept. Es gibt aber dennoch einige Dinge, die man als Angehörige*r von Suchtkranken beachten oder tun kann, damit die

Situation für beide Seiten erträglicher und vielleicht auch besser lebbar wird.

Wenn nahe Angehörige suchtkrank werden, ist das für alle Beteiligten eine schwierige Situation. Die nicht erkrankten Angehörigen machen sich Sorgen, die Suchtkranken selbst sind von Schuldgefühlen und der Last der nicht eingehaltenen Versprechungen geplagt. Eine einfache Situation ist das mit Sicherheit nicht und vorneweg sei gesagt, dass man niemandem einen Vorwurf machen sollte, wenn er oder sie einen suchtkranken Angehörigen zu sehr verwöhnt und unterstützt oder, auf der anderen Seite, ihn oder sie aus dem eigenen Leben ausschließt. Die Geschichten und Erfahrungen, Enttäuschungen und Verletzungen auf beiden Seiten sind oft so vielfältig, dass es der schwierigen Situation, mit einem suchtkranken Angehörigen zu leben, nicht angemessen ist, von außen zu urteilen. Im Kontakt mit Angehörigen kann man oft beide Seiten verstehen, wenn man sich die dahinterliegenden Geschichten anhört, ist es oftmals verständlich, weshalb Angehörige so reagieren. Ich kann mich beispielsweise noch gut an eine Mutter erinnern, die ihren drogenabhängigen Sohn mit allem versorgt hat, was er wollte. Essen, Kleidung, Schlafplatz, und wenn es ihm schlecht ging, auch mit Drogen. Alles aus der Angst heraus, dass er sonst loszieht und auf der Straße schläft, einbrechen geht, um sich die Sucht zu finanzieren, noch mehr abmagern würde, als er es ohnehin schon war. Sie versuchte, ihn von allen Unannehmlichkeiten fernzuhalten, in der Hoffnung, dass es irgendwann „vorbei" ist, er wieder gesund ist und möglichst unbeschadet das Ganze überstanden hat. Die Motive der Mutter sind verständlich und auch gut nachvollziehbar, wer möchte es schon „mitverantworten", wenn das eigene Kind obdachlos ist und im Winter auf der Straße schlafen muss. Wenn es vor der Tür steht und bittet, hereingelassen zu werden, weil die Mutter die letzte Chance auf einen Schlafplatz ist. Hier Nein zu sagen ist für Angehörige verständlicherweise schwierig und es stellt sich schon auch die Frage, wie sinnvoll das überhaupt wäre.

Einer ganzen Generation Angehöriger suchtkranker Menschen wurde jedoch genau dazu geraten, das abhängige Kind fallen zu lassen, es nicht bei sich schlafen zu lassen, ihm kein Geld zu geben und jegliche Unterstützung zu verweigern. Die Idee dahinter war dieselbe, die in den Anfängen der Drogenpolitik auch auf institutioneller

Seite gelebt wurde. Wenn es den Süchtigen möglichst schlecht geht, ist die Motivation, sich zu verändern, am größten, erst wenn „sie im Dreck liegen", ist eine Therapie hilfreich. Die Rolle der Angehörigen dabei war es nun, die süchtigen Kinder oder Partner*innen auch „im Dreck liegen zu lassen", sie nicht zu unterstützen und vor größerem Unheil zu bewahren, damit die Betroffenen merken und spüren, dass es so nicht weitergehen kann. Man meinte, die Motivation, sich zu verändern, wäre größer, wenn man nicht immer wieder zu Hause aufgenommen wird, kein Geld bekommt, zynisch gesprochen im besten Fall noch im Gefängnis landet, damit man spürt, dass sich etwas ändern muss. Kompromisslose Härte erhöhe den Druck, sich in Behandlung zu begeben – so die lange weitverbreitete Meinung. Ein einigermaßen empathischer Mensch kann sich vorstellen, was das mit Angehörigen macht, die für einen höheren Zweck dem Kind die Tür vor der Nase zuschlagen sollen. Ihm kein Geld für Essen geben, weil er stattdessen ja Drogen kaufen könnte. Nicht wenige Angehörige berichten, dass es ihnen das Herz brach, die Kinder nicht zu unterstützen oder den Partner nicht mehr hereinzulassen, obwohl sie so schlecht ausschauten. Jedes Mal von Schuldgefühlen geplagt zu sein, wenn sie Hilfe verweigerten, aber man hätte ihnen ja gesagt, das sei die einzig wirksame Möglichkeit, wie man mit suchtkranken Angehörigen umgehen kann. Die Schuld, die Sucht auch noch zu fördern und zu unterstützen, will niemand tragen. Heute jedoch weiß man, dass die Verweigerung von Hilfeleistung oftmals den gegenteiligen Effekt hat, kompromisslose Abgrenzung führt wesentlich häufiger zu Resignation und reduzierter Veränderungsmotivation als zum Gegenteil. Mit dem strikten Wunsch nach Abstinenz sind nur wenige Süchtige zu erreichen, das gilt für professionelle Hilfeeinrichtungen genauso wie für Angehörige [119].

Der bekannteste Begriff in Zusammenhang mit dieser Thematik ist jener der Co-Abhängigkeit, der in den 1950er-Jahren in den USA geprägt wurde. So alt dieser Begriff ist, so unterschiedlich sind auch die Ansichten und Definitionen dieses Phänomens. Ursprünglich bezog sich der Ausdruck auf Angehörige von Alkoholiker*innen, deren Verhalten einen Einfluss auf die Entstehung und Förderung einer Suchterkrankung hat. Im Rahmen der Selbsthilfegruppe Al-Anon erarbeiteten sich Betroffene Strategien, um mit suchtkranken

Angehörigen umgehen zu lernen. Der Fokus auf die bisherigen Fehler im Umgang mit ihnen erhöhte die Hoffnung darauf, in Zukunft alles besser und richtiger zu machen. Im Laufe der Zeit wurde die Definition auf verschiedene Formen der Abhängigkeit und auf ein wesentlich breiteres soziales Umfeld ausgedehnt, das sich in irgendeiner Art und Weise suchtfördernd verhält. Es finden sich Begriffserklärungen, die alle Personen, die in irgendeiner Art und Weise von der Erkrankung mitbetroffen sind, einschließen, von Familienmitgliedern über Arbeitskolleg*innen bis zu den Nachbarn. Sie werden als „Verbündete der Sucht" gesehen, wenn sie den Abhängigen Aufgaben abnehmen, für sie Verantwortung übernehmen oder das Verhalten der Suchtkranken entschuldigen und decken. Es wurde dazu geraten, das Verhalten als Co-Abhängigkeit zu erkennen und wieder für sich selbst aktiv zu werden und loszulassen. Aus den sorgenden Angehörigen wurden so mitschuldige Verursacher*innen der Sucht, die selbst als Kranke abgestempelt wurden.

Der Ansatz, sich nicht aufzugeben, sich auch als Angehörige*r Hilfe zu holen und neben dem Umgang mit dem suchtkranken Angehörigen auch die eigenen Interessen zu pflegen, ist mit Sicherheit nicht falsch, der Begriff der Co-Abhängigkeit brachte aber vor allem auch eines mit sich: Stigmatisierung und Schuldzuweisungen für die Angehörigen, die als Kompliz*innen der Süchtigen und mehr als Täter*innen denn als Opfer gesehen wurden. Eine Fokussierung auf die suchtfördernden Aspekte des Verhaltens von Angehörigen brachte vor allem auch mit sich, dass sich Betroffene nicht ernst genommen und in ihren Bemühungen auch nicht richtig wahrgenommen fühlten. Angehörigen wurde geraten, nur noch auf sich selbst zu schauen, sich um das eigene Wohlbefinden zu kümmern und nicht mehr um das des oder der Süchtigen. Die Bemühungen seien schädlich und würden nur zur Aufrechterhaltung der Sucht beitragen. Diese Anschuldigungen führten verständlicherweise auch dazu, dass sich viele Angehörige nicht ernst genommen und mit den Problemen allein gelassen fühlten. Möglicherweise ist dies neben Scham und Stigmatisierung mit ein Grund, weshalb verhältnismäßig wenig Angehörige von Suchtkranken eine Beratung aufsuchen. Wenn man ohnehin schon in einer schwierigen Situation ist, ist es vermutlich das Letzte, das man hören möchte, dass man an der Situation auch noch selbst in einem erheblichen Maß Mitschuld hat oder selbst an einer Erkrankung namens Co-Abhängigkeit leidet. Im Gegenteil, es braucht auch ein Ernstnehmen der real vorhandenen Sorgen und eine Würdigung der Bemühungen um den erkrankten Angehörigen.

Dass die Mitbetroffenheit von Angehörigen Suchtkranker problematisch ist, steht außer Zweifel, dass sich Angehörige in der Sorge und Unterstützung um das kranke Familienmitglied verlieren und sich daraus selbst psychische Probleme wie etwa Depressionen ergeben können, ebenso. Anzuzweifeln ist jedoch die Tatsache, dass jedes Verhalten von Angehörigen suchtfördernd ist. Dass Partner*innen oder Eltern vieles tun, damit die Sucht ein Ende hat, ist nachvollziehbar, und vermutlich gibt es eine hohe Dunkelziffer an Fällen, in denen Angehörige mit ihren Bemühungen auch Erfolg haben. Diese Fälle tauchen jedoch nicht in der Suchthilfe oder anderen Institutionen auf, in denen Angehörigen aufgrund des co-abhängigen Verhaltens eine Mitschuld an der Erkrankung gegeben wird. Die „erfolgreichen" kümmernden Angehörigen bekommen wir Professionist*innen wesentlich seltener oder vermutlich sogar überhaupt nicht zu Gesicht. Eine Vielzahl von Süchtigen oder suchtgefährdeten Personen bewältigen die Schwierigkeiten ohne mit dem Hilfesystem in Kontakt zu kommen, bei derartigen Selbsthilfeverläufen spielen sorgende und sich kümmernde Angehörige immer wieder eine wesentliche Rolle. Der Mythos der Co-Abhängigkeit als suchtförderndes Verhalten ist demnach nicht nur eine sehr vorwurfsvolle Sichtweise, sondern auch eine unzulängliche. Suchtkranken Angehörigen zu helfen ist vielmehr ein Balanceakt zwischen liebevoller Zuwendung und notwendiger Unterstützung des Betroffenen als Mensch und gleichzeitiger Abgrenzung, wenn diese notwendig ist. Wie vielen Angehörigen dieser Balanceakt gelingt, ist aufgrund fehlender Daten nicht beantwortbar. Es dürften jedoch wesentlich mehr sein, als man denkt.

Nicht jedes unterstützende Verhalten ist suchtfördernd und schädlich, was aber auch nicht bedeutet, dass sich Angehörige in der Hilfe für den Suchtkranken aufopfern und verlieren sollen. Das Risiko, selbst krank zu werden, das eigene Wohlbefinden aus den Augen zu verlieren, ist hoch, wenn man bedenkt, dass Sucht eine chronische Erkrankung ist und die Bemühungen um einen kranken Angehörigen sich oft über Jahre oder Jahrzehnte hinziehen und immer wieder von

Rückschlägen gekennzeichnet sind. Studien belegen, dass Angehörige von Suchtkranken im Vergleich zu Kontrollpersonen häufiger an Depressionen sowie Angststörungen leiden, der allgemeine Gesundheitszustand sowie die eigene Produktivität deutlich reduziert sind. Dazu kommt, dass diese Personen auch selbst häufiger unter Opfererfahrungen leiden. Ich traue mich sogar zu sagen, dass Angehörige von Suchtkranken in manchen Phasen mehr unter der Sucht leiden, als die Betroffenen selbst.

Trotz dieser Auswirkungen der Suchterkrankung auf die Angehörigen gibt es bis heute keine wissenschaftlichen Belege für das Existieren einer Co-Abhängigkeit als eigenständige Störung [119]. Sinnvoller ist es demnach, sich nicht des vagen, mehrdeutigen und schuldzuweisenden Begriffs der Co-Abhängigkeit zu bedienen, sondern sich vielmehr zu überlegen, welches Verhalten suchtfördernd und welches für die Betroffenen unterstützend ist und wie es gelingen kann, dass Angehörige selbst nicht zu sehr unter Druck kommen und ausbrennen.

Betrachten wir zuerst die Problematik, mit denen Angehörige Suchtkranker konfrontiert sind, genauer. Vermutlich am schwierigsten zu bewältigen sind die emotionalen Belastungen, die mit der Suchtkrankheit eines nahen Verwandten einhergehen. Man macht sich ständig Sorgen, ob und in welchem Zustand der trinkende Partner nach Hause kommt, ob das drogenkranke Kind den nächsten „Schuss" überlebt, im Gefängnis landet oder gesundheitlich in einen so schlechten Zustand gerät, dass es lebensbedrohlich wird. Die ständige Sorge ist zermürbend, oft bleibt nichts anderes übrig, als hilflos zuzusehen. Dazu kommt, dass gerade bei Partnerinnen von trinkenden Männern[12] nicht nur eine emotionale Dauerbelastung gegeben ist, sondern häufig auch eine soziale und finanzielle. Der trinkende Partner fällt als Unterstützer im Alltagsleben aus, dazu kommen Stress und Sorgen aufgrund finanzieller Probleme, Schulden, Schwierigkeiten mit der Polizei beziehungsweise der Justiz oder Ähnliches. Die ständige Konzentration auf die Suchtkrankheit des Angehörigen kostet Zeit und bringt nicht zuletzt schon dadurch soziale Isolation mit sich.

12 Die überwiegende Mehrzahl der Angehörigen suchtkranker Partner ist weiblich, was nicht zuletzt der Tatsache geschuldet ist, dass die Abhängigkeitserkrankung mehrheitlich Männer betrifft.

Die Belastung ist demnach zum einen durch die ständige Sorge um den Erkrankten selbst gekennzeichnet, zum anderen auch durch die tatsächlichen sozialen, finanziellen und gesundheitlichen Folgewirkungen. Auch die Reaktionen des Umfeldes sind im Vergleich zu anderen körperlichen Erkrankungen, wie beispielsweise Krebs oder Herz-Kreislauf-Erkrankungen, oftmals wenig hilfreich. Es wird mehr weg- als hingeschaut, Bekannte wenden sich ab, viele wollen damit nichts zu tun haben. Ein wesentlicher Aspekt dabei ist die Überforderung des weiteren Umfeldes, Freunde, Nachbarn, Arbeitskolleg*innen wenden sich ab und versuchen, nicht über das Thema zu sprechen, weil sie häufig nicht wissen, wie. Obwohl dies bei anderen körperlichen Erkrankungen mit Sicherheit auch der Fall ist, ist dies bei der Abhängigkeit beziehungsweise generell bei psychischen Erkrankungen noch einmal etwas anderes. Es handelt sich dabei leider immer noch um Tabuthemen, mit denen viele Menschen nicht umzugehen wissen, wenn sie direkt damit konfrontiert sind. Das führt dazu, dass die Angehörigen selbst oft allein sind, kaum jemand haben, mit dem sie über ihre Sorgen und Ängste sprechen können, und selbst oft ausgegrenzt werden. Oft habe ich Angehörige erlebt, die sich gewünscht hätten, dass Freunde etwas zu ihnen gesagt oder auch nur ein Signal gegeben hätten, dass sie bereit gewesen wären, über den erkrankten Angehörigen zu sprechen, bereit, die Sprachlosigkeit zu durchbrechen. Diese ist für viele Angehörige eine zusätzliche große Belastung, weil sie auch mit dem Verlust von nahen Bezugspersonen einhergeht. Freunde distanzieren sich, Bekannte müssen schnell weiter, wenn man sie zufällig trifft, haben für gemeinsame Aktivitäten keine Zeit mehr. Soziale Isolation und eine weitere Einengung auf den erkrankten Angehörigen ist die Folge. Das ist übrigens auch etwas, das Angehörige von Suizidopfern häufig berichten, neben der Belastung durch den Verlust selbst ist die fehlende Unterstützung und Abgrenzung von Freunden und Bekannten eine erhebliche weitere emotionale Belastung.

Bei Süchtigen ist es noch dazu oft der Fall, dass jegliche Unterstützung und Hilfe auf den Betroffenen selbst ausgerichtet ist und Angehörige oft nur rudimentär unterstützt werden. Diese brauchen aber genauso Hilfe oder einfach nur Trost und Rat – und das ist auch ein erster wichtiger Punkt, den Angehörige Suchtkranker berücksichtigen sollten: Selbstfürsorge. Durch den oft jahrelangen, durch

Rückschläge und ständiges Auf und Ab gekennzeichneten Weg der Begleitung suchtkranker Angehöriger ist die Gefahr gegeben, dass diese selbst krank werden. Depressionen, Angststörungen oder andere psychische Anpassungsstörungen können die Folge sein. So kann es sein, dass ein*e Partner*in nicht nur durch das süchtige Verhalten belastet ist, sondern im Laufe der Zeit eine eigene psychische Störung als Reaktion auf die emotionale Dauerbelastung entwickelt. Demzufolge ist es notwendig, dass die eigenen Bedürfnisse und die eigene psychische Gesundheit nicht zu kurz kommen. Das heißt zum einen, dass sich die Angehörigen so gut es geht auch auf die Erfüllung der eigenen Bedürfnisse konzentrieren sollen und nicht aufgrund der schwierigen Situation auf alles verzichten, was ihnen selber guttut. Es mag vielleicht für Außenstehende seltsam erscheinen, wenn Eltern auf Urlaub fahren, während sich das drogenkranke Kind in einem eher schlechten Zustand befindet. Es ist aber vielleicht notwendig, um Kraft zu sammeln, das eigene Leben nicht komplett hintanzustellen, um nicht selbst in der Sorge um den erkrankten Angehörigen unterzugehen. Dabei muss es nicht einmal ein Urlaub sein, es geht oft um die Kleinigkeiten des Alltags, sich die Zeit zu nehmen, spazieren zu gehen oder Freunde zu treffen, einmal einen Abend nicht zu Hause zu sein und zuzusehen, wie sich der Partner betrinkt, sondern sich um die eigenen Angelegenheiten zu kümmern, positive Momente und Augenblicke bewusst herzustellen und zu sammeln. Wenn das nicht mit dem Angehörigen gemeinsam geht, dann eben allein.

Zum anderen heißt das aber auch, dass man sich selbst um Unterstützung kümmert, sei es in Form einer Selbsthilfegruppe oder auch bei einer professionellen Beratung. Es gibt im ambulanten Bereich Angebote von Suchthilfeeinrichtungen für Angehörige, die man in Anspruch nehmen kann, oder auch psychologische oder therapeutische Unterstützung abseits des Suchthilfenetzwerkes. Die Angebote der Suchthilfeeinrichtungen haben zwar den Vorteil, dass dort Menschen tätig sind, die sich im Bereich der Suchterkrankung sehr gut auskennen, jedoch häufig zu sehr auf den Umgang mit dem erkrankten Angehörigen fokussiert sind und auf die Bedürfnisse und Schwierigkeiten der Angehörigen selbst zu wenig eingehen. Dennoch ist es für viele Betroffene schon hilfreich, sich mit anderen Angehörigen auszutauschen, zu sehen, dass man mit dem Problem nicht alleine ist, eine Möglichkeit zu haben, Erfahrungen zu teilen und vielleicht mit anderen Betroffenen gemeinsam positive Erlebnisse zu haben. Beratung und Unterstützung der Angehörigen muss jedenfalls zwei Aspekte bedienen: Wie gehe ich mit meinem suchtkranken Angehörigen um und was kann ich tun, um selbst besser mit der Situation zurechtzukommen? Auch Selbsthilfegruppen können hierbei eine wertvolle Unterstützung sein.

Die Selbstfürsorge wiederum hat zwei wichtige Aspekte: Zum einen hilft sie den Angehörigen, nicht selbst in der Sorge um den erkrankten Angehörigen „unterzugehen", zum anderen dient sie auch dazu, sich bezüglich einer übermäßigen Sorge und Hilfe abzugrenzen. Angehörige Suchtkranker tendieren häufig dazu, sich immer weiter in die Hilfe und Unterstützung hineinzusteigern und den Betroffenen unbedingt „retten" zu wollen. Das an sich ist ja noch ein nachvollziehbarer Wunsch, eine übermäßige Beschäftigung damit führt jedoch leider auch oft dazu, dass sich die Angehörigen zu sehr verstricken und darin verlieren. Nicht selten werden Probleme schön- beziehungsweise kleingeredet, um auch die eigenen Bemühungen zu rechtfertigen. Dies hilft aber weder den Betroffenen noch den Angehörigen. Selbstfürsorge ist der erste Schritt hinaus aus dem Teufelskreis von Sorge, Fürsorge, Rückfällen, Schuldzuweisungen und Verzweiflung.

Doch das ist nur die eine Seite der Medaille, die andere ist die Frage, wie man mit den suchtkranken Angehörigen umgeht. Wenn sie wieder trinken, obwohl sie schon so oft versprochen haben, es nun sein zu lassen. Wenn sie vor der Tür stehen und bitten, nur noch das eine Mal da schlafen zu können, weil sie sonst in der Kälte auf der Straße sind. Wenn sie um Geld für Essen bitten, obwohl man genau weiß, dass es nicht nur ums Essen, sondern auch um die Beschaffung von Drogen geht.

Im Gegensatz zu früheren Ratschlägen, jeglichen Kontakt abzubrechen und Hilfe zu verweigern, geht man heute eher von einem differenzierteren Umgang mit suchtkranken Angehörigen aus. Einer klaren Abgrenzung zum süchtigen Verhalten und gleichzeitig einer Unterstützung bei gesundheitsförderlichen Verhaltensweisen. Doch zuallererst braucht es etwas wie eine umfassende Akzeptanz der Sucht als Krankheit. Süchtige Angehörige machen einem nichts zu Fleiß oder sind nur zu schwach, die Versprechen, die sie abgegeben haben, einzuhalten. Genauso wenig macht es Sinn, in Schuldzuweisungen zu verharren und die Probleme kleinzureden. Auch wenn es oftmals schwierig ist, ist es unabdingbar, den Tatsachen ins Auge zu sehen und sich darauf einzustellen, den oder die süchtige*n Angehörige*n bei seinem langen Weg heraus aus der chronischen Erkrankung zu begleiten. Hierbei ist es mit Sicherheit hilfreich, sich über die Erkrankung zu informieren, damit man als Angehöriger möglichst gut über die Symptome, den Verlauf und die Folgen der Suchterkrankung Bescheid weiß. Nur wenn man die Krankheit versteht, kann man auch den Süchtigen verstehen. Er oder sie ist kein schwacher, fauler, antisozialer Mensch, sondern eine Person mit einer komplexen körperlichen sowie psychischen Erkrankung, die einem chronischen Verlauf unterliegt. Bei vielen anderen Erkrankungen würde eine derartige Beschreibung zuallererst Mitgefühl und das Bemühen um Fürsorge auslösen, bei der Sucht schwingt immer noch vieles an Schuldgefühlen und -zuweisungen mit, was nicht sehr hilfreich ist. Wenn ich als Angehörige*r besser verstehe, wie es sich anfühlt, auf den Konsum eingeengt zu sein, dass das Verlangen nach dem nächsten Schuss keine Willensschwäche, sondern ein ernstzunehmendes Symptom einer Erkrankung ist, dann gelingt es vielleicht auch besser, den Süchtigen nicht mit Vorwürfen, sondern mit einer akzeptierenden Haltung zu begegnen. Gelingt diese Akzeptanz wird es auch rasch klar, dass alle Kontrollversuche, die bisher unternommen wurden, um die Situation in den Griff zu bekommen, sinnlos sind. Sucht ist eine Krankheit, der mit Kontrolle und Reglementierungen, Bitten und Drohungen nicht zu begegnen ist. Es geht vielmehr um Akzeptanz und Sachlichkeit im Umgang, Drohungen und Vorwürfe geben der Erkrankung nur neue Nahrung. Demnach ist es auch wichtig, mit den Erkrankten über ihr Verhalten zu reden, wobei es hier zwei wichtige Vorbedingungen gibt: Nüchternheit und Vorwurfsfreiheit. Mit einem intoxikierten oder angetrunkenen Menschen ernsthafte Gespräche zu führen, ist zumeist verlorene Liebesmühe. In diesem Zustand machen die Betroffenen oft Versprechungen, die sie ohnehin nicht halten werden, nicht zuletzt weil sie sich am nächsten Tag oft gar nicht mehr daran erinnern können. Also gilt es abzuwarten, bis der oder die Betroffene nüchtern ist, um sie dann möglichst vorwurfsfrei mit dem Verhalten zu konfrontieren. Wie es in der Gesprächspsychologie üblich ist, ist es auch hier zielführender, den Betroffenen nicht mit Vorwürfen oder Hinweisen à la „Du machst dein Leben kaputt“ zu bombardieren, sondern vielmehr über die eigene Betroffenheit und Sorge zu sprechen und die eigene Anteilnahme deutlich zu machen. „Ich mache mir Sorgen um dich“, „Ich habe Angst, dass du einmal nicht mehr nach Hause kommst“, „Ich möchte nicht, dass du dein Leben ruinierst“. Zwischen „Du bist dauernd nur betrunken“ und „Ich mache mir Sorgen, weil du so viel trinkst“ ist ein kleiner, aber feiner Unterschied. Eine derartige Kommunikation ermöglicht es, nicht in ein Pingpong an Schuldvorwürfen zu geraten, sondern dem Abhängigen deutlich zu machen, dass sein Verhalten auch für andere Konsequenzen hat und dass er oder sie auch Verantwortung dafür trägt, welche Auswirkungen seine Sucht auf das Umfeld hat.

Die Kommunikation zwischen Angehörigen und Süchtigen ist oft über einen langen Zeitraum nur davon geprägt, wie viel, was, wann konsumiert wird. Die Angehörigen drängen auf Abstinenz und werden somit oft als Gegner*innen betrachtet, als Personen, die einem etwas wegnehmen wollen, was für den süchtigen Menschen wertvoll geworden ist: das Suchtmittel. Diese Einengung auf den Kampf um das Suchtmittel führt nicht zuletzt oft zu Lügen, Vorwürfen und erlebter Hilflosigkeit auf beiden Seiten, was für den Ausstieg aus der Sucht nicht gedeihlich ist. Umso sinnvoller ist es, möglichst pragmatisch und vorwurfsfrei dem süchtigen Angehörigen seine Sorgen um ihn mitzuteilen und ihm gleichzeitig Angebote abseits der Sucht zu machen. Gemeinsame positive Erlebnisse sind für beide Seiten hilfreicher als ein Verharren im Kampf um das Suchtmittel, der zu diesem Zeitpunkt vielleicht gar nicht zu gewinnen ist. Dem Angehörigen anbieten, etwas gemeinsam zu unternehmen, unter der Voraussetzung, er oder sie schafft es, zu dem vereinbarten Zeitpunkt nüchtern zu sein. Im besten Fall gelingt es damit, aus dem ständigen Ringen um das Suchtmittel auszusteigen und auch wieder andere Aspekte in den Vordergrund zu holen. Gemeinsame positive Erfahrungen und Erlebnisse, unabhängig davon, ob eine dauerhafte Abstinenz erreicht ist oder nicht. Vielmehr geht es hier auch um das Erlernen und Einüben von „Punktnüchternheit“, das heißt, zu einem bestimmten Zeitpunkt nüchtern zu sein, unabhängig davon, ob eine komplette Abstinenz von Suchtmitteln gegeben ist. Diese Punktnüchternheit ist ein erster Schritt zum Ausstieg beziehungsweise zu einem kontrollierten Konsum, der es ermöglicht, auch wieder positive Erfahrungen zu machen oder einfach seinen Verpflichtungen nachzugehen.

Neuere Ansätze zum Umgang von Angehörigen mit süchtigen Familienmitgliedern kombinieren Aspekte der Selbstfürsorge mit Elementen aus der motivierenden Gesprächsführung, einer empathischen, nicht-konfrontativen Methode der Kommunikation, die den Betroffenen dabei unterstützen soll, Motivation zur Änderung seines Verhaltens aufzubauen und wenn notwendig auch professionelle Hilfe in Anspruch zu nehmen.

Exemplarisch für den Perspektivenwechsel von Schuldzuweisung und Stigmatisierung beim Konzept der Co-Abhängigkeit hin zu einem differenzierteren Umgang mit suchtkranken Angehörigen sei hier der sogenannten CRAFT-Ansatz vorgestellt (Community Reinforcement and Family Training). Hierbei wird davon ausgegangen, dass Angehörige einen wesentlichen Beitrag zur Verbesserung der Situation von Suchtkranken leisten können [11]. Die Ziele des Programmes sind neben der Verbesserung der eigenen Lebensqualität die Reduktion des Substanzkonsums des oder der Angehörigen sowie die Aufnahme einer professionellen Behandlung. Allein bei dieser Definition werden zwei Dinge deutlich: Der Konsum alleine ist nur ein Aspekt, ganz wesentlich ist neben der Verbesserung der eigenen Situation auch die professionelle Hilfe durch ein anderes System als das der Familie. Dadurch wird zum einen die Last aufgeteilt, zum anderen ist deutlich, dass das eigene psychische Wohlbefinden einen ebenso großen Stellenwert hat wie das süchtige Verhalten des Angehörigen. Das Training selbst soll den Angehörigen helfen, das Konsumverhalten des süchtigen Familienmitgliedes besser zu verstehen, um gegebenenfalls anders reagieren zu können.

Ein wichtiger Schwerpunkt ist die Analyse und Anwendung von sogenannten positiven Verstärkern, einem Element aus der Lerntheorie. Positive Verstärker sind Verhaltenskonsequenzen, die als positiv erlebt und demnach wiederholt werden wollen. Für manche Menschen ist ein ausgiebiger Spaziergang in der Herbstsonne ein angenehmes Erlebnis, das zu Entspannung und Stressreduktion beiträgt. Wenn man die Erfahrung gemacht hat, dass einem das guttut, möchte man es wiederholen und immer wieder haben. Bei süchtigen Menschen sind solche Verstärker oft das Suchtmittel selbst, nach einem stressigen Tag trinkt man ein paar Gläser Wein oder Bier, weil man gelernt hat, dass dies bei der Entspannung oder beim Einschlafen hilft. Benzodiazepine helfen beim Abschalten, Kokain bei einem Mangel an Selbstwert. Es gilt nun, diese Verstärker durch andere, gesündere zu ersetzen, wobei Angehörige insofern eine Rolle spielen können, als sie zu diesen anderen potenziellen Verstärkern ermutigen. Es geht also nicht darum, Abstinenz einzufordern, sondern gemeinsame positive Aktivitäten zu erleben, die als Verstärker für zukünftiges abstinentes Verhalten dienen.

Des Weiteren geht es auch darum, die Betroffenen nicht vor deren Verhaltenskonsequenzen zu schützen, das heißt beispielsweise, kein Geld zu leihen, damit sich der Süchtige neuerlich Drogen kaufen kann, und auch nicht beim Arbeitgeber anzurufen, um den verkaterten Ehepartner zu entschuldigen. Ziel dieser Programme ist es, den Betroffenen die Konfrontation mit den negativen Auswirkungen der Erkrankung nicht zu ersparen und gleichzeitig auch positive, das abstinente Verhalten fördernde Angebote zu machen. In der Praxis heißt das zum Beispiel, dass man das drogenkranke Kind zu einem gemeinsamen Essen einlädt, unter der Voraussetzung, dass es zum verabredeten Zeitpunkt nüchtern ist. Im besten Fall gelingt das und man hat eine gemeinsame angenehme Zeit, im schlechteren Fall gelingt es nicht, und das Kind taucht nicht auf oder ist nicht nüchtern. Aus lerntheoretischer Sicht wäre die logische Konsequenz, den angenehmen Verstärker des gemeinsamen Essens zu entziehen und allein Essen zu gehen. Eine weitere Kommunikation inklusive Schuldzuweisungen und dem Abringen von Versprechungen für die Zukunft ist aus lerntheoretischer Perspektive weniger wirksam als der Entzug des positiven Verstärkers. Insgesamt geht es also um das Zulassen von negativen Konsequenzen des Konsumverhaltens und gleichzeitig die Nutzung von positiver Verstärkung bei Schritten in Richtung Besserung.

Neben diesen lerntheoretischen Aspekten des Programmes gibt es noch einen zweiten Schwerpunkt hinsichtlich der Veränderung des Suchtverhaltens, die Förderung der Motivation zu Verhaltensänderung und Inanspruchnahme von Hilfe. Diese orientiert sich stark an Methoden der psychologischen Gesprächsführung und der „motivierenden Gesprächsführung", die auch in die professionelle Arbeit mit Substanzabhängigen Eingang gefunden hat. Ein zentraler Aspekt der motivierenden Gesprächsführung ist, den Betroffenen nicht zu sehr in seiner Autonomie einzuschränken und vor allem nicht gegen den Widerstand anzukämpfen. Wenn jemand beschließt, den Konsum zu verringern, aber ihn noch nicht ganz aufgeben möchte, ist das ein Schritt in die richtige Richtung und ein Ausgangspunkt für die weitere Verbesserung. Gegen das von außen vorgegebene Ziel „Abstinenz" gibt es möglicherweise zu diesem Zeitpunkt noch Widerstand, vielleicht sogar berechtigten. Für eine gemeinsame Zielerreichung ist es jedoch wichtig, auch ein gemeinsames Ziel zu haben und dahinterzustehen. Das heißt auch zu akzeptieren, dass Abstinenz vielleicht momentan nicht möglich ist, aber doch auch zu gewissen Zeitpunkten abverlangt werden kann, um dann gemeinsam zu positiven Aktivitäten zu kommen. Gesprächsführung im Sinne des CRAFT-Ansatzes bedeutet auch, möglichst von Schuldvorwürfen Abstand zu nehmen, mehr Ich-Kommunikation statt Du-Vorwürfen. Mehr zuhören statt belehren. Mehr Rückfragen bei Verständnisproblemen, statt mit den eigenen Vorurteilen die Wirklichkeit des anderen zu konstruieren. Insgesamt eine empathische verständnisvolle Haltung, um den Abhängigen auf Augenhöhe zu begegnen. Vor allem aber stehen auch in der Kommunikation mit dem Süchtigen die Bedürfnisse und Gefühle des Angehörigen im Vordergrund. Man muss niemanden vor den Konsequenzen des eigenen Verhaltens schützen, man muss aber auch niemanden völlig im Stich lassen. Kommunikation, Ausdauer und Geduld sind wesentliche Bausteine, die Angehörige von Suchtkranken mitbringen müssen. Das gelingt jedoch wiederum nur, wenn man darauf achtet, dass die eigenen Energiereserven immer wieder aufgefüllt werden.

Diese und ähnliche multidimensionale Ansätze sind nicht nur für Angehörige eine hilfreiche Stütze. Untersuchungen haben gezeigt, dass Abhängige, deren Angehörige nach dem CRAFT-Ansatz betreut wurden, viel häufiger in eine weitere professionelle Betreuungsform vermittelt werden konnten als jene, deren Angehörige rein konfrontativen Methoden folgten. Weiters zeigten sich erhebliche Verbesserungen in der Beziehungsqualität sowie dem eigenen psychosozialen Funktionsniveau der Angehörigen [11].

Zusammenfassend kann man allen Angehörigen nur raten, sich selbst Unterstützung zu holen, sich mit Gleichgesinnten zu unterhalten, und sei es nur, um die Sorgen zu teilen und sich nicht allein zu vergraben. Eine von acht Personen hat einen suchtkranken Angehörigen zu Hause, allein unter diesem Aspekt gibt es keinen Grund, sich aus lauter Scham zu verstecken. Im Gegenteil, es ist hilfreicher, aktiv zu werden, sich selbst Unterstützung zu holen, anstatt in einem Kreislauf aus Hilflosigkeit und Überforderung gefangen zu sein. Es ist keine Schande sich einzugestehen, dass man nicht weiß, wie man mit dem suchtkranken Partner umgehen soll. Darauf wird man in der Regel nicht vorbereitet und durch die weitverbreitete Tabuisierung der Thematik ist es auch schwer, von anderen zu lernen und sich auszutauschen, wenn man damit nicht selbst offen umgeht.

Psychoedukation, das heißt Information und Aufklärung über das Krankheitsbild, kommt ein ebenso wichtiger Stellenwert zu wie dem Wissen um einen förderlichen Umgang mit Suchtkranken. Gemeinsame gesundheitsförderliche Aktivitäten sollten genauso Platz haben wie das Vermeiden von suchtförderlichen Verhaltensweisen. Es hilft nicht, das Problem zu verharmlosen oder den Süchtigen in der Sucht zu unterstützen, indem ich diese finanziere. Es hilft aber sehr wohl, den Süchtigen zu einer Verhaltensänderung zu motivieren und mit einem empathischen Blick auf den Suchtkranken gemeinsam Möglichkeiten auszuloten und auch kleine Schritte in die richtige Richtung zu würdigen.

Und nicht zuletzt die Berücksichtigung eines Aspekts, der auch schon zu Zeiten des Glaubens an das Konzept der Co-Abhängigkeit gegolten hat: die Selbstfürsorge. Jedoch müssen sich Selbstfürsorge und Fürsorge für den kranken Angehörigen nicht ausschließen. Im Gegenteil, beides zusammen gelingt vermutlich besser und ist hilfreicher für beide Seiten.

ANNA

Anna ist seit über zwanzig Jahren alkoholabhängig, die meiste Zeit davon war sie voll berufstätig und sozial gut integriert, erst spät wurde sie arbeitslos und fiel immer mehr aus der Gesellschaft heraus. Etwas, das für Abhängige von Alkohol eher typisch ist. Der

Konsum von Alkohol ist in unserer Kultur viel anerkannter, er kann viel länger verheimlicht und in das soziale Leben eingebettet werden als der Konsum von Drogen.

Anna wurde 1965 in Wien geboren und wuchs als Einzelkind in einer durchschnittlichen bürgerlichen Familie auf, ihre Kindheit war wohl das, was viele Menschen als „normal“ bezeichnen würden. Nach der Matura absolvierte sie einen Lehrgang an der WU und stieg im Anschluss daran direkt in einen internationalen Konzern ein, wo sie für die nächsten 27 Jahre bleiben sollte. Sie war primär im Außendienst und im Verkauf tätig, für eine Vielzahl an internationalen Betrieben zuständig. Ein Job voller Zielvorgaben, Prämien und ständiger Erreichbarkeit, ein Leben unter Stress und Hochdruck.

So begann recht bald der Alkohol eine wesentliche Rolle zu spielen, seit Beginn der Arbeit im Unternehmen trank sie. Mit Kolleg*innen, Vorgesetzten, nach der Arbeit, zu Geburtstagen, Weihnachten, bei guten Umsätzen. Alle Anlässe wurden mit Alkohol gefeiert, in ihrer Arbeitsumgebung war das üblich. Hie und da wurde jemand der Führerschein abgenommen, solche Dinge gehörten dazu. Lange Zeit konsumierte sie vor allem bei arbeitsbezogenen Anlässen, später begann sie mit dem Spiegeltrinken, vorwiegend mit Sekt und Bier. Im Büro sei das lange nicht weiter aufgefallen, zum einen war der Alkoholkonsum ohnehin anerkannt, zum anderen gelang es ihr, den Konsum außerhalb der gemeinsamen Trinkgelegenheiten gut zu verheimlichen.

Ihr Leben drehte sich vorwiegend um die Arbeit und den Alkohol zur Bewältigung des Alltags, essen, schlafen, arbeiten, trinken, immer dieselbe Routine. Bis ihr Mann Mitte vierzig überraschend an einem Herzinfarkt starb. Ihre Umgebung stand ihr nach diesem Schicksalsschlag nicht wirklich zur Seite, ihre Familie meinte, sie schaffe das schon, sie sei ja eine starke Frau, sie werde damit schon fertig. Etwas, das wohl viele von ihr dachten, doch in ihr drinnen sah es anders aus. In dieser schwierigen Zeit und den vielen Jahren stressigen Berufslebens half ihr der Alkohol, mit der Überforderung und dem Alltag fertig zu werden. Ab und zu trank sie auch härtere Getränke, um sich einfach „auszuknipsen“, abzuschalten und schlafen zu können.

Das ging etwa 15 Jahre lang gut, in der Zwischenzeit machte sie immer wieder stationäre Entzüge, um im Anschluss wieder mit dem Trinken zu beginnen. Die Entzüge waren für sie mehr eine Pause vom Trinken zur Erholung als ernsthafte Versuche, dauerhaft damit aufzuhören. Im Jahr 2013 einigte sie sich mit ihrem Arbeitgeber auf eine einvernehmliche Kündigung, nach 27 Jahren voller Stress und Druck war sie zum ersten Mal arbeitslos.

Von diesem Zeitpunkt an veränderte sich auch ihr Trinkverhalten, weg vom Spiegeltrinken hin zu episodischem Trinken. Phasen, in denen sie exzessiv vor allem Wodka und Wein trank, wechseln sich mit abstinenten Phasen ab, drei Wochen heftiges Trinken gefolgt von dreiwöchiger Abstinenz. Die Rückfälle zehrten an ihrem Selbstbewusstsein genauso wie die Folgen der Arbeitslosigkeit und die körperlichen Begleiterscheinungen des Alkoholismus. Haarausfall, Hautprobleme, Kämpfen mit der Arbeitslosigkeit, Abhängigkeit von der Notstandshilfe, viele Rückschläge und Probleme, die sie gerne mit Wodka wegspülte. Zwischendurch aber immer wieder auch reguläre Beschäftigungsverhältnisse, sieben Anstellungen hat sie in den letzten sechs Jahren bekommen, jedoch war nie etwas dabei, wo sie sich dauerhaft wohlfühlte.

Auch das Verhältnis zu ihrer Familie ist belastend, sie wird ausgegrenzt und erhält Vorwürfe. Einmal sperrte sie ihr Vater sogar zu Hause in der Wohnung ein, regelmäßig entleerte er alle Flaschen mit Alkohol in der Wohnung, durchsuchte die Kästen nach versteckten Getränken. Ein Mal ging er sogar zur Polizei, weil sie nicht erreichbar war. Diese perlustrierte in der Folge das ganze Haus – vom Dachboden bis zum Keller – wie peinlich. Nun wusste also jede*r Hausbewohner*in Bescheid. Eine Vorgangsweise, die man vielleicht von Eltern pubertierender Kinder kennt. Vor einigen Jahren hat dann ein Therapeut gesagt, dass dies sinnlos und eher kontraproduktiv sei. Seitdem leert er keine Flaschen mehr aus, ständige Kontrollanrufe ihrer Familie sind jedoch nach wie vor üblich. Möglicherweise meinen die Eltern, ihr damit zu helfen, aber gut gemeint ist, wie so oft, das Gegenteil von gut. Für sie ist die ständige Kontrolle vielmehr die Einladung zum nächsten Trinken. Dazu kommt, dass sich ihre Mutter für sie schämt und Angst hat, von ihr blamiert zu werden. Zu Familienfeiern wird sie nicht mehr eingeladen, weil ihre Mutter Angst hat, dass sie sowieso wieder ausfällt. Die Abhängigkeit betrachtet sie nicht als Krankheit, sondern ausschließlich als Willensschwäche. Eine entmündigende Vorgehensweise, man könnte sie ja auch fragen, ob sie es schaffen würde, nüchtern zu bleiben. Stattdessen wird mit ihr umgegangen wie mit einem kleinen Kind, etwas, das sich im Umgang ihrer Familie mit ihr in vielen Bereichen zeigt.

Dabei würde sie sich einfach nur wünschen, was sich vermutlich viele andere Alkoholabhängige auch wünschen, dass man mit ihr umgeht wie mit anderen chronisch kranken Menschen auch. Hin und wieder zu fragen, wie es ihr gehe, statt den Alkoholkonsum als Tabuthema zu betrachten. Fragen, ob sie Hilfe brauche, statt für sie Entscheidungen zu treffen. Den Alkoholismus als das betrachten, was er ist, eine Krankheit. Auch die Doppelmoral, die es in unserer Gesellschaft bezüglich Alkohol gibt, stößt ihr auf. In der Öffentlichkeit, bei Promis, bei Genusstrinker*innen ist der Alkohol anerkannt, sobald er jedoch zum Problem wird, gehört man plötzlich nicht mehr dazu, das Umfeld beginnt eigenartig mit einem umzugehen, man wird ausgegrenzt und schief angesehen. Eine Erfahrung, die auch sie machen musste.

Die Entwicklung der Alkoholabhängigkeit bei Anna war schleichend und von unterschiedlichen Motiven geprägt. Anfangs wurde aus dem Genusstrinken Gewohnheit, in einem Umfeld, in dem das Trinken üblich war. Später wurde aus Gewohnheit Abhängigkeit, Alkohol war Seelentröster bei Stress im Beruf, bei Schicksalsschlägen, bei Problemen mit der Familie. Mittlerweile hat sie gelernt, sich davon abzugrenzen, sie versucht, vieles nicht mehr so nahe an sich heranzulassen und bessere Wege zu finden, mit Belastungen umzugehen. In der Therapie hat sie einen Mann kennengelernt, der sich vor allem durch die eigenen Erfahrungen sehr gut in sie hineinversetzen kann. Er macht ihr keine Vorwürfe, wenn sie wieder ein paar Tage hat, an denen sie mehr trinkt, im Gegenteil, er steht ihr zur Seite und versucht, ihr Verständnis und Unterstützung entgegenzubringen. So werden die Trinkphasen immer kürzer und die abstinenten Phasen immer länger, bis sie irgendwann kein Ende mehr haben, sondern zum Dauerzustand werden.

KINDER AUS SUCHTBELASTETEN FAMILIEN

Eine spezielle Gruppe von Angehörigen erfordert noch eine genauere Betrachtung, nämlich Kinder aus suchtbelasteten Familien. Schätzungen zufolge leben in Deutschland 2,65 Millionen Kinder mit zumindest einem alkoholkranken Elternteil zusammen, dazu kommen 40.000 bis 50.000 Kinder aus Familien mit drogenabhängigen Eltern [58]. Insgesamt lebt damit etwa jedes sechste Kind in Deutschland in einer suchtbelasteten Familie [60], die Zahlen in Österreich dürften im Verhältnis ähnlich sein.

Das Aufwachsen in einem von Sucht geprägten Milieu hat einen massiven Einfluss auf die Heranwachsenden. Zu den strukturellen Belastungen, die durch schlechten sozioökonomischen Status, Arbeitslosigkeit oder prekäre Wohnverhältnisse gegeben sind, kommen massive psychische Belastungen für die betroffenen Kinder, die zu erheblichen psychischen und körperlichen Auffälligkeiten im Kindes- und später im Erwachsenenalter führen können.

Kinder aus suchtbelasteten Familien sind schwierigen Bedingungen ausgesetzt, die sie zum Teil erheblich in ihrer eigenen Entwicklung beeinträchtigen. Viele dieser Risikofaktoren gelten für Kinder alkohol- sowie drogenabhängiger Elternteile gleichermaßen, bei drogenabhängigen Eltern kommen noch einige erschwerende Faktoren dazu. Generell kann man davon ausgehen, dass die Familienstrukturen bei alkoholabhängigen Elternteilen sehr häufig aus einem trinkenden Vater und einer nicht-abhängigen Mutter bestehen. Das ist auf das höhere Auftreten von Alkoholerkrankungen bei Männern und die oftmals bestehende finanzielle oder soziale Abhängigkeit der Frauen zurückzuführen, die den Partner trotz der Schwierigkeiten nicht verlassen wollen oder können. Bei drogenabhängigen Eltern gestaltet sich das Partnerwahlverhalten häufig anders. Drogenabhängige Frauen suchen sich oft selbst abhängige Männer und umgekehrt. Dass ein abhängiger Partner mit einer nicht-süchtigen Person liiert ist, ist bei dieser Gruppe wesentlich seltener. Demzufolge sind bei Kindern von drogenabhängigen Eltern häufiger beide Elternteile betroffen als bei Alkoholabhängigen.

Die Auswirkungen sind in vielen Bereichen jedoch sehr ähnlich, wobei sich bei zwei abhängigen Elternteilen die Problematik verstärkt. Das Aufwachsen in einer suchtbelasteten Familie ist in den meisten Fällen von Instabilität und Unsicherheiten geprägt. Das Erziehungsverhalten ist manchmal streng, manchmal nachgiebig, das Belohnungs- und Bestrafungsverhalten inkonsistent und den Stimmungsschwankungen der Eltern unterworfen. So erhält das Kind auf ein und dasselbe Verhalten sehr unterschiedliche Reaktionen, was es schwierig macht, sich zu orientieren und ein stabiles Selbstbild aufzubauen. Die Kontinuität im Verhalten, die Kinder brauchen, um sich zurechtzufinden, ist oft gestört. Sei es, weil durch den Konsum gemeinsame Unternehmungen verschoben werden oder stabile Familienrituale wie ein gemeinsames Frühstück oder Abendessen nicht regelmäßig stattfinden können [117], sei es, weil das elterliche Verhalten durch den Substanzkonsum beziehungsweise -entzug sehr wechselhaft ist.

Der Substanzkonsum beeinflusst selbstverständlich das Verhalten der Eltern, im akuten Rauschzustand kommt es zu aggressiven Durchbrüchen bei massivem Alkoholeinfluss oder zu Teilnahmslosigkeit und deutlich reduzierter Ansprechbarkeit bei Benzodiazepin- oder Heroinkonsum. Die Auswirkungen sind vielfältig, für Kinder ist es nicht einfach, den wechselnden Stimmungen und Verhaltensweisen der Eltern zu folgen und sich darauf einzustellen. Sie haben Angst, dass der Papa wieder ausrastet, wenn er zu viel getrunken hat, oder verstehen nicht, wieso die Mama plötzlich nicht mehr mit ihnen redet. Instabilität und Unberechenbarkeit sind keine förderlichen Bedingungen für Kinder, die mit den eigenen Entwicklungsaufgaben oft selbst mehr als genug beschäftigt sind. Ein weiterer problematischer Aspekt in diesem Zusammenhang ist, dass Kinder dazu neigen, sich selbst die Schuld an dem Verhalten und der Sucht der Eltern zu geben, auch weil sie versuchen, sie irgendwie zu verstehen. Lieber nehmen sie die Eltern in Schutz und beschuldigen andere oder sich selbst für ein Fehlverhalten, als ihnen die Schuld zu geben. Trotz aller Schwierigkeiten, denen diese Kinder ausgesetzt sind, es sind immer noch ihre Eltern. Die Kinder schwanken zwischen Liebe und Wut, sind überfordert, hilflos oder auch wieder hoffnungsfroher [113]. Die Einordnung dieser ambivalenten Gefühle und der Umgang mit ihnen sind weitere Aufgaben, die es zu bewältigen gilt.

Dazu kommt, dass durch die elterliche Fokussierung auf den Substanzkonsum und die damit einhergehenden Folgen Aufgaben in der Erziehung und im Haushalt vernachlässigt werden. Kinder müssen oft schon sehr früh Verantwortung für Dinge übernehmen, denen sie in diesem Alter noch nicht gewachsen sind. Manche von ihnen versorgen ihre kleineren Geschwister, führen den Haushalt, kochen, waschen ab, erledigen die Einkäufe. Diese Parentifizierung, wie der Fachbegriff für den Rollentausch zwischen Eltern und Kindern lautet, führt dazu, dass Kinder eigene Entwicklungsaufgaben nicht bewältigen können und auch auferlegten Verpflichtungen durch die Schule oder Ähnlichem nicht mit der notwendigen Aufmerksamkeit nachkommen können. Neben diesem Versäumnis der elterlichen Aufgaben kommt es außerdem noch häufig zu einer Vernachlässigung der emotionalen Grundbedürfnisse der Kinder, was einen zusätzlichen Stressfaktor darstellt.

Zum Aspekt der mangelhaft erfüllten Erziehungsrolle kommen in suchtbelasteten Familien häufig auch noch traumatisierende Ereignisse. Familiäre Konflikte und häusliche Gewalt sind in Familien mit abhängigen Elternteilen deutlich häufiger zu finden als in nicht suchtbelasteten Familien. So werden Kinder aus Familien mit abhängigen Eltern häufiger Opfer oder Zeuge von Gewalt als andere. Kinder erleben Streitigkeiten zwischen den Elternteilen oder haben selbst welche mit ihnen, seien es verbale oder auch körperliche Auseinandersetzungen. Nicht selten berichten Klient*innen aus suchtbelasteten Familien, dass sie geschlagen oder misshandelt wurden, Traumatisierungen, die sie häufig noch weit ins Erwachsenenalter begleiten. Vor allem bei Kindern aus drogenbelasteten Familien kommt noch dazu, dass diese auch die typische Drogensubkultur mitbekommen [17]. Sie erleben, wie die Mutter der Prostitution nachgeht, der Vater ständig irgendein Pulver in Kügelchen verpackt oder die Polizei auf der Suche nach den Eltern vor der Tür steht.

Einer meiner ersten Patienten, der selbst in einer Suchtfamilie aufgewachsen ist, erzählte, dass er sich noch gut erinnern kann, wie ständig Männer bei ihnen zu Hause ein und aus gingen. Fremde Männer, die manchmal zur Mama gekommen sind, die dann mit ihnen im Zimmer verschwunden ist. Was die dort gemacht haben, hat er als Fünfjähriger noch nicht verstanden, später wurde ihm immer klarer, dass seine Mutter zu Hause der Prostitution nachging. Manchmal ist aber auch viel weißes Pulver auf dem Küchentisch gelegen, das der Papa „gegessen" hat und manchmal auch mit Freunden, die vorbeigekommen sind, geteilt hat. So war seine Wahrnehmung des Konsums und des Handels, der offenbar in der Wohnung betrieben wurde. Dies alles hatte ein Ende, als plötzlich die Polizei, zehn Mann hoch, die Tür zur Wohnung aufgebrochen und die Eltern mitgenommen hat. Er und sein vier Jahre jüngerer Bruder kamen in eine Pflegefamilie, drei Jahre später, im Alter von elf Jahren, nahm er das erste Mal selbst Tabletten. Damit konnte er die ihn belastenden Bilder vergessen und schlafen. Als ich ihn kennen lernte, war er 18 Jahre alt, schwer benzodiazepin- und heroinabhängig und selbst Vater eines Sohnes, der bei einer Pflegefamilie aufwuchs.

Es sind aber nicht nur die Vernachlässigung und die Subkultur, die Kinder mitbekommen, problematisch sind auch die instabilen Beziehungen, denen Kinder suchtkranker Eltern oft ausgesetzt sind. Die Lebensbedingungen und Konflikte führen nicht selten zu Trennungen, neuen Partner*innen, auf die sich die Kinder einstellen müssen, die oftmals wieder verloren gehen. Besonders bei drogenabhängigen Eltern kommt es auch zu „unfreiwilligen" Trennungen, wenn einer oder beide Elternteile verhaftet werden und für eine Zeit aus dem Familienverband verschwinden. All dies führt zu einer eher instabilen Eltern-Kind-Beziehung und zu einer Reihe von Verlusterlebnissen, die es den Kindern schwermachen, in Zukunft selbst stabile Beziehungen einzugehen und sich auf diese Stabilität auch zu verlassen.

Neben diesem deutlich erhöhten innerfamiliären Stress gibt es noch eine zweite Ebene, mit der Kinder aus suchtbelasteten Familien zu kämpfen haben: soziale Ausgrenzung und Stigmatisierung. Kinder schämen sich für die Erkrankung der Eltern oder glauben, sie hätten selbst Schuld daran. Dies und die Tabuisierung der Erkrankung in unserer Gesellschaft tragen dazu bei, dass Kinder große Schwierigkeiten haben, sich Hilfe zu holen und über ihre Sorgen zu reden. Häufig sind diese Kinder in der Schule Ausgrenzung und Mobbing ausgesetzt, wobei die Gründe hierfür vielfältig sind. Seien es die Fehlzeiten durch die Betreuung der Eltern oder die Übernahme von deren Pflichten, sei es durch die eigene Verwahrlosung oder Verhaltensauffälligkeiten, die diese Kinder häufig zeigen [48]. Nicht selten sind Mobbingopfer jene, die es ohnehin schon schwer genug haben im Leben.

Neben diesen Belastungen auf der psychischen und sozialen Ebene gibt es eine Reihe von körperlichen Belastungen, denen Kinder aus suchtbelasteten Familien ausgesetzt sind. Ohne konkreter darauf einzugehen, seien an dieser Stelle nur die potenziell schwerwiegende Schädigung durch eine pränatale Exposition mit Suchtmitteln oder später die Belastung durch das Passivrauchen in der Wohnung genannt.

Nicht umsonst sind Kinder von Abhängigen eine der größten Risikogruppen für die spätere Entwicklung einer eigenen Suchtkrankheit. Schätzungen zufolge haben etwa vierzig Prozent der Drogenabhängigen zumindest einen suchtkranken Elternteil, wobei dieser in der Mehrzahl der Fälle alkoholabhängig war [60, 61]. Kinder von Alkoholiker*innen gelten als größte Risikogruppe für die Entwicklung einer eigenen Alkoholabhängigkeit [62]. Studien belegen, dass Kinder mit suchtkranken Elternteilen mit einer wesentlich höheren Wahrscheinlichkeit früher Substanzen konsumieren, erste Rauscherfahrungen machen und einen schnelleren Wechsel von ersten Trinkerfahrungen zu einem problematischem Konsum aufweisen als Kinder aus nicht suchtbelasteten Familien [55]. Bei dieser Verknüpfung spielen zwei Aspekte eine Rolle: die genetische Komponente, mit der eine gewisse Anfälligkeit für Suchterkrankungen vererbt wird, und die psychologische Komponente des Modelllernens. Nicht umsonst sagte Karl Valentin: „Man braucht Kinder nicht erziehen, sie machen einem ohnehin alles nach."

Neben dieser deutlich erhöhten Wahrscheinlichkeit, selbst suchtkrank zu werden, ist das Risiko, an anderen psychischen Störungen wie Depressionen, Angst- oder Schlafstörungen zu erkranken, für Kinder aus suchtbelasteten Familien deutlich erhöht [12]. Auch Störungen des Sozialverhaltens weisen einen Zusammenhang mit dem Aufwachsen mit abhängigen Elternteilen auf.

Unter Berücksichtigung des im Kapitel „Entwicklung der Abhängigkeit" näher dargestellten Modells der Risiko- und Schutzfaktoren, ist dies auch nicht weiter verwunderlich. In suchtbelasteten Familien kommen viele Risikofaktoren zusammen, die Kinder anfällig machen, selbst zu erkranken. Demnach kommt dem Zurverfügungstellen von Schutzfaktoren eine hohe Bedeutung zu. Auch Suchtkranke wollen gute Eltern sein, auch wenn es ihnen nicht immer gelingt, genau deswegen brauchen sie Ermutigung und Unterstützung und im besten Fall ein gut vernetztes Hilfesystem. Sich Hilfe zu holen ist keine Schande, auch nicht-süchtige Eltern sind mit der Kindererziehung manchmal überfordert. Es ist kein Zeichen von Schwäche, sondern eher eines von Stärke, sich die eigenen Schwierigkeiten einzugestehen und Hilfe zu holen, wenn sie notwendig ist. Neben professionellen Hilfsangeboten ist ein weiterer bedeutsamer Schutzfaktor die Etablierung einer nicht-süchtigen Vertrauensperson außerhalb der eigenen Familie, an die sich das Kind wenden kann, wenn es Schwierigkeiten hat, oder die auch nur im Alltag eine Unterstützung und ein stabiles Element ist. Vielleicht gibt es eine Oma oder eine andere nahe Verwandte, bei der das Kind einfach Kind sein darf, die es anrufen kann, wenn es Schwierigkeiten gibt, bei der es sich auch eine „Auszeit" von zu Hause nehmen kann, wenn es diese braucht.

Womit den Kindern jedenfalls am wenigsten geholfen ist, ist, so zu tun, als gäbe es das Problem nicht, es totzuschweigen und wegzuschauen. Auch wenn man als Außenstehender davon erfährt, sich ein Kind ratsuchend an einen wendet, ist es wichtig, es ernst zu nehmen, möglichst kindgerecht zu erklären, dass Sucht eine Krankheit ist, an der Kinder keine Schuld trifft, und es auch nicht ihre Aufgabe ist, den Eltern zu helfen. Jedes Kind hat trotz der Suchterkrankung der Eltern das Recht, Kind zu sein, mit all seinen altersadäquaten Herausforderungen und Möglichkeiten.

WALTER

Die Geschichte von Walter steht stellvertretend für viele andere Kinder aus suchtbelasteten Familien. Geboren im Jahr 1972 ist er gemeinsam mit seiner um zweieinhalb Jahre älteren Schwester bei seinen Eltern in Wien aufgewachsen. Wenn er von seiner Kindheit erzählt, hört man vorwiegend von Vernachlässigung, Verwahrlosung und Lieblosigkeit. Er erinnert sich noch, dass er als Kleinkind mit einer Art „Hundegeschirr" im Gitterbett angehängt wurde,

damit er dieses in der Nacht nicht verlassen konnte. Auch wenn er noch so weinte und schrie, die Eltern hörten ihn nicht, sie lagen im Nebenzimmer, angetrunken wie immer. Sein Vater und seine Mutter waren schwer alkoholabhängig, er meint, sie seien keine Familienmenschen gewesen, das Trinken war ihnen stets wichtiger. Sie feierten viele Partys und kümmerten sich wenig um die beiden Kinder. Sein Vater war so schwer süchtig, dass er, wenn er in der Nacht aufwachte, eine halbe Flasche Whisky trank, um den Spiegel zu halten, und danach wieder weiterschlief. Sobald er in der Früh aufwachte, kam die andere Hälfte der Flasche dran, dazu kamen tagsüber Wein und Bier.

Die meiste Zeit verbrachten seine Eltern im Gasthaus, in das seine ältere Schwester und er immer mitgehen mussten. In ihrer Kindheit pendelten sie zumeist allein zwischen Gasthaus und Park, wirklich gekümmert haben sich seine Eltern nie. Walter erzählt, dass es in seiner Kindheit eigentlich niemanden gab, der nett oder auch nur normal zu ihm war, die Eltern tranken, der Vater schlug die Familie. Opfer dieser Schläge waren entweder seine Mutter oder häufig auch er, seine Schwester hingegen war ein bisschen das Heiligtum der Familie, das von den Schlägen des Vaters verschont blieb. Er hingegen musste bereits als kleines Kind zu Hause mithelfen, nicht nur bei seinen Eltern, sondern auch bei seiner strengen Großmutter, die als Hausbesorgerin tätig war. Im Alter von vier Jahren musste er mitten in der Nacht aufstehen, um der Großmutter beim Schneeschaufeln zu helfen, der Rest der Familie durfte liegen bleiben. In einer anderen Nacht kam der Vater angetrunken nach Hause und schlief mit der brennenden Zigarette auf der Couch ein. Walter bemerkte es und weckte ihn, um ihn zu warnen, doch statt Dank bekam er eine Flasche nachgeworfen und wurde wüst beschimpft, wieso er ihn aufgeweckt hätte.

Als er sieben Jahre alt war, gab es eine Veränderung in seinem Leben, die Eltern ließen sich scheiden. Seine Mutter habe den Vater betrogen und einen neuen Freund gehabt, worauf sich die Eltern trennten. Diese beschlossen, dass seine Schwester in Zukunft beim Vater leben und er bei der Mutter zu Hause bleiben würde. Nach etwa einer Woche sagte diese eines Morgens zum ihm, dass er nach der Schule zu seinem Vater gehen solle, sie würde ihn dann von dort abholen. Erst vier Jahre später sollte er sie wiedersehen. Zu Beginn versuchte er natürlich, sie zu finden, Kontakt zu ihr aufzunehmen, sie hatte jedoch kein Interesse daran, öffnete die Türe nicht und meldete sich nicht mehr. Irgendwann gab er es dann auf und arrangierte sich mit dem Leben bei seinem Vater.

Nach der Volksschule wechselte Walter in die Hauptschule, wo er relativ bald mit Drogen in Berührung kam. Er und seine Freunde zogen an einem Joint, den die älteren Schüler weggeworfen hatten, da war er gerade einmal elf Jahre alt. Als er zwölf war, zeigte ihm ein älterer Schüler, wie man Heroin spritzt, und setzte ihm die Nadel. Walter war in einer Clique von fünf bis sechs Freunden, die alle zeitig mit Drogen begannen, bald konsumierte er regelmäßig Heroin, jedoch immer so, dass er möglichst keinen Entzug bekam. Dennoch versucht er immer, in der Schule mitzukommen, eigentlich ging er ganz gern in die Schule, weil er dort mit seinen Freunden zusammen war. Die Drogen bekamen sie von den älteren Schülern, er und seine Freunde legten Geld zusammen und besorgten sie immer gemeinsam. Gegenüber den anderen Schüler*innen und den Lehrer*innen bemühte er sich, unauffällig zu bleiben. „Die anderen Kinder sind turnen gegangen, ich bin aufs Klo und hab mir einen Hacker reingehaut[13] und ein bissl getrickert[14] und bin dann wieder zurück", so beschreibt er seinen Schulalltag. Zwischen der dritten und vierten Klasse wurde sein Konsum immer mehr, er nahm alles, was es so gab, „Heroin, Pulver, Schnelle, Langsame", was halt so am Markt war.

Seine Eltern kommentierten das nicht, entweder wollten sie es nicht sehen oder sie sahen es tatsächlich nicht, er weiß es nicht. Im Alter von zwölf Jahren gab ihn sein Vater für ein Jahr in ein Internat, wo er von den anderen Schülern geschlagen wurde, weil er der „kleine Neue" war. Da er sich nicht anders zu wehren wusste, stahl er seiner wohlhabenden Großmutter 10.000 Schilling und kaufte sich bei den Schülern, die ihn quälten, frei. Mit Stangen von Zigaretten oder anderen Dingen, die seine Peiniger haben wollten.

13 Ein „Hacker" ist wienerisch für einen „Schuss", den intravenösen Konsum einer Droge.

14 „Trickern" ist wienerisch für den Rauschzustand nach sedierenden Substanzen wie Opiaten.

Ein Jahr später durfte er wieder zurück zu seinem Vater, dieser hatte eine Frau kennen gelernt, die wollte, dass beide Kinder bei ihnen lebten. Auch diese Frau hatte ein Alkoholproblem, Jahre später bestohl sie ihn und schlug ihn, als er sie darauf ansprach. Das Klima war nicht anders als in seiner Herkunftsfamilie, geprägt von Desinteresse an den Kindern, Instabilität und Unsicherheit.

Während seiner Hauptschulzeit wurde er von drei Schulen verwiesen, er bekam jedoch noch eine allerletzte Chance in einer Schule, bevor er ins Schwererziehbarenheim gekommen wäre. Das wollte er aufgrund seiner schlechten Erfahrungen mit dem Internat unbedingt vermeiden, und so bemühte er sich, sich ordentlich zu verhalten, was ihm auch gelang. Trotz seiner Drogenprobleme schaffte er es und konnte die Hauptschule positiv abschließen. Im Alter von 15 Jahren warf ihn seine Stiefmutter nach einem Streit aus der Wohnung, er zog zu seiner wohlhabenden Großmutter, von der er sich ein stabileres zu Hause erhoffte. Doch auch diese war ihm gegenüber gewalttätig, dennoch war er froh, von zu Hause weg zu sein.

Er hatte die Aussicht, eine Lehre als Installateur zu machen, eine Firma gab ihm trotz seiner schlechten Zeugnisse eine Chance. Während dieser Lehrzeit versuchte er seinen Heroinkonsum zu reduzieren, er nahm eher Benzodiazepine und auch nur so, dass er seinen Lehrplatz nicht verlor. Die ersten drei Jahre gelang dies ganz gut, er schloss die Lehre ab und blieb auch noch nach der Gesellenprüfung für zwei Jahre im Unternehmen. Damals war er motiviert, ein normales Leben zu führen, er freute sich, von zu Hause weg zu sein und sein eigenes Leben zu führen. Obwohl er mit elf Jahren mit Drogen angefangen hatte, driftete er nicht wie andere in die Drogenszene ab, er hatte sich um einen Schulabschluss bemüht und nun auch einen Beruf abgeschlossen. Dennoch häuften sich die Krankenstände, weil er wieder mehr Drogen konsumierte, schließlich verlor er seinen Arbeitsplatz.

Nach der Lehrzeit lernte er seine damalige große Liebe kennen, mit der er zwei Jahre zusammen war. Er war sehr verliebt und glücklich und wollte nicht wahrhaben, dass sie ihn betrog und sich prostituierte. Als er dies herausfand, trennten sie sich. Kurz darauf lernte er eine Frau kennen, mit der er auch heute noch zusammen ist und ein gemeinsames Kind hat. Diese Frau hatte damals keine

Erfahrungen mit Drogen und zu Beginn auch nicht gewusst, dass er abhängig war. Etwa ein Monat nach Beginn der Beziehung wollte er sich von ihr trennen, er sagte ihr die Wahrheit über seine Drogensucht, wollte sie nicht mit hineinziehen. Sie jedoch versuchte, ihm aus der Sucht zu helfen, sie ging mit ihm zu Beratungs- und Therapiestellen, er hörte mit den Drogen auf, um sehr bald darauf wieder anzufangen. So kam es, dass auch sie im Laufe der Zeit Drogen nahm, zuerst Haschisch, später Kokain und anderes, schließlich wurde auch sie abhängig.

Sie drifteten beide immer mehr ab, hatten keine Arbeit, das Leben bestand aus Drogen und zunehmend auch aus Haftstrafen. Um den Konsum zu finanzieren, verkauften sie selbst Drogen oder machten Vermittlungsgeschäfte, auch das Fälschen von Rezepten war damals noch eine gute Möglichkeit, um an Suchtmittel zu kommen. Im Jahr 1992 endete die Beschaffungskriminalität erstmals im Gefängnis, er wurde zu einer zehnmonatigen Haftstrafe verurteilt, später zu einer über zwei Jahre, und auch sie wurde wegen eines gemeinsamen Verkaufsdeliktes inhaftiert.

Die erste Wendung kam im Jahr 1998 mit einer neuerlichen Verurteilung, wobei er sich diesmal um „Therapie statt Strafe“ bemühte. Nicht weil er eine Therapie machen wollte, sondern weil er der Haft entgehen wollte. Dies klappte auch und er wurde zur Absolvierung einer stationären Langzeittherapie enthaftet. Als er schließlich in der Einrichtung war, entwickelte sich bei ihm jedoch eine Motivation, bei der Behandlung mitzumachen, sich an die Regeln zu halten, sein Leben zu verändern. Nach einem Jahr konnte er von dort entlassen werden, tags darauf bekam er eine Arbeit als Staplerfahrer in einem Installateurgroßhandel, die ihm großen Spaß machte. Auch seine kleine Tochter, die damals 18 Monate alt war, gab ihm neuen Halt, plötzlich hatte er eine kleine Familie. Seine mittlerweile auch abstinente Frau, seine Tochter, zwei Menschen, die zu ihm hielten, und er. Sie zogen in eine große Wohnung und hatten für die folgenden zehn Jahre ein gutes Leben, mit Arbeit, Familie und nur ab und zu einer Nase Kokain. Es schien sich nun endlich alles zum Guten zu wenden.

Nach etwa zehn Jahren wurde es wieder schwieriger, er bekam Probleme in der Arbeit mit einem Kollegen, woraufhin er schließlich gekündigt wurde. Er hatte wieder vermehrt Kontakt zu seiner Schwester, die mittlerweile auch drogenabhängig war und ihm immer wieder etwas anbot, wenn er zu Besuch war. Schließlich begann er wieder zu konsumieren, diesmal aber nicht mehr nur Heroin, sondern auch Codein und Benzodiazepine. Die Art der Beschaffungskriminalität änderte sich nicht, er machte Vermittlungsgeschäfte, um seine Sucht zu finanzieren. Diesmal wurde er jedoch relativ rasch dabei erwischt und bekam neuerlich die Chance, eine Therapie anstelle der Haft zu absolvieren. Etwas, das schon einmal für eine lange Zeit seines Lebens zu mehr Stabilität geführt hatte, weil er Dinge erlebt hatte, die er sonst nie erlebt hätte, Zusammenhalt, Unternehmungen, Urlaube und vieles mehr. Er weiß auch, dass er nie wieder ohne Opiate und Benzodiazepine wird leben können, sein Ziel ist jedoch, diese nur mehr nach ärztlicher Verordnung einzunehmen und nicht mehr auf illegalem Weg zu beschaffen. Mit den positiven Erfahrungen der ersten Therapie im Gepäck gelang es ihm, die Therapie ohne größere Schwierigkeiten und Unterbrechungen zu absolvieren und diese nach einem Jahr positiv abzuschließen.

PRÄVENTION BEI KINDERN UND JUGENDLICHEN

Seit mehreren Jahren geistert im Internet eine Meldung, die Eltern vor Crystal Meth in Süßigkeitenpulver warnt. Der Text dieser Nachricht, die sich über diverse Messenger-Kanäle weiter verbreitete, war folgender:

„!!ACHTUNG!! SCHÜTZT UNSERE SCHÜLER. Es gibt wieder einmal eine neue Droge auf dem Markt. Das Gefährliche daran ist, dass sie aussieht wie ein Brausepulver. Bei diesem Pulver handelt es sich um Cristal Meth mit verschiedenen Geschmacksrichtungen (Erdbeere, Wassermelone etc.) DIESE DROGE MACHT NACH DER ERSTEN EINNAHME SOFORT ABHÄNGIG UND KANN TÖDLICH SEIN."

Die aufmerksamen Leser*innen dieses Buches wissen ja bereits, dass es keine Droge gibt, die nach einmaligem Konsum abhängig macht. Außerdem gäbe es wohl kaum Dealer, die ihre Ware derart an den Mann oder die Frau bringen würden. Zumeist sind es Freund*innen oder Bekannte, die Drogen weitergeben, wenn sie danach gefragt werden, und nicht der anonyme Dealer, der sich vor die Schule stellt und Schüler*innen mit als Süßigkeiten getarnten Drogen abhängig machen wollen. So etwas sind Schauergeschichten, die mit der Realität wenig zu tun haben. Auch eine kurze Recherche im Internet zeigt sehr schnell, dass es sich dabei um eine Falschmeldung handelt, trotzdem bin ich schon mehrmals von verängstigten Eltern gefragt worden, ob denn an dieser Warnung etwas dran sei.

Obwohl es sich bei der Mehrzahl dieser „Warnungen" um Falschmeldungen handelt, die noch dazu für jemanden, der sich im Bereich Drogen ein bisschen auskennt, leicht als solche zu erkennen sind, erregen diese immer wieder Aufsehen und machen Angst. Was durchaus auch nachvollziehbar ist, vor allem vor dem Hintergrund des allgemeinen Umgangs mit dem Thema Drogen: Angst machend und voll von Halbwahrheiten und Vorurteilen. Viele Menschen glauben immer noch, dass der einmalige Konsum von Heroin sofort abhängig macht und dass Cannabis die Einstiegsdroge ist, die beinahe unweigerlich zu einer Karriere in das gefährliche Drogenmilieu führt. Zumindest

Quelle: https://www.mimikama.at/allgemein/hoax-eine-neue-droge-geht-in-den-schulen-um/

Falschmeldung über Crystal Meth

letztere Aussage ist eigentlich ganz leicht zu widerlegen, dazu braucht es noch nicht einmal Studien, das kann jede*r Leser*in für sich selbst feststellen. In meinem Bekanntenkreis gibt es Menschen, die immer wieder Alkohol trinken, und auch solche, die gelegentlich Cannabis rauchen, ja sogar Menschen, die ab und zu Kokain oder Ecstasy konsumieren. Trotzdem gehen sie ihren Berufen nach, versorgen ihre Familien und pflegen Freundschaften, leben ein „normales" Leben. Was ich damit sagen will: Wir alle kennen Menschen, die hin und wieder Alkohol trinken, und vermutlich auch solche, die gelegentlich Drogen konsumieren. Das heißt aber noch lange nicht, dass diese alle auf die schiefe Bahn geraten oder ins Drogenmilieu abrutschen. Dass der kontrollierte Konsum von allen berauschenden Substanzen möglich ist, zeigt sich dabei sehr gut. Und auch, dass die meisten Menschen, die legale oder illegalisierte Suchtmittel konsumieren, keine Abhängigkeitserkrankung entwickeln [121]. Trotzdem wird von manchen politischen Gruppierungen oder anderen Interessenvertreter*innen immer noch das Bild hochgehalten, dass Drogen per se höchst gefährlich sind und ein unweigerlicher Zusammenhang zwischen Konsum und Abhängigkeit besteht.

Sie fragen sich vielleicht, wieso ich dies am Anfang des Kapitels über Drogenprävention ausführe? Ganz einfach deshalb, weil diese Dämonisierung Teil der Problematik ist und bei Jugendlichen kontraproduktiv wirkt. Jemand, dem jahrelang erzählt wird, dass er unbedingt die Finger von Drogen lassen soll, weil schon der erste Konsum abhängig macht oder weil man mit dem Konsum von Cannabis unweigerlich in die härtere Drogenszene abrutscht, der wird genauso unweigerlich die Erfahrung machen, dass das so nicht stimmt. Etwa jede*r fünfte europäische Schüler*in probiert zumindest einmal im Leben Cannabis [24]. Die Wahrscheinlichkeit, dass heutzutage Jugendliche mit jemandem in Kontakt kommen, der Cannabis raucht, ist damit sehr hoch. Die Wahrscheinlichkeit, dass dieser Jemand dann auch zu härteren Drogen greift, wiederum sehr gering. Insofern widerlegt sich die These von Cannabis als gefährlicher Einstiegsdroge im Alltag Jugendlicher sehr schnell von selbst. Was bei den Jugendlichen wiederum zur Frage führt, ob nicht alle Warnungen vor den anderen Drogen genauso übertrieben waren? Was, wenn das alles nicht stimmt, was einem da über Kokain und Heroin erzählt wurde? Ja vielleicht kennen sie auch jemand, der einmal Crystal Meth ausprobiert hat und dies unbeschadet und ohne weiter abhängig zu werden überstanden hat. Diese Fälle gibt es alle und diese gilt es in die Aufklärung bezüglich Drogen mit aufzunehmen, ohne zu sehr zu verharmlosen.

Es ist eher kontraproduktiv, wenn man in Zeiten, in denen immer mehr Länder den Cannabiskonsum legalisieren, die absolute Verteufelung aller Drogen vor sich herträgt. Nicht zuletzt auch deswegen, weil in der Adoleszenz vieles, das verboten ist, erst interessant wird, Abschreckung und Mystifizierung erhöhen unter Umständen den Reiz. Das Austesten von Grenzen und Eingehen von Risiken gehört zu einer gesunden jugendlichen Entwicklung dazu. Und genau für dieses Austesten der Grenzen sollten die Heranwachsenden gut gewappnet sein, indem sie möglichst sachlich und pragmatisch über Drogen, ihre Wirkungen und Gefahren informiert sind. Sie sollten wissen, welche Gefahren mit dem Konsum verbunden sind, welche Substanzen geringere Risiken bergen und von welcher Substanz man besser die

Finger lässt. Das Erlernen von Risikokompetenz ist eine der wesentlichen Aufgaben von Jugendlichen, dies kann beim Thema Drogen aber nur gelingen, wenn man über die Risiken und Gefahren Bescheid weiß, diese weder verharmlost noch überdramatisiert. Das Thema zu behandeln wie andere Themen auch, möglichst ohne übertriebene, von Vorurteilen geschürte Ängste, da sich diese, wie oben geschildert, oft recht schnell als unwahr herausstellen [57].

Aber was bedeutet das für die Prävention, wie geht man am besten mit dem Thema Alkohol und Drogen bei Heranwachsenden um?

Die meisten Jugendlichen konsumieren Substanzen. Sie wollen „cool" sein, sich erwachsen fühlen, dazugehören. Das allein ist noch kein Grund zur Sorge, die allermeisten Jugendlichen entwickeln früher oder später einen verantwortungsvollen Umgang mit Alkohol oder anderen Suchtmitteln. Kritisch wird es, wenn der Substanzkonsum Ausdruck von Bedürfnissen ist, die anders nicht oder nur schwer befriedigt werden. Selbstunsicherheit, unklare Lebensbedingungen und Zukunft, Unzufriedenheit mit dem Körper oder ähnliche Schwierigkeiten, mit denen Jugendliche in der Pubertät zu kämpfen haben. Wenn man sich als Elternteil zu sehr auf den Suchtmittelkonsum fokussiert, arbeitet man quasi an der falschen Baustelle. Der Suchtmittelmissbrauch ist das Symptom und erst in zweiter Linie das Problem. Anstatt dieses zu bearbeiten, ist es notwendig, mit dem Kind über Schwierigkeiten, Wünsche, Bedürfnisse und Gefühle zu sprechen. Wenn der Sohn andere Strategien entwickelt, etwa mit Mobbing in der Schule umzugehen, ist es wahrscheinlich gar nicht mehr notwendig, die Gefühle mit Alkohol abzutöten. Wenn die Tochter ein gesundes Selbstbild und Selbstvertrauen entwickelt, ist es vielleicht nicht mehr notwendig, sich mit Rauchen, Trinken und Kiffen vermeintliche Anerkennung zu erarbeiten. Je größer das Selbstvertrauen und der Selbstwert, desto geringer ist die Notwendigkeit, das fehlende Selbstbewusstsein mit der „Coolness" des Zigarettenrauchens zu kaschieren. Neben dem in der Pubertät eher normalen Ausprobieren von Grenzen, auch was den Konsum von Substanzen betrifft, ist Suchtmittelmissbrauch meistens auch Symptom anderer Probleme, die es zu bewältigen gilt. Wenn dies gelingt, reduziert sich in der Regel der Konsum automatisch. All dies kann man jedoch nur herausfinden, wenn man mit dem eigenen Sohn oder der eigenen Tochter spricht. Je weniger vorwurfsvoll dies geschieht, desto eher wird der oder die Jugendliche offen über die eigenen Probleme und Unsicherheiten sprechen.

Neben dieser Ermunterung, über Ängste und Sorgen zu sprechen, spielt noch ein weiterer Faktor eine erhebliche Rolle, die Stärkung der Persönlichkeit. Prävention gegen Suchtmittelmissbrauch beginnt nicht erst, wenn die Jugendlichen das erste Mal mit Drogen in Kontakt kommen. Prävention beginnt im Kleinkindalter und ist eine die gesamte kindliche Entwicklung überdauernde Angelegenheit. Psychisch gesunde Kinder werden zu psychisch gesunden Erwachsenen. Menschen, die gelernt haben, in die eigenen Fähigkeiten zu vertrauen, die konfliktfähig sind, eine positive Meinung von sich selbst haben, sind wesentlich weniger anfällig für Suchtmittelmissbrauch als andere. Ein gesundes Selbstvertrauen, Selbstwert, soziale Kompetenz und Konfliktlösefähigkeiten, angemessener Umgang mit Stress und eine hohe Problemlösekompetenz fungieren als sogenannte Resilienzfaktoren, also Eigenschaften, die gegenüber psychischen Erkrankungen im Allgemeinen, aber auch Suchterkrankungen im Speziellen protektiv wirken [35]. Resiliente Menschen können besser mit Stress und Druck umgehen und Krisen, Druck und Frustrationserfahrungen besser bewältigen, sie sind belastbarer und verfügen über ein hohes Maß an innerer Stärke, all das hilft ihnen, auch schwierige Situationen zu meistern. Das Vorhandensein dieser Resilienzfaktoren ist auch mit ein wesentlicher Grund, wieso manche Menschen nach ein und derselben negativen Erfahrung dennoch psychische Gesundheit bewahren können, während andere in tiefe Krisen rutschen. Diese Faktoren sind nur zu einem geringen Teil angeboren, sie entwickeln sich primär im Laufe eines Lebens. Eltern können dies aktiv fördern, kontinuierliche Zuwendung, ein hohes Ausmaß an Bindung sowie eine angemessene Erfüllung von Bedürfnissen spielt hier eine Rolle. Dies bedeutet jedoch nicht, dass man Kindern jeden Misserfolg ersparen sollte, auch aus Krisen können Kinder gestärkt hervorgehen, solange sie dabei Unterstützung und Trost statt Vorwürfe erhalten. Jede selbstständig gemeisterte Herausforderung lässt die Resilienz wachsen. Wichtig ist, dass Kinder sich auch ausprobieren können und ihnen etwas zugetraut wird. So wird zum einen die Selbstwirksamkeitserwartung, also der Glaube an die Wirksamkeit des eigenen Tuns, gestärkt oder zum anderen die Fähigkeit, mit Frustrationen angemessen umzugehen, entwickelt. Beides sind Fähigkeiten, die Kinder stärken und sie resilienter, widerstandsfähiger gegenüber Suchtmittelkonsum machen. Die heutzutage verbreitete „Helikopter-Erziehung“, bei der Eltern aus Liebe und Sorge ihren Kindern jegliche Frustration ersparen wollen, ist unter diesem Licht als kritisch zu betrachten. Heranwachsende müssen lernen, mit Frustrationen und Stress umzugehen, Risiken richtig einzuschätzen, Spannungen auszuhalten. Ein gewisses Maß an Spannungs- sowie Frustrationstoleranz sowie eine gesunde Risikokompetenz verringern die Anfälligkeit für Suchtmittelmissbrauch.

Um dies zu erlernen, braucht es Freiräume und ein hohes Maß an Eigenständigkeit. Werden die Grenzen zu eng gesteckt, besteht zum einen die Gefahr, dass Kinder ausbrechen, zum anderen nimmt es ihnen die Chance, Erfahrungen zu machen, die vielleicht nicht so positiv sind. Kein Elternteil will, dass es einem Kind schlecht geht, dass es negative Erfahrungen macht. Und doch haben auch Eltern, wenn sie an die eigene Kindheit und Jugend zurückdenken, höchstwahrscheinlich Erfahrungen gemacht, die zum damaligen Zeitpunkt vielleicht nicht so angenehm waren, sie aber dennoch auf lange Sicht positiv beeinflusst haben. Nicht umsonst heißt es, „aus Schaden wird man klug“. Hierbei ist es allerdings wichtig, Kinder bei Misserfolgen nicht alleinzulassen, sie zu trösten und sie dabei zu unterstützen, für das nächste Mal vielleicht einen anderen Weg zu finden. Weiter gesteckte Grenzen ermöglichen es Kindern, sich auszuprobieren und Vertrauen in die eigenen Fähigkeiten zu entwickeln.

Auf der anderen Seite ist es auch nicht förderlich, wenn es keine Grenzen und Regeln gibt, denn diese geben Kindern Sicherheit und einen Rahmen, der es ihnen erlaubt, sich in der Welt zurechtzufinden. Ein achtjähriges Kind kann noch nicht einschätzen, wann es ins Bett gehen muss, damit es am nächsten Tag fit für die Schule ist, schon gar nicht, wenn der Film so spannend oder das Buch so interessant ist. Es braucht Regeln, um dem Kind Struktur und Sicherheit zu geben. Grenzen setzen ist demnach nicht so einfach und verlangt Fingerspitzengefühl, diese nicht zu eng und nicht zu weit abzustecken [57]. Es ist ein laufender Prozess der Aushandlung und der Beobachtung, um sich darüber klar zu werden, was das Kind braucht, wann es notwendig ist einzugreifen und wann es auch möglich ist zuzusehen, weil es allein ebenso gut zurechtkommt.

Wer sich erwartet, hier ein einfaches Patentrezept zu erhalten, wie man Kinder vor Drogen bewahrt, muss leider enttäuscht werden. Weder das strikte Verbieten noch das gemeinsame Rauchen eines Joints sind gute und sichere Methoden, Kinder vor einer Abhängigkeit zu bewahren. Dass Kinder zu psychisch gesunden und gestärkten Erwachsenen werden ist eine Aufgabe, die Eltern und Kinder die gesamte Kindheit und Jugend über begleitet. Kinder brauchen eine Umwelt, in der sie sich gut entwickeln können, sie benötigen Möglichkeiten und Chancen sowie ein Klima, in dem man über alle Sorgen und Ängste sprechen kann, um Bindung und Vertrauen herzustellen.

Neben diesen Bedingungen, die mit Sicherheit für alle psychischen Erkrankungen protektiv wirken, gibt es noch einige substanzbezogene Ratschläge, die man besorgten Eltern mitgeben kann: Reden Sie mit Ihrem Kind über Drogen, aber verteufeln Sie diese nicht. Versuchen Sie sie möglichst sachlich und pragmatisch über Substanzen, Risiken und die Entstehung einer Abhängigkeitserkrankung aufzuklären. Machen Sie Kindern keine übertriebene Angst, aber weisen Sie doch auf die Gefahren hin, die mit gewissen Substanzen verbunden sind. Wissen schützt.

Neben diesen allgemeinen Empfehlungen ist es auch sinnvoll, sich den Umgang mit unterschiedlichen Substanzen noch differenzierter anzusehen. Mit dem Thema Alkohol oder Nikotin muss man sicherlich anders umgehen als mit dem Thema Drogen. Alkohol ist Teil unserer Kultur, das Trinken wird Heranwachsenden vorgelebt, sei es durch die eigenen Familienangehörigen, sei es durch Werbung im TV oder das Vorleben in Film und Fernsehen. Alkohol ist allgegenwärtig. Mit Tabak verhält es sich ähnlich. Wasser predigen und Wein trinken ist hier also noch viel weniger glaubwürdig als bei illegalisierten Substanzen, die zumindest nicht so offensiv beworben und konsumiert werden. Es geht demnach darum, den Jugendlichen einen risikoarmen und verantwortungsvollen Umgang mit Alkohol beizubringen und auch dem Umstand Rechnung zu tragen, dass Alkohol ein Genuss- oder auch ein Rauschmittel sein kann. Hierbei ist es nicht sinnvoll, nur von Gefahren zu sprechen und mit Strafen zu drohen, wenn das Kind zu viel trinkt, viel sinnvoller ist es, mit dem Kind möglichst unaufgeregt und sachlich über das Thema zu sprechen. Es geht vielmehr darum, dem Kind einen vernünftigen und verantwortungsvollen Umgang mit Alkohol beizubringen.

Neben den oben diskutieren allgemeinen Präventionsaspekten haben sich noch einige substanzspezifische Aspekte als hilfreich erwiesen, auf die ich im Folgenden kurz eingehen möchte [56]. Seien Sie ihrem Kind nicht nur ein Vorbild, was den verantwortungsvollen Konsum von Alkohol angeht, sondern vermitteln Sie ihm darüber hinaus eine klare Haltung und klare Regelungen diesbezüglich. Was das Alter angeht, ist es wohl ein guter Kompromiss, sich an das Jugendschutzgesetz zu halten, das in den meisten Bundesländern den Konsum von Alkohol unter 16 Jahren in der Öffentlichkeit untersagt sowie den Konsum von gebranntem Alkohol erst ab 18 Jahren gestattet. Je später zu trinken begonnen wird, desto besser. Doch auch ab dem Alter von 16 Jahren gibt es Grenzen, kein Alkohol beim Mopedfahren, in der Schule, beim Sport. Wichtig ist es, diese Regeln nicht nur unter dem Aspekt der Kontrolle und der Verbote zu diskutieren, sondern auch unter dem Aspekt von Liebe und elterlicher Fürsorge. Jugendliche treffen Konsumentscheidungen nicht entlang von repressiven Bedingungen, weswegen rein strafrechtliche Reglementierungen des Jugendschutzes zu kurz greifen. Umfangreiche Information und damit die Möglichkeit, Risikokompetenz zu erlernen, spielt in dem Zusammenhang eine entscheidende Rolle.

Es ist jedoch trotz aller Präventionsbemühungen sehr wahrscheinlich, dass auch das eigene Kind Erfahrungen mit Alkohol machen wird. Eine Erhebung der WHO aus dem Jahr 2014 zeigt, dass lediglich rund zehn Prozent der 17-jährigen befragten Schüler*innen angaben, nie Alkohol zu trinken. Buben trinken regelmäßiger als Mädchen, der Konsum steigt mit dem Alter an, auch Rauscherfahrungen werden ab dem Alter von 15 Jahren deutlich häufiger. Etwa achtzig Prozent der 17-Jährigen gaben an, zumindest einmal in ihrem Leben betrunken gewesen zu sein [71].

Man braucht sich also nichts vorzumachen, die meisten Jugendlichen kommen in Kontakt mit Alkohol und werden auch eines oder mehrere Rauscherlebnisse haben, insofern ist es wichtig, Jugendlichen Tipps für einen möglichst risikoarmen Konsum zu geben. Zum einen geht es hier darum aufzuklären, welche Wirkungen Alkohol hat, dass dieser je nach Menge und Stimmung anregend und enthemmend bis narkotisierend wirkt und damit auch anfällig für Unfälle oder auch für ungewollte Sexualkontakte machen kann, etwas, das besonders bei jungen Mädchen eine Rolle spielt. Daneben ist es ratsam, auch ganz praktische Verhaltenstipps im Umgang mit Alkohol mitzugeben, zum Beispiel nie auf leeren Magen zu trinken, zwischendurch immer wieder Wasser zu trinken, nicht zu alkoholisierten Freunden ins Auto zu steigen oder auch das Getränk in der Disco nicht unbeaufsichtigt stehen zu lassen. Immer wieder wird berichtet, dass vor allem jungen Mädchen „K.-o.- Tropfen" ins Getränk gemischt werden, um sie nachher sexuell zu missbrauchen.

Wenn trotz all dieser Ratschläge dennoch der Fall eintritt, dass ihr Kind oder eines seiner oder ihrer Freunde zu viel getrunken hat, sollte es auch wissen, wie man mit dieser Situation umgeht. Alkoholisierte Menschen nie allein lassen, wenn es dramatischer ist, sie in die stabile Seitenlage bringen und im Notfall auch die Rettung rufen. Wenn das eigene Kind zu viel getrunken hat, wäre es wünschenswert, es könnte möglichst vorwurfsfrei mit den Eltern darüber reden. Wie ist es zu dem Konsum gekommen, was war der Grund für den vielen Alkohol, gibt es vielleicht andere Probleme in der Schule oder mit Gleichaltrigen, die belastend sind? Und vor allem auch, wie kann er oder sie sich beim nächsten Mal verhalten, um nicht wieder zu viel zu trinken. Sollten Sie dennoch bemerken, dass der Alkoholkonsum überhandnimmt, versuchen Sie dennoch, weiterhin im Dialog zu bleiben, zu unterstützen, aber auch Grenzen zu setzen. Ein gänzliches Verbot ist meist nutzlos, vielleicht ist es aber möglich, sich über eine gewisse Trinkmenge und -häufigkeit zu verständigen, Vereinbarungen zu treffen, die ihrem Kind Grenzen setzen, es aber nicht zu sehr einengen.

Beim Thema Cannabis können auch onlinebasierte Programme wie „Quit the shit"[15] oder „CANreduce"[16] zum Umgang mit Cannabis ergänzend hilfreich sein. Obwohl Cannabis verboten ist und es für Heranwachsende grundsätzlich besser wäre, die Finger davon zu lassen, ist die Realität häufig eine andere. Ab dem Alter von 15 Jahren probiert etwa jede*r fünfte Jugendliche zumindest einmal Cannabis, manche auch häufiger, manche konsumieren bereits regel-

15 https://www.quit-the-shit.net/
16 https://www.canreduce.at/

mäßig [4]. Hier wäre es wichtig, dass der Probierkonsum nicht zu einem regelmäßigen Konsum wird beziehungsweise der Konsum wieder reduziert wird, wenn dies bereits eingetroffen ist. Bei der Reduktion können oben genannte webbasierte Programme, die neben Information zu Cannabis auch Beratung, Konsumtagebücher und vieles mehr anbieten, unterstützen. Ziel ist es, zu einer Reduktion des Cannabiskonsums zu kommen, bei Heranwachsenden am besten auf Null.

Last but not least bleibt zur Prävention nur noch zu sagen: Seien Sie ein gutes Vorbild! Eltern, die ihrem Kind beim gemeinsamen Bier oder Joint die Gefahren von Drogen nahebringen wollen, wirken vielleicht cool, aber nicht sonderlich authentisch. Es spricht nichts dagegen, Kinder oder Jugendliche am verantwortungsvollen Konsum teilhaben zu lassen, niemand muss das Glas Rotwein, das genussvoll beim Abendessen getrunken wird, verstecken. Die zwei, drei Stamperl Schnaps, die man täglich trinkt, um von der Arbeit und dem Stress „runterzukommen" aber vielleicht doch. Wobei die bessere Variante für alle Beteiligten hier sicher ist, auch das eigene Konsumverhalten zu überdenken. Man kann von Kindern nicht erwarten, dass sie einen verantwortungsvollen Umgang mit Alkohol oder anderen Substanzen entwickeln, wenn die Eltern etwas anderes vorleben. Denken Sie an Karl Valentin.

KLEINE SUBSTANZKUNDE

ALKOHOL

Geschichte

Alkohol ist eine der ältesten und in unserem Kulturkreis am meisten konsumierte psychoaktive Substanz. Das Wort selbst stammt aus dem arabischen Sprachraum (al-kuḥūl) und bezeichnet etwas besonders „Feines". Die Entdeckung des Alkohols als berauschende Substanz erfolgte vermutlich eher zufällig. Bereits in der Mittelsteinzeit bemerkte man, dass der Konsum von überreifen vergorenen Feldfrüchten einen berauschenden Effekt hat. Später wurde in unterschiedlichen Kulturen auf verschiedene Art und Weise Alkohol hergestellt, in Tibet wurde aus Gerste Bier gebraut, Germanen vergoren Honig zu Met, Nomaden gewannen Alkohol aus der Milch trächtiger Stuten. Die älteste Brauerei ist mit 3700 v. Chr. datiert und stammt aus dem alten Ägypten. Auch die Destillation ist ein sehr alter Prozess. Es gibt Hinweise darauf, dass sich unterschiedliche Kulturen bereits um die erste Jahrtausendwende vor Christus mit dem Destillationsverfahren beschäftigten. Der Konsum von Alkohol spielte bereits in der Antike eine wesentliche Rolle bei kulturell-religiösen Riten und im gesellschaftlichen Leben. Alkohol hatte lange etwas Mystisches, weil sich die Menschen nicht erklären konnten, wie der berauschende Effekt zustande kam. In den Schriften berühmter römischer Dichter finden sich Hinweise auf ausschweifende Trinkgelage, wobei sich bereits damals manche von ihnen auch kritisch mit der Wirkung von Alkohol auseinandersetzten.

Im Mittelalter gab es ausschweifende Trinkgelage. Bier wurde hauptsächlich in Klöstern gebraut, es war zum einen Genussmittel, zum anderen Nahrungsmittel für die ärmere Bevölkerung. Alkohol fand eine immer weitere Verbreitung, der Alkoholismus wurde langsam zum Problem, der Konsum erstmals mittels Verboten eingeschränkt. Während es in den wohlhabenden Bevölkerungsschichten zum guten Ton gehörte, auf Festen zu trinken und berauscht zu sein, galt der Alkoholkonsum in den unteren Schichten als Laster.

Anfang des 19. Jahrhunderts wurden „Trunksucht" und Abhängigkeit erstmals in medizinischen Schriften erwähnt. Spätestens durch die Industrialisierung Mitte des 19. Jahrhunderts war der Alkohol vermehrt den ärmsten Bevölkerungsschichten zugänglich. „Branntweinepidemie“ und „Elendsalkoholismus“ sind Schlagworte aus dieser Zeit, die den steigenden Alkoholkonsum vor allem in den ärmsten Schichten als Massenphänomen widerspiegeln. Größere Abstinenzbewegungen gab es mit Anfang des 20. Jahrhunderts, die mit der Prohibition in den USA in den 1920er-Jahren einen Höhepunkt fanden.

Alkohol ist vermutlich so alt wie die Menschheit selbst und hatte eine wesentliche Bedeutung in allen Epochen, eine breitere Problematisierung begann jedoch erst im 19. Jahrhundert. Auch heute noch ist Alkohol Teil unserer Kultur und das am weitesten verbreitete Suchtmittel in Österreich.

Chemie

Die chemische Bezeichnung von Alkohol ist Ethylalkohol oder Ethanol (C_2H_5OH). Reiner Alkohol ist eine klare, farblose und brennbare Flüssigkeit, die durch Vergärung von Kohlehydraten wie Getreide, Kartoffeln oder Früchte zu 18-prozentigem Gärungsalkohol wird. Durch Destillation erreicht dieser einen Alkoholgehalt von bis zu achtzig Prozent.

Alkohol wird auch als Lösungsmittel für Fette, Harze und Farbstoffe sowie in Chemikalien, Arzneimitteln und Parfums verwendet. Er gilt als desinfizierend und verhindert die Fäulnisbildung, weswegen er auch als Konservierungsmittel verwendet wird.

Einnahme

Alkohol wird vorwiegend als Getränk oder auch als Zugabe in Speisen konsumiert. Es gibt Getränke unterschiedlichen Alkoholgehalts, die gängigsten Substanzen sind Bier mit einem Alkoholgehalt von drei bis sieben Volumsprozent, Wein mit elf bis vierzehn Volumsprozent und Spirituosen wie Wodka, Whisky oder Rum mit einem Alkoholgehalt von vierzig bis achtzig Volumsprozent.

Wirkungsweise

Die Wirkung des Alkohols ist nicht bei allen Menschen gleich. Sie ist neben der konsumierten Menge auch von individuellen Faktoren wie Alter, Geschlecht und Gewicht abhängig, aber auch die Umstände, in denen getrunken wird, der Mageninhalt und die Qualität des konsumierten Alkohols spielen eine Rolle für die wahrgenommene Alkoholwirkung. Alkohol gelangt über die Schleimhäute von Magen, Dünndarm, Mund und Speiseröhre ins Gehirn, wo er an Rezeptoren andockt, die eine Ausschüttung des Neurotransmitters Dopamin („Glückshormon") bewirkt, andere Nervenzellen werden in ihrer Aktivität unterdrückt.

In kleinen Mengen getrunken wirkt Alkohol in der Regel enthemmend und anregend, man wird kontaktfreudiger, Ängste und Hemmungen werden weniger wahrgenommen. Nicht umsonst heißt es umgangssprachlich, jemand ist „angeheitert" oder hat sich „ein bisschen Mut angetrunken". Diese Entspannung zeigt sich übrigens auch in der Magenmuskulatur, weswegen der berühmte „Verdauungsschnaps" zwar eine subjektive Verminderung des Völlegefühls bewirken kann, obwohl objektiv betrachtet Alkohol die Verdauung eher hemmt. Während Alkohol in niedrigen Dosierungen eher anregend wirkt, ist er in mittleren und höheren Dosierungen eher dämpfend. Dazu kommen eine nachlassende Konzentrations- und Reaktionsfähigkeit und ab etwa einem Promille auch Geh- und Sprachstörungen, merkbar an dem Torkeln und Lallen angetrunkener Personen. Auch visuelle Störungen treten auf, man beginnt alles doppelt zu sehen. Dazu kommt es bei steigender Dosierung zu einer Unterschätzung von Gefahren und Überschätzung von sich selbst, Impulsivität und Aggressivität spielen vermehrt eine Rolle. Die Kombination dieses herabgesetzten Urteilsvermögens, übersteigerter Risikobereitschaft sowie verminderter Reaktionsbereitschaft ist gefährlich. Denkt man an die Zahl der angetrunkenen Autofahrer oder die Schlägereien in Diskotheken oder Festveranstaltungen in den frühen Morgenstunden, lässt sich diese Wirkung des Alkohols leider allzu oft in den Medien verfolgen.

Ab etwa zwei Promille setzt ein Betäubungsstadium ein, das durch Sprach- und Bewusstseinsstörungen gekennzeichnet ist, auch Blackouts sind möglich. Vielen Betroffenen ist in dem Stadium übel, es kommt zum Erbrechen, aber auch erste Anzeichen von Atemschwierigkeiten oder Bewusstlosigkeit durch die dämpfende Wirkung des Alkohols sind möglich. Die Kombination von Erbrechen und Bewusstlosigkeit ist äußerst gefährlich und kann tödlich enden, wenn der oder die Betroffene das Erbrochene nicht abhusten kann, es in die Lunge gerät und er oder sie daran erstickt. Ab einem Blutalkoholgehalt von etwa 3,5 Promille aufwärts kommt es zu Lähmungen des Nervensystems, Unterkühlung, Bewusstlosigkeit oder Koma. Eine akute Alkoholvergiftung in diesem Bereich kann im schlimmsten Fall zum Tod durch Atemstillstand führen.

Promille	Wirkung
Ab 0,2 Promille	Wohlstimmung und Enthemmung Aufmerksamkeit und Konzentrationsvermögen lassen nach Kritikfähigkeit ist herabgesetzt Selbstüberschätzung und Risikobereitschaft steigen Erhöhte Kontaktfreudigkeit
0,5–1 Promille	Seh- und Hörvermögen sind beeinträchtigt, es kommt zum „Tunnelblick" Gleichgewichtsstörungen Zunehmende Enthemmung Reaktionszeit um 30–50 % verlängert Intensivierung der Gefühle von Euphorie bis Wut oder Aggression
1–2 Promille: Rauschstadium	Stimmung labil Gleichgewichts- und Orientierungsschwierigkeiten – Stehen und Gehen fällt schwer Sprachstörungen und Verwirrtheit Eingeschränkte Urteils- und Kritikfähigkeit
2–3 Promille: Betäubungsstadium	Bewusstseinsstörungen und Gedächtnislücken Alkoholvergiftung mit Erbrechen Muskelerschlaffung und erste Anzeichen von Atemschwierigkeiten Kaum noch Reaktionsvermögen
3–5 Promille: Lähmungsstadium	Schwache Atmung, Atemstillstand Unterkühlung Unkontrollierte Ausscheidungen Lähmung, Koma, Tod

Aufnahme, Abbau und Nachweisbarkeit

Der Großteil des konsumierten Alkohols gelangt über die Schleimhäute des Dünndarms in den Blutkreislauf, die maximale Blutalkoholkonzentration wird circa dreißig bis sechzig Minuten nach der Einnahme erreicht. Die Blutalkoholkonzentration wird in Promille gemessen, die Wirkung von Alkohol ist jedoch nicht bei allen Menschen gleich, weswegen die oben beschriebenen Wirkungen und

Promillegrenzen nur Anhaltspunkte sein können. Während manche sehr an Alkohol gewöhnte Menschen mit drei Promille Alkohol im Blut noch gerade stehen können, sind andere bereits bei 0,5 Promille deutlich angetrunken. Jugendliche sind in der Regel empfindlicher als Erwachsene, Alkoholabhängige vertragen wesentlich mehr als abstinent lebende Menschen, Frauen sind schneller angetrunken als Männer, was damit zu tun hat, dass diese in der Regel kleiner und leichter sind und deshalb weniger Körperflüssigkeit haben als Männer. Damit verteilt sich der zugeführte Alkohol auf weniger Flüssigkeit, wodurch der prozentuelle Anteil von Alkohol im Blut höher ist. Darüber hinaus besitzen Frauen auch eine geringere Menge des Enzyms ADH (Alkoholdehydrogenase), das für den Alkoholabbau verantwortlich ist.

Die Blutalkoholkonzentration ist von der Menge des konsumierten Alkohols, der Trinkgeschwindigkeit, dem Körpergewicht, dem Geschlecht und anderen individuellen Faktoren abhängig. Als Annäherungsformel gilt für Männer: Getrunkener reiner Alkohol in Gramm/(Körpergewicht in kg x 0,7) und für Frauen: Getrunkener reiner Alkohol in Gramm/(Körpergewicht in kg x 0,6) = Promille. Wenn man wenig gegessen hat oder übermüdet ist, wirkt Alkohol stärker.

Entgegen weitverbreiteten Mythen zum Alkoholabbau lässt sich dieser nicht mit irgendwelchen Mitteln beschleunigen, er beträgt zwischen 0,1 und 0,15 Promille pro Stunde. Nachdem über neunzig Prozent des Alkohols über die Leber ausgeschieden werden, nützt es auch nichts, Kaffee zu trinken, kalt zu duschen oder zu erbrechen, um schneller wieder nüchtern zu werden, der Körper baut Alkohol immer mit derselben Geschwindigkeit ab.

Alkohol kann noch mehrere Stunden nach dem Konsum im Körper nachgewiesen werden. Die akute Intoxikation wird in der Regel durch einen Atemalkoholtest oder auch eine Testung des Blutes ermittelt, auch über die Haare oder den Urin ist der Nachweis von Alkoholkonsum möglich. Mit speziellen Bluttests ist der Alkoholkonsum auch noch nach Monaten der Abstinenz nachweisbar.

Risiko und Folgeschäden

Wie bereits weiter oben erwähnt, ergeben sich die akuten Risiken des Alkoholkonsums vorwiegend durch die Beeinträchtigung der Urteilskraft, der Konzentrations- und Reaktionsfähigkeit sowie der Wahrnehmung und Steuerung von Körperfunktionen. Dadurch steigt die Unfallgefahr beispielsweise im Straßenverkehr oder auch bei anderen Gelegenheiten. Darüber hinaus kommt es durch die gesteigerte Impulsivität und Aggressivität zu Gewaltausbrüchen und Übergriffigkeiten. Besonders gefährlich ist der Mischkonsum von Alkohol und anderen Substanzen wie beispielsweise Medikamenten. Schlaf- oder Beruhigungsmittel können die ohnehin schon dämpfende Wirkung des Alkohols verstärken und zu einer Atemlähmung führen. Aber auch andere Medikamente können die Wirkung des Alkohols um ein Vielfaches verstärken, weil er langsamer von der Leber abgebaut wird. Eine wohl vielen Leser*innen bekannte Nebenwirkung des Alkohols sind der „Kater", Magenschmerzen, Kopfschmerzen und Übelkeit, die am Tag nach übermäßigem Alkoholkonsum auftreten. Dieser ist jedoch nicht ganz so harmlos, wie manche glauben, sondern das Zeichen einer Vergiftung des Körpers durch den Alkohol.

Neben diesen akuten Folgen des Konsums kommt es zu einer Reihe von längerfristigen Schädigungen durch chronischen Alkoholkonsum. Das am häufigste betroffene Organ ist die Leber, in der der Alkohol verstoffwechselt wird, die häufigste Folgeerkrankung von exzessivem Alkoholmissbrauch ist die Fettleber [91]. Sie verursacht geringe Beschwerden im Magen-Darm-Trakt und verschwindet bei Abstinenz meist wieder. Die gefährlichste Lebererkrankung und auch die häufigste Todesursache bei Alkoholkranken ist jedoch die Leberzirrhose, bei der das Lebergewebe zerstört und vernarbt ist. Eine Leberzirrhose tritt bei etwa zwanzig bis dreißig Prozent der Betroffenen nach über zehn Jahren Alkoholmissbrauchs auf, die Fettleber bei neunzig Prozent bereits nach zwei bis drei Monaten [93]. Es gibt noch weitere Lebererkrankungen, deren Schilderung den Umfang dieses Buches sprengen würde, durch die oben genannten Störungen bekommt man jedoch ohnehin schon einen guten Eindruck davon, wie sich chronischer Alkoholmissbrauch auf die Leber auswirkt.

Schädigungen des Nervensystems und des Gehirns sind ebenso eine häufige Folge, eine recht sichtbare Folgewirkung des chronischen Alkoholmissbrauches ist die Polyneuropathie, sie tritt etwa bei zwei Drittel der Betroffenen auf [91]. Besonders betroffen sind die langen Nervenstämme zu den Füßen, die sehr druckempfindlich sind. Das führt dazu, dass Betroffene beim Gehen die Beine möglichst steif halten, um den Druckschmerz durch das Beugen der Knie zu vermeiden, ein steifer, eher starrer Gang ist die Folge. Besonders stark Betroffene schildern auch, dass sie sich nachts nicht mehr mit einer Bettdecke zudecken können, weil allein der Druck der Decke zu starke Schmerzen verursacht. Zu den Nervenstörungen gehören auch das typische Zittern der Hände, aber auch epileptische Anfälle oder Schlaganfälle.

Eine weitere lebensgefährliche Erkrankung, die mit chronischem Alkoholkonsum einhergeht, ist die sogenannte Wernicke-Enzephalopathie, die durch den bei Alkoholkranken oft feststellbaren Vitamin-B1-Mangel verursacht wird. Sie tritt ganz plötzlich mit Symptomen wie Bewusstseinsstörung, allgemeinen Bewegungsstörungen und Augenmuskellähmungen auf und ist lebensgefährlich. Wer die Krankheit mithilfe einer medizinischen Behandlung überlebt, leidet im Anschluss häufig am Korsakow-Syndrom oder einer Demenz. Das Korsakow-Syndrom ist eine Funktionsstörung des Gehirnes, die sich vorwiegend durch Gedächtnisstörungen auszeichnet. Die Gedächtnislücken werden von den Betroffenen mit irgendwelchen erfundenen Inhalten gefüllt, in der Fachsprache nennt sich dies konfabulieren. Menschen mit Korsakow-Syndrom wirken häufig desorientiert, konfus und wirr, Betroffene sind kaum noch in der Lage, sich Dinge zu merken, auch nicht solche, die man gerade erst besprochen hat.

Dazu kommen Herz-Kreislauf-Erkrankungen, Entzündungen der Bauchspeicheldrüse, Erkrankungen der Speiseröhre und des Magen-Darm-Traktes, auch das Risiko für Krebserkrankungen ist bei chronischem Alkoholkonsum erhöht.

Im Verlauf einer Abhängigkeit kommt es auch zu sozialen und psychischen Beeinträchtigungen, die von Depressionen, Angstzuständen bis zu Persönlichkeitsveränderungen reichen können. Besonders hervorzuheben sind die Auswirkungen auf andere, wobei hier Unbeteiligte genauso zu Schaden kommen – beispielsweise als Opfer eines Unfalls mit einem alkoholisierten Lenker – wie auch das nahe Umfeld. In Deutschland sind etwa sieben bis acht Prozent der Verkehrstoten auf alkoholisiertes Fahren zurückzuführen, weltweit etwa elf Prozent. Beziehungen zerbrechen genauso wie Arbeitsplätze verloren gehen, Leidtragende des Alkoholismus sind immer wieder auch Kinder der Erkrankten. Im Besonderen trifft dies auch auf ungeborene Kinder von Frauen zu, die während der Schwangerschaft trinken. Die Schädigungen des ungeborenen Kindes reichen von Wachstumsstörungen, Fehlbildungen, Störungen des Nervensystems bis hin zu Verhaltensstörungen und intellektuellen Beeinträchtigungen. Subsumiert werden diese Schädigungen beim Vollbild der Erkrankung unter dem Namen „Fetales Alkoholsyndrom" (FASD). Europa ist die Weltregion mit der höchsten Verbreitung des FASD, von tausend Menschen sind zwanzig davon betroffen [68]. Um auf Nummer sicher zu gehen, sollten werdende Mütter generell auf Alkohol und alle anderen Drogen während der Schwangerschaft verzichten.

Abhängigkeit
Alkohol ist ein Zellgift mit hohem Abhängigkeitspotenzial, er macht sowohl körperlich als auch psychisch abhängig. Einer manifesten Alkoholabhängigkeit geht häufig ein langjähriger missbräuchlicher Konsum der Substanz voraus. Die soziale Integration kann durch die Legalität und Akzeptanz der Substanz in der Regel länger aufrechterhalten werden als bei illegalisierten Drogen. Dies ist mit ein Grund, wieso Alkoholabhängige in der Regel deutlich älter sind, wenn sie sich in eine Behandlung ihrer Erkrankung begeben.

Gesetzliche Regelung
Alkohol ist in Österreich legal erwerbbar und unterliegt dem freien Wettbewerb. Bestimmungen zum Jugendschutz regeln die Verfügbarkeit und den Konsum durch Kinder und Jugendliche, sie sind von Bundesland zu Bundesland verschieden. Zumeist ist der Erwerb, Besitz und Konsum von Alkohol unter 16 Jahren generell verboten, gebrannter Alkohol darf erst ab 18 Jahren konsumiert werden.

Verbreitung
Alkohol ist in Österreich die Volksdroge Nummer eins. 360.000 Menschen gelten als alkoholkrank, etwa 750.000 Menschen konsumieren Alkohol in einem gesundheitsschädlichen Ausmaß [118]. Etwa zehn Prozent der Österreicher*innen erkranken im Laufe ihres Lebens an Alkoholismus. Beim Pro-Kopf-Alkoholkonsum liegen Deutschland und Österreich mit durchschnittlich etwa 13 Litern reinem Alkohol pro Kopf und Jahr knapp über dem europäischen Durchschnitt, weltweit liegt dieser Schnitt bei 6,4 Litern.

OPIATE UND OPIOIDE – HEROIN

Geschichte

Der Mohnanbau sowie die Verwendung von Opium als Heil- und Rauschmittel in verschiedenen Kulturen lässt sich über Jahrtausende zurückverfolgen. Bereits etwa 4000 v. Chr. nutzten die Ägypter und Sumerer die heilsame und berauschende Wirkung, im alten Griechenland wurde Opium für kultische und medizinische Zwecke genutzt. Später bauten auch die Chinesen Schlafmohn an, um daraus Schmerz- und andere Heilmittel herzustellen.

Morphin als Hauptwirkstoff von Opium wurde im Jahr 1828 als stark wirksames Schmerzmittel auf den Markt gebracht, wobei rasch klar war, dass es stark abhängig macht. Mit dem Ziel, ein ebenso schmerzstillendes, aber nicht süchtig machendes Mittel herzustellen, wurde gegen Ende des 19. Jahrhunderts Heroin erstmals halb(-synthetisch) hergestellt. Ab 1898 wurde es von der deutschen Pharmafirma Bayer AG kommerziell vermarktet und in großen Mengen produziert. Den Namen Heroin erhielt es wegen seiner heroischen Wirkung, einer Wirkung ähnlich wie Morphin, nur schneller und stärker. Es diente als Schmerzmittel, Hustenstiller und als „nicht süchtig machendes Medikament“ zur Behandlung der Morphinabhängigkeit. Erst einige Jahre darauf wurde erkannt, dass Heroin ebenso abhängig macht. Um 1910 entwickelte sich Heroin langsam zur stigmatisierten Droge, vor allem ausgehend von den puritanischen Bewegungen in den USA. Nicht zuletzt aufgrund des politischen Drucks wurde Heroin 1931 vom Markt genommen, wodurch seine medizinische Bedeutung abnahm, die Popularität als Rauschmittel aber blieb. Straßenheroin ist in der Drogenszene auch unter den Szenenamen „H“ („Aitsch“), „Shore“ „Stoff“, „Braunes“, „Brown Sugar“ oder „Gift“ bekannt. Der Film „Wir Kinder vom Bahnhof Zoo“ ermöglichte Anfang der 1980er-Jahre einem breiteren Publikum im deutschsprachigen Raum einen Einblick in die Heroinproblematik der deutschen Szene.

Opioide gelten auch heute noch als die effektivsten Schmerzmittel, die der Medizin zur Verfügung stehen. Aufgrund ihres Abhängigkeitspotenzials werden sie jedoch von vielen Patient*innen mit Skepsis betrachtet.

Foto: Chaikom's / Shutterstock.com

Heroin

Chemie

Unter Opiaten versteht man Stoffe, die aus Opium, dem getrockneten Milchsaft der unreifen Kapseln des Schlafmohns, gewonnen werden. Man unterscheidet zwischen natürlichen Opiaten wie Morphin oder Codein, halbsynthetischen Opioiden wie Heroin und synthetischen Opioiden. Die synthetisch hergestellten Stoffe haben eine ähnliche Wirkungsweise wie natürliche Opiate, jedoch zum Teil mit einer um ein Vielfaches erhöhten Potenz verglichen mit natürlichem Morphin. In den letzten Jahren sind immer wieder neue synthetisch hergestellt Opioide am Markt aufgetaucht, wie etwa das in den Medien als „Todesdroge" bezeichnete U-47700 („Pinky"). Die Potenz der Substanz ist 7,5-mal höher als jene von Morphin [37] und ist deshalb tatsächlich höchst gefährlich. Zu den (halb-)synthetischen Opioiden zählen weiters Substitutionsmittel wie retardierte Morphine oder Methadon, aber auch Schmerzmittel wie Fentanyl und das derzeit in der Opioid-Krise in den USA eine bedeutsame Rolle spielende Oxycodon.

Heroin (3,5-Diacetyl-Morphin) ist ein halbsynthetisches Opioid, das mittels chemischem Verfahren aus Rohopium, dem eingetrockneten Milchsaft der Schlafmohnkapsel, hergestellt wird. Straßenheroin enthält häufig Verunreinigungen aus der Herstellung oder wird mit Substanzen wie Paracetamol, Koffein, Milchpulver, Mehl, Talkum, Ascorbinsäure oder anderem gestreckt, um einen höheren Verkaufserlös aus derselben Menge Reinsubstanz zu erzielen. Minderwertigem Heroin werden manchmal auch andere psychoaktive Substanzen wie etwa Benzodiazepine beigemischt, um die Wirkung zu steigern. Der Reinheitsgrad von in Europa erhältlichem Straßenheroin liegt zwischen drei bis vierzig Prozent, sehr selten bis zu sechzig Prozent, im Mittel um die zwölf Prozent [22].

Andere Opioide sind Codein, Morphin, Methadon oder Tilidin. Aufgrund ihrer stark schmerzlindernden Wirkung sind Opioide unverzichtbare und vielgenutzte Arzneimittel in der Schmerztherapie und Anästhesie.

Einnahme

Bei Heroin handelt es sich um ein braunes, hellbeiges, cremefarbenes oder weißes beziehungsweise kristallines Pulver, das manchmal auch etwas körnig ist. Braunes Heroin ist weit stärker verbreitet als weißes, es ist geruchsneutral und schmeckt bitter. Heroin wird zumeist geraucht, gesnieft oder intravenös konsumiert, seltener auch rektal injiziert oder geschluckt. Besonders Letzteres ist wenig beliebt, da dabei kein „Kick“ entsteht. Auch das „Folierauchen“, bei dem das Heroin auf einer Alufolie erhitzt und die dabei aufsteigenden Dämpfe inhaliert werden, ist eine verbreitete Konsumart.

Wirkungsweise

Heroin dockt an die entsprechenden Rezeptoren im Gehirn an, wobei vermehrt die Neurotransmitter Dopamin, Noradrenalin und Serotonin ausgeschüttet werden. Diese sind auch als „Glückshormone“ bekannt, die Konsumierenden verspüren eine starke Euphorie und haben ein angenehmes Gefühl.

Im Allgemeinen wirkt Heroin angst- und schmerzlösend sowie beruhigend, es beseitigt unangenehme Empfindungen und erzeugt ein wohlig-warmes Gefühl im Körper. Konsumierende beschreiben eine Empfindung der Geborgenheit und der Selbstzufriedenheit, man fühle sich wie in Watte gepackt. Der sogenannte „Flash“ oder „Kick“

beim intravenösen Heroinkonsum wird als euphorisierend und als absolutes Hochgefühl beschrieben. Beim Rauchen oder Sniefen ist der „Kick" nicht so stark ausgeprägt, dafür hält die Wirkung insgesamt länger an. Nach diesem euphorisierenden „Flash" tritt ein Zustand ein, bei dem alle Probleme wie aufgelöst scheinen. Ängste, depressive Gefühle und Selbstwertprobleme werden unterdrückt. Das Ausmaß dieser Effekte ist individuell unterschiedlich und abhängig von Dosis und Konsumart sowie dem individuellen Grad der Gewöhnung an die Substanz. Wie bei jedem Drogenkonsum beeinflussen auch die momentane psychische Verfassung (Set) sowie die Umgebungsbedingungen (Setting), unter denen konsumiert wird, die wahrgenommene Wirkung.

Aufnahme, Abbau und Nachweisbarkeit

Beim Sniefen oder Rauchen tritt die Wirkung relativ rasch ein, der Höhepunkt ist bereits nach einigen Minuten erreicht. Beim intravenösen Konsum ist die volle Wirkung nach einigen Sekunden erreicht, über den Magen dauert es etwa dreißig Minuten, bis der oder die Konsument*in etwas davon spürt. Die Wirkungsdauer ist abhängig von Reinheitsgrad, Dosierung sowie der Konsumart, im Schnitt hält sie zwei bis fünf Stunden an.

Heroin wird im Körper zu Morphin umgewandelt und über die Nieren ausgeschieden, es kann über Urin, Schweiß, Blut, Speichel oder Haare nachgewiesen werden. Die Nachweisdauer ist von der konsumierten Menge und der Häufigkeit des Konsums abhängig. Auch der individuelle Stoffwechsel spielt dabei eine Rolle. Als Richtwerte gelten für die Nachweisbarkeit im Blut maximal 24 Stunden, im Urin zwischen zwei und fünf Tagen. Mit einer Haaranalyse kann Heroinkonsum bis zu drei Monate lang nachgewiesen werden. Besonders Schnelltests zum Nachweis von Heroin sind häufig sehr empfindlich und können nicht unterscheiden, ob jemand Heroin oder andere Opiate zu sich genommen hat. So ist es theoretisch möglich, dass jemand nach dem Verzehr von Mohn ein (falsch) positives Testergebnis hat, obwohl er oder sie keine psychoaktiven Substanzen zu sich genommen hat, sondern lediglich einige Stücke Mohnkuchen. Auch codeinhältige Hustensäfte können zu einem (falsch-)positiven Testergebnis führen. Es gibt jedoch Urintests, die das Abbauprodukt von Heroin,

6-MAM, nachweisen können und damit auf eine eindeutige Einnahme von Heroin schließen lassen. Dabei handelt es sich jedoch um Laborverfahren und nicht um Schnelltests, wie sie beispielsweise bei Verkehrskontrollen oder anderen Untersuchungen im Feld angewendet werden. Diese haben generell eine wesentlich höhere Fehlerquote als im Labor ausgewertete Urin- oder Bluttests.

Risiko und Folgeschäden

Entgegen der weitverbreiteten Meinung ist der langfristige Konsum von Heroin nicht sonderlich schädigend für die Organe und den Körper im Allgemeinen. Dies gilt allerdings nur für sauberes Heroin, das auf der Straße nicht erhältlich ist. Straßenheroin ist fast immer stark verunreinigt und mit verschiedensten Substanzen gestreckt, wodurch schwerwiegende körperliche Folgeprobleme entstehen.

Heroin hat neben den von den Konsumierenden erwünschten und positiv beschriebenen Wirkungen auch eine Reihe unerwünschter Begleiterscheinungen. Dazu zählen starke Benommenheit, Atembeschwerden bis zu lebensbedrohlicher Verringerung der Atemfrequenz und Blutdruckabfall, aber auch die Verminderung des Appetits und der Darmtätigkeit. Eine Verengung der Pupillen ist typisch für eine Intoxikation mit Opioiden, in der Szenesprache ist dies bekannt als „Stecknadelpupillen“ oder „Sticks“.

Darüber hinaus kann es zu Desorientierung, Verwirrung, Sprach- und Koordinationsstörungen, Gedächtnislücken, Verringerung der sexuellen Lust sowie Behinderung bei der Entleerung der Harnblase kommen.

Für die Konsument*innen höchst problematisch ist die Tatsache, dass der Spielraum zwischen verträglicher und lebensgefährlicher Dosis äußerst gering ist. Bei einer Überdosierung mit Heroin kommt es zu Bewusstlosigkeit, Übelkeit und Erbrechen mit der Gefahr, am Erbrochenen zu ersticken. Die Herz- und Atemtätigkeit wird verlangsamt, bis hin zur Blaufärbung der Haut durch Sauerstoffmangel. Dies kann schließlich zu Kreislaufversagen und Tod führen, wenn nicht umgehend Gegenmaßnahmen ergriffen werden. Wie viel jemand „verträgt“, ist zum einen von der Reinheit und Dosis der Substanz abhängig, zum anderen aber auch vom individuellen Grad der Gewöhnung. Dosierungen, die von chronischen Konsument*innen eingenommen werden, sind für nicht regelmäßig Konsumierende tödlich. Diese Toleranz, die sich bei Heroinkonsument*innen ausbildet, verringert sich jedoch deutlich, wenn über Monate nicht konsumiert wird. Dosierungen, die vor einer abstinenten Phase problemlos vertragen wurden, können nachher zu lebensbedrohlichen Überdosierungen führen. Dies ist auch der Grund, weswegen tödliche Überdosierungen häufig nach erfolgreichen Entzugsbehandlungen oder nach einer Haftentlassung geschehen. So paradox es klingen mag, (vorangegangene) Abstinenz und das Herausfallen aus der Substitutionsbehandlung gelten als maßgebliche Risikofaktoren für lebensbedrohliche Drogennotfälle [111, 138].

Verunreinigungen oder Streckmittel im Heroin können auch Abwehrreaktionen des Körpers auslösen („shake", „Schüttler"), die Betroffenen bekommen Schüttelfrost, Krampfanfälle, es kommt zu Übelkeit und Erbrechen, Juckreiz tritt auf, Schockzustände bis hin zur Bewusstlosigkeit sind die Folgen.

Neben diesen kurzfristigen Risiken, die mit dem Heroinkonsum verbunden sind, gibt es eine Reihe von längerfristigen Folgeschäden durch den Konsum der verunreinigten Substanz unter oft unhygienischen Bedingungen. Vor allem der intravenöse Gebrauch von Heroin birgt ein hohes Infektionsrisiko, wenn mit unsauberen Nadeln gearbeitet wird. Die Gefahr der Übertragung von HIV oder Hepatitis C sowie bakterieller Infektionen ist hoch, Abszesse an den Einstichstellen oder Entzündungen bis hin zur Herzmuskelentzündung sind nicht so selten. Bei langjährigen i.v. Konsumierenden sind die Venen häufig derart geschädigt, dass es schwierig ist, noch „brauchbare" Einstichstellen zu finden. Dann wird in die Venen am Hals, der Leiste oder den Fingern injiziert, was aufgrund der Nähe zu Nervenbahnen und der erhöhten Infektionsgefahr vor allem in der Leistengegend als hochriskant gilt. Auch beim gemeinsamen Benutzen von Röhrchen oder Geldscheinen zum Sniefen kann es durch kleine Verletzungen der Nasenschleimhaut zur Übertragung von Infektionskrankheiten kommen. Beim häufigen Inhalieren von Heroin verschleimt die Lunge, da Hustenreiz sowie das Abhusten unterdrückt werden.

Durch die dem Heroin beigemengten Streckmittel kommt es zu Schädigungen praktisch aller Organe und damit einhergehend zu schwerwiegenden körperlichen Folgeproblemen. Leberschädigungen, Lungenerkrankungen, Magen-Darm-Probleme sowie Abnahme der Libido gehören zu den langfristigen Komplikationen. Häufig sind die Konsument*innen auch von Karies und Zahnausfall betroffen, was jedoch mehr an der Vernachlässigung der Mundhygiene liegt als an der Substanz selbst. Durch die schmerzstillende Wirkung des Heroins werden die mit dem Zahnverfall einhergehenden Schmerzen erst viel später als problematisch wahrgenommen.

Diese Risiken gelten für den Monokonsum von Heroin, sie potenzieren sich jedoch beim Mischkonsum mit anderen Substanzen. Die meisten Heroinabhängigen sind nicht nur von einer Substanz abhängig, sie mischen mit Alkohol, Benzodiazepinen oder auch aufputschenden Substanzen wie Kokain. Die Risiken und (Wechsel-) Wirkungen sind durch Streckmittel und den unbekannten Reinheitsgrad der zugeführten Substanzen nur schwer kalkulierbar. Vor allem die Kombination von Heroin und Alkohol, Benzodiazepinen, Ketamin oder anderen dämpfenden Substanzen kann zu komatösen Zuständen und einer Lähmung der Atmung und Herztätigkeit führen, wodurch die Gefahr für lebensbedrohliche Überdosierungen rapide ansteigt. Die meisten Drogentoten sind auf Mischintoxikationen unter Beteiligung von Opioiden zurückzuführen [53], in den meisten Fällen handelt es sich um eine Kombination von Opiaten, Alkohol und psychoaktiven Medikamenten. Aber auch gemeinsam mit aufputschenden Substanzen wird Heroin häufig genommen, die Kombination mit Kokain ist in der Szene als „Speedball“ oder „Cocktail“ bekannt. Die Wirkungen der Substanzen sind entgegengesetzt, das müde machende Heroin wird mit dem aufputschenden Kokain aufgefangen und umgekehrt, die Wirkungen vermischen und verstärken sich gegenseitig. Für den Kreislauf stellt diese Kombination eine immense Belastung dar, auch das Risiko einer Überdosierung ist groß.

Während der Schwangerschaft birgt der Konsum von Heroin starke gesundheitliche Risiken für das ungeborene Kind, weswegen es auch in größeren Städten zumeist Spezialambulanzen für abhängige Schwangere gibt, die eine umfassende Betreuung für Mutter und Kind anbieten. Wenn eine Abstinenz während der Schwangerschaft nicht möglich ist, ist eine stabile Einstellung auf ein Substitutionsmittel indiziert. Eine umfassende psychosoziale Betreuung hilft werdenden Müttern, mit den Anforderungen der Schwangerschaft und des

Lebens nach der Geburt fertig zu werden. In den ersten Tagen nach der Geburt haben Babys von opiatabhängigen Müttern in der Regel Entzugserscheinungen, weswegen eine spezielle Versorgung in einem Krankenhaus erforderlich ist.

Neben diesen körperlichen Folgeschäden ist mit langfristigem chronischem Heroinkonsum häufig der soziale Abstieg verbunden. Der hohe Bedarf an der Substanz und die damit verbundenen Kosten führen zu Beschaffungskriminalität, Prostitution, Wohnungslosigkeit und Verarmung. Die psychischen Folgeschäden sind massiv und reichen von depressiven Verstimmungen, Antriebs- und Konzentrationsstörungen bis hin zu Persönlichkeitsveränderungen.

Diese Risiken führen insgesamt zu einer relativ hohen Mortalitätsrate von Opiatabhängigen, Studien unter Hochrisiko-Drogenkonsument*innen zeigen eine jährliche Sterblichkeitsrate von ein bis zwei Prozent, wobei Überdosierungen die Haupttodesursache darstellen. Wie weit diese jedoch immer nur versehentlich passieren oder Ausdruck einer erhöhten Risikobereitschaft aufgrund suizidaler Tendenzen sind, ist nicht abzuschätzen. Die Selbsttötung durch eine Überdosis ist unter dem Namen „Goldener Schuss" geläufig.

Abhängigkeit

Heroin gilt als Substanz mit einem sehr hohen Abhängigkeitspotenzial, viele Menschen denken, dass ein einmaliger Heroinkonsum sofort süchtig macht. Dies ist zwar nicht der Fall, vor allem deshalb nicht, weil die Entstehung einer Abhängigkeit nie losgelöst von der Person und den Umweltbedingungen erklärt werden kann (siehe Kapitel „Gebrauch – Missbrauch – Abhängigkeit"). Dennoch zeigen sich nach regelmäßigem Gebrauch innerhalb weniger Wochen bereits die ersten Symptome der Abhängigkeit – das Verlangen steigt, die Kontrolle über den Konsum sinkt, die Dosis muss dem regelmäßigen Konsum angepasst werden. Bei chronischem Heroinkonsum zeigen sich etwa acht bis zwölf Stunden nach dem letzten Gebrauch starke Entzugserscheinungen („Cold Turkey", „Affe", „Kracher"), wie ein starkes unkontrollierbares Verlangen nach der Substanz, Unruhe und Zittern, Muskelschmerzen, Erbrechen, Durchfall, psychische Labilität, Schlaflosigkeit, Schweißausbrüche, Schüttelfrost oder starke Krämpfe. Psychisch äußert sich der Entzug in starken

Unruhe- und Angstgefühlen, Desorientierung, depressiven, ängstlichen oder aggressiven Persönlichkeitsveränderungen und einem extremen Verlangen nach der Substanz („craving"). Diese Entzugserscheinungen halten nach Absetzen des Heroins etwa eine Woche an, die Schlafstörungen und das psychische Verlangen nach der Droge meist noch wesentlich länger. Bei regelmäßigem Konsum geht die eigentliche Wirkung des Heroins zunehmend verloren, es geht mehr um die Beendigung der Entzugserscheinungen als um die angenehme Wirkung der Substanz. Abhängige brauchen das Heroin, um zu funktionieren.

Gesetzliche Regelung

Heroin unterliegt den Bestimmungen des österreichischen Suchtmittelgesetzes (siehe Kapitel „Die Politik und die Sucht/Die rechtliche Situation in Österreich")

Verbreitung

Der Konsum von Opioiden, allen voran von Heroin, ist über die Jahre hinweg relativ stabil, in den meisten westlichen Ländern ist er mittelfristig konstant beziehungsweise sogar rückläufig. In Österreich gibt es etwa 30.000 bis 35.000 Personen mit einem problematischen Konsum unter Beteiligung von Opioiden, wobei sich die Altersverteilung in den vergangenen Jahren veränderte. Der Anteil an jungen Konsumierenden geht deutlich zurück, es gibt erfreulicherweise weniger Neueinsteiger*innen [53]. Heroin scheint für junge Menschen nicht mehr so interessant zu sein wie früher. Obwohl Opioide bei weitem nicht die am häufigsten konsumierte Substanz sind, stellen sie den weitaus größten Teil des risikoreichen Drogenkonsums in Österreich dar, zumeist in Kombination mit anderen psychoaktiven Substanzen.

In Europa gibt es etwa 1,3 Millionen Hochrisiko-Opioidkonsumierende, bei 84 Prozent aller untersuchten tödlichen Überdosierungen waren Opioide im Spiel. Unter den Opioiden am europäischen Drogenmarkt ist Heroin nach wie vor das am weitest verbreitete, die meisten Behandlungsanfragen in Zusammenhang mit Opioiden fallen ebenfalls auf Heroinkonsument*innen.

Foto: Kittipong Chararoj's / Shutterstock.com

Kokain

KOKAIN UND CRACK

Geschichte

Kokain wird aus den Blättern des Kokastrauches gewonnen, der in Südamerika bereits 2500 v. Chr. als Kulturpflanze angebaut wurde. Das Kauen der Blätter und das Zubereiten von Tee hat in Ländern wie Peru oder Bolivien eine lange Tradition, im Gebiet der Anden wurde die Pflanze seit Jahrhunderten aus mystischen, religiösen oder medizinischen Gründen eingenommen. Bereits die Inkas kauten die Blätter des Strauches gegen Hunger und Schmerzen sowie zur Steigerung der Ausdauer, bis heute ist dies in den südamerikanischen Anden Usus.

Nach Europa kam die Substanz erst im 18. Jahrhundert, Mitte des 19. Jahrhunderts gelang die erste chemische Isolation des Hauptalkaloids. Aufgrund seiner lokalanästhetischen Wirkung wurde es bei Augenoperationen eingesetzt, aber auch als Mittel zur Behandlung der Morphiumabhängigkeit und von Depressionen wurde es verwendet. Sigmund Freud, der die Substanz selber eine Zeit lang aufgrund seiner antidepressiven und stimulierenden Wirkung konsumierte, pries sie in dem Artikel „Über Coca“ aufgrund seiner psychoaktiven, euphorisierenden und aktivierenden Wirkung als Wunderdroge, womit er zur Verbreitung der Substanz in der medizinischen Anwendung erheblich beitrug.

Um das Jahr 1885 wurde eine kohlensäurehaltige Limonade mit einer geringen Menge von Kokain und Koffein versetzt und unter dem Namen „Coca-Cola" bis zum Jahr 1904 in dieser Rezeptur verkauft. Ab dem Jahr 1914 war in den USA der Zusatz von Kokain in rezeptfreien Arzneimitteln sowie Nahrungsmitteln verboten.

Nach dem Ersten Weltkrieg avancierte Kokain zur Modedroge für Minderheiten, vor allem bei Künstler*innen und Literat*innen war die Substanz beliebt. In der Wirtschaftskrise der 1930er-Jahre ging der Kokainkonsum etwas zurück, viele sind auf die billigeren und damals noch legal erhältlichen Amphetamine umgestiegen. In den Achtzigerjahren des vergangenen Jahrhunderts wurde die leistungssteigernde Wirkung der Droge vor allem in der Yuppiegesellschaft wiederentdeckt, sie fand jedoch auch zunehmend Platz in der Straßendrogenszene. In derselben Zeit kam in den USA das Rauchen von Crack, einer Sonderform des Kokains, auf und führte zu einer „Crack-Epidemie". In Europa spielt Crack eine sehr untergeordnete Rolle.

Bis heute ist Kokain zum einen Lifestyle-Droge in der Partyszene sowie Mittel zur Leistungssteigerung in der modernen Gesellschaft, zum anderen eine Substanz der Straßenszene.

Chemie

Bei Kokain handelt es sich um ein weißes, kristallartiges, sehr bitter schmeckendes Pulver, das aus den Blättern der Kokapflanze gewonnen wird. Die getrockneten Blätter der Pflanze, die bis zu einem Prozent Kokain enthalten, werden in einem chemischen Prozess zu Kokainhydrochlorid verarbeitet. Am Schwarzmarkt erhältliches Kokain wird mit den üblichen Mitteln wie Paracetamol oder Milchpulver gestreckt, auch gefäßverengende beziehungsweise schmerzstillende oder betäubende Mittel wie Lidocain oder Novocain kommen zur Anwendung. Der durchschnittliche Reinheitsgehalt von Kokain ist in den vergangenen Jahren in Europa angestiegen, im Jahr 2016 lag er laut europäischer Drogenbeobachtungsbehörde in Österreich bei durchschnittlich 45 Prozent, maximal bei 87 Prozent [22].

Das vorwiegend in den USA verbreitete Crack ist eine hochwirksame Sonderform von Kokain, der Name stammt vom knackenden Geräusch, dass die Körner („rocks“) beim Verbrennen machen. Crack ist billiger und schneller wirksam als Kokain und spielt vor allem in sozial schwächeren Schichten eine Rolle, ist jedoch hierzulande – genauso wie Freebase, eine weitere feststoffliche Sonderform von Kokain – wenig verbreitet.

Einnahme

Kokain („Schnee“, „Koka“, „Koks“, „Weißes“) ist ein farbloses, in der kristallinen Form weiß aussehendes Pulver, die häufigste Einnahmeform ist das Sniefen. Es kann aber auch geschluckt und intravenös konsumiert werden. Bei Crack handelt es sich um kleine, gelbliche Körnchen („Steine“, „Rocks“), die zumeist in speziellen kleinen Pfeifen oder Zigaretten geraucht, manchmal auch auf Alufolie erhitzt und inhaliert werden.

Wirkungsweise

Kokain gehört zur Gruppe der Stimulantien. Es gelangt nach dem Konsum sehr rasch ins Gehirn, wo es zu einer Anhäufung der Neurotransmitter Dopamin und Noradrenalin kommt. Dies wirkt euphorisierend und führt zu psychischem Hochgefühl.

Die starke Stimulation des Zentralnervensystems geht mit einer gesteigerten Wachheit, Euphorie und Gefühlen von Allmacht einher. Kokain-Konsument*innen fühlen sich während des Rausches selbstbewusster, soziale und sexuelle Hemmungen sind ausgeschaltet. Hyperaktivität und gesteigertes Redebedürfnis führen dazu, dass die Betroffenen viel und schnell reden, häufig auch abschweifen, das gesteigerte Selbstbewusstsein geht manchmal in Selbstüberschätzung über. Auf körperlicher Ebene zeigt sich ein Anstieg von Puls, Blutdruck, Atemfrequenz und Körpertemperatur, das Hunger- und Durstgefühl wird gedämpft. Insgesamt hat Kokain demnach eine aufputschende Wirkung, die jedoch von Dosis, Substanzqualität, der Konsumart und der körperlichen Verfassung der Konsument*innen abhängig ist. Vor allem in niedrigeren Dosierungen ist die Wirkung des Kokains stark an die Erwartungen der Person und die Umgebungsbedingungen geknüpft.

Der Kokainrausch läuft jedoch charakteristischerweise in Phasen ab. Die anfängliche Euphorie wird von depressiven Verstimmungen, Angst, Gereiztheit und einem Gefühl des Versagens abgelöst. Beim Nachlassen der Wirkung erleben viele Konsument*innen Depressionen, die Lust an Essen und Sexualität nimmt ab, suizidale Tendenzen sind möglich. Diese negativen Folgen schließen direkt auf die zuvor empfundenen positiven Stimmungen an, wodurch die Gefahr, gleich wieder zur nächsten Dosis zu greifen, sehr hoch ist. Man „weiß" ja schließlich, was bei schlechter Stimmung schnell und zuverlässig Abhilfe schafft, auch wenn darauf wieder das gefürchtete „Coming-down" folgt. Ein Kreislauf, der für das erhebliche psychische Abhängigkeitspotenzial des Kokains mitverantwortlich ist.

Aufnahme, Abbau und Nachweisbarkeit

Beim Sniefen von Kokain setzt die Wirkung nach wenigen Minuten ein, beim Spritzen bereits nach wenigen Sekunden. Nach etwa einer halben Stunde ist die maximale Konzentration im Blut erreicht, die Wirkung hält beim Sniefen etwa dreißig Minuten und damit länger als beim Rauchen oder Spritzen an, wo die Wirkung zwar intensiver, aber auch schneller wieder vorbei ist. Beim Rauchen von Crack gelangen die Substanzen über die Atemluft in das Blut und wirken quasi augenblicklich, der Rauschzustand hält einige Sekunden an.

Kokain ist im Blut bis zu 24 Stunden nachweisbar, im Urin zwei bis vier Tage, in den Haaren bis zu mehreren Monaten, auch wenn nicht chronisch konsumiert wird.

Risiko und Folgeschäden

Beim Konsum von Kokain wird der Körper in Aktivitätsbereitschaft versetzt, er wird aufgeputscht, es wird aber gleichzeitig keine Energie zugeführt, wodurch bald alle Reserven verbraucht sind. Der Körper ist dann weniger belastbar und weniger widerstandsfähig. Diese Überbeanspruchung kann zu schwerwiegenden Komplikationen führen.

Eine akute Kokain-Überdosierung ist lebensbedrohlich, es kommt zu einer zentralnervösen Übererregung, die mit Krampfanfällen, Koordinationsstörungen oder auch Herzinfarkt und Hirnschlag einhergehen kann. Die Angaben, ab wann eine Dosierung lebensbedrohlich ist, schwanken und sind im Wesentlichen abhängig von der

Reinheit der Substanz, der Gewöhnung sowie der Konsumart. Beim sogenannten „Kokainschock", einer Überempfindlichkeitsreaktion gegenüber der Substanz, kann es zu starkem Blutdruckabfall kommen, die Symptome sind Blässe, Schweiß und Atemnot, ein Kreislaufversagen kann ohne entsprechende Gegenmaßnahmen tödlich sein.

Langfristig kommt es beim chronischen Kokainkonsum zu einer Reihe von körperlichen und psychischen Folgeproblemen, die negativen Effekte intensivieren sich mit Häufigkeit und Dosis des Konsums. Die appetithemmende Wirkung führt zu einer Unterernährung, manche Konsument*innen bezeichnen Phasen des intensiven Konsums mit starker Gewichtsabnahme halb-scherzhaft als „Kokain-Diät". Vor allem bei Frauen spielt dieses Konsummotiv immer wieder eine entscheidende Rolle. Dass eine derartige drastische Gewichtsabnahme und Unterversorgung mit Nährstoffen nicht gesund ist, versteht sich von selbst. Dazu kommen Antriebs- und Konzentrationsstörungen sowie ein Nachlassen der Merk- und Lernfähigkeit. Aufgrund der gefäßverengenden Wirkung von Kokain kann es auf Dauer zu einer Schädigung des Herz-Kreislauf-Systems kommen, vor allem chronischer Konsum kann eine Verengung der Herzgefäße und damit Herzinfarkte oder Herzfehler zur Folge haben. Das Sniefen von Kokain kann zu einer Schädigung der Nasenschleimhaut und irreversiblem Brüchigwerden der Nasenscheidewand mit Durchlöcherungen führen, was häufiges Nasenbluten bis hin zum Verlust des Geruchssinns zur Folge haben kann. Beim Rauchen von Kokain wird das Lungengewebe geschädigt, das Spritzen birgt die üblichen Risiken des intravenösen Konsums, wie die Übertragung von HIV oder Hepatitis C – ebenso das gemeinsame Benutzen von Röhrchen oder Geldscheinen zum Sniefen.

Obwohl Kokain als lust- und potenzsteigernd gilt, reduziert der chronische Konsum die Libido, Männer leiden unter Impotenz, bei Frauen kommt es zu Veränderungen des Zyklus oder zum Ausbleiben der Regelblutung.

Neben diesen körperlichen Folgeschäden gibt es eine Reihe von unerwünschten psychischen Nebenwirkungen des Kokains. Chronisch konsumierende Personen leiden häufig unter Schlafstörungen, Depressionen, Ängsten oder Verwirrtheit, mit einer aggressiv-reizbaren Stimmung und innerer Leere. Bei chronisch hohen Dosierungen kann es zu einer Kokainpsychose mit paranoiden Wahnvorstellungen, Verfolgungsangst und optischen sowie akustischen Halluzinationen kommen.

Wie bei allen Substanzen ist auch bei Kokain der Mischkonsum besonders gefährlich. Die Kombination mit anderen aufputschenden Substanzen stellt eine extreme Belastung des Herz-Kreislauf-Systems dar. Die Wirkung des Alkohols wird weniger wahrgenommen, wodurch die Gefahr der Selbstüberschätzung und damit auch der Alkoholvergiftung oder von Unfällen steigt. In Kombination mit Heroin steigt die Gefahr einer Überdosierung mit Herz-und/oder Lungenversagen aufgrund der gegensätzlichen Wirkungsweise.

Kokainkonsum in der Schwangerschaft führt durch die gefäßverengende Wirkung zu einer Unterversorgung des Fötus mit Sauerstoff und Nährsubstanzen. Das Kokain gelangt durch den Blutkreislauf der Mutter zum ungeborenen Kind, das Risiko für Fehl- oder Totgeburten sowie für die Schädigung des Ungeborenen ist deutlich erhöht.

Abhängigkeit

Die Abhängigkeit bei Kokain ist fast ausschließlich psychisch, eine körperliche Abhängigkeit entsteht nicht. Crack und Freebase, bei dem auch körperliche Entzugssymptome entstehen, führen schneller zu einer Abhängigkeit als andere Formen von Kokain.

Dass die körperliche Abhängigkeit bei Kokain ausbleibt, heißt aber nicht, dass die Substanz harmlos ist, ganz im Gegenteil. Die psychische Abhängigkeit ist extrem groß und in der Regel wesentlich schwerer behandelbar als die körperliche. Der Wunsch, das Gefühl von Stärke, Euphorie und Selbstsicherheit zu spüren, ist stark, mit dem neuerlichen Konsum ist es möglich, den Zustand der inneren Leere und Niedergeschlagenheit aufzulösen. Kokain wird häufig im Binge-Muster konsumiert, auf einige Tage intensiven Konsums folgen Tage der Abstinenz, in denen die Betroffenen glauben, jederzeit aufhören zu können. Darauf folgt wieder eine Phase intensiven Konsums. Dieses Muster führt nach kurzer Zeit zur Erschöpfung, ein Kreislauf, aus dem es schwierig ist, einen Ausstieg zu finden. Kokainkonsum kann relativ schnell eskalieren und ist mit gesundheitlichen Risiken verbunden, die auch für Gelegenheitskonsument*innen tödlich sein können.

Zu den psychischen Entzugserscheinungen zählen neben dem starken Craving auch Persönlichkeitsveränderungen, Aggressionen und Wahnvorstellungen. Dazu gehört auch der sogenannte Dermatozoenwahn, bei dem die Betroffenen das Gefühl haben, dass Insekten unter ihrer Haut krabbeln.

Gesetzliche Regelung

Kokain unterliegt den Bestimmungen des österreichischen Suchtmittelgesetzes (siehe Kapitel „Die Politik und die Sucht/Die rechtliche Situation in Österreich").

Verbreitung

Kokain ist in allen sozialen Schichten zu finden, in der Straßenszene und im Rahmen des Freizeitdrogenkonsums. Crack und Freebase sind eher Drogen der niedrigeren sozialen Schichten und der schwer Drogenabhängigen der Straßenszene, wobei dieses generell in Europa eine wesentlich geringere Rolle spielt als etwa in den USA. Kokain ist nach Cannabis die weltweit am häufigsten gehandelte illegalisierte Substanz. Die hohe Verbreitung des Konsums zeigen auch Abwasseranalysen[17], erst kürzlich schrieb eine österreichische Tageszeitung, dass sich die nachweisbare Menge an Kokain im Innsbrucker Abwasser innerhalb von zwei Jahren verdoppelt hat [67]. Die Abwasseranalysedaten eines großen europäischen Projektes zeigen, dass der Konsum von Kokain in west- und südeuropäischen Städten am höchsten ist, die gefundenen Rückstände nahmen seit dem Jahr 2015 kontinuierlich zu. Es ist jedoch unklar, ob dies auf eine steigende Anzahl der Konsument*innen, eine höhere Konsummenge der bestehenden Konsument*innen oder den erhöhten Reinheitsgrad von Kokain zurückzuführen ist, eventuell ist es auch eine Kombination aller drei Variablen. Was sich in Abwasseranalysen jedoch klar zeigt, ist die Tatsache, dass der Konsum von Kokain und Amphetamin vorwiegend am Wochenende stattfindet [27].

17 Bei Abwasseranalysen werden Proben von Abwasser beispielsweise am Zulauf einer Kläranlage entnommen, um die Konzentration der illegalen Substanzen und ihre über den Urin ausgeschiedenen Metaboliten zu schätzen [27]. Die Ergebnisse sind eine Momentaufnahme und als wichtige Ergänzung zu anderen epidemiologischen Daten zur Schätzung des Drogenkonsums zu sehen.

Schätzungen der europäischen Drogenbeobachtungsbehörde gehen von 17 Millionen Europäer*innen aus (5,1 %), die zumindest einmal im Leben Kokain konsumiert haben, 3,5 Millionen (1,1 %) im vergangenen Jahr [26]. Im österreichischen Drogenbericht finden sich Konsumerfahrungen von zwei bis vier Prozent für Kokain, ähnlich wie bei Ecstasy und Amphetaminen, und damit doppelt so viel wie für Opioide [53]. Kokain spielt aber neben dem Konsum im Freizeitdrogenbereich auch im risikoreichen, problematischen Bereich eine wesentliche Rolle, entweder als alleinige Substanz oder im Rahmen von Mischkonsum mit Opioiden. Bei einem Viertel der drogenbezogenen Todesfälle in Österreich konnte (auch) eine Beteiligung von Kokain festgestellt werden.

CANNABIS

Geschichte

Cannabis ist als Heil- und Rauschmittel sowie als Nutzpflanze in vielen Kulturen seit tausenden Jahren bekannt. Bereits vor über 6000 Jahren wurde es in China zur Erzeugung von Stoffen, Seilen, Hanföl oder zur Papierherstellung verwendet. Als Rauschmittel hat sich Cannabis zunächst in Indien etabliert, wo es als heiliger Bestandteil kultiger Handlungen verwendet wurde. In der traditionellen Medizin Asiens wurde die Substanz als Beruhigungs- und Betäubungsmittel verwendet, aber auch als Heilmittel gegen Durchfall, Fieber und Lepra. In Europa stand lange Zeit die Nutzung von Cannabis als Kulturpflanze zur Fasergewinnung im Vordergrund, die berauschende Wirkung wurde erst im 19. Jahrhundert bekannt.

Cannabis ist die botanische Bezeichnung der Hanfpflanze, die zur Herstellung von Textilien oder Ölen und als Basis für Waschmittel oder Farben genutzt werden kann. Bis Ende des 19. Jahrhunderts war die Regelung von Cannabis eine rein nationale Angelegenheit, erst seit Beginn des 20. Jahrhunderts gab es internationale Verhandlungen über eine allgemeine Reglementierung. Die USA, die derzeit in immer mehr Bundesstaaten Cannabis entkriminalisieren oder gar legalisieren, waren in den 1930er-Jahren Vorreiter einer strengen Anti-Cannabis-Politik und wesentlich daran mitbeteiligt, dass die Substanz im Jahr 1961 in das UN-Einheitsabkommen über Betäubungsmittel aufgenommen wurde. Dies war der Grundstein für die heute noch

Foto: GHED's / Shutterstock.com

Cannabis

weit verbreiteten Cannabisverbote, die jedoch in den letzten Jahren zunehmend ins Wanken geraten.

Chemie

Die Cannabispflanze verfügt über etwa 400 Inhaltsstoffe, worunter mehr als hundert Cannabinoide zu finden sind – die bekanntesten sind THC und CBD. Es gibt weibliche und männliche Cannabispflanzen, die psychoaktiv wirksamen Stoffe befinden sich nur in den Blüten der weiblichen Pflanze. Der auch über das Suchtmittelgesetz geregelte und wohl bekannteste psychoaktive Stoff der Cannabispflanze ist das THC (Delta-9-Tetrahydrocannabinol).

Der Gehalt an THC in psychoaktiven Cannabisprodukten ist seit Anfang der 1980er-Jahre deutlich angestiegen. Während er damals bei etwa 0,1 bis fünf Prozent lag, liegt er jetzt bei Marihuana bei um die zwölf Prozent, bei Haschisch um die zwanzig bis fünfundzwanzig Prozent [22, 26]. Nutzhanf oder Industriehanf zur Herstellung von Seilen oder Stoffen hat wiederum einen sehr geringen THC-Gehalt und einen hohen Faseranteil, abhängig von Sorte und Zucht. Bei CBD handelt es sich ebenfalls um ein Cannabinoid, das jedoch nicht psychoaktiv ist, sondern über andere Effekte verfügt. Beim „legalen" Cannabis, das in vielen Ländern, in denen THC verboten ist, verkauft wird, handelt es sich meistens um CBD-haltige Produkte mit einem Anteil von weniger als 0,3 Prozent THC. Diese Produkte enthalten demnach zwar Cannabinoide, diese sind aber nicht psychoaktiv wirksam. Der mancherorts auftretende Hype um diese Produkte kann demnach nicht an der psychoaktiven Wirkung liegen, sondern lediglich an der Abstammung von der Cannabispflanze und der damit verbundenen Nähe zur psychoaktiven Droge. Aufgrund der berauschenden Effekte lässt sich der Hype um CBD nämlich nicht erklären, da diese nicht vorhanden sind – CBD ist in etwa so berauschend wie alkoholfreies Bier. Es wirkt vielmehr beruhigend, appetitzügelnd und senkt die Herzfrequenz, es macht nicht high, aber wirkt etwas angstlösend und entzündungshemmend. Vermutlich hat CBD aber einen anderen, nicht uninteressanten Effekt, nämlich einen antipsychotischen. Da der Anteil an THC und CBD in der Cannabispflanze umgekehrt proportional ist – ist viel THC enthalten, findet man wenig CBD und umgekehrt – lässt sich so eventuell die manchmal debattierte höhere Psychosegefährdung des heutigen Cannabis im Vergleich zu den Siebziger- und Achtzigerjahren des letzten Jahrhunderts erklären [139]. Richtlinien zum risikoarmen Konsum von Cannabis empfehlen Cannabis mit einem hohen CBD/THC Verhältnis zu bevorzugen, bei am Schwarzmarkt gekauftem Cannabis dürfte dies jedoch für die Konsument*innen unmöglich zu beurteilen sein [1] .

Exkurs

Cannabis in der Medizin

Bei der öffentlichen Diskussion um Cannabis bestehen momentan zwei Strömungen, die eine strebt nach einer Liberalisierung der Substanz zum Konsum, die andere nach der medizinischen Nutzung einzelner Cannabinoide oder gar der ganzen Pflanze. Die Verknüpfung dieser beiden Pole schadet der Debatte, da das eine mit dem anderen nichts zu tun hat. Bei der medizinischen Anwendung von Cannabis unterscheidet man generell zwischen Medizinal-Cannabis, bei dem Teile der Cannabispflanze zum medizinischen Gebrauch verwendet werden, dies ist in Österreich nicht erlaubt, in Deutschland seit dem Jahr 2017 schon. Die medizinische Nutzung von Cannabinoiden ist dennoch bereits heute in vielen europäischen Ländern legal, und zwar in Form von cannabisbasierten Medikamenten, die einen standardisierten Gehalt an THC und/oder CBD enthalten. Diese oftmalige Vermischung und inkorrekte Verwendung der Terminologien Medizinal-Cannabis und cannabisbasierte Medizin führt zu einer Moralisierung der Debatte, die im Grunde nicht notwendig ist, dennoch von manchen Liberalisierungsbefürwortern vielleicht auch geschickt ausgenützt wird, um über die Hintertür der medizinischen Wirksamkeit der Pflanze eine Liberalisierung im Bereich des Freizeitdrogenkonsums zu erreichen.

Doch zurück zur cannabisbasierten Medizin. In Österreich und einigen anderen europäischen Ländern ist beispielsweise das aus der Hanfpflanze hergestellte Dronabinol oder das vollsynthetische THC-Derivat Nabilon rezeptpflichtig erhältlich. Anwendung findet es bei Übelkeit und Erbrechen bei Chemotherapiepatient*innen oder auch Appetitverlust bei HIV-positivem Status. Auch in der Schmerzbehandlung kommen cannabisbasierte Medikamente zur Anwendung, wenn Präparate aus der Schulmedizin nicht mehr ausreichen. CBD, das in Österreich (noch) frei erhältlich ist, unterliegt in Deutschland der Rezeptpflicht, das aufgrund seiner muskelrelaxierenden, stimmungsaufhellenden und angstlösenden Wirkung auch bei chronischen Schmerzen zur Anwendung kommt. Auch die Anfallshäufigkeit bei bestimmten schweren kindlichen Epilepsieformen kann verringert werden [47].

Cannabisbasierte Präparate sind demnach in Österreich, Deutschland und einigen anderen europäischen Ländern erhältlich und finden ihre Anwendung in der Medizin, vor allem bei der Behandlung schwerstkranker Patient*innen. Diese sind als Reinsubstanzen in Arzneimittelqualität rezeptierbar und exakt dosierbar, etwas, das auf Medizinal-Cannabis nicht zutrifft, für Mediziner jedoch unerlässlich ist. Befürworter der Cannabis-Liberalisierung fordern eine Freigabe der Cannabispflanze zu medizinischen Zwecken, auch weil die Pflanze mit all ihren Wirkstoffen gemeinsam verträglicher und wirksamer sei als einzelne Wirkstoffe in cannabisbasierten Medikamenten. Hierfür gibt es jedoch nicht ausreichend klinische Evidenz, was wiederum damit zu tun hat, dass es aufgrund der strengen UN-Drogenkonvention in vielen Staaten bisher schlichtweg nicht möglich war, Cannabispflanzen systematisch zu züchten und zu erforschen [96]. Berichte und Forschungsergebnisse aus Ländern, in denen die Cannabisblüte als Arzneistoff zugelassen ist, liefern jedoch Hinweise darauf, dass die Wirkung der Cannabispflanze mit ihren vielen Stoffen zusammen höher ist als die der jeweiligen Einzelsubstanzen. Es geht aus den bisher vorliegenden Studien jedoch nicht klar hervor, welche Patient*innen von welcher Wirkstoffkombination genau profitieren, dies zu untersuchen ist aufgrund der Sortenvielfalt ein schwieriges Unterfangen [39, 96].

Einnahme

Es gibt im Wesentlichen drei Arten von Cannabisprodukten, die zur Berauschung eingesetzt werden. Beim Marihuana („Gras“, „Ganja“, „Weed“, „Pot“) handelt es sich um die getrockneten Blatt-, Blüten- und Stängelteile der Pflanze. Haschisch („Dope“, „Shit“) ist die Bezeichnung für das Harz, das aus den Blütenständen und anderen Pflanzenteilen gewonnen wird, es wird gestreckt und in Form von Platten oder Blöcken gepresst. Beim Haschischöl handelt es sich um ein dickflüssiges Extrakt aus dem Harz, es weist einen sehr hohen THC-Anteil auf, spielt aber im Verkauf und Konsum eine sehr untergeordnete Rolle.

Die häufigste Art, Marihuana oder Haschisch zu konsumieren, ist das Rauchen („Kiffen“, „Joint“, „Ofen“, „Tüte“), pur oder in eine Zigarette gebröselt. Die Dämpfe können auch mit einem Vaporizer oder über (Wasser-)Pfeifen, Bongs, Shishas oder „Haschpfeifen“ inhaliert werden. Eine andere Form des Konsums ist das Essen in Nahrungsmitteln, wobei das THC zumeist in Keksen oder Ähnlichem eingebacken wird („space cakes“). Auch das Trinken im Tee ist eine mögliche Form der Einnahme.

Wirkungsweise

Cannabis dockt im Gehirn am sogenannten Cannabinoidrezeptor an, die Art der Wirkung ist von Person zu Person sehr unterschiedlich und abhängig von einer Vielzahl unterschiedlicher Faktoren. Wie bei kaum einer anderen Droge spielt die aktuelle psychische Befindlichkeit vor dem Konsum eine erhebliche Rolle, da Cannabis in erster Linie Stimmungen verstärkt – sowohl positive als auch negative. Aus diesem Grund sollte man auch nie Cannabis konsumieren, wenn man sich psychisch ohnehin schon nicht gut fühlt. Die Wirkung ist aber auch abhängig von der Art und Menge des Konsums sowie der Situation, in der konsumiert wird. Der Reinheitsgrad und die Dosis spielen selbstverständlich eine Rolle, aber auch die Erfahrung mit der Substanz sowie die an den Konsum gestellten Erwartungen haben einen entscheidenden Effekt auf die erlebte Wirkung der Substanz. Je nachdem kann THC beruhigend, anregend oder auch halluzinogen wirken, oft wird die Wirkung als entspannend und enthemmend beschrieben, das Zeiterleben verändert sich, man wird empfindlicher gegenüber Licht und Musik. Das zielgerichtete Denken wird während des Cannabisrausches schwierig, Stimmung und Wahrnehmungen werden intensiviert, oft erleben die Konsument*innen einen Heißhunger auf Süßes oder andere Nahrungsmittel. Auch ein intensiveres Gemeinschaftserleben, ein euphorisches Gefühl sowie ein Rede- und Lachdrang werden berichtet, genauso wie wohlige Entspannung, innere Ruhe und Leichtigkeit.

Zu den weniger erwünschten Wirkungen gehören eingeschränkte Merkfähigkeit, bruchstückhaftes Denken sowie Konzentrationsschwäche. Daher kommt auch der umgangssprachliche Ausdruck, man sei „stoned", weil man sich nach dem Konsum wie ein Stein fühlt – benommen, müde, die Bewegungen fallen schwer. Möglich sind auch Zustände von Desorientiertheit, Verwirrtheit, Angst, Panik und Wahnvorstellungen, welche vor allem nach einer Überdosierung auftreten.

Aufnahme, Abbau und Nachweisbarkeit

Beim Rauchen gelangt das THC über die Kapillaren der Lungenoberfläche ins Blut, die Wirkung setzt nach etwa zehn Minuten ein, der maximale Spiegel ist nach zehn bis dreißig Minuten erreicht. Die psychoaktive Wirkung hält etwa zwei bis drei Stunden an. Beim Essen oder Trinken von THC-haltigen Nahrungsmitteln wird dieses im Magen und im oberen Darmbereich absorbiert, die Wirkung tritt nach etwa 0,5 bis zwei Stunden ein und hält je nach Dosis bis zu zwölf Stunden an. Problematisch an dieser Einnahmeform ist, dass die Effekte schwieriger steuerbar sind und es demgemäß leicht zu einer Überdosierung kommt – vor allem wenn noch einmal „nachgelegt" wird, weil man den verzögerten Wirkungseintritt noch nicht spürt.

Die Nachweisbarkeit ist individuell recht unterschiedlich und hängt von Menge und Häufigkeit des Konsums, vom Körperfettgehalt und vom Stoffwechsel ab. THC ist fettlöslich und lagert sich im Fettgewebe ab, von wo es langsam freigegeben wird. Dies ist der Grund, weshalb der THC-Spiegel im Blut nur langsam absinkt und die Substanz wesentlich länger nachgewiesen werden kann, als die psychoaktive Wirkung anhält. Je nachdem, wie oft und wie viel konsumiert wird, kann THC im Urin zwischen zehn Tagen und zwölf Wochen nachgewiesen werden, der Urintest sagt demnach nichts darüber aus, ob jemand akut intoxikiert ist oder nicht. Ein positiver Test indiziert nur, dass jemand in den letzten Wochen oder Monaten konsumiert hat. Dies ist auch der Grund dafür, wieso die Fahrtüchtigkeit im Vergleich zum Alkoholkonsum mit Tests über den aktuellen Wert nicht feststellbar ist. Jemand kann trotz positivem THC-Test im Urin hundertprozentig fahrtüchtig sein, weil der Konsum schon Wochen zurückliegt und die psychoaktive Wirkung schon längst nicht mehr anhält. Im Blut ist THC etwa ein bis zwei Tage nachweisbar, in den Haaren bis zu sechs Monate. Auch über den Speichel und Schweiß ist THC nachweisbar, wie viele andere (synthetische) Stoffe auch.

Risiko und Folgeschäden

Obgleich der Konsum von Cannabis mit deutlich weniger Risiken verbunden ist als der Konsum von Kokain oder Heroin, ist er nicht risikofrei. Die potenziellen Gefahren und Folgeschäden sind aufgrund der Fülle der Literatur zu dieser Thematik manchmal schwer einzuordnen, auch weil sie stark ideologisch geprägt und oft drogenpolitisch motiviert sind. Von Psychoseauslöser Nummer eins bis zur harmlosesten Substanz seit der Erfindung von schwarzem Tee findet man in der Literatur alles.

Versucht man die Thematik möglichst pragmatisch zu beleuchten, kann man sagen, dass der Konsum von Cannabis vergleichsweise risikoarm ist, jedoch für manche Personen zu erheblichen Beeinträchtigungen der weiteren Lebensqualität führen kann. Dies betrifft vor allem Jugendliche und Heranwachsende sowie Personen mit einer Vorbelastung in Hinblick auf bestimmte psychische Erkrankungen. Grundsätzlich sind die Risiken abhängig von der Konsumhäufigkeit und -dauer, Dosierung, Drogenqualität, Konsumsituation, Gesundheitszustand und psychischem Zustand der Konsumierenden.

Zu den kurzfristigen Folgen zählen die Verschlechterung der Konzentration, der Reaktionsfähigkeit und des Kurzzeitgedächtnisses während des Cannabisrausches. Demzufolge ist auch die Unfallgefahr erhöht und die Leistungsfähigkeit vermindert, insofern ist dringend davon abzuraten, Cannabis in Situationen zu konsumieren, in denen erhöhte Aufmerksamkeit oder Leistungsfähigkeit gefragt sind, beispielsweise beim Lenken von Kfz oder während der Arbeit oder Schule. Nachdem Cannabis nicht atemdepressiv wirkt, führen auch hohe Dosierungen nicht zu lebensbedrohlichen Zuständen. Todesfälle durch Überdosierung mit Cannabis sind nicht bekannt, wohl jedoch in Zusammenhang mit Unfällen im beeinträchtigten Zustand. Gelegentlich kann es auch zu eher atypischen Zuständen von Desorientierung, Verwirrtheit, Angst, Panik und wahnhaften Vorstellungen während des Rausches kommen, vor allem bei einer Überdosierung. Solche Erlebnisse können im Nachhinein auch psychisch noch sehr belastend sein [133].

Was die längerfristigen negativen Folgeerscheinungen betrifft, gilt es als erwiesen, dass Cannabis das Risiko für Entzündungen der Atemwege mit sich bringt sowie Kurzatmigkeit, chronischen Husten oder Bronchitis [89]. Dies hat jedoch damit zu tun, dass Cannabis hauptsächlich geraucht wird, was bewiesenermaßen per se nicht sonderlich gesund für die Atemwege ist.

Immer wieder diskutiert wird der Einfluss auf das Gehirn und die neurologische Entwicklung, die Studienergebnisse sind kontrovers. Es scheint jedoch deutlich zu sein, dass man zwischen jugendlichen und erwachsenen Konsumierenden differenzieren muss. Manche Studien zeigen, dass chronisch stark Cannabis konsumierende Erwachsene neuropsychologische Defizite aufweisen. Es entstehen Probleme bei der Verarbeitung von komplexen Informationen, Gedächtnisleistung, Aufmerksamkeit und Konzentration nehmen ab. In einigen Untersuchungen mittels Magnetresonanztomografie konnten Unterschiede in der Hirnstruktur chronisch Cannabis konsumierender Menschen im Vergleich zu Abstinenten nachgewiesen werden, die sich auch nach Beendigung des Konsums nicht unbedingt wieder zurückbilden [133]. Andere Studien konnten hierfür bei Erwachsenen keine Belege finden. Was jedoch eindeutig zu sein scheint, ist, dass das Risiko, kognitive Einbußen zu erleiden, umso höher ist, je früher mit dem Konsum begonnen wird. Kinder und Jugendliche, die Cannabis konsumieren, sind stärker gefährdet und haben ein größeres Risiko für längerfristige negative Folgen als Erwachsene. Sie befinden sich noch mitten in der körperlichen und psychischen Entwicklung, die durch chronischen Cannabiskonsum beeinträchtigt werden kann. Je früher mit dem Konsum begonnen und je intensiver konsumiert wird, desto größer ist das Risiko für oben genannte negative Folgen [44].

Ein weiterer problematischer Aspekt beim Cannabiskonsum im Jugendalter ergibt sich, wenn die Droge genommen wird, um Emotionen, Stresszustände oder Ähnliches zu regeln. Wird sie dazu eingesetzt, mit schwierigen Situationen fertig zu werden, verpasst man die Gelegenheit, entsprechende Kompetenzen wie Emotionsregulation oder Stressverarbeitungsfähigkeiten aufzubauen, die auch für das weitere Leben von Bedeutung sind. Dies trifft jedoch nicht nur auf Cannabis, sondern auf jeglichen Drogenkonsum zu.

Ein Aspekt, der sowohl bei Jugendlichen als auch bei Heranwachsenden immer im Zusammenhang mit Cannabis diskutiert wird, ist das Risiko für das Auslösen von Psychosen. Eine der bisher umfangreichsten Literaturanalysen zu dem Thema zeigte, dass der Konsum von Cannabis das Risiko, eine psychotische Störung zu entwickeln, um den Faktor 1,41 erhöht [77]. Dass es einen Zusammenhang zwischen Psychosen und Cannabis gibt, gilt als wissenschaftlich gesichert, weniger klar ist, wie dieser Zusammenhang gerichtet ist. Bekommen Menschen Psychosen, weil sie Cannabis rauchen, oder rauchen Menschen, die zu Psychosen neigen oder schon welche haben, Cannabis, um die Symptome der Erkrankung zu bewältigen? Dies kann noch nicht eindeutig beantwortet werden, die Befunde sind uneinheitlich. In mehreren Studien konnte nachgewiesen werden, dass es einen positiven Zusammenhang zwischen Konsumhäufigkeit und Entwicklung einer Psychose gibt. Aber auch hier kann man nicht sagen, was Ursache und was Wirkung ist. Möglicherweise entwickeln Menschen, die häufig Cannabis konsumieren, eine Psychose. Möglicherweise konsumieren aber auch Menschen, die bereits psychische Auffälligkeiten zeigen, vermehrt Cannabis, und das schon, bevor sich die Psychose erstmals manifestiert hat. Hier könnte Cannabis der sprichwörtliche Tropfen auf dem heißen Stein sein, also ein Faktor, der sich zu mehreren anderen Risikofaktoren addiert.

Als unumstritten gilt es mittlerweile jedoch, dass Cannabis bei Personen, die eine Veranlagung für Psychosen haben, diese auslösen oder deren Entwicklungsverlauf beeinflussen oder beschleunigen kann [125]. Das Problem ist allerdings, dass wohl kaum jemand weiß, ob er eine Veranlagung zu Psychosen hat, wenn sie noch nicht ausgebrochen sind. Personen mit entsprechenden Vorerkrankungen in der Familie ist jedoch auf jeden Fall vom Cannabiskonsum abzuraten.

Allen anderen, die auf Nummer sicher gehen wollen, auch, obgleich die Anzahl derer, die psychotische Symptome entwickeln, im Verhältnis zur Gesamtzahl der Cannabis Konsumierenden gering ist.

Forschungsergebnisse zu den Auswirkungen von Cannabis auf das ungeborene Kind sind unklar, es gibt Hinweise auf einen negativen Einfluss auf die Entwicklung von Gehirn und Nervensystem, ein verringertes Geburtsgewicht und frühere Geburt. Doch auch hier gilt wie bei allen Drogen: wenn möglich, in der Schwangerschaft besser auf jeglichen Konsum verzichten.

Abhängigkeit

Je nach Menge und Häufigkeit des Konsums kann man auch eine Abhängigkeit von Cannabis entwickeln, wobei entgegen früherer Annahmen nicht nur eine psychische, sondern durchaus auch eine leichte körperliche Abhängigkeit möglich ist. Diese zeigt sich vorwiegend in der Toleranzbildung gegenüber der Substanz, leichte Entzugserscheinungen wie Ruhelosigkeit, Schlaflosigkeit, Durchfall, Veränderungen von Blutdruck und Herzfrequenz sowie verstärktes Schwitzen sind möglich. Wesentlich häufiger und gravierender ist jedoch die psychische Abhängigkeit, die sich vorwiegend durch den starken Drang und das scheinbar unkontrollierbare Verlangen nach der Substanz auszeichnet. In den vergangenen Jahren haben sich Behandlungsmaßnahmen für Cannabisabhängige etabliert, wobei es sich hier vorwiegend um motivierende und verhaltenstherapeutische Kurzinterventionen handelt.

Gesetzliche Regelung

Auf europäischer Ebene gibt es trotz internationaler Konventionen sehr unterschiedliche Regelungen im Umgang mit THC, von der Tolerierung in den Niederlanden bis zu strenger strafrechtlicher Verfolgung in Schweden. In den USA haben bereits mehrere Bundesstaaten für die Legalisierung von Cannabis gestimmt, in Uruguay ist seit Mai 2014 der Anbau und Verkauf von Marihuana unter staatlicher Kontrolle legal, registrierte Konsument*innen können Cannabis in Apotheken zum Eigengebrauch kaufen. Cannabis unterliegt der UN-Drogenkonvention, wobei im Frühjahr 2019 die WHO empfahl, Cannabis in die Liste der weniger gefährlichen Substanzen neu einzustufen.

In Österreich unterliegt THC dem Suchtmittelgesetz, jedoch gibt es seit dem Jahr 2016 gesonderte Bestimmungen, die zur Entkriminalisierung dieser Substanz beigetragen haben (siehe Kapitel „Die Politik und die Sucht/Die rechtliche Situation in Österreich").

Verbreitung

Cannabis ist die mit Abstand weltweit am häufigsten konsumierte illegalisierte Substanz. Die Prävalenz ist etwa fünfmal so hoch wie bei anderen Substanzen und mehr. In Europa haben 87,7 Millionen Erwachsene bereits zumindest einmal Cannabis konsumiert, 23,5 Millionen (das sind 7 %) in den letzten zwölf Monaten. Bei den jungen Erwachsenen im Alter von 15 bis 34 Jahren ist dieser Prozentsatz doppelt so hoch. Die Monatsprävalenz (die ein einigermaßen verlässlicher Indikator für einen regelmäßigen Konsum ist) liegt in der EU bei 0,4 bis 6,6 Prozent [24].

In Österreich geben etwa ein Viertel der Personen zwischen 15 und 64 Jahren in Befragungen an, bereits Erfahrungen mit Cannabis zu haben. Die Prävalenz des Cannabiskonsums im vergangenen Monat ist deutlich geringer und liegt bei etwa drei bis fünf Prozent. Bei der Gruppe der Jugendlichen und jungen Erwachsenen (15 bis 24 Jahre) sind diese Zahlen etwas höher.

Die Wahrscheinlichkeit, eine Abhängigkeit zu entwickeln, ist bei Cannabis deutlich niedriger als bei anderen Substanzen, aufgrund der weiten Verbreitung der Substanz ist die Anzahl der Abhängigen mit weltweit etwa 13 Millionen Betroffenen dennoch relativ hoch [133]. Studien zufolge ist einer von sechs bis sieben Cannabis Konsumierenden von der Substanz abhängig [46].

AMPHETAMIN – SPEED

Geschichte

Amphetamin, besser unter den Szenenamen „Speed" oder „Pep" bekannt, gehört zur Gruppe der Stimulantien, in der sich auch Kokain und Methamphetamin befindet. Der Stoff wurde erstmals im Jahr 1887 in Berlin synthetisiert, die chemische Formel verschwand allerdings wieder in der Schublade, da keine Verwendung dafür erkennbar war. In den 1920er-Jahren wurde es in Los Angeles im Zuge der

Foto: NoSystem images/iStock by Getty Images

Amphetamin

Suche nach einem Asthmamittel wiederentdeckt und kam im Jahr 1927 unter dem Namen „Benzedrine" als Arzneimittel auf den Markt. Dort entwickelte es sich Anfang der 1930er-Jahre als Verkaufsschlager, es galt als Wundermittel der Medizin zur Behandlung einer Vielzahl von Störungen. Neurosen, Schizophrenien, Alkoholismus, Depressionen, Epilepsie, Asthma und andere Krankheiten wurden genauso damit behandelt, wie es zur Stimmungsaufhellung und zum Abnehmen eingesetzt wurde. Heute weiß man, dass es nur für zwei Anwendungen eine wirkliche Indikation gibt, als Aufputschmittel sowie als Beruhigungsmittel für hyperaktive Kinder.

Obgleich das Suchtpotenzial in den 1960er-Jahren bereits bekannt war, war die Einnahme von Speed weitgehend gesellschaftlich akzeptiert. Arbeiter konsumierten es genauso wie Manager, die meisten erhielten die Substanz von der Pharmaindustrie, ein geringerer Teil am Schwarzmarkt. Im Leistungssport kam es als Dopingmittel vor allem im Radsport zur Anwendung, bei dem es im Rahmen der Tour de France sogar zu Todesfällen nach dem Einsatz von Amphetamin kam. Speed spielte aber auch in vielen Bereichen der Jugend-

und Popkultur eine Rolle. Unter den Konsument*innen befinden sich berühmte Namen wie Andy Warhol, Johnny Cash, Judy Garland oder auch Elvis Presley, dessen Tod auch in Zusammenhang mit dem chronischen Konsum von Amphetaminen steht.

Der Einsatz von Amphetaminen in den 1970er-Jahren im Vietnamkrieg führte dazu, dass diese vor allem von Kriegsgegner*innen kritischer betrachtet wurden, die Popkultur ging auf Distanz. Speed wandelte sich langsam von der Alltagsdroge zum Suchtmittel, das eingedämmt gehört.

In der Medizin werden chemische Derivate von Amphetamin heute noch als Medikament verschrieben, beispielsweise bei Narkolepsie („Schlafkrankheit") oder beim Aufmerksamkeitsdefizit-Hyperaktivitätssyndrom (ADHS) bei Kindern.

Chemie

Amphetamine gehören zur Stoffgruppe der Phenylethylamine und verfügen über eine stimulierende und aufputschende Wirkung. Es handelt sich um ein zumeist weißes, manchmal auch gelblich, beige oder rosa eingefärbtes Pulver, auch Kapseln oder Tabletten sind erhältlich. Der reine Amphetamingehalt ist sehr stark schwankend, was die Dosierung sehr schwierig macht. Amphetamin ist häufig mit Koffein gestreckt, die Wirkung der beiden Stoffe potenziert sich gegenseitig, wodurch das Risiko für gesundheitliche Folgeschäden ansteigt. Als Streckungsmittel werden Schmerzmittel wie Aspirin oder Paracetamol verwendet, auch Lactose (Milchzucker) oder Glucose konnte in getesteten Proben nachgewiesen werden. Drug-Checking-Ergebnisse zeigen, dass in einigen getesteten Proben gar kein Amphetamin enthalten ist. Der durchschnittliche Reinheitsgrad lag im Jahr 2016 in Österreich bei 14 Prozent.

Einnahme

Amphetamin wird zumeist nasal („gesnieft") oder oral (geschluckt) zugeführt, selten auch geraucht oder intravenös konsumiert.

Wirkungsweise

Der Konsum von Amphetamin bewirkt eine vermehrte Freisetzung der Botenstoffe Dopamin und Noradrenalin im Körper, wodurch es zur erhöhten Ausschüttung von Adrenalin im ganzen Körper kommt. Adrenalin ist ein Stresshormon, das den Körper in Alarmbereitschaft versetzt und ihn kurzfristig auf eine erhöhte Leistungsfähigkeit sowie eine schnelle Reaktion in Gefahrensituation einstellt. Atemfrequenz, Puls, Blutdruck und Temperatur steigen an, Körper und Geist befinden sich in einem Zustand erhöhter Gefahrenbereitschaft, obgleich ihm keine zusätzliche Energie zugeführt wird.

Amphetamin führt zu einem angeregten aufgeputschten, euphorischen Zustand, die Leistungs- sowie Konzentrationsfähigkeit sind in der subjektiven Wahrnehmung erhöht, der Rede- und Bewegungsdrang ist gesteigert. Der Konsum von Amphetaminen und Methamphetaminen führt zu einer Steigerung des Selbstwertgefühls, gesteigerter Aufmerksamkeit, einer Beschleunigung des Denkens sowie gesteigerter Lust auf Sex. Gleichzeitig unterdrückt der Konsum von Amphetaminen Hunger, Durst, Müdigkeit und Schmerzempfinden. Nicht umsonst werden im Freizeitbereich Amphetamine oft in der Techno-Szene oder anderen Partys konsumiert, um länger tanzen und aufbleiben zu können. Aber auch zur Leistungssteigerung vor Prüfungen werden immer häufiger Amphetamine genommen.

Aufnahme, Abbau und Nachweisbarkeit

Bei oralem Konsum tritt die Wirkung nach etwa dreißig Minuten ein, nasal bereits nach wenigen Minuten, sie hält etwa vier bis zwölf Stunden an. Der Konsum kann im Blut einen Tag, im Urin bis zu vier Tage nachgewiesen werden, in den Haaren mehrere Monate.

Risiko und Folgeschäden

Durch die Aktivierung des Herz-Kreislauf-Systems kommt es zu einem Anstieg von Puls und Herzfrequenz, was zu Herzrasen, Bluthochdruck, Kreislaufversagen, Schlaganfall oder Herzinfarkt führen kann. Vor allem bei gleichzeitiger körperlicher Anstrengung, wie beim Sport oder Tanzen, kann es zu einem gefährlichen Ansteigen der Körpertemperatur bis zum Hitzestau kommen. Immer wieder sterben junge Menschen auf Festivals, weil sie zu viel Amphetamine genommen und zu wenig alkoholfreie Flüssigkeit getrunken haben. Durch den gesteigerten Antrieb und die Euphorie werden Bedürfnisse wie Hunger oder Durst nicht mehr wahrgenommen, dazu kommt, dass die Erhöhung der Körpertemperatur eine der körperlichen Nebenwirkungen dieser Substanzklasse ist. Dies kann zu einem Hitzestau und Kreislaufkollaps führen. Aber auch andere Nebenwirkungen wie starkes Zittern, Verspannen der Kiefermuskulatur, Mundtrockenheit bis hin zu Herzrasen, Schlaganfällen oder Herzinfarkten sind als körperliche Nebenwirkungen bekannt. Dazu kommen vor allem nach dem Absetzen der Substanz psychische Entzugserscheinungen, nach der euphorischen Stimmung folgt der Absturz. Symptome des Amphetaminentzugs sind oft depressive Verstimmungen, Gleichgültigkeit, Angst, Schlafstörungen, Unruhe und Reizbarkeit. Dabei besteht natürlich die Gefahr, dass diese negative Grundstimmung durch die selbstwertsteigernde und euphorisierende Substanz des Amphetamins wieder ausgeglichen wird, auf diese Weise entsteht der Teufelskreis der Abhängigkeit.

Chronischer Amphetaminkonsum kann diverse körperliche und psychische Störungen zur Folge haben, wie etwa hohen Blutdruck, Magenprobleme, Schäden an Magen und Nasenschleimhaut, Gewichtsverlust sowie Schlafstörungen, Antriebslosigkeit, Depression oder anhaltende Unruhe. Auch eine substanzassoziierte Psychose (früher auch Amphetaminpsychose genannt), geprägt durch paranoide Wahnvorstellungen mit optischen und taktilen Halluzinationen, kann die Folge sein.

Abhängigkeit

Amphetamin hat ein hohes psychisches Abhängigkeitspotenzial, bei chronischem Konsum bildet der Körper auch eine Toleranz gegenüber der Substanz aus, wodurch immer mehr konsumiert werden muss, um dieselben Effekte zu erzielen.

Gesetzliche Regelung

Amphetamin unterliegt den Bestimmungen des österreichischen Suchtmittelgesetzes (siehe Kapitel „Die Politik und die Sucht/Die rechtliche Situation in Österreich").

Verbreitung

Der Konsum von Amphetaminen ist vorwiegend in der Partyszene, aber auch unter bestimmten Berufsgruppen wie Fernfahrer*innen oder Studierenden zur Leistungssteigerung verbreitet. Die Jahresprävalenz unter den 15- bis 64-Jährigen in Europa liegt bei 0,5 Prozent, mindestens einmal im Leben haben 3,6 Prozent Speed konsumiert [26]. Amphetamine sind nach Kokain in Österreich die zweithäufigste Substanz aus der Gruppe der Stimulantien, auf die sich die meisten Anzeigen beziehen. Etwa zwei bis vier Prozent der erwachsenen Bevölkerung geben an, bereits einmal Amphetamine konsumiert zu haben, im vergangenen Jahr lag die Zahl bei unter einem Prozent [53].

METHAMPHETAMIN – CRYSTAL METH

Geschichte

Obgleich Methamphetamin (Crystal Meth) erst im letzten Jahrzehnt medial verstärkt präsent war, ist es kein neues Phänomen. Die Substanz wurde bereits vor über 120 Jahren in Japan synthetisiert, in den 1920er-Jahren wurde erstmals der kristalline Feststoff hergestellt, der heute als Crystal Meth bekannt ist. In der Vorkriegszeit wurde Methamphetamin als das stimulierende Arzneimittel Pervitin in Deutschland produziert, wo es auch frei verkäuflich war. Im Zweiten Weltkrieg kam es zur Leistungssteigerung von Soldaten der Wehrmacht und in der Rüstungsindustrie zum Einsatz, was ihm die Bezeichnung „Panzerschokolade" und „Nazi-Speed" einbrachte.

Seit Ende der 2010er-Jahre ist Crystal Meth verstärkt im medialen Fokus. Schlagzeilen wie „Crystal Meth – wie die Teufelsdroge Menschen in Zombies verwandelt" und ähnlich reißerische Titel beherrschen die mediale Berichterstattung. Bilder von zerfressenen Gesichtern sollen die (vermeintlich) radikalen Auswirkungen der Substanz darstellen, Konsument*innen werden als unhygienisch und verwahrlost stigmatisiert. In den USA wurden entsprechende Kampagnen unter dem Titel „Faces of Meth" lanciert, die keine Empathie, sondern Angst erzeugen, sicherlich das Ziel der Initiatoren, aber eine sehr einseitige Rhetorik der Problematik [94]. Auch durch die Netflix-Serie „Breaking Bad" erlangte die Substanz Aufmerksamkeit bei einer breiteren Öffentlichkeit.

Foto: Kaesler Media's / Shutterstock.com

Crystal Meth

Chemie

Crystal Meth ist einer der Szenenamen für Methamphetamin, auch bekannt unter den Namen Pico/Piko, Crystal Speed, Meth, Ice, Yaba (= verrückte Medizin), Glass oder Pervitin. Es handelt sich dabei um ein vollsynthetisches Stimulantium, das chemisch eng mit Amphetamin verwandt ist und zur Gruppe der Phenylethylamine zählt. Die Wirkung ist jener von Amphetamin (Speed) sehr ähnlich, jedoch wesentlich stärker und länger anhaltend, das Missbrauchspotenzial ist höher. Crystal Meth kommt als weißes, geruchloses und bitter schmeckendes Pulver oder in kristalliner Form auf den Markt, selten auch in Kapseln oder Tabletten. Die kristalline Form der Substanz erinnert an Eiskristalle, woher auch der Name der Substanz stammt.

Methamphetamin kann vergleichsweise einfach durch die chemische Reduktion von Ephedrin gewonnen werden, einem Wirkstoff, der zur Behandlung von Hypotonie eingesetzt wird. In der Regel hat die Substanz einen relativ hohen Reinheitsgrad, es können aber auch Streckmittel wie Koffein, Paracetamol, Milchzucker oder Ähnliches darin vorkommen.

Einnahme
Crystal Meth wird hauptsächlich nasal (durch die Nase) konsumiert, es kann aber auch geschluckt, geraucht oder intravenös gespritzt werden. Das Rauchen und der intravenöse Konsum sind in Hinblick auf eine Überdosierung die gefährlichsten Konsumformen, häufig wird erst nach längerfristigem chronischem Konsum darauf umgestiegen. In den USA ist das Rauchen und der i.v. Konsum weiter verbreitet als in Europa.

Wirkungsweise
Die Wirkungsweise von Crystal Meth ist jener der Amphetamine sehr ähnlich, sie ist jedoch schneller und stärker und der Rausch dauert länger an. Methamphetamin wirkt stark stimulierend auf das zentrale Nervensystem, es bewirkt eine erhöhte Ausschüttung der Neurotransmitter Noradrenalin und Dopamin, wodurch es in der Folge zu einer erhöhten Ausschüttung von Adrenalin kommt. Die Herztätigkeit, Puls und Blutdruck werden erhöht, die Atmung beschleunigt. Es entstehen Gefühle von Euphorie und verstärkter Wachheit, dem Körper wird quasi eine plötzlich auftretende Gefahrensituation vorgetäuscht, wodurch der Organismus unter Stress steht. Gleichzeitig werden Warnsignale wie Hunger, Durst, Schmerzempfinden oder Müdigkeit unterdrückt, was auch der Grund war, weshalb die Droge bei den Soldaten im Krieg eingesetzt wurde. Ein erhöhtes Selbstbewusstsein kombiniert mit einem herabgesetzten Risikobewusstsein, Schmerzempfinden und Müdigkeit ist optimal für den Kriegseinsatz.

Die Steigerung des Sexualtriebs in Kombination mit einer erhöhten Kontaktbereitschaft und einer enthemmenden Wirkung machen die Droge für bestimmte Kreise (siehe Kapitel „Gebrauch – Missbrauch – Abhängigkeit“) auch im Rahmen des Freizeitdrogenkonsums zu einer beliebten Substanz.

Aufnahme, Abbau und Nachweisbarkeit
Crystal Meth flutet rasch im Gehirn an („kickt“), der Wirkungseintritt ist abhängig von der Konsumform. Er tritt beim Sniefen nach etwa fünf bis fünfzehn Minuten ein, beim Rauchen und intravenösem Konsum innerhalb von Sekunden, bei oralem Konsum nach dreißig bis fünfundvierzig Minuten. Die Wirkdauer ist länger als bei Amphe-

taminen, sie beträgt zwischen sechs und achtundvierzig Stunden, manchmal sogar bis zu siebzig.

Die Nachweisbarkeit im Blut beträgt etwa einen Tag, im Urin zwei bis sieben Tage, in den Haaren mehrere Monate.

Risiko und Folgeschäden

Crystal Meth ist ein starkes Nervengift, das zu Schädigungen im Gehirn und im restlichen Körper führen kann. Zu den kurzfristigen Nebenwirkungen zählen Herzrasen, Schweißausbrüche, Zittern, Muskelkrämpfe, Konzentrationsschwierigkeiten, Appetitlosigkeit, Schwindel und Verdauungsstörungen. Konsument*innen berichten von einer unangenehmen inneren und motorischen Unruhe, Nervosität, Aggressivität bis hin zu Gewaltausbrüchen. Unter dem Einfluss von Crystal Meth kann es zu psychotischen Symptomen wie paranoiden Halluzinationen kommen. Betroffene fühlen sich verfolgt und leiden unter Angstzuständen und Panikattacken. Auch der Dermatozoenwahn – das Gefühl, kleine krabbelnde Lebewesen wie Würmer oder Insekten seien unter der Haut – ist eine Nebenwirkung des Methamphetaminkonsums. Die unangenehmen Nebenwirkungen treten häufig in Zusammenhang mit einer langen Wirkungsdauer oder einer hohen Dosierung auf.

Das Risiko einer lebensgefährlichen Überdosierung ist groß, besonders beim Rauchen und intravenösem Konsum, wobei auch andere Konsumformen und niedrige Dosierungen lebensbedrohliche Überempfindlichkeitsreaktionen auslösen können.

Manche Konsument*innen neigen zur Überschätzung der eigenen Kräfte und der Leistungsfähigkeit, bis es zum psychischen und körperlichen Zusammenbruch kommt. Der Konsum von Crystal Meth kann ausgeprägte Nachwirkungen haben, die mehrere Tage anhalten. Die Stimmung kippt ins Gegenteil, die Betroffenen sind depressiv, ängstlich, müde, erschöpft und leiden unter Antriebs- und Konzentrationsstörungen. Die Gefahr, diese unangenehmen Symptome mit dem neuerlichen Konsum wie auf Knopfdruck abzuschalten, ist hoch.

Zu den Langzeitwirkungen von Crystal Meth zählen starker Gewichtsverlust aufgrund der reduzierten Nahrungsaufnahme, Magenschmerzen bis zum Magendurchbruch, die Schädigung der

Nasenschleimhaut, Nieren- und Leberschäden, Hirnblutungen oder Schlaganfall. Typisch sind auch Entzündungen der Haut („Crystal-Akne", „Speed-Pickel") sowie Mundfäule, Zahnfleischerkrankungen und Zahnausfall aufgrund des verminderten Speichelflusses und des Zähneknirschens während des Rausches („Meth-Mouth"). Auch Depressionen, Angst- sowie Panikstörungen und psychotische Erkrankungen können die Folge des chronischen Crystal-Meth-Konsums sein.

Abhängigkeit

Man kann davon ausgehen, dass das Abhängigkeitspotenzial einer Substanz steigt, je schneller und stärker diese im Gehirn anflutet, „kickt". Bei Crystal Meth geschieht die Anflutung sehr rasch und wesentlich schneller als bei Amphetaminen, wodurch das Abhängigkeitspotenzial auch deutlich erhöht ist. Dazu kommt, dass sich der Körper relativ schnell an die Substanz gewöhnt und eine Toleranz entwickelt. Auch dies trägt dazu bei, dass Crystal Meth als Substanz mit sehr hohem psychischem Abhängigkeitspotenzial gilt.

Gesetzliche Regelung

Amphetamin (und Methamphetamin) unterliegen den Bestimmungen des österreichischen Suchtmittelgesetzes (siehe Kapitel „Die Politik und die Sucht/Die rechtliche Situation in Österreich").

Verbreitung

International gesehen ist Crystal Meth vor allem in Nordamerika und Südostasien verbreitet, in Europa ist dies sehr unterschiedlich. In Tschechien ist es die Droge Nummer eins beim problematischen Konsum, wobei die Substanz nahezu ausschließlich in eigenen kleinen Labors hergestellt wird [78]. Laut „UN World Youth Report" wurden im Jahr 2011 in Europa 350 Crystal-Labore gemeldet, 338 davon allein in der Tschechischen Republik. Auch in der Slowakei und den baltischen Staaten ist Crystal Meth vermehrt verbreitet, was aber eher eine Ausnahmestellung in Europa ist, in den anderen Ländern gibt es eher niedrige Prävalenzraten.

Dazu kommt, dass es wenig epidemiologische Daten über die Verbreitung (vor allem im deutschsprachigen Europa) gibt, weil bis vor einigen Jahren der Konsum von Crystal Meth noch unter dem Konsum von Amphetaminen subsumiert wurde und erst später die eigenständige Kategorie Methamphetamin bei den großen Datensammlungen eingeführt wurde. Schätzungen zufolge liegt die Lebenszeitprävalenz jedoch bei etwa einem Prozent [21] und damit deutlich niedriger als bei anderen problematischen illegalisierten Substanzen.

Sowohl in Deutschland als auch in Österreich sind die Bundesländer nahe der Tschechischen Republik am meisten betroffen, in Sachsen und Oberösterreich gibt es mehr Crystal-Meth-Konsument*innen als in anderen Bundesländern. Dies hat weniger mit der örtlichen Vorliebe nach dieser Substanz zu tun als mit der Verfügbarkeit. Crystal Meth wird häufig im sogenannten „Ameisenhandel" über die Grenze gebracht, bei dem kleine Mengen in häufigen Fahrten transportiert werden. Aber auch in bestimmten Szenen ist Crystal Meth aufgrund des Effekts der sexuellen Leistungssteigerung beliebt. Alles in allem scheint es sich aber bei Crystal-Meth-Konsument*innen in Österreich und Deutschland um eine eher regionale und sehr heterogene Gruppe zu handeln [21].

MDMA – ECSTASY

Geschichte

Die Substanz MDMA, der Hauptwirkstoff des späteren Ecstasy, wurde 1912 von der deutschen Chemiefirma E. Merck patentiert. Nicht – wie lange Zeit fälschlicherweise tradiert – als Appetitzügler, sondern als Zwischenprodukt zur Herstellung der blutstillenden Substanz Hydrastinin [34]. Es folgten einige pharmakologische und toxikologische Experimente, Mitte der 1950er-Jahre unter anderem an Fliegen; das Ergebnis: „Nach 30 Minuten 6 Fliegen tot". Welche Schlüsse daraus gezogen wurden ist allerdings nicht bekannt, eine Publikation oder Weiterverarbeitung dieser Erkenntnis folgte nicht.

Mitte der 1960er-Jahre beschäftigte sich der amerikanische Chemiker Alexander Shulgin mit der für ihre psychoaktive Wirkung bis dahin kaum bekannten Substanz. Er synthetisierte sie, testete sie in (Selbst-)Versuchen und trug damit wesentlich zur Bekanntheit und Verbreitung von MDMA bei, weswegen er auch als „Vater des Ecstasy" bezeichnet wird. Ende der 1960er-Jahre wurden MDMA und das ver-

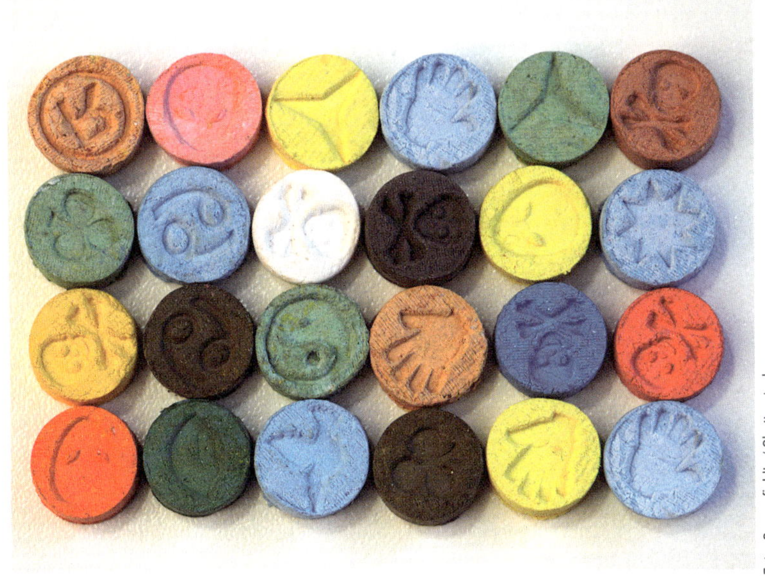

Foto: Couperfield's / Shutterstock.com

Ecstasy

wandte MDA in der kalifornischen Hippieszene rund um San Francisco als „Liebesdroge“ populär.

Aufgrund der vom MDMA-Konsum ausgelösten gesteigerten Empathiefähigkeit und des verbesserten Zugangs zum eigenen Inneren, wurde die Substanz in den 1970er-Jahren in den USA von Psychotherapeut*innen bei der Behandlung von posttraumatischen Belastungsstörungen, bei todkranken Patient*innen oder auch in der Paartherapie eingesetzt. Daneben trat MDMA erstmals unter dem Namen Ecstasy vermehrt auch außerhalb des therapeutischen Settings auf, es war damals noch nicht verboten. Aufgrund negativer Medienberichte und einiger medizinischer Zwischenfälle wurde MDMA im Jahr 1985 von der amerikanischen Drogenbehörde als gefährliche Substanz eingestuft, im Jahr 1986 nahm die WHO MDMA in die Konvention über psychotrope Substanzen auf, was zur Folge hatte, dass sie in die Suchtmittelgesetze vieler Länder als verbotene Substanz Einzug hielt. Etwa zeitgleich, Mitte der 1980er-Jahre, kam MDMA vermehrt auch auf den europäischen Markt und findet dort vorwiegend in der Techno- und Rave-Szene Anklang.

Ecstasy ist auch unter dem Namen „E“, „XTC“, „Adam“ oder „Love Drug“ bekannt, auch die Bezeichnung „Pillen“ oder „Teile“ für MDMA-haltige Tabletten ist gängig.

Chemie

MDMA (3,4-Methylendioxy-N-methylamphetamin) zählt zu den synthetischen Drogen und gehört zur chemischen Gruppe der Phenethylamine. MDMA wird in kristalliner Form oder Tabletten verkauft, seltener auch als weißes oder cremeweißes Pulver oder Kapseln. Ecstasy ist die Szenebezeichnung für MDMA-hältige Tabletten, der darin enthaltene Anteil an MDMA ist sehr unterschiedlich hoch. Häufig sind Ecstasy-Tabletten mit Koffein, anderen psychoaktiven Substanzen oder auch hochgefährlichen Stoffen wie PMA[18] versetzt. Es können aber auch gänzlich andere Inhaltsstoffe enthalten sein, als sich die Konsument*innen erwarten. Ecstasy-Tabletten kommen in verschiedenen Farben und mit verschiedenen Aufdrucken auf den Markt, der Kreativität der Produzent*innen sind hier keine Grenzen gesetzt. Von Smileys über Popeye bis zu Donald Trump ist alles erhältlich. Die Größe, der Name oder die Form sagen jedoch nichts über den Inhalt aus, von manchen Pillen werden häufig Plagiate hergestellt, die zwar gleich aussehen, aber gänzlich andere Inhaltsstoffe enthalten.

Einnahme

MDMA wird meistens oral, seltener auch nasal konsumiert. Die MDMA-Kristalle werden in Zigarettenpapier eingewickelt und geschluckt („Bombe“) oder auch in Getränken aufgelöst. Die Ecstasy-Tabletten werden in der Regel portioniert, aber auch als Ganzes geschluckt.

Wirkungsweise

Die Einnahme von MDMA bewirkt vor allem eine vermehrte Freisetzung der Botenstoffe Serotonin (Glücksgefühle), Noradrenalin

18 PMA = Paramethoxyamphetamin, ein Halluzinogen, das meist in Ecstasy-Tabletten enthalten ist. Die Wirkung des PMA setzt langsamer ein als die von Ecstasy, was zu gefährlichen Überdosierungen führen kann, wenn die Konsument*innen „nachlegen“. PMA kann bereits bei geringen Dosierungen zu massiven körperlichen Nebenwirkungen führen, die zum Organversagen bis hin zum Tod führen können.

(Leistungssteigerung) und in geringem Ausmaß auch von Dopamin im Gehirn. Es kommt – je nach Zusammensetzung der gekauften Substanz – zu einer antriebsteigernden Wirkung mit euphorischer Grundstimmung, emotionaler Offenheit und Veränderung der Sinneswahrnehmung.

Das Einsetzen der Wirkung macht sich zuerst mit einem Kribbeln in den Gliedmaßen, Schwindelgefühlen, trockenem Mund, geweiteten Pupillen und schnellerem Herzschlag spürbar. Vor allem Letzteres kann für Erstkonsument*innen sehr irritierend und beängstigend sein.

Nach diesen anfänglichen körperlichen Wirkungen machen sich die psychischen Effekte der Substanz vermehrt bemerkbar, die wie bei allen psychoaktiven Substanzen auch von Set und Setting, in dem konsumiert wird, abhängig sind. Die Substanz wirkt in der Regel anregend und entspannend zugleich, vorhandene Stimmungen werden stärker und klarer wahrgenommen, die Konsument*innen haben weniger Hemmungen, ein Gefühl der Nähe und Zusammengehörigkeit mit anderen entsteht. Die Wirkung von MDMA steigert die Kontaktfähigkeit, Offenheit und das Einfühlungsvermögen, Harmonie und Vertrautheit. Auch Euphorie und Glücksgefühle sowie innere Ausgeglichenheit und ein besserer Zugang zum eigenen Inneren zählen zu den erwünschten Wirkungen der Substanz. Daneben sind auch Veränderungen der optischen Wahrnehmung möglich, Farben werden intensiver wahrgenommen, das Hör- und Sehvermögen kann sich verändern.

Zu den weniger erwünschten beziehungsweise auch riskanten Nebenwirkungen zählt die Reduktion des Hunger- und Durstgefühls, die Erhöhung von Körpertemperatur und Blutdruck, schnellerer Herzschlag bis zu Herzrasen. Wenn die Wirkung der Substanz nachlässt, kehren sich die Zustände ins Gegenteil, Müdigkeit, Erschöpfung und depressive Verstimmungen sind bekannt als Symptome des „Ecstasy-Katers".

Aufnahme, Abbau und Nachweisbarkeit

Bei der oralen Aufnahme sind zwanzig bis fünfundvierzig Minuten nach der Einnahme die ersten Effekte merkbar, bei nasalem Konsum bereits nach fünf bis fünfzehn Minuten. Die Wirkung dauert bei oraler

Einnahme etwa vier bis sechs Stunden an, bei nasaler Einnahme ist die Wirkung intensiver, jedoch weniger lang andauernd, in der Regel zwischen ein bis drei Stunden.

Im Blut ist die Substanz bis etwa 24 Stunden lang nachweisbar, im Urin ein bis vier Tage.

Risiko und Folgeschäden

Beim Gebrauch von MDMA kommt es, wie bereits oben erwähnt, zu einer Abnahme von Durstgefühlen und Müdigkeit. In Verbindung mit der direkten Wirkung des MDMA auf die Temperaturregulation im Gehirn kann es bei höheren Umgebungstemperaturen und viel Bewegung – wie zum Beispiel beim stundenlangen Tanzen in einem Club oder in der Sonne bei einem Festival – zu einem gefährlichen Anstieg der Körpertemperatur kommen. Dies wiederum führt zu Kreislaufversagen durch Hitzekollaps, im äußersten Fall bis hin zum Wärmetod durch Hitzschlag. In Kombination mit Alkohol ist dies noch gefährlicher, da dieser dem Körper zusätzlich Wasser entzieht. Demzufolge ist auch eine der Safer-Use-Regeln bei MDMA, dieses nicht zusammen mit anderen Substanzen wie Alkohol zu konsumieren, ausreichend zu trinken und immer wieder Tanz- und Erholungspausen einzulegen.

Zu weiteren typischen MDMA-Nebenwirkungen zählt das Verkrampfen der Kiefermuskulatur, erhöhter Blutdruck, Muskelzittern, Kopfschmerzen, Zittern, Harnverhaltung, in manchen Fällen kommt es zu starker Übelkeit und Brechreiz. In Einzelfällen kann es auch zu epileptischen Anfällen kommen. Die negative Effekte kommen vor allem auch bei zu hohen Dosierungen zum Tragen, bei oralem Konsum ab etwa 1,5 Milligramm pro Kilogramm Körpergewicht beim Mann und 1,3 Milligramm pro Kilogramm bei Frauen, die Werte liegen beim nasalen Konsum deutlich darunter [115]. Es kommt dann zu einer eher antriebssteigernden Wirkung ähnlich wie beim Konsum von Speed, Klarheit und Empathie nehmen ab.

Besonders bei einer Überdosierung kann es zu starken Ängsten sowie Orientierungsschwierigkeiten kommen, die Wahrnehmung sowie das Konzentrationsvermögen sind gestört, auch Halluzinationen oder Wahnvorstellungen sind möglich. Je häufiger MDMA konsumiert wird, desto häufiger treten die unerwünschten Nebenwirkungen der Substanz auf, erwünschte Wirkungen nehmen hingegen ab.

Der Langzeitkonsum von MDMA kann zu Veränderungen des Serotoninsystems im Gehirn führen, ob diese jedoch dauerhaft bleiben, ist bisher noch nicht hinlänglich geklärt. Die Folgen eines gestörten Serotoninhaushalts sind Unsicherheit, Ängstlichkeit, Stimmungsschwankungen, Schlafstörungen sowie anhaltende Müdigkeit, Erschöpfung und depressive Verstimmungen. Bei häufigem Konsum in hohen Dosierungen kann es zu Leber- und Nierenschäden sowie Herzfunktionsstörungen kommen.

Ein wesentliches Risiko beim Konsum von MDMA – beziehungsweise von Substanzen, die vermeintlich als solche gekauft werden – ist der oft sehr niedrige Reinheitsgrad sowie die ungewisse Wirkstoffzusammensetzung. Seit dem Jahr 2009 stieg der Reinheitsgrad von MDMA am europäischen Markt an, was zu Gesundheitsschädigungen und einigen Todesfällen führte. Allein in Österreich starben im Jahr 2017 neun Menschen an den Folgen des Konsums unter Beteiligung von MDMA. Drei davon hatten nur MDMA konsumiert, eine zusammen mit Alkohol und fünf zusammen mit anderen illegalisierten Substanzen. In einem Großteil der Fälle war die nachgewiesene Menge im toxischen Bereich, was vermutlich auf Ecstasy-Tabletten mit sehr hoher Dosierung zurückzuführen ist. Die Ergebnisse der Substanztestungen durch die Einrichtung checkit! bestätigen auch diesen Trend zu höherer Reinheit, von 328 Testungen von Ecstasy im Jahr 2017 mussten dreißig Prozent als gesundheitlich besonders bedenklich bewertet werden, bei MDMA wurde sogar in 85 Prozent der Fälle auf einen besonders hohen Wirkstoffgehalt hingewiesen [53].

Abhängigkeit

Beim Konsum von MDMA zeigt sich eine Toleranzentwicklung, die Dosis muss relativ schnell gesteigert werden, um ähnliche Effekte zu erzielen, wobei mit der Zeit die positiven Effekte abnehmen und die negativen zunehmen. Auch eine psychische Abhängigkeit ist möglich.

Gesetzliche Regelung

MDMA unterliegt den Bestimmungen des österreichischen Suchtmittelgesetzes (siehe Kapitel „Die Politik und die Sucht/Die rechtliche Situation in Österreich").

Verbreitung

MDMA ist eine der vier am weitesten verbreiteten illegalisierten Stimulantien in der Europäischen Union, neben Kokain, Amphetamin (Speed) und Methamphetamin (Crystal Meth). Die Lebenszeitprävalenz bei den 15- bis 64-Jährigen liegt in Österreich bei 2,9 Prozent, in Deutschland bei 3,3 Prozent, in der gesamten EU durchschnittlich bei 4,1 Prozent. Die Jahresprävalenz – also wie viele Personen in den vergangenen zwölf Monaten die Substanz konsumiert haben – liegt in Europa bei 0,8 Prozent, das sind 2,6 Millionen Europäer*innen. Der Markt befindet sich seit einigen Jahren wieder im Aufschwung, was auch an der steigenden Anzahl der damit in Verbindung stehenden Drogendelikte merkbar ist. Der Konsum ist in den meisten europäischen Ländern ebenso ansteigend beziehungsweise stabil.

LSD

Geschichte

LSD wurde im Jahr 1938 vom Schweizer Chemiker Albert Hofmann synthetisiert, erst einige Jahre später entdeckte er jedoch mehr zufällig seine psychoaktive Wirkung. Ab den 1950er-Jahren wurde LSD in der Psychiatrie und Psychologie zur Bewusstseinserweiterung angewendet, Verdrängtes sollte zutage gefördert werden, Unbewusstes ins Bewusstsein gelangen. Ab den Sechzigerjahren wurde LSD zunehmend auch im nicht-medizinischen Bereich angewendet, die Hippiebewegung benutzte es zur Bewusstseinserweiterung und als Symbol des Protests gegen bürgerliche Konventionen sowie den Vietnamkrieg. Mit Slogans wie „Drop acid, not bombs“ machten sie keinen Hehl um den Konsum der bewusstseinserweiternden Droge, die beim Woodstock-Festival neben Marihuana wohl die am meisten konsumierte psychoaktive Substanz war. Im Jahr 1966 wurde LSD in den USA verboten, was es heute auch in den meisten Ländern der Welt ist. Mit Ende der Hippiebewegung fand auch der Konsum von LSD einen deutlichen Rückgang, um Anfang der Neunzigerjahre im Zuge der Technobewegung wieder aufzuflammen.

Foto: RapidEye / iStock by Getty Images

LSD

Chemie

LysergSäureDiäthylamid (LSD) ist eine halbsynthetische Substanz, die aus dem Mutterkornpilz gewonnen wird, und gehört zur Gruppe der Halluzinogene. LSD („Acid", „Deep Purple", „Mikros", „Pappen", Plättchen") ist ein farb- und geruchloses Pulver, das auf einen Träger wie beispielsweise Löschpapier aufgebracht wird. Es kommt in Form von Papiertrips („Trips") auf den Markt, bei denen das Trägerpapier in kleine, zumeist bunte Quadrate zerschnitten wird, ein Quadrat entspricht einer Dosis. Auch der Verkauf als Minipillen, sogenannte „Mikros", ist gängig, wesentlich seltener ist es in flüssiger Form erhältlich. Beim Aufbringen der Substanz auf den Träger kann es zu starken Abweichungen in der aufgebrachten Menge kommen, wodurch nie ganz sicher ist, wie viel LSD ein „Trip" oder „Mikro" enthält.

Einnahme

LSD wird oral eingenommen, die Papiertrips werden auf die Zunge gelegt, Tabletten werden geschluckt.

Wirkungsweise

LSD ist eine der stärksten bewusstseinsverändernden Drogen, deren Wirkung erheblich von der momentanen Stimmung und der Erwartungshaltung der Konsument*innen abhängt. Die Wahrnehmung wird intensiviert, das Raum- und Zeitgefühl verändert sich, Größenrelationen verschieben sich. Es kommt zu Sinnestäuschungen, Gegenstände verformen sich, verändern sich in ihrer Größe oder der Position im Raum. Man sieht Dinge, die nicht existieren, oder hört Stimmen, die in der Realität nicht da sind. Obgleich die Konsument*innen oft einschätzen können, dass diese Dinge nicht real sind (Pseudohalluzinationen), ist dies nicht immer der Fall, auch echte Halluzinationen kommen vor. Das Körperbewusstsein verändert sich, es kommt zu einem Gefühl, mit allem eins zu sein, die Grenzen zwischen Person und Umwelt verschwinden, ein euphorisches Gefühl stellt sich ein.

Die Empfindungen können vor allem bei negativer Grundstimmung schnell in Angst und Panik umschlagen, es ist schwer möglich, Wirklichkeit und Rauscherfahrung auseinanderzuhalten, der „Trip" entwickelt sich zu einem „Horrortrip". Ein Rausch, der von starken Angstgefühlen, Panik und Kontrollverlust geprägt ist und von den Betroffenen als sehr unangenehme Erfahrung geschildert wird.

Aufnahme, Abbau und Nachweisbarkeit

LSD wird über die Schleimhäute aufgenommen, die Wirkung beginnt etwa dreißig bis neunzig Minuten nach der Einnahme der Substanz und hält sechs bis zwölf Stunden an, bei höherer Dosis auch länger. Im Blut kann LSD zwölf Stunden nachgewiesen werden, im Urin fünf Tage, in den Haaren mehrere Monate.

Risiko und Folgeschäden

Nach Einnahme der Substanz kommt es zu einem leichten Anstieg von Körpertemperatur und Blutdruck, die Pupillen werden weiter. Auch Gleichgewichts- und Orientierungsstörungen, Schwindelgefühle, Übelkeit und Erbrechen sind möglich.

Ein wesentliches Risiko dieser Substanz ist, dass die Konsument*innen im Rausch nicht mehr in der Lage sind, zwischen der Wirklichkeit und den durch die Substanz hervorgerufenen Sinneswahrnehmungen zu unterscheiden. Orientierungsschwierigkeiten können auftreten, die Urteilsbildung gestört sein. So können normalerweise gut erkennbare Gefahren nicht mehr als solche erkannt werden. Wer im Rausch glaubt, fliegen zu können, und dies auch bei einem Sprung aus dem Fenster ausprobiert, landet hier schnell auf dem Boden der Tatsachen.

Darüber hinaus kann es beim Konsum von LSD zu einer „fortbestehenden Wahrnehmungsstörung nach Halluzinogengebrauch" kommen, etwas, das früher auch als „Flashback" bezeichnet wurde und unter diesem Namen vermutlich bekannter ist. Dabei handelt es sich um das Wiederauftreten von Halluzinationen eines früheren LSD-Rausches, obwohl aktuell gar keine Substanz eingenommen wurde. Im Alltagsleben können damit plötzlich Sinneswahrnehmungen auftreten, die nicht real sind, und damit unter Umständen auch zu einer Einschränkung im normalen Leben der Betroffenen führen.

Körperliche Langzeitschädigungen sind bei LSD eher unwahrscheinlich, durch den Konsum können aber schwerwiegende, latent vorhandene psychische Störungen wie Psychosen oder schwere Depressionen ausgelöst werden, die sich manifestieren. Manche User berichten mit der Flut an Eindrücken nicht zurechtzukommen, wodurch es auch noch Tage nach dem Konsum zu Verunsicherung und Desorientierung kommt. Problematisch ist, dass diese psychischen Veränderungen während des Rausches ernsthafte überdauernde psychische Folgeprobleme auslösen können, in diesem Zusammenhang spricht man von drogeninduzierten Psychosen oder, umgangssprachlich und etwas weniger schön, „jemand ist am Trip hängen geblieben". Das – sowie eine Veränderung der Persönlichkeit und der Selbstwahrnehmung – ist auch schon nach einmaligem Konsum möglich.

Abhängigkeit

Obgleich es bei LSD zu keiner körperlichen Abhängigkeit kommt, ist eine Toleranzbildung möglich, die Dosis muss zur Erreichung derselben Effekte gesteigert werden. Eine psychische Abhängigkeit ist bei dieser Substanz eher untypisch.

Gesetzliche Regelung
LSD unterliegt den Bestimmungen des österreichischen Suchtmittelgesetzes (siehe Kapitel „Die Politik und die Sucht/Die rechtliche Situation in Österreich").

Verbreitung
Die Konsumprävalenz von LSD ist im Vergleich zu anderen illegalisierten Substanzen eher niedrig. Die Zwölf-Monats-Prävalenz bei Erwachsenen zwischen 15 und 34 Jahren liegt im europäischen Durchschnitt bei lediglich einem Prozent für LSD und halluzinogene Pilze zusammen, Bevölkerungsbefragungen aus Österreich zeigen eine Lebenszeitprävalenz von LSD von rund zwei Prozent.

NEUE PSYCHOAKTIVE SUBSTANZEN

Wie bereits in Kapitel „Die Politik und die Sucht" beschrieben, verbreiten sich seit Mitte der 2000er-Jahre Kräutermischungen wie Spice, Badesalze oder andere als harmlose Produkte getarnte psychoaktive Substanzen auf dem europäischen Markt. Sie wurden – damals noch legal – in Headshops als sogenannte „Legal Highs" verkauft, sind mittlerweile jedoch in Österreich, Deutschland und anderen europäischen Ländern verboten. Diese Substanzen sind unter den Bezeichnungen Research Chemicals, Legal Highs oder Designerdrogen bekannt, alles Begriffe, die auf ihr Herstellungsverfahren beziehungsweise die (frühere) Legalität zurückzuführen sind. Mittlerweile hat sich der Begriff der „Neuen psychoaktiven Substanzen" (NPS) durchgesetzt, der sich auf alle Substanzen, die nicht der UN-Drogenkonvention unterliegen, aber als Drogen eingenommen werden, bezieht. Um bestehende Gesetze und internationale Drogenkonventionen zu umgehen, wurden den verbotenen Drogen chemisch ähnliche Substanzen synthetisch hergestellt. Die wohl bekanntesten sind Spice und Mephedron. Häufig werden diese als zweckentfremdete Produkte angeboten, die oft bunt bedruckten Packungen werden als Kräutermischung, Duftmischung, Badesalz oder Düngerpille verkauft. Die Inhaltsstoffe selbst sind nicht oder nur unzulänglich, manchmal auch absichtlich falsch vermerkt.

Die Stoffe ähneln in ihrer Wirkung und chemischen Struktur meist einer bekannten psychoaktiven Substanz wie etwa Kokain oder LSD, der Konsum ist jedoch mit erheblichen Gesundheitsgefahren verbunden. Man kann nie genau wissen, welchen Wirkstoff man in welcher Dosierung zu sich nimmt, häufig enthält ein Produkt auch verschiedene Substanzen zugleich. Die vermeintliche (frühere) Legalität impliziert also keineswegs, dass diese Substanzen weniger gefährlich wären als ihr verbotenes Pendant, im Gegenteil. Das Risiko kann sogar durchaus höher sein als bei schon lange bekannten Substanzen, die besser erforscht sind und für die daher mehr Informationen für einen risikoarmen Konsum vorliegen.

Die Anzahl der neuen psychoaktiven Substanzen ist hoch und ständig kommen neue dazu. NPS können grob fünf verschiedenen Substanzklassen zugeordnet werden:

Synthetische Cannabinoide

Synthetische Cannabinoide sind die größte Gruppe neuer psychoaktiver Substanzen, weswegen sie im Folgenden auch näher beschrieben werden. Der Name suggeriert eine Ähnlichkeit zwischen natürlichem und synthetischem Cannabis, dazwischen liegen jedoch erhebliche Unterschiede, vor allem auch in der wesentlich höheren Gefährlichkeit der synthetischen Variante.

Im Dezember 2016 waren der europäischen Drogenbeobachtungsbehörde 169 unterschiedliche Substanzen dieser Klasse bekannt. Synthetische Cannabinoide sind chemische Verbindungen, die in ihrer Wirkweise Cannabis ähneln sollen, oftmals aber stark davon abweichen. Eine der bekannteren Verbindungen ist das JWH-018, das unter dem Handelsnamen Spice vertrieben wird, aber auch andere Verbindungen in unterschiedlichen Formen (kristallin, flüssig, pulvrig) sind am Markt. Häufig werden diese als Räuchermischung verkauft, die wie Cannabis geraucht wird, jedoch nicht den typischen Cannabisgeruch verbreitet.

Problematisch ist, dass sowohl die Zusammensetzung der Wirkstoffe als auch die Quantität und Reinheit sehr unterschiedlich ist, ja sogar bei Produkten mit derselben Bezeichnung und Marke variieren kann. Schon allein aufgrund des Herstellungsprozesses, bei dem die synthetischen Cannabinoide zumeist auf Pflanzenmaterial aufgesprüht und vermischt werden, ist die Wirkstoffkonzentration in den einzelnen Verpackungseinheiten oft sehr unterschiedlich. Dies und die oftmals unbekannte Zusammensetzung der Räucherprodukte macht die Substanz so gefährlich, lebensbedrohliche Vergiftungen und Todesfälle sind die Folge. Manche Substanzen führen zu Massenvergiftungen, im Jahr 2014 kam es in Russland zu mehr als 600 Vergiftungen und 15 Todesfällen innerhalb von zwei Wochen, die auf das synthetische Cannabinoid MDMB-FUBINACA zurückzuführen waren [25]. Aus den USA kommen immer wieder Berichte, wo über fünfzig Personen und mehr nach dem Konsum von synthetischem Cannabis mit massiven Blutungen in Spitäler eingeliefert werden, auch von Todesfällen wird berichtet. Kaum eine andere Substanz führt zu derartigen Massenvergiftungen.

Auch Daten aus Befragungen weisen auf eine deutlich erhöhte Gefährlichkeit im Vergleich zu natürlichem Cannabis und anderen Substanzen hin. In einer großen Onlinebefragung zum Thema Drogenkonsum gaben 3,4 Prozent an, nach dem Konsum von synthetischen Cannabinoiden in der Notaufnahme eines Spitals gelandet zu sein, für Cannabis liegt dieser Prozentsatz bei 1,1 Prozent [136]. Das Risiko für die Notwendigkeit des Aufsuchens einer Notaufnahme im Krankenhaus ist bei synthetischen Cannabinoiden damit im Vergleich zu natürlichem Cannabis deutlich erhöht [135], auch mehrere Todesfälle lassen sich auf Substanzen dieser Klasse zurückführen. Was also vielleicht mit Bezeichnungen wie „Legal High", (synthetischem) Cannabis oder „Legal Weed" den Anschein erwecken soll, harmlos zu sein, ist es ganz und gar nicht.

Über die Verbreitung der Substanz gibt es keine flächendeckenden Daten, viele Länder haben synthetische Cannabinoide (noch) nicht in ihr Drogenmonitoringsystem aufgenommen. Die Prävalenz in der Allgemeinbevölkerung dürfte jedoch deutlich unter jener von Cannabis liegen, Untersuchungen weisen darauf hin, dass die überwiegende Mehrzahl der Konsument*innen das natürliche Cannabis dem synthetischen vorzieht [135].

Synthethische Cathinone

Synthetische Cathinone werden am Markt vorwiegend als Badesalz vertrieben, häufigste Vertreter dieser Klasse sind 4-MMC (Mephedron) und Methylon. Cathinone wirken stimulierend auf den Organismus, je nach Substanz sollen sie die Wirkung von Kokain, Amphetamin oder MDMA (Ecstasy) nachahmen. MMC wirkt eher stimulierend und euphorisierend, Methylon steigert die Empfindsamkeit sowie das Einfühlungsvermögen, ähnlich wie MDMA (Ecstasy).

Phenethylamine
Zur Gruppe der Phenetylamine zählen PMA und das chemisch verwandte PMMA, beides Amphetamin-Derivate mit stimulierender und halluzinogener Wirkung. PMA und PMMA sind in gleicher Dosierung wesentlich toxischer als MDMA.

Piperazine
Piperazine wie BZP oder mCPP sollen die Wirkung von MDMA imitieren, sie wird aber von den Konsument*innen als schwächer beschrieben. Sie werden vorwiegend in Tablettenform verkauft, häufig auch mit ähnlichen Logos wie Ecstasy-Tabletten.

Tryptamine
Die Wirkung von Tryptaminen wie DMT ist jener von LSD ähnlich, sie wirken in der Regel kurz, aber intensiv halluzinogen.

Durch die große Anzahl an NPS wird hier nicht näher auf die einzelnen Substanzen eingegangen. Dies würde auch keinen Sinn machen, da bis zum Zeitpunkt der Veröffentlichung dieses Buches wieder eine Menge an neuen Substanzen hinzukommen werden. Derzeit werden etwa 670 Substanzen vom europäischen Frühwarnsystem für neue psychoaktive Substanzen überwacht, jede Woche wird eine neue Substanz europaweit gemeldet [26]. Einige dieser Substanzen stehen in Verbindung mit akuten Vergiftungen und Todesfällen. Da wenig über die Substanzen bekannt ist, kann auch die Gefährlichkeit viel schwerer eingeschätzt werden als bei „herkömmlichen" psychoaktiven Substanzen. Das Aufkommen von NPS stellt damit sowohl die Gesundheits- als auch die Strafverfolgungsbehörden vor neue große Herausforderungen.

ANHANG

LITERATURVERZEICHNIS

1. akzept e.V., Deutsche Aids Hilfe, & JES Bundesverband (Hg.) (2018). 5. Alternativer Drogen- und Suchtbericht. Lengerich: Pabst Science Publishers.
2. akzept e.V., & Deutsche AIDS-Hilfe e.V. (1999). Leitlinien der akzeptierenden Drogenarbeit. https://www.akzept.org/pdf/aktuel_pdf/akzept_LeitlinienNr.3.pdf.
3. Anonyme Alkoholiker Österreich. Die 12 Schritte der Anonymen Alkoholiker. https://www.anonyme-alkoholiker.at/aa-grundlagen/6-die-12-schritte-der-anonymen-alkoholiker.
4. ARGE Suchtvorbeugung (2012). Cannabis. https://sdw.wien/wp-content/uploads/sfa_folder_cannabis.pdf.
5. Ärztezeitung (2018). Drogen in Berliner Partyszene weit verbreitet. https://www.aerztezeitung.de/politik_gesellschaft/article/958786/studie-charite-drogen-berliner-partyszene-weit-verbreitet.html.
6. Babor, T. F., Biddle-Higgins, J. C., Saunders, J. B. & Monteiro, M. G. (2001). AUDIT: The Alcohol Use Disorders Identification Test: Guidelines for Use in Primary Health Care. Geneva, Switzerland: World Health Organization.
7. Bachmayer, S., Strizek, J., & Uhl, A. (2018). Handbuch Alkohol – Österreich. Band 1 Statistiken und Berechnungsgrundlagen (7. Aufl.). Wien: Gesundheit Österreich GmbH.
8. Beck, A. T., Wright, F. D., Newman, C. F., & Liese, B. S. (1997). Kognitive Therapie der Sucht . Weinheim: Psychologie Verlags Union.
9. Benschop, A., Rabes, M., & Korf, D. J. (2002). Pill Testing - Ecstasy & Prävention. Amsterdam: Rozenberg Publishers.
10. Birklbauer, A., & Machac, A. (2017). Suchtmittelrecht für die Praxis . Wien: Manz.
11. Bischof, G. (2012). Das «Community Reinforcement and Family Training» CRAFT. Sucht Magazin, 2012(1), 30–32.
12. Bischof, G., Besser, B., Bischof, A., & Rumpf H. J. (2018). Positionspapiere und Leitbilder zu Angehörigen Suchtkranker POLAS. Lübeck: Universität zu Lübeck, Klinik für Psychiatrie und Psychotherapie.
13. Bourne, A., Reid, D., Hickson, F., Rueda S. T., & Weatherburn, P. (2014). The Chemsex study: drug use in sexual settings among gay & bisexual men in Lambeth, Southwark & Lewisham. London: Sigma Research.
14. Brière, F. N., Fallu, J. S., Janosz, M., & Pagani, L. S. (2012). Prospective associations between meth/amphetamine (speed) and MDMA (ecstasy) use and depressive symptoms in secondary school students. Journal of Epidemiology and Community Health, 2012(66), 990–994.
15. Bühler, A. (2015). Risiko- und Schutzfaktorenforschung für die Prävention von Substanzstörungen. Sucht, 61(4), 199–201.
16. Bundesministerium für Gesundheit (2007). Der ganz „normale“ Alkoholkonsum und seine gesundheitlichen Folgen. Wien: Bundesministerium für Gesundheit.
17. Calhoun, S., Conner, E., Miller, M., & Messina, N. (2015). Improving the outcomes of children affected by parental substance abuse: a review of randomized controlled trials. Substance abuse and rehabilitation, 6, 15–24.
18. Callaghan, R. C., Hathaway, A., Cunningham, J. A., Vettese, L. C., Wyatt,

S., & Taylor, L. (2005). Does stage-of-change predict dropout in a culturally diverse sample of adolescents admitted to inpatient substance-abuse treatment? A test of the Transtheoretical Model. Addictive behaviors, 30(9), 1834–1847.

19. Chalana, H., Kundal, T., Gupta, V., Malhari, & A. S. (2016). Predictors of Relapse after Inpatient Opioid Detoxification during 1-Year Follow-Up. Journal of addiction, 2016, 1–7.
20. Der Spiegel (1983). Aids: „Eine Epidemie, die erst beginnt", (23), 144–163.
21. Drogenbeauftragte der Bundesregierung, & BMG, BÄK, DGPPN (2016). S3-Leitlinie Methamphetaminbezogene Störungen. Berlin Heidelberg: Springer.
22. EMCDDA. Statistical Bulletin 2018. http://www.emcdda.europa.eu/data/stats2018/.
23. Europäische Beobachtungsstelle für Drogen und Drogensucht (2004). Komorbidität – Drogenkonsum und psychische Störungen. http://www.emcdda.europa.eu/attachements.cfm/att_44768_DE_Dif14DE.pdf.
24. Europäische Beobachtungsstelle für Drogen und Drogensucht (2017). Europäischer Drogenbericht 2017: Trends und Entwicklungen. Luxemburg: Amt für Veröffentlichungen der Europäischen Union.
25. Europäische Beobachtungsstelle für Drogen und Drogensucht (2017). Synthetische Cannbinoide in Europa. http://www.emcdda.europa.eu/system/files/publications/2753/Synthetic%20cannabinoids_2017_DE.pdf.
26. Europäische Beobachtungsstelle für Drogen und Drogensucht (2018). Europäischer Drogenbericht 2018: Trends und Entwicklungen. Luxemburg: Amt für Veröffentlichungen der Europäischen Union.
27. Europäische Beobachtungsstelle für Drogen und Drogensucht (2019). Abwasseranalyse und Drogen – eine europäische städteübergreifende Studie. http://www.emcdda.europa.eu/system/files/publications/2757/POD_Wastewater%20analysis_DE%202019.pdf.
28. European Monitoring Centre for Drugs and Drug Addiction (2012). Prisons and drugs in Europe: The problem and responses. Luxembourg: EMCDDA.
29. Fengler, J. (Hg.) (2002). Handbuch der Suchtbehandlung: Beratung, Therapie, Prävention. Landsberg/Lech: ecomed.
30. Feymann, C., & Salamon, B. (2018). Drogenkonsum unter Verkehrsteilnehmern – Ergebnisse einer aktuellen Dunkelfeldstudie. Zeitschrift für Verkehrsrecht, 2018(2), 70–72.
31. Flynn, P. M., Joe, G. W., Broome, K. M., & Simpson, D. D. (2003). Recovery from opioid addiction in DATOS. Journal of substance abuse treatment, 25(3), 177–186.
32. Flynn, P. M., Joe, G. W., Broome, K. M., Simpson, D. D., & Brown, B. S. (2003). Looking back on cocaine dependence: reasons for recovery. The American Journal on Addictions, 12(5), 398–411.
33. Freud, S. (2015). Gesammelte Werke, Band 2: Jazzybee Verlag.
34. Freudenmann, R. W., Öxler, F., & Bernschneider-Reif, S. (2006). The origin of MDMA (ecstasy) revisited: the true story reconstructed from the original documents. Addiction, 101(9), 1241–1245.
35. Fröhlich-Gildhoff, K., & Rönnau-Böse, M. (2018). Was ist Resilienz und wie kann sie gefördert werden? Televizion, 4–8.
36. Gegenhuber, B., Werdenich, W., & Kryspin-Exner, I. (2009). Freiwilligkeit oder Zwang. Forensische Psychiatrie, Psychologie, Kriminologie, 3(1), 67–75.

37. Gerace, E., Salomone, A., Luciano, C., Di Corcia, D., & Vincenti, M. (2018). First Case in Italy of Fatal Intoxication Involving the New Opioid U-47700. Frontiers in Pharmacology, 9, 747.
38. Giorgetti, R., Tagliabracci, A., Schifano, F., Zaami, S., Marinelli, E., & Busardò, F. P. (2017). When „Chems" Meet Sex: A Rising Phenomenon Called „ChemSex". Current neuropharmacology, 15(5), 762–770.
39. Glaeske, G., & Sauer, K. (2018). Cannabis-Report. Bremen.
40. GÖG (2017). Epidemiologiebericht Sucht 2017. Wien.
41. Goldman, D., Oroszi, G., & Ducci, F. (2005). The genetics of addictions: uncovering the genes. Nature Reviews Genetics, 6, 521.
42. Gomes de Matos, E., Kraus, L., & & Piontek, D. (2016). Kurzbericht Epidemiologischer Suchtsurvey 2012. Schätzung der Anzahl Angehöriger von substanzabhängigen Personen in Deutschland. München.
43. Goodwin, D. W. (1975). Drinking Amid Abundant Illicit Drugs. Archives of general psychiatry, 32(2), 230.
44. Gruber, S. A., Sagar, K. A., Dahlgren, M. K., Racine, M., & Lukas, S. E. (2012). Age of onset of marijuana use and executive function. Psychology of addictive behaviors : Journal of the Society of Psychologists in Addictive Behaviors, 26(3), 496–506.
45. Hall, W. (2014). What has research over the past two decades revealed about the adverse health effects of recreational cannabis use? Addiction, 110(1), 19–35.
46. Hall, W., & Degenhardt, L. (2007). Prevalence and correlates of cannabis use in developed and developing countries. Current Opinion in Psychiatry, 20(4).
47. Häuser, W., Finn, D. P., Kalso, E., Krcevski-Skvarc, N., Kress, H.-G., Morlion, B., et al. (2018). European Pain Federation (EFIC) position paper on appropriate use of cannabis-based medicines and medical cannabis for chronic pain management. European Journal of Pain, 22(9), 1547–1564.
48. Haverfield, M. C., Theiss, J. A., & Leustek, J. (2016). Characteristics of Communication in Families of Alcoholics. Journal of Family Communication, 16(2), 111–127.
49. Heather, N., Adamson, S. J., Raistrick, D., & Slegg, G. P. (2010). Initial preference for drinking goal in the treatment of alcohol problems: I. Baseline differences between abstinence and non-abstinence groups. Alcohol and alcoholism (Oxford, Oxfordshire), 45(2), 128–135.
50. Heinzen-Voß, D., & Stöver, H. (2016). Geschlecht und Sucht. Wie gendersensible Suchtarbeit gelingen kann. Lengerich: Pabst Science Publishers.
51. Henderson, M. J., Saules, K. K., & Galen, L. W. (2004). The predictive validity of the university of rhode island change assessment questionnaire in a heroin-addicted polysubstance abuse sample, (18), 106–112.
52. Hodgins, D. C., Leigh, G., Milne, R., & Gerrish, R. (1997). Drinking goal selection in behavioral self-management treatment of chronic alcoholics. Addictive behaviors, 22(2), 247–255.
53. Horvath, I., Anzenberger, J., Busch, M., Grabenhofer-Eggerth, A., Schmutterer, I., Strizek, J., et al. (2018). Bericht zur Drogensituation 2018. Wien: Gesundheit Österreich.
54. Hößelbarth, S., Seip, C., & Stoever, H. (2013). Doing gender – Bedeutungen und Funktionen des Alkoholkonsums und des Rauschtrinkens bei der Inszenierung von Männlichkeiten und Weiblichkeiten. In: H. Stoever, S. Hö-

ßelbarth, & J. M. Schneider (Hg.). Kontrollierter Kontrollverlust – Ergebnisse der Fachtagung „Jugend-Gender-Alkohol" (Vol. 127, S. 45–55).

55. Hussong, A. M., Huang, W., Serrano, D., Curran, P. J., & Chassin, L. (2012). Testing whether and when parent alcoholism uniquely affects various forms of adolescent substance use. Journal of abnormal child psychology, 40(8), 1265–1276.
56. Institut Suchtprävention, pro mente OÖ. Alkohol. 10 Tipps für Eltern. https://www.praevention.at/fileadmin/user_upload/09_Infobox/Infomaterialien/Alkohol_10_Tipps_fuer_Eltern.pdf.
57. Institut Suchtprävention, pro mente OÖ (2012). Wie schütze ich mein Kind vor Sucht? https://www.praevention.at/fileadmin/user_upload/09_Infobox/Infomaterialien/Elternhandbuch_2012.pdf.
58. Jordan, S. (2010). Die Förderung von Resilienz und Schutzfaktoren bei Kindern suchtkranker Eltern. https://edoc.rki.de/bitstream/handle/176904/840/24G0ABaWOBZo.pdf?sequence=1&isAllowed=y.
59. Kammer-Spohn, M. (2013). Recovery – ein neuer Behandlungsansatz in der Psychiatrie. Schweizer Ärztezeitung, (94 (38)), 1450–1452.
60. Klein, M. (2003). Kinder drogenabhängiger Eltern. Fakten, Hintergründe, Perspektiven. report psychologie, (6), 358–371.
61. Klein, M., Zobel, M. (1997). Kinder aus alkoholbelasteten Familien. Kindheit und Entwicklung. Zeitschrift für Klinische Kinderpsychologie, (6), 133–140.
62. Klein, M., Zobel, M. (2001). Kinder aus alkoholbelasteten Familien – Ein Überblick zu Forschungsergebnissen und Handlungsperspektiven. Suchttherapie, (2), 118–124.
63. Klingemann, H. (2007). Selbstheilung von der Sucht im Lebenslauf. NOVA.
64. Körkel J. (1999). Rückfälle Drogenabhängiger. Eine Übersicht. Abhängigkeiten, 1999(5), 24–45.
65. Körkel J., & GK Quest Akademie (2006). KISS-Trainer-Manual. Kontrolle im selbstbestimmten Konsum (KISS). Handbuch zur Einzel- und Gruppenarbeit. Heidelberg.
66. Kraus, L., Piontek, D., Atzendorf, J., & Gomes de Matos, E. (2016). Zeitliche Entwicklungen im Substanzkonsum in der deutschen Allgemeinbevölkerung. Ein Rückblick auf zwei Dekaden. Sucht, (62 (5)), 283–294.
67. Kurier (2019.). Drogen im Abwasser: Cannabis weitverbreitet, Anstieg bei Kokain. Kurier, 14.3.2019. https://kurier.at/wissen/drogen-im-abwasser-cannabis-weitverbreitet-anstieg-bei-kokain/400435186.
68. Lange, S., Probst, C., Gmel, G., Rehm, J., Burd, L., & Popova, S. (2017). Global Prevalence of Fetal Alcohol Spectrum Disorder Among Children and Youth: A Systematic Review and Meta-analysis. JAMA Pediatrics, 171(10), 948–956.
69. Laufs, U., & Böhm, M. (2001). Einfluss von Alkohol auf das kardiovaskuläre Risiko. Deutsche Zeitschrift für Sportmedizin, 2001(6), 227–230.
70. LBI-Sucht (2008). Alkoholkonsum in Österreich. https://www.sozialministerium.at/cms/site/attachments/5/8/9/CH4002/CMS1468503131574/2008_factsheet__alkoholkonsum_in_oesterreich.pdf.
71. Maier, G., Teutsch, F., & Felder-Puig, R. (2017). HBSC Factsheet 04: Gesundheitliches Risikoverhalten österreichischer Schülerinnen und Schüler: Rauchen, Alkohol- und Cannabiskonsum - HBSC Ergebnisse 2014. https://www.sozialministerium.at/cms/site/attachments/9/7/0/CH4154/CMS1427118828092/hbsc_2014_factsheet_rauchen_alkohol_cannabis.pdf.

72. McCall, H., Adams, N., Mason, D., & Willis, J. (2015). What is chemsex and why does it matter? British Medical Journal, 351.
73. Meier, P., & Seitz, H. K. (2006). Effekte des Alkohols. Medizinische Klinik, 101(11), 891–897.
74. Meili, D., Dober, S., & Eyal, E. (2004). Jenseits des Abstinenzparadigmas – Ziele in der Suchttherapie. Suchttherapie, 5(01), 2–9.
75. Miller, W. R., & Rollnick, S. (2012). Motivational Interviewing, Third Edition: Helping People Change: Guilford Publications.
76. Moggi, F. (2007). Doppeldiagnosen. Komorbidität psychischer Störungen und Sucht. Bern: Huber.
77. Moore, T. H. M., Zammit, S., Lingford-Hughes, A., Barnes, T. R. E., Jones, P. B., Burke, M., et al. (2007). Cannabis use and risk of psychotic or affective mental health outcomes: a systematic review. The Lancet, 370(9584), 319–328.
78. Mravčík, V., Chomynová, P., Janíková, B., & Grohmannová, K. (2017). Methamphetamin in der Tschechischen Republik – Geschichte und Gegenwart. In: Stöver, H., Dichtl, A. & N. Graf (Hg.). Crystal Meth. Prävention, Beratung und Behandlung (S. 19–48). Frankfurt am Main: Fachhochschulverlag.
79. Nestler, E., & Aghajanian, G. (1997). Molecular and Cellular Basis of Addiction. Science, 58–63.
80. Nutt, D., King, L., & Phillips, L. (2010). Drug harms in the UK: A multi-criterion decision analysis. Lancet, 376.
81. Nutt, D., King, L. A., Saulsbury, W., & Blakemore, C. (2007). Development of a rational scale to assess the harm of drugs of potential misuse. The Lancet, 369(9566), 1047–1053.
82. Obrist, C. (1996). Weibliches Selbstverständnis heroinabhängiger Frauen. Unveröffentlichte Diplomarbeit, Wien.
83. Obrist, C. (2010). Feministische Konzepte und systemische Modelle. Synergieeffekte in der psychotherapeutischen Arbeit mit drogenabhängigen Frauen in Haft. Systemische Notizen, (03), 14–28.
84. Olszewski, D., & Burkhart, G. (2002). Freizeitkonsum von Drogen – eine der größten Herausforderungen für die EU. http://www.emcdda.europa.eu/system/files/publications/211/Dif06de_63532.pdf.
85. Österreichische Gesellschaft für arzneimittelgestützte Behandlung von Suchtkrankheit (ÖGABS), Österreichische Gesellschaft für Allgemein- und Familienmedizin (ÖGAM), Österreichische Gesellschaft für Kinder- und Jugendpsychiatrie, Psychosomatik und Psychotherapie (ÖGKJP), Österreichische Gesellschaft für Psychiatrie und Psychotherapie (ÖGPP) (2017). Qualitätsstandards für die Opioid-Substitutionstherapie .
86. Pfliegensdörfer, M., & Schuhmacher, M. (2015). Crystal Meth bei MsM. https://www.hivandmore.de/archiv/2015-4/HIV_m4_15_FoBi_Pfliegensd.pdf.
87. Prochaska, J. O., & DiClemente, C. C. (1983). Stages and process of self-change in smoking: Toward an integrative model of change. Journal of consulting, (5), 390–395.
88. Putre, M. (2006). Obdachlosigkeit bei KonsumentInnen illegaler Drogen. https://suchthilfe.wien/wp-content/uploads/Obdachlosigkeit-bei-KonsumentInnen-illegaler-Drogen.pdf.
89. Ribeiro, L., & Ind, P. W. (2018). Marijuana and the lung: hysteria or cause for concern? Breathe (Sheffield, England), 14(3), 196–205.

90. Robins, L. N., Helzer, J. E., Hesselbrock, M., & Wish, E. (2010). Vietnam Veterans Three Years after Vietnam: How Our Study Changed Our View of Heroin. The American Journal on Addictions, 19(3), 203–211.
91. Schachameier, A. (2008). Alkoholismus als biographisches Ereignis am Beispiel chronisch mehrfach beeinträchtigter Abhängigkeitskranker unter besonderer Berücksichtigung der Eigen- und Fremdsicht der Betroffenen, Würzburg. https://opus.bibliothek.uni-wuerzburg.de/opus4-wuerzburg/frontdoor/deliver/index/docId/2474/file/Dissertation.pdf. Accessed 22 July 2018.
92. Schafberger, A., & Taubert, S. (2014). Drogengebrauch bei MSM in Deutschland. Deutsche AIDS-Hilfe e.V.
93. Schäfer, & Bode (1999). Spektrum alkoholischer Lebererkrankungen und ihre Klinik. In: Singer & Teyssen (Hg.), Alkohol und Alkoholfolgekrankheiten. Berlin: Springer.
94. Scheibe, L., & Werse, B. (2017). Die Zombie-Welle – Zur medialen Darstellung von Crystal Meth. In: Stöver, H., Dichtl, A. & N. Graf (Hg.), Crystal Meth. Prävention, Beratung und Behandlung (S. 57–70). Frankfurt am Main: Fachhochschulverlag.
95. Schläfke, D., Kupke, & Dette (2010). Substanzabhängigkeit und Aggressivität. Journal für Neurologie, Neurochirurgie und Psychiatrie, (11 (3)), 70–76.
96. Schmid, R. (2019). Die Wirksamkeit von Cannabis. Wege aus der Sucht, (109), 20–22.
97. Schmidt, A. J., & Weatherburn, P. (2017). European MSM Internet Survey 2017. http://sigmaresearch.org.uk/files/AIDS2018_EMIS2017_Schmidt+Weatherburn_MOSA4704.pdf.
98. Schmutterer, I., & Busch, M. (2016). Datenanalyse zu Inzidenz und Prävalenz von Hepatitis-C-Erkrankungen in Österreich. Wien: Gesundheit Österreich GmbH.
99. Schur, E. M. (1974). Victimless crimes – two sides of a controversy. Englewood Cliffs, N.J.: Prentice-Hall.
100. Seyer, S., Paulik, R., Gschwandtner, F., & Lehner, R. (2016). Drogenmonitoring Oberösterreich 2015. Ergebnisbericht mit dem Forschungsschwerpunkt Methamphetamine „Crystal Meth“: Institut Suchtprävention – Pro Mente OÖ.
101. Smyth, B. P., Barry, J., Keenan, E., & Ducray, K. (2010). Lapse and relapse following inpatient treatment of opiate dependence. Irish medical journal, 103(6), 176–179.
102. Soyka, M., Batra, A., Heinz, A., Moggi, F., & Walter, M. (Hg.) (2019). Suchtmedizin. München: Elsevier.
103. Specka, M., Buchholz, A., Kuhlmann, T., Rist, F., & Scherbaum, N. (2011). Prediction of the Outcome of Inpatient Opiate Detoxification Treatment: Results from a Multicenter Study. European addiction research, 17.
104. Springer, A. (2003). Konsumräume. https://www.aidshilfe.de/sites/default/files/documents/Alfred_Springer-Expertise_fuer_Fonds_Soziales_Wien.pdf.
105. Statistik Austria (2018). Statistik der Straßenverkehrsunfälle. https://www.statistik.at/web_de/statistiken/energie_umwelt_innovation_mobilitaet/verkehr/strasse/unfaelle_mit_personenschaden/019872.html.

106. Stetina, B. U., Jagsch, R., Schramel, C., Maman, T. L., & Kryspin-Exner, I. (2008). Exploring Hidden Populations: Recreational Drug Users. Cyberpsychology: Journal of Psychosocial Research on Cyberspace, (2(1)).
107. Stevens, A., Berto, D., Frick, U., Kerschl, V., McSweeney, T., Schaaf, S., et al. (2007). The Victimization of Dependent Drug Users. Findings from a European Study, UK. European Journal of Criminology, 4(4), 385–408.
108. Stevens, A., & Hughes, C. E. (2010). What can we learn from the Portuguese decriminalization of illicit drugs? British Journal of Criminology, (50(6)), 999–1022.
109. Stoever, H. (2012). Drogenabhängige in Haft – Epidemiologie, Prävention und Behandlung in Totalen Institutionen. Suchttherapie.
110. Stoever, H. (2013). „Schadensminderung" durch Trinkerräume? Alkoholkonsum im öffentlichen Raum. AKP – Fachzeitschrift für Alternative Kommunalpolitik, 42–43.
111. Strang, J., McCambridge, J., Best, D., Beswick, T., Bearn, J., Rees, S., et al. (2003). Loss of tolerance and overdose mortality after inpatient opiate detoxification: follow up study. British Medical Journal, (7396), 959.
112. Sucht und Drogenkoordination Wien gGmbH (2016). Empfehlungen zur ärztlichen Verordnung von Benzodiazepinen. Wien: Sucht und Drogenkoordination Wien gGmbH.
113. Sucht und Drogenkoordination Wien gGmbH (2018). Wie sag ichs meinem Kind. Wien: Sucht und Drogenkoordination Wien gGmbH.
114. Suchthilfe Wien gGmbH (2018). Tätigkeitsbericht 2017. http://www.suchthilfe.wien/wp-content/uploads/T%C3%A4tigkeitsbericht-SHW_Beratung-Betreuung-Behandlung-2017.pdf.
115. Suchthilfe Wien gGmbH (2019). MDMA Ecstasy. https://checkit.wien/media/Ecstasy_MDMA_2019.pdf.
116. Täschner, K. L., Bloching, B., Bühringer, G., & Wiesbeck, G. (2010). Therapie der Drogenabhängigkeit. Stuttgart: Kohlhammer Verlag.
117. Templeton, L., Velleman, R., Hardy, E., & Boon, S. (2009). Young people living with parental alcohol misuse and parental violence: 'No one has ever asked me how I feel in any of this'. Journal of Substance Use, 14.
118. Uhl, A., Bachmayer, S., & Strizek, J. (2015). Handbuch Alkohol – Österreich. Band 1 – Statistiken und Berechnungsgrundlagen 2015. (6. Aufl.). Wien: Bundesministerium für Gesundheit.
119. Uhl, A., & Puhm, A. (2015). Co-Abhängigkeit. Sucht, (96), 10–11.
120. United Nations (2013). The International Drug Control Conventions. https://www.unodc.org/documents/commissions/CND/Int_Drug_Control_Conventions/Ebook/The_International_Drug_Control_Conventions_E.pdf.
121. UNODC (2013). World Drug report 2013: United Nation publications.
122. Verhulst, B., Neale, M. C., & Kendler, K. S. (2015). The heritability of alcohol use disorders: a meta-analysis of twin and adoption studies. Psychological medicine, 45(5), 1061–1072.
123. Voderholzer, U., & Hohagen, F. (Hg.) (2014). Therapie psychischer Erkrankungen : Urban & Fischer Verlag/Elsevier GmbH.
124. Vogt, I. (2009). Frauen und Sucht. Prävalenzen, Ursachen, Hintergründe, Tagung des Instituts Suchtprävention, Linz, 8. Juni.
125. Volz, H.-P. (2016). Cannabis und Psychose – ein kausaler Zusammenhang? DNP – Der Neurologe und Psychiater, 17(12), 19.

126. Waldorf, D. (1983). Natural Recovery from Addiction: Some Social-Psychological Processes of Untreated Recovery. Journal of Drug Issues, 13(2), 237–280.
127. Walter, M. (2015). Personality Disorder and Addiction. In: G. Dom & F. Moggi (Eds.), Co-Occurring Addictive and Psychiatric Disorders: A Practice-Based Handbook from A European Perspective (pp. 137–148). Berlin, Heidelberg: Springer.
128. Walters, G. D. (2000). Behavioral self-control training for problem drinkers: A meta-analysis of randomized control studies. Behavior Therapy, 31, 135–149.
129. Weigl, M., Anzenberger, J., Grabenhofer-Eggerth, A., Horvath, I., Schmutterer, I., Strizek, J., et al. (2017). Bericht zur Drogensituation 2017. Wien: Gesundheit Österreich GmbH.
130. Weigl, M., & Busch, M. (2013). Substitutionsbehandlung opioidabhängiger Personen. Wien: Gesundheit Österreich GmbH.
131. WHO (2009). Harmful Use of Alcohol. https://www.who.int/nmh/publications/fact_sheet_alcohol_en.pdf.
132. WHO (2012). Alcohol in the European Union. http://www.euro.who.int/__data/assets/pdf_file/0003/160680/e96457.pdf.
133. WHO (2016). The health and social effects of nonmedical cannabis use. Genf: WHO.
134. WHO (2018). ICD-11 for Mortality and Morbidity Statistics. https://icd.who.int/browse11/l-m/en.
135. Winstock, A. R., & Barratt, M. J. (2013). Synthetic cannabis: A comparison of patterns of use and effect profile with natural cannabis in a large global sample. Drug and Alcohol Dependence, 131(1), 106–111.
136. Winstock, A. R., Barrett, M., Ferris, J., & Maier, L. (2016). What we learned from GDS2016. An overview of our key findings. https://www.globaldrugsurvey.com/wp-content/uploads/2016/06/TASTER-KEY-FINDINGS-FROM-GDS2016.pdf.
137. Wittchen, H.-U., Bühringer, G., & Rehm, J. (2011). Predictors, Moderators and Outcome of Substitution Treatments. https://www.bundesgesundheitsministerium.de/fileadmin/Dateien/5_Publikationen/Drogen_und_Sucht/Berichte/Forschungsbericht/Projektbericht_PREMOS_-_Langfristige_Substitution_Opiatabhaengiger.pdf.
138. Zanis, D. A., & Woody, G. E. (1998). One-year mortality rates following methadone treatment discharge. Drug and Alcohol Dependence, 52(3), 257–260.
139. Zuardi, A. W., Crippa, J. A. S., Hallak, J. E. C., Bhattacharyya, S., Atakan, Z., Martin-Santos, R., et al. (2012). A Critical Review of the Antipsychotic Effects of Cannabidiol: 30 Years of a Translational Investigation. Current Pharmaceutical Design, 18(32), 5131–5140.

REGISTER

N

O

P

Q

R

DIE AUTORIN

Barbara Gegenhuber
Geboren 1976 in Wien, Psychologie- und Sozialmanagement-Studium. Klinische- und Gesundheitspsychologin. Langjährige Tätigkeit an der Fakultät für Psychologie der Universität Wien und in der Justizanstalt Favoriten für entwöhnungsbedürftige Rechtsbrecher. Derzeit Geschäftsführerin des „Schweizer Haus Hadersdorf", einer Therapieeinrichtung für Abhängigkeitserkrankungen in Wien, sowie Lehrbeauftragte an der Sigmund Freud Universität Wien. Mitglied in einigen Fachgremien.